コピーしてすぐ使える

3分 5分 10分で できる 算数まるごと2年

わかる喜び学ぶ楽しさを創造する教育研究所
略称 喜楽研

本書の特色と使い方

算数まるごとファックス資料集の初版は，2003 年 4 月に発刊されました。以来，17 年間に 1 年～ 6 年あわせて 21 万部超が発行され，多くの学校現場で活用されました。近年，たくさんの先生方から，「もっと短い時間でできるものを発行してほしい」との声が寄せられ，「コピーしてすぐ使える 3 分 5 分 10 分でできる算数まるごと 1 年～ 6 年」を発刊する運びとなりました。

本書の作成にあたり，2020 年度新学習指導要領の主旨にあわせて，「対話して解決する問題」のシートや，「プログラミング学習」のシートや，「ふりかえり」のシートも掲載しました。また「早くできた児童用の裏刷りプリント」も掲載しています。おいそがしい先生方の一助になることを，切に願っています。

3 分練習シート
計算問題なら，難易度にあわせて，約 4 問～ 10 問程度を掲載しています。

5 分練習シート
計算問題なら，難易度にあわせて，約 6 問～ 15 問程度を掲載しています。

10 分練習シート
計算問題なら，難易度にあわせて，約 10 問～ 20 問程度を掲載しています。

※　文章題や，図形や，量と測定などは，難易度にあわせて，問題数をかえています。
※　時間はおおよその目安です。児童の実態にあわせて，3 分・5 分・10 分にとらわれずご活用下さい。

ふりかえりシート
約 10 分～ 20 分ぐらいでできる「ふりかえりシート」をできる限りどの単元にも掲載しました。

各単元のテスト
『各単元の練習』で学習したことを「テスト」として掲載しました。観点別に分かれています。50 点満点として合計 100 点にして掲載しました。

各単元の算数あそび
迷路など，楽しい遊びのページをたくさん掲載しました。楽しく学習しているうちに，力がぐんぐんついてきます。

早くできた児童用の裏刷りプリント
練習問題をするとき，早くできる児童と，ゆっくり取りくむ児童の時間の差があります。「計算にチャレンジ」「迷路にチャレンジ」というタイトルで掲載しました。

縮小ページ
「141％拡大」と書かれているページは縮小されていますので，B5 サイズを B4 サイズに拡大してご使用下さい。

目　次

本書の特色と使い方 …… 2

ひょうとグラフ

3 分練習シート …… 6
5 分練習シート
10 分練習シート
10 分ふりかえりシート
テスト …… 11

たし算のひっ算

3 分練習シート …… 12
5 分練習シート
10 分ふりかえりシート
テスト …… 22
算数あそび …… 23

ひき算のひっ算

3 分練習シート …… 25
5 分練習シート
10 分ふりかえりシート
テスト …… 35
算数あそび …… 36

たし算とひき算のひっ算

5 分練習シート …… 38

長さ

3 分練習シート …… 40
5 分練習シート
10 分練習シート
10 分ふりかえりシート
テスト …… 54
算数あそび …… 55

1000 までの数

10 分練習シート …… 56
3 分練習シート
5 分練習シート
10 分ふりかえりシート
テスト …… 62
算数あそび …… 63

かさ

3 分練習シート …… 64
5 分練習シート
10 分ふりかえりシート
テスト …… 70
算数あそび …… 71

時こくと時間

3 分練習シート …… 73
5 分練習シート
10 分練習シート
10 分ふりかえりシート
テスト …… 77
算数あそび …… 78

計算のくふう

5 分練習シート …… 79
テスト …… 80
算数あそび …… 81

3 けたになるたし算のひっ算

3 分練習シート …… 82
5 分練習シート
10 分ふりかえりシート
算数あそび …… 92

１００いくつからのひき算のひっ算

3 分練習シート …… 94
5 分練習シート
10 分ふりかえりシート
算数あそび …… 103

3けたになるたし算と100いくつからのひき算のひっ算

10 分練習シート（文章題）…… 105
テスト …… 106

大きい数のひっ算

3 分練習シート …… 107
5 分練習シート
算数あそび …… 110

三角形と四角形

3 分練習シート …… 111
5 分練習シート
10 分ふりかえりシート
テスト …… 118
算数あそび …… 119

かけ算

5 分練習シート …… 120
3 分練習シート
10 分ふりかえりシート
算数あそび …… 138
テスト …… 148
算数あそび …… 150

九九のひょうときまり

10 分練習シート …… 152
5 分練習シート
チャレンジ …… 155
テスト …… 156

１０００より大きい数

3 分練習シート …… 157
5 分練習シート
10 分ふりかえりシート
テスト …… 164
算数あそび …… 165

長い長さ

3 分練習シート …… 167
5 分練習シート
10 分ふりかえりシート
テスト …… 172
算数あそび …… 173

図を使って考えよう

10 分練習シート …… 174
10 分ふりかえりシート
テスト …… 178
算数あそび …… 179

分数

5 分練習シート …… 180
5 分ふりかえりシート

はこの形

5 分練習シート …… 182
10 分練習シート
テスト …… 184

なに算でとくのかな

5 分練習シート …… 185
10 分練習シート
テスト …… 192

プログラミング

プログラミング(1)～(9) ………………… 193

早くできた児童用の裏刷りプリント

迷路にチャレンジ

たし算 …………………………………… 202
ひき算 …………………………………… 204
3けたになるたし算 ……………………… 206
3けたからのひき算 ……………………… 207
3けたのたし算 ………………………… 208
3けたのひき算 ………………………… 209
かけ算 …………………………………… 210

計算にチャレンジ

10づくりゲーム ………………………… 212
11づくりゲーム ………………………… 213
12・13づくりゲーム …………………… 214
14・15づくりゲーム …………………… 215
5づくりゲーム ………………………… 216
6づくりゲーム ………………………… 217
7づくりゲーム ………………………… 218
8づくりゲーム ………………………… 219
9づくりゲーム ………………………… 220
10づくりゲーム ………………………… 221
11づくりゲーム ………………………… 222
12・13づくりゲーム …………………… 223
14・15づくりゲーム …………………… 224
16・17づくりゲーム …………………… 225
18・19づくりゲーム …………………… 226
20・21づくりゲーム …………………… 227
「くりあがったら，くりさがる」ゲーム …… 228
たし算 …………………………………… 230
ひき算 …………………………………… 234
かけ算（2のだん・3のだん） ………… 237
かけ算（4のだん・5のだん） ………… 238
かけ算（6のだん・7のだん） ………… 239
かけ算（8のだん・9のだん） ………… 240
かけ算（2のだん～9のだん） ………… 241

解答

解答 ……………………………………… 242

※ シートの時間は，あくまで目安の時間です。児童の学びの進度や習熟度に合わせて，使用される先生の方でお決め下さい。

月　日

ひょうと グラフ (1)

名前

● さやかさんの　クラスで，すきな　どうぶつを　ひとりが　１つだけ　かいて，黒《こく》ばんに　はりました。

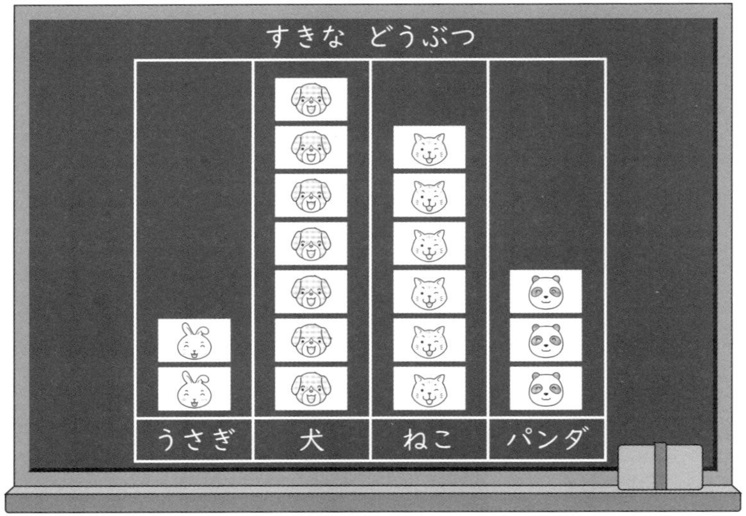

(1) それぞれの　どうぶつを　えらんだ　人数《にんずう》を，下《した》の　ひょうに　書《か》きましょう。

すきな　どうぶつ

どうぶつ	うさぎ	犬	ねこ	パンダ
人数（人）				

すきな　どうぶつ

(2) それぞれの　どうぶつを　えらんだ　人数を，○に　色《いろ》を　ぬって，左《ひだり》の　グラフに　あらわしましょう。

(3) すきな　人《ひと》が　いちばん　多《おお》い　どうぶつは　何《なん》ですか。

(4) すきな　人が　いちばん　少《すく》ない　どうぶつは　何ですか。

(141%に拡大してご使用ください。)

ひょうと グラフ (2)

名前

● けんとさんの　クラスで，すきな　くだものを　ひとりが　１つずつ　えらびました。

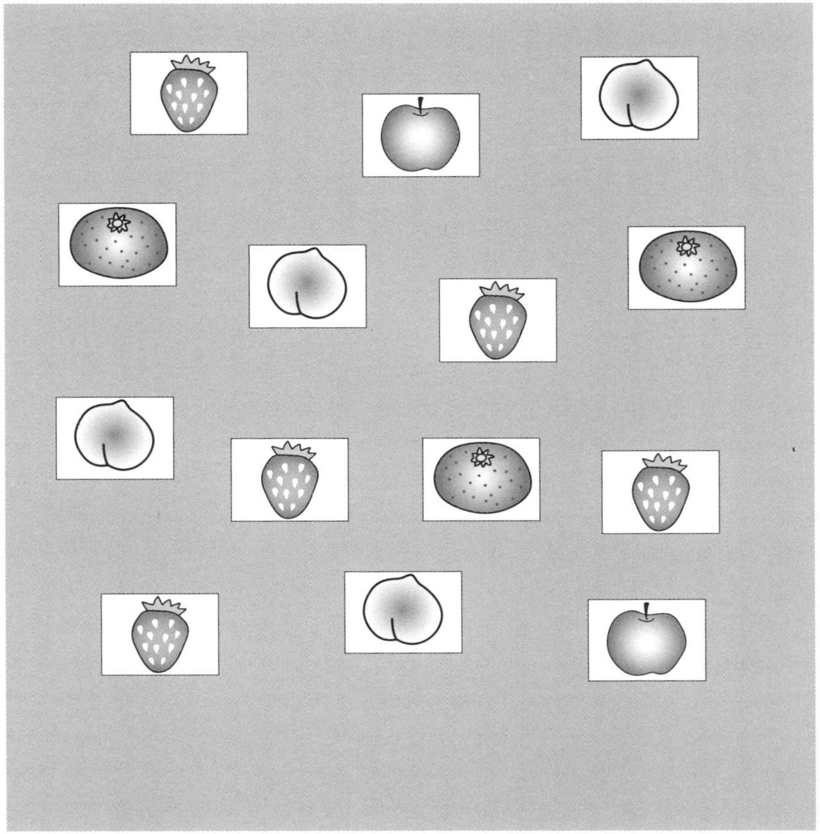

(1)　それぞれの　くだものを　えらんだ　人数《にんずう》を，○に　色《いろ》を　ぬって　グラフに　あらわしましょう。

すきな　くだもの　しらべ

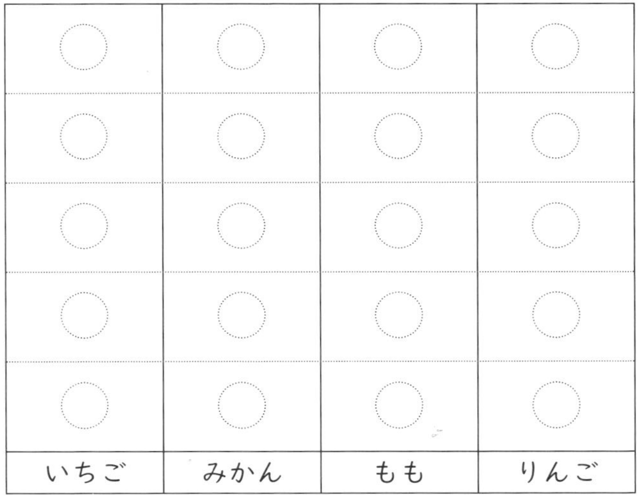

(2)　グラフの　人数を，下《した》の　ひょうに　あらわしましょう。

すきな　くだもの

くだもの	いちご	みかん	もも	りんご
人数（人）				

3分

月　日

ひょうと グラフ (3)

名前

● まみさんの　クラスで，すきな　どうぶつを
ひとりが　１つずつ　えらびました。

すきな　どうぶつ

(1) 下《した》の　ひょうに　人数《にんずう》を　書《か》きましょう。

すきな　どうぶつ

どうぶつ	犬	きりん	ぞう	パンダ	ねこ
人数（人）					

(2) 人数を　○を
つかって　右の
グラフに　あらわし
ましょう。

5人の　ところの
線《せん》が　少《すこ》し　太《ふと》くなって
いるね。

すきな　どうぶつ　しらべ

犬	きりん	ぞう	パンダ	ねこ

(3) すきな　人が　２ばんめに　多《おお》い　どうぶつは　何《なん》ですか。

(4) すきな　人の　数《かず》が　同《おな》じ　どうぶつは　何と　何ですか。

と

(5) ねこを　えらんだ　ひとは，パンダを　えらんだ　人より　何人
多いですか。

（141%に拡大してご使用ください。）

ひょうと グラフ (4)

名前

10分

● 近《ちか》くの 公園《こうえん》で 人気《にんき》の ある あそび場《ば》を しらべました。

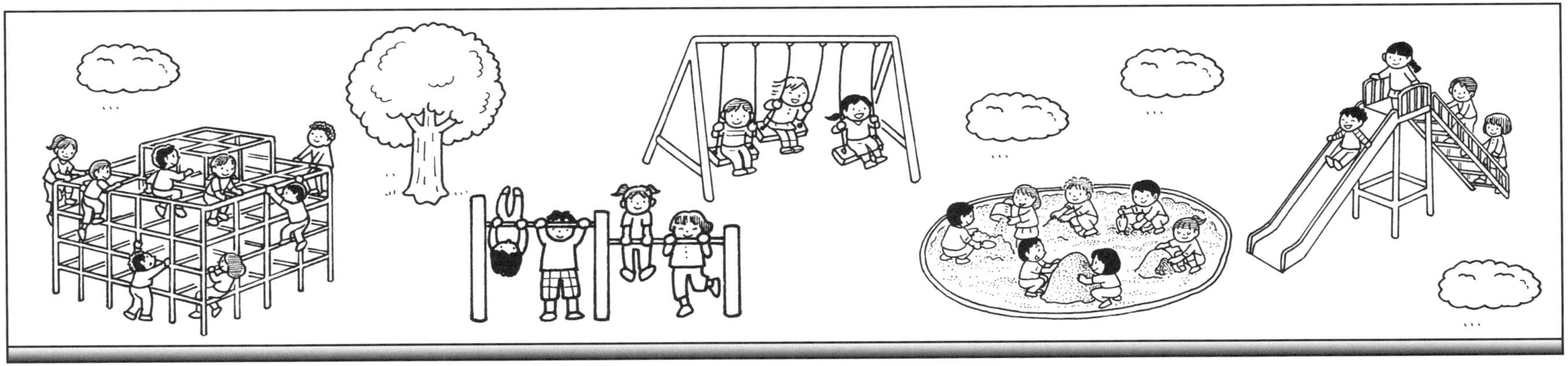

(1) 下の ひょうに それぞれの あそび場の 子どもの 人数《にんずう》を 書《か》きましょう。

あそび場の 子どもの 数《かず》

あそび場	ジャングルジム	てつぼう	ブランコ	すな場	すべり台《だい》
人数（人）					

(2) 人数を ○を つかって 右の グラフに あらわしましょう。

グラフを 見やすく するために ５人の ところの 線《せん》を 太《ふと》くすると いいね。

あそび場の 子どもの 数《かず》

ジャングルジム	てつぼう	ブランコ	すな場	すべり台

(3) ２ばんめに 人気の ある あそび場は 何《なん》ですか。

(4) いちばん 人数が 少《すく》ない あそび場は 何ですか。

(5) すな場で あそんで いる 子どもと すべり台で あそんで いる 子どもは，どちらが 何人 少ないですか。

□ で あそんで いる 子どもが

□ 人 少ない。

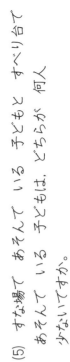

月　　日

ふりかえり
ひょうと グラフ

名前

● 2年1組《くみ》と　2年2組で　すきな　おかしを　しらべました。

(1)　2年1組で　すきな　おかしを　1つずつ　えらびます。

①　それぞれの　人数《にんずう》を　下の　ひょうに　書《か》きましょう。

すきな　おかし　しらべ（1組）

おかし	あめ	ドーナツ	クッキー	ケーキ	チョコレート	ゼリー
人数（人）						

②　○を　つかって，右の　㋐の　グラフに　人数を　あらわしましょう。

(2)　2年2組で　しらべると，下の　ひょうの　ように　なりました。○を　つかって，右の　㋑の　グラフに　人数を　あらわしましょう。

すきな　おかし　しらべ（2組）

おかし	あめ	ドーナツ	クッキー	ケーキ	チョコレート	ゼリー
人数	5	2	3	6	8	1

㋐　すきな　おかししらべ（1組）

あめ	ドーナツ	クッキー	ケーキ	チョコレート	ゼリー

㋑　すきな　おかししらべ（2組）

あめ	ドーナツ	クッキー	ケーキ	チョコレート	ゼリー

(3)　㋐の　グラフを　見て　答《こた》えましょう。

①　1組で　すきな　人が　2ばんめに　多《おお》い　おかしは　何ですか。

②　1組で　すきな　人の　数《かず》が　同《おな》じ　おかしは　何と　何ですか。

（　　　　）と（　　　　）

(4)　㋑の　グラフを　見て　答えましょう。

①　2組で　すきな　人が　2ばんめに　少《すく》ない　おかしは　何ですか。

②　2組で　ケーキが　すきな　人は　ゼリーが　すきな　人より　何人　多いですか。

（141%に拡大してご使用ください。）

月　日

ひょうと グラフ（テスト）

名前

【知識・技能】

1 しょうたさんの　クラスで，すきな　くだものを　１つずつ　えらびました。

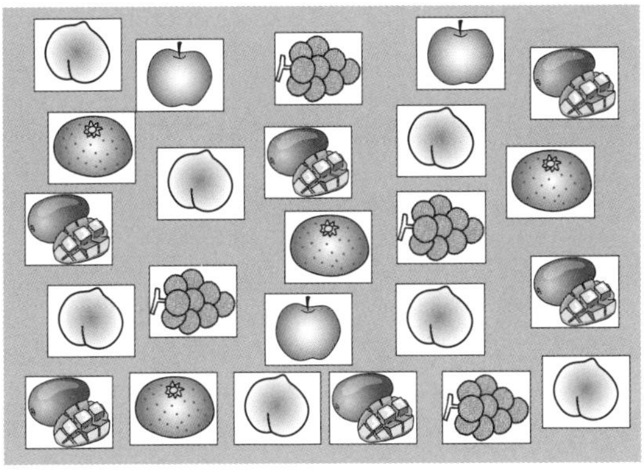

(1) それぞれの　人数《にんずう》を　下の　ひょうに　書《か》きましょう。(5×5)

すきな　くだもの

すきな くだもの	みかん	りんご	マンゴー	ぶどう	もも
人数（人）					

(2) くだものの　数《かず》を　○を　つかって　グラフに　あらわしましょう。(5×5)

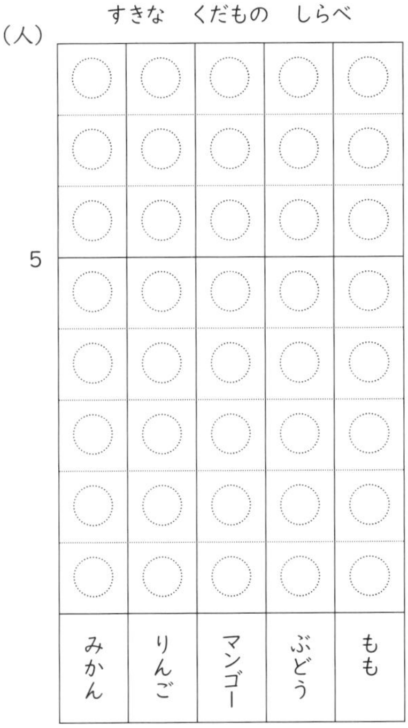

【思考・判断・表現】

2 そだててみたい　やさいを　しらべて　グラフに　しました。

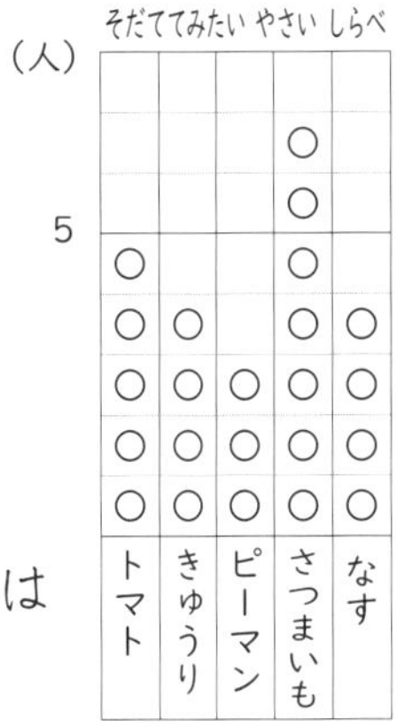

(1) いちばん　多《おお》い　のは　何《なん》ですか。(5×2)
また，何人ですか。

人

(2) 二ばんめに　多いのは　何ですか。
また，何人ですか。(5×2)

人

(3) 何《なに》と　何が　同《おな》じ　人数ですか。(5)

と

3 すきな　どうぶつを　しらべて　グラフに　しました。(5×5)

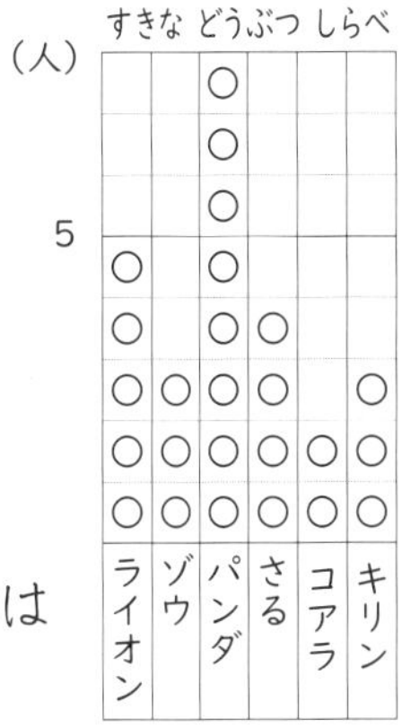

(1) いちばん　多い　のは　何ですか。
また，何人ですか。

人

(2) 三ばんめに　多いのは　何ですか。
また，何人ですか。

人

(3) いちばん　多いのと，いちばん　少ないのは　何人　ちがいますか。

人

（141％に拡大してご使用ください。）

たし算の ひっ算（1）

くり上がりなし ①

名前　　　　月　　日

1 47 + 12 を ①〜③の じゅんに ひっ算《さん》で しましょう。

	4	7
+	1	2

→

	4	7
+	1	2
		□

→

	4	7
+	1	2
	□	9

① くらいを たてに そろえて かく。

② 一のくらいの計算《けいさん》

7 + 2 = □

③ 十のくらいの計算

4 + 1 = □

2 計算《けいさん》を しましょう。

①

	3	8
+	1	1

②

	2	4
+	3	5

③

	4	1
+	2	3

たし算の ひっ算（2）

くり上がりなし ②

名前　　　　月　　日

● 計算《けいさん》を しましょう。

① 20 + 35

② 70 + 12

③ 26 + 40

④ 18 + 50

⑤ 30 + 60

⑥ 80 + 10

(141%に拡大してご使用ください。)

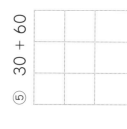

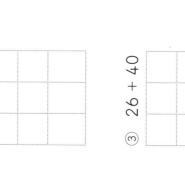

たし算の ひっ算（3）

くり上がりなし ③

名前

● 計算《けいさん》を　しましょう。

① 42 + 7

② 91 + 6

③ 4 + 31

④ 5 + 62

⑤ 10 + 8

⑥ 20 + 3

たし算の ひっ算（4）

くり上がりなし ④

名前

● 計算《けいさん》を　しましょう。

① 62 + 27

② 70 + 9

③ 34 + 3

④ 20 + 56

⑤ 8 + 21

⑥ 15 + 40

3分

（141％に拡大してご使用ください。）

月　日

たし算の ひっ算 (5)
くり上がりあり ①

名前

1 14＋27を ①〜③の じゅんに ひっ算《さん》で しましょう。

	1	4
＋	2	7

➡

	①	
	1	4
＋	2	7
		□

➡

	①	
	1	4
＋	2	7
	□	1

① くらいを たてに そろえて かく。

② 一のくらいの計算《けいさん》
4＋7＝□

③ 十のくらいの計算
①＋1＋2＝□

2 計算《けいさん》を しましょう。

①

	○	
	3	7
＋	2	6

②

	○	
	4	2
＋	1	9

③

	○	
	5	8
＋	3	4

月　日

たし算の ひっ算 (6)
くり上がりあり ②

名前

● 計算《けいさん》を しましょう。

① 24 ＋ 36

② 72 ＋ 18

③ 61 ＋ 19

④ 23 ＋ 37

⑤ 25 ＋ 15

⑥ 48 ＋ 32

（141%に拡大してご使用ください。）

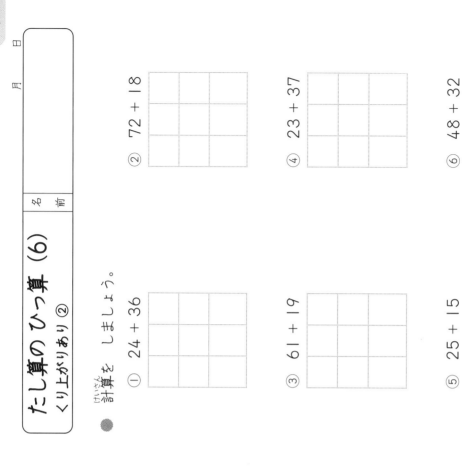

たし算の ひっ算（7）
くり上がりあり ③

名前

● 計算《けいさん》を　しましょう。

① 38 + 9

② 26 + 5

③ 4 + 27

④ 3 + 49

⑤ 6 + 24

⑥ 15 + 5

たし算の ひっ算（8）
くり上がりあり ④

名前

● 計算《けいさん》を　しましょう。

① 39 + 6

② 28 + 12

③ 25 + 25

④ 67 + 8

⑤ 9 + 72

⑥ 45 + 18

3分

（141％に拡大してご使用ください。）

月　日

たし算の ひっ算（9）
くり上がりあり ⑤

名前

計算《けいさん》を　しましょう。

① 18 + 63　② 41 + 9　③ 36 + 36　④ 5 + 26

⑤ 59 + 7　⑥ 28 + 8　⑦ 64 + 28　⑧ 23 + 37

⑨ 48 + 16　⑩ 7 + 33

月　日

たし算の ひっ算（10）
くり上がりあり ⑥

名前

計算《けいさん》を　しましょう。

① 57 + 6　② 77 + 17　③ 8 + 47　④ 34 + 26

⑤ 25 + 59　⑥ 59 + 9　⑦ 28 + 38　⑧ 24 + 39

⑨ 8 + 73　⑩ 15 + 57

（141%に拡大してご使用ください。）

たし算のひっ算（11）
くり上がりあり・なし①

名前

● 計算《けいさん》を　しましょう。

① 91 + 8　② 29 + 58　③ 8 + 84　④ 47 + 39

⑤ 17 + 27　⑥ 66 + 6　⑦ 3 + 17　⑧ 15 + 16

⑨ 20 + 20　⑩ 29 + 29

たし算のひっ算（12）
くり上がりあり・なし②

名前

● 計算《けいさん》を　しましょう。

① 73 + 8　② 23 + 23　③ 18 + 17　④ 36 + 47

⑤ 17 + 55　⑥ 8 + 21　⑦ 32 + 48　⑧ 29 + 37

⑨ 63 + 27　⑩ 58 + 16

5分

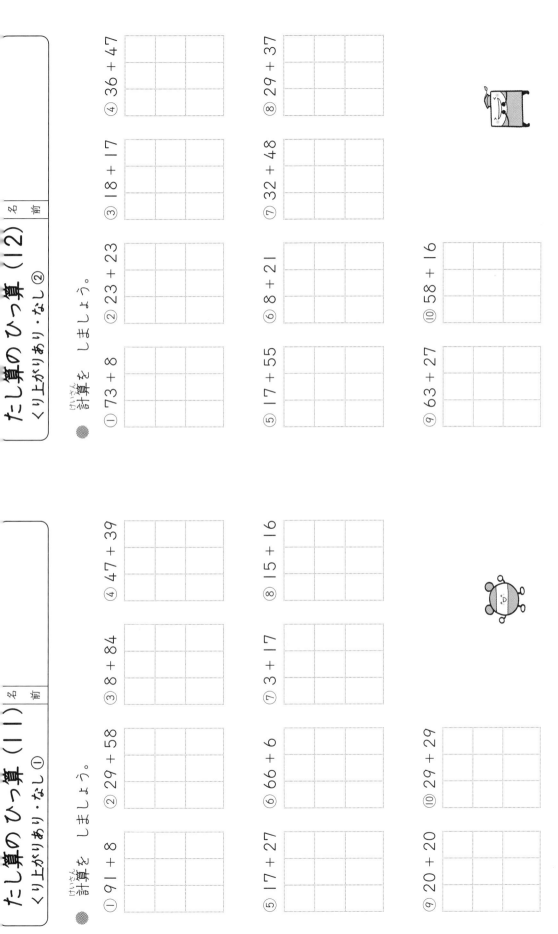

たし算の ひっ算 (13)
くり上がりあり・なし ③

名前　　　　月　　日

● 計算《けいさん》を　しましょう。

① 28 + 18　② 3 + 77　③ 51 + 6　④ 19 + 11

⑤ 44 + 44　⑥ 37 + 8　⑦ 28 + 25　⑧ 19 − 39

⑨ 49 + 45　⑩ 5 + 26

たし算の ひっ算 (14)
くり上がりあり・なし ④

名前　　　　月　　日

● 計算《けいさん》を　しましょう。

① 7 + 33　② 56 + 17　③ 44 + 38　④ 22 + 39

⑤ 82 + 8　⑥ 34 + 19　⑦ 34 + 43　⑧ 5 + 25

⑨ 82 + 9　⑩ 2 + 36

(141%に拡大してご使用ください。)

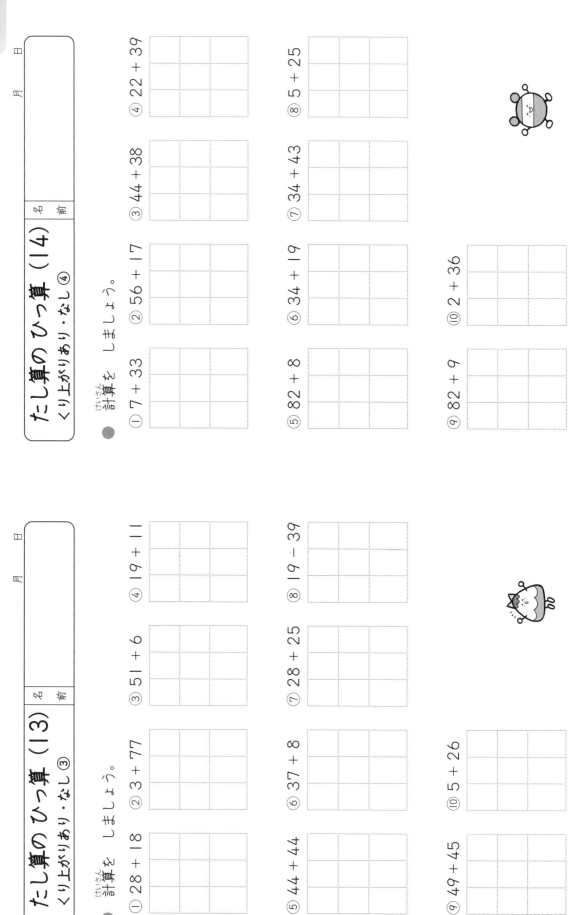

たし算の ひっ算（15）

名前

たし算の きまり／まちがいみつけ

1 34 + 47を ひっ算《さん》で しましょう。
また，たされる 数と たす 数を 入れかえて 計算《けいさん》して，答《こた》えを たしかめましょう。

	3	4
+	4	7

	4	7
+	3	4

2 答えが 同じに なる しきを 線《せん》で むすびましょう。

12+59 ・	・ 44+18
60+32 ・	・ 59+12
18+44 ・	・ 32+60

3 つぎの ひっ算の まちがいを 見つけて 正しく 計算しましょう。

①

	6	6
+	2	8
	8	4

②

	5	
+	1	8
	6	8

たし算の ひっ算（16）

名前

文しょうだい ①

1 あかねさんの 家《いえ》に みかんが 35こ あります。
となりの 家から 15こ もらいました。
みかんは あわせて いくつに なりましたか。

しき

答え

2 なおきさんの お兄《にい》さんは 14才《さい》です。
お父《とう》さんは お兄さんより 29才 年上です。
お父さんは 何才ですか。

しき

答え

3 ほのかさんは 46円，りほさんは 28円 もって います。
あわせて いくらですか。

しき

答え

4 家に えんぴつが 53本 あります。
37本 買《か》いました。
ぜんぶで 何本に なりましたか。

しき

答え

5分

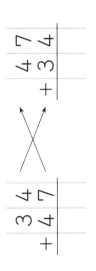

月　日

たし算の ひっ算 (17)
文しょうだい ②

名前

1 せつぶんの 日に，りょうこさんは 豆を 21こ，きよしさんは 69こ たべました。
2人 あわせて いくつ たべましたか。

しき

答え

2 まおさんは えんぴつを 43本 もって います。
妹《いもうと》は まおさんより 18本 多く もって います。
妹は えんぴつを 何本 もって いますか。

しき

答え

3 教室《きょうしつ》に 子どもが 26人 いました。
そこに 7人 入って きました。
子どもは 何人に なりましたか。

しき

答え

4 学校に 赤い チューリップが 35本 さいて います。
白い チューリップは 36本 さいています。
あわせて 何本 ありますか。

しき

答え

月　日

たし算の ひっ算 (18)
文しょうだい ③

名前

1 ちひろさんは 本を 37さつ もって いました。
たん生日に 本を 9さつ もらいまいた。
本は 何さつに なりましたか。

しき

答え

2 電車《でんしゃ》に 65人 のって います。
えきで 28人 のって きました。
ぜんぶで 何人に なりましたか。

しき

答え

3 体いくかんに 子どもが 37人 います。
校ていには 子どもが 48人 います。
あわせて 何人 いますか。

しき

答え

4 あみさんは 本を 43ページ 読《よ》みました。まりやさんは あみさんより 39ページ 多く 読みました。
まりやさんは 何ページ 読みましたか。

しき

答え

(141%に拡大してご使用ください。)

ふりかえり
たし算の ひっ算

名前

1 計算《けいさん》を　しましょう。

① 47 + 3

② 18 + 52

③ 51 + 13

④ 25 + 74

⑤ 36 + 8

⑥ 21 + 39

⑦ 4 + 16

⑧ 9 + 26

2 計算《けいさん》を　しなくても，答《こた》えが　同《おな》じに　なることが　わかる　しきを　見つけて，線《せん》で　むすびましょう。

25+16　　73+9　　68+44

9+73　　44+68　　16+25　　12+27

3 みくさんは　きのう　けいさんを　46もん，きょうは　39もん　ときました。
あわせて　何もん　ときましたか。

しき

答え

4 お店に　カードが　47まい　あります。新《あたら》しい　カードが　18まい　入って　きました。カードは　ぜんぶで　何まいに　なりましたか。

しき

答え

5 どうぶつえんに　うさぎが　8ぴき　います。ハムスターは　うさぎより　22ひき　多《おお》いです。
ハムスターは　何びき　いますか。

しき

答え

月　日

たし算の ひっ算（テスト）

名前

【知識・技能】

1 下の　計算《けいさん》の　答《こた》えを　たしかめます。
□に　あう　数を　書きましょう。(5)

$$\begin{array}{r} 43 \\ +\ 28 \\ \hline 71 \end{array} \rightarrow \begin{array}{r} \square\square \\ +\ 43 \\ \hline 71 \end{array}$$

（たしかめ）

2 ひっ算《さん》で　しましょう。(5×5)

① 52 + 31　② 27 + 48

③ 56 + 29　④ 87 + 6

⑤ 8 + 64

3 答えが　正しければ○，まちがって
いれば　正しい　答えを　□に
書きましょう。(5×4)

① $\begin{array}{r} 46 \\ +\ 38 \\ \hline 74 \end{array}$ □　② $\begin{array}{r} 44 \\ +\ 26 \\ \hline 70 \end{array}$ □

③ $\begin{array}{r} 6 \\ +\ 50 \\ \hline 56 \end{array}$ □　④ $\begin{array}{r} 33 \\ +\ 24 \\ \hline 67 \end{array}$ □

【思考・判断・表現】

4 27円の　チョコレートと，67円の　ポテ
トチップスを　買《か》いました。
あわせて いくらですか。(10)

しき

答え ＿＿＿＿

ひっ算

5 はとが　8羽《わ》　います。
そこへ　はとが　14羽とんできました。
はとは　なん羽に　なりましたか。(10)

しき

答え ＿＿＿＿

ひっ算

6 バスに　17人　のって　います。
つぎの　バスていで，さらに　9人のって
きました。バスに　のって　いるのは　何人
なりましたか。(10)

しき

答え ＿＿＿＿

ひっ算

7 2年生の　男の子は　28人です。
2年生の　女の子は　男の子よりも　7人
多いです。(10×2)

(1) 2年生の　女の子は　何人ですか。

しき

答え ＿＿＿＿

ひっ算

(2) 2年生は　全員《ぜんいん》で　何人ですか。

しき

答え ＿＿＿＿

ひっ算

（141%に拡大してご使用ください。）

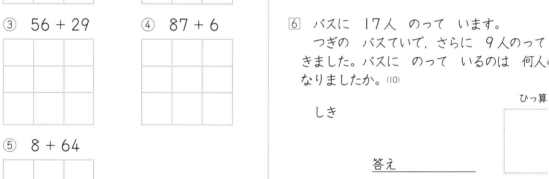

月　　日

やってみよう
たし算の ひっ算

名前

とびらを　あける　あんごうを　さがしだせ！
計算《けいさん》の　答《こた》えの　十のくらいを　たてに，一のくらいを　よこに　見て，そこに　かかれた　もじを　ならべよう。

一のくらい ／ 十のくらい

	0	2	4	6	8
1	あ	い	う	え	お
2	か	き	く	け	こ
3	さ	し	す	せ	そ
4	た	ち	つ	て	と
5	な	に	ぬ	ね	の
6	は	ひ	ふ	へ	ほ
7	ま	み	む	め	も
8	や	ゅ	ょ	わ	ん
9	ら	り	る	れ	ろ

答えが　36 だったら
たて 3　よこ 6 で
「せ」になるよ！

①　②　③　④

⑤　⑥　⑦　⑧

① $30 + 30$

② $37 + 43$

③ $9 + 15$

④ $24 + 34$

⑤ $38 + 54$

⑥ $19 + 21$

⑦ $10 + 2$

⑧ $27 + 23$

月　　日

算数あそび

たし算の ひっ算

名前

● 答《こた》えが　51，52，53，54，……69，70の　じゅんに　線《せん》を　むすびましょう。

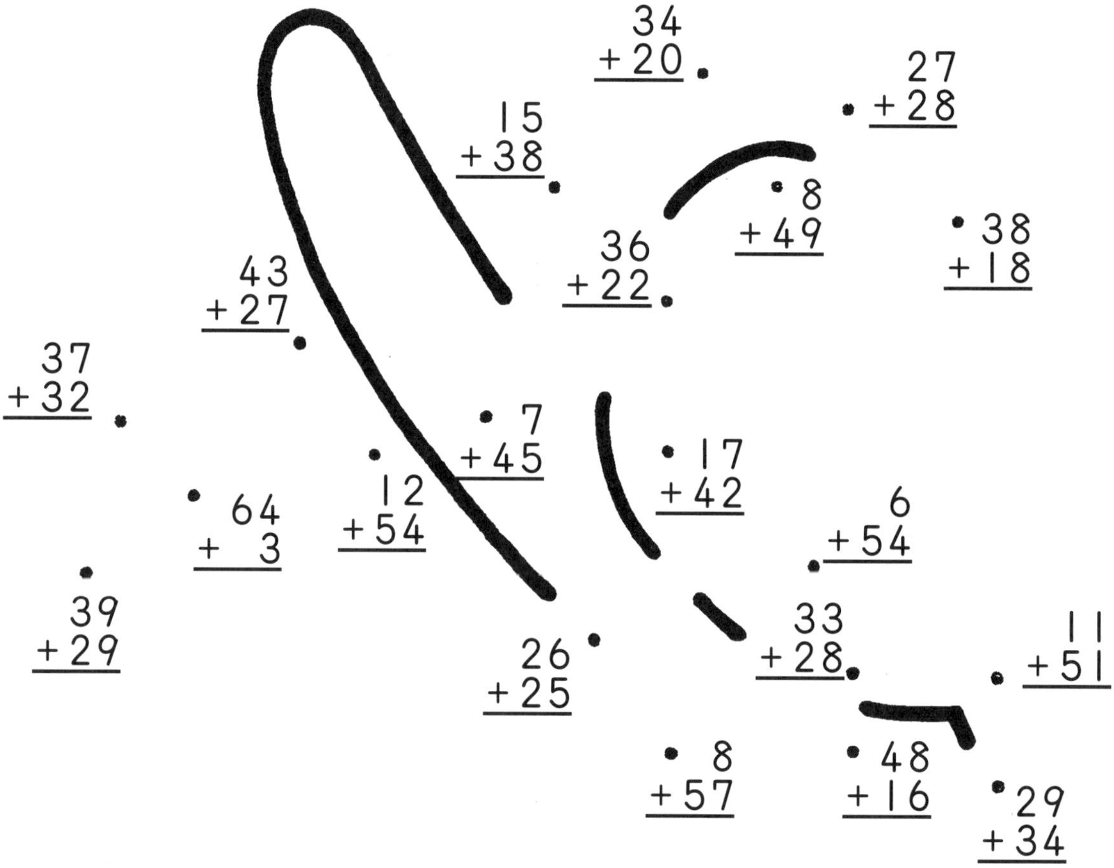

ひき算の ひっ算（1）
くり下がりなし ①

名前

[1] 56－23を ①～③の じゅんに ひっ算《さん》で しましょう。

	5	6
－	2	3

→

	5	6
－	2	3
		□

→

	5	6
－	2	3
	□	3

① くらいを たてに そろえて かく。

② 一のくらいの計算《けいさん》
6－3＝□

③ 十のくらいの計算
5－2＝□

[2] 計算《けいさん》を しましょう。

①

	8	6
－	4	4

②

	9	7
－	1	3

③

	7	5
－	2	1

ひき算の ひっ算（2）
くり下がりなし ②

名前

● 計算《けいさん》を しましょう。

① 68－28

② 39－19

③ 56－50

④ 23－20

⑤ 40－10

⑥ 90－70

3分

ひき算の ひっ算（3）

くり下がりなし ③

名前　　　　　月　　日

● 計算《けいさん》を　しましょう。

① 47 − 3

② 58 − 2

③ 64 − 61

④ 95 − 94

⑤ 83 − 3

⑥ 76 − 6

ひき算の ひっ算（4）

くり下がりなし ④

名前　　　　　月　　日

● 計算《けいさん》を　しましょう。

① 92 − 11

② 57 − 2

③ 85 − 83

④ 74 − 14

⑤ 63 − 60

⑥ 52 − 2

（141%に拡大してご使用ください。）

ひき算の ひっ算（5）
くり下がりあり ①

名前

1 43－27を ①～③の じゅんに ひっ算《さん》で しましょう。

4 3 －2 7 ――――	→ ③ 10 　4̸ 3 －2 7 ―――― 　　□	→ ③ 　4̸ 3 －2 7 ―――― 　□ 6
① くらいを たてに そろえて かく。	② 一のくらいの計算《けいさん》 3から7は ひけない。 十のくらいから 1くり下げる。	③ 十のくらいの計算 1くり下げたので 3
	13－7＝□	3－2＝□

2 計算《けいさん》を しましょう。

① 56－18

② 64－29

③ 71－25

ひき算の ひっ算（6）
くり下がりあり ②

名前

● 計算《けいさん》を しましょう。

① 60－14

② 80－35

③ 67－58

④ 91－82

⑤ 60－53

⑥ 90－84

3分

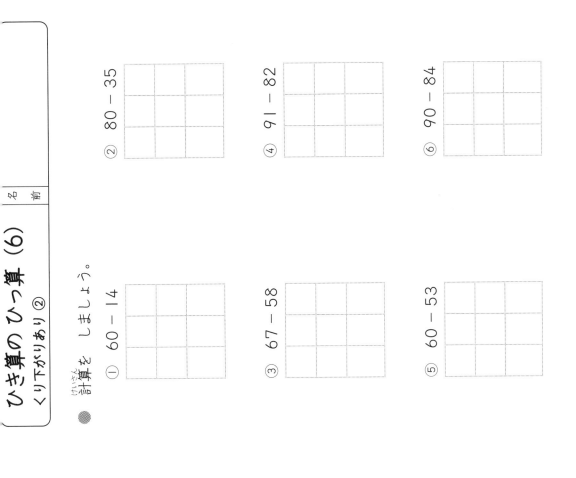

月　日

ひき算の ひっ算 (7)
くり下がりあり ③

名前

● 計算《けいさん》を　しましょう。

① 23 − 8

② 57 − 9

③ 40 − 1

④ 60 − 5

⑤ 34 − 26

⑥ 78 − 69

月　日

ひき算の ひっ算 (8)
くり下がりあり ④

名前

● 計算《けいさん》を　しましょう。

① 64 − 47

② 82 − 8

③ 30 − 19

④ 56 − 47

⑤ 80 − 72

⑥ 30 − 1

(141%に拡大してご使用ください。)

ひき算の ひっ算 (9)

くり下がりあり ⑤

名前

● 計算《けいさん》を　しましょう。

① 65 − 59　② 30 − 7　③ 28 − 19　④ 40 − 25

⑤ 33 − 14　⑥ 26 − 8　⑦ 41 − 18　⑧ 90 − 27

⑨ 46 − 38　⑩ 52 − 7

ひき算の ひっ算 (10)

くり下がりあり ⑥

名前

● 計算《けいさん》を　しましょう。

① 81 − 33　② 90 − 4　③ 75 − 28　④ 63 − 9

⑤ 60 − 45　⑥ 42 − 38　⑦ 96 − 87　⑧ 21 − 6

⑨ 45 − 17　⑩ 90 − 2

5分

(141%に拡大してご使用ください。)

ひき算の ひっ算（11）
くり下がりあり・なし ①

名前　　　　　月　　日

● 計算《けいさん》を　しましょう。

① 32 − 29　② 60 − 7　③ 45 − 14　④ 83 − 14

⑤ 60 − 8　⑥ 63 − 39　⑦ 50 − 35　⑧ 42 − 7

⑨ 91 − 62　⑩ 89 − 40

ひき算の ひっ算（12）
くり下がりあり・なし ②

名前　　　　　月　　日

● 計算《けいさん》を　しましょう。

① 76 − 67　② 50 − 14　③ 77 − 8　④ 40 − 12

⑤ 88 − 35　⑥ 92 − 18　⑦ 99 − 39　⑧ 34 − 15

⑨ 45 − 4　⑩ 90 − 34

（141%に拡大してご使用ください。）

5分

ひき算の ひっ算（13）
くり下がりあり・なし ③

名前

● 計算《けいさん》を　しましょう。

① 54 − 36　② 72 − 27　③ 18 − 9　④ 80 − 3

⑤ 56 − 16　⑥ 42 − 19　⑦ 45 − 30　⑧ 83 − 47

⑨ 60 − 22　⑩ 31 − 17

ひき算の ひっ算（14）
くり下がりあり・なし ④

名前

● 計算《けいさん》を　しましょう。

① 94 − 8　② 50 − 16　③ 40 − 5　④ 53 − 37

⑤ 89 − 29　⑥ 78 − 20　⑦ 96 − 7　⑧ 41 − 18

⑨ 63 − 48　⑩ 25 − 17

（141％に拡大してご使用ください。）

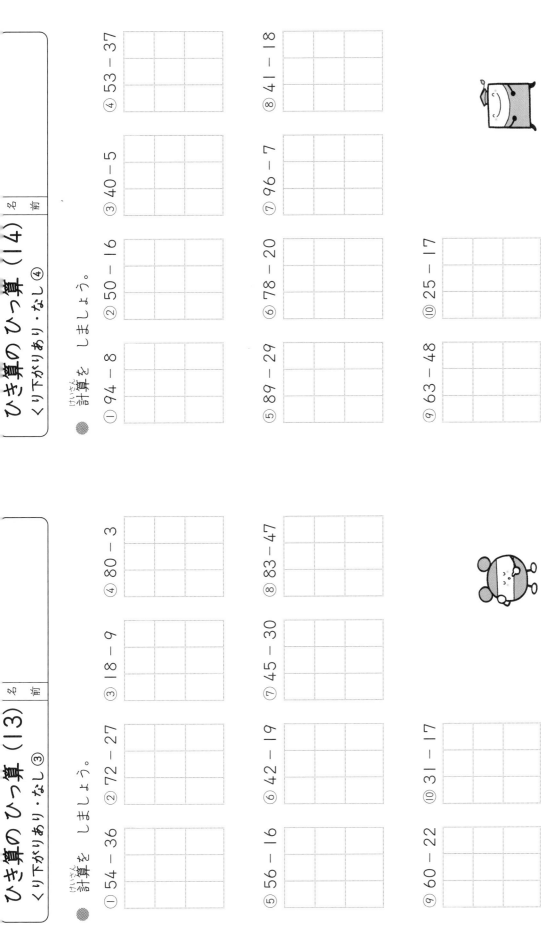

月　　日

ひき算の ひっ算（15）

名前

ひき算の きまり

1 63－37を　ひっ算《さん》で　しましょう。
また，答《こた》えを　たしかめましょう。

ひかれる数		6	3				
ひく数	－	3	7		＋	3	7
答え							

2 ひっ算を　しましょう。そして，答えの　たしかめに
なる　しきを　えらび　線《せん》で　むすびましょう。

①

	5	0
－	2	6

②

	2	3
－		8

③

	4	4
－	1	9

24＋26　　25＋19　　15＋8

月　　日

ひき算の ひっ算（16）

名前

文しょうだい ①

1 おにぎりが　51こ　あります。
かぞくで　18こ　食《た》べました。
のこりは　何こですか。

しき

答《こた》え

2 教室《きょうしつ》に　男の子は　27人，女の子は　31人　います。
どちらが　何人　多《おお》いですか。

しき

答え

3 白い　ねこと　黒《くろ》い　ねこが　あわせて　33びきいます。
黒い　ねこは　17ひきです。
白い　ねこは　何びきですか。

しき

答え

4 かずきさんの　お父《とう》さんは　40才です。
お兄《にい》さんは　お父さんより　24才　年下です。
お兄さんは　何才ですか。

しき

答え

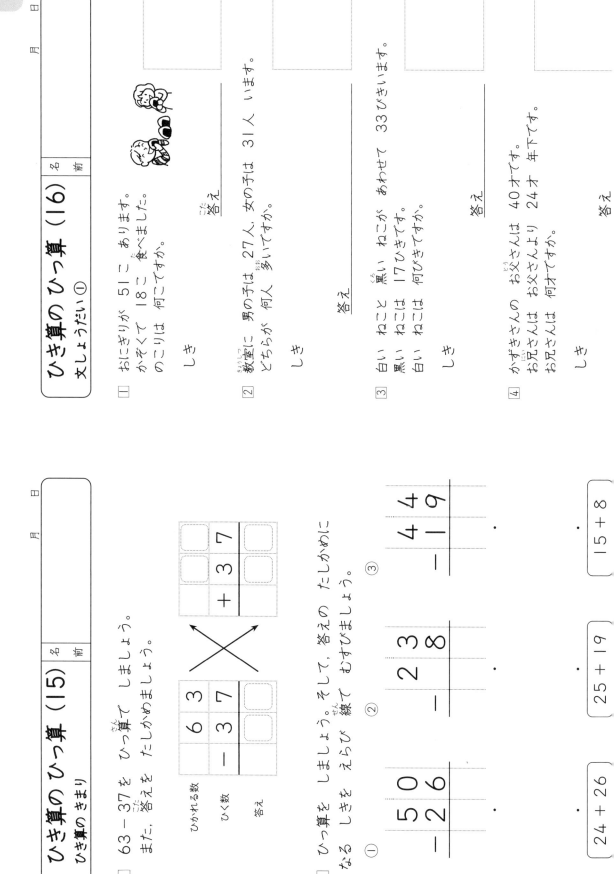

ひき算の ひっ算（17）

名前

文しょうだい ②

1 りょうこさんは　82円　もって　います。
25円　つかいました。
のこりは　いくらですか。

しき

答《こた》え

2 チョコレートが　44こ，あめが　38こ　あります。
どちらが　何《なん》こ　多《おお》いですか。

しき

答え

3 みきさんは　本を　68ページ　読《よ》みました。妹《いもうと》は　みきさんより
29ページ　少《すく》なく　読みました。
妹は　何ページ　読みましたか。

しき

答え

4 ラジオ体《たい》そうに　45人の　子どもが　いました。
そのうち　16人が　1回《かい》も　休まず　行《い》きました。
休んだことの　ある　子どもは　何人ですか。

しき

答え

ひき算の ひっ算（18）

名前

文しょうだい ③

1 にわに　花が　83本　ありました。
26本が　かれました。
のこりは　何本《なんぼん》ですか。

しき

答《こた》え

2 3年生は　しゅくだいが　32ページ　あります。
2年生は　それより　17ページ　少《すく》ないです。
2年生の　しゅくだいは　何ページですか。

しき

答え

3 ケーキやさんに　いちごの　ショートケーキが　11こ，
タルトが　8こ　あります。どちらが　何こ　多《おお》いですか。

しき

答え

4 オレンジジュースと　りんごジュースが　あわせて　51本
あります。オレンジジュースは27本です。
りんごジュースは　何本ですか。

しき

答え

5分

月　　日

ふりかえり
ひき算の ひっ算

名前

1 計算《けいさん》を　しましょう。

① 53 − 28

② 60 − 14

③ 81 − 79

④ 44 − 23

⑤ 50 − 42

⑥ 97 − 8

⑦ 65 − 31

⑧ 70 − 6

2 上の　ひき算《ざん》の　答《こた》えの　たしかめに　なる，たし算の　しきは　どれですか。線《せん》で　むすびましょう。

54 − 38　　76 − 20　　91 − 3

56 + 20　　13 + 82　　88 + 3　　16 + 38

3 あやねさんの　にわに　花が　46本　さいて　います。げんかんの　花は　にわの　花より　29本　少ないです。げんかんの　花は　何本ですか。

しき

答え

4 だいきさんは　けしごむを　18こ　もって　います。弟《おとうと》は　21こ　もって　います。どちらが　何こ　多《おお》いですか。

しき

答え

5 クッキーを　60まい　作《つく》りました。13まい　食《た》べました。のこりは　いくつですか。

しき

答え

月　日

ひき算の ひっ算（テスト）

名前

1 ひっ算《さん》で しましょう。(5×5)

① 56 − 23　② 87 − 60

③ 52 − 36　④ 72 − 67

⑤ 46 − 8

2 下の 計算《けいさん》の 答《こた》えを たしかめます。
□ にあう数を 書《か》きましょう。(5)

	8	3
−	2	8
	5	5

→ たしかめ

	□	□
＋	2	8
	8	3

3 答えが 正しければ○，まちがって いれば 正しい 答えを □ に 書きましょう。(5×4)

①

	5	8
−	3	4
	1	4

□

②

	6	0
−	2	7
	3	7

□

③

	4	1
−		7
	3	4

□

④

	6	3
−	2	9
	4	6

□

4 35円の チョコレートを 買《か》って，
50円 はらいました。
おつりは いくらですか。(10)

しき　　　　ひっ算

答え

5 いちごが 32こ あります。
8こ 食べると のこりは
何こですか。(10)

しき　　　　ひっ算

答え

6 白組は 64点，赤組は 80点でした。
赤組の 方《ほう》が，何点多《おお》いですか。(10)

しき　　　　ひっ算

答え

7 2年生は 全員《ぜんいん》で 71人です。
そのうち 女の子は 28人です。(10×2)

(1) 2年生の 男の子は 何人ですか。

しき　　　　ひっ算

答え

(2) 2年生の 女の子と 男の子では
どちらが 何人 多いですか。

しき　　　　ひっ算

答え

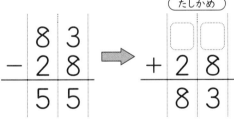

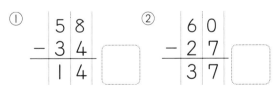

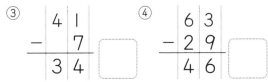

月　日

算数あそび

ひき算の ひっ算 ①

名前

● ひき算《さん》を　しましょう。答《こた》えを　下の □ の
あうところに　書《か》きましょう。

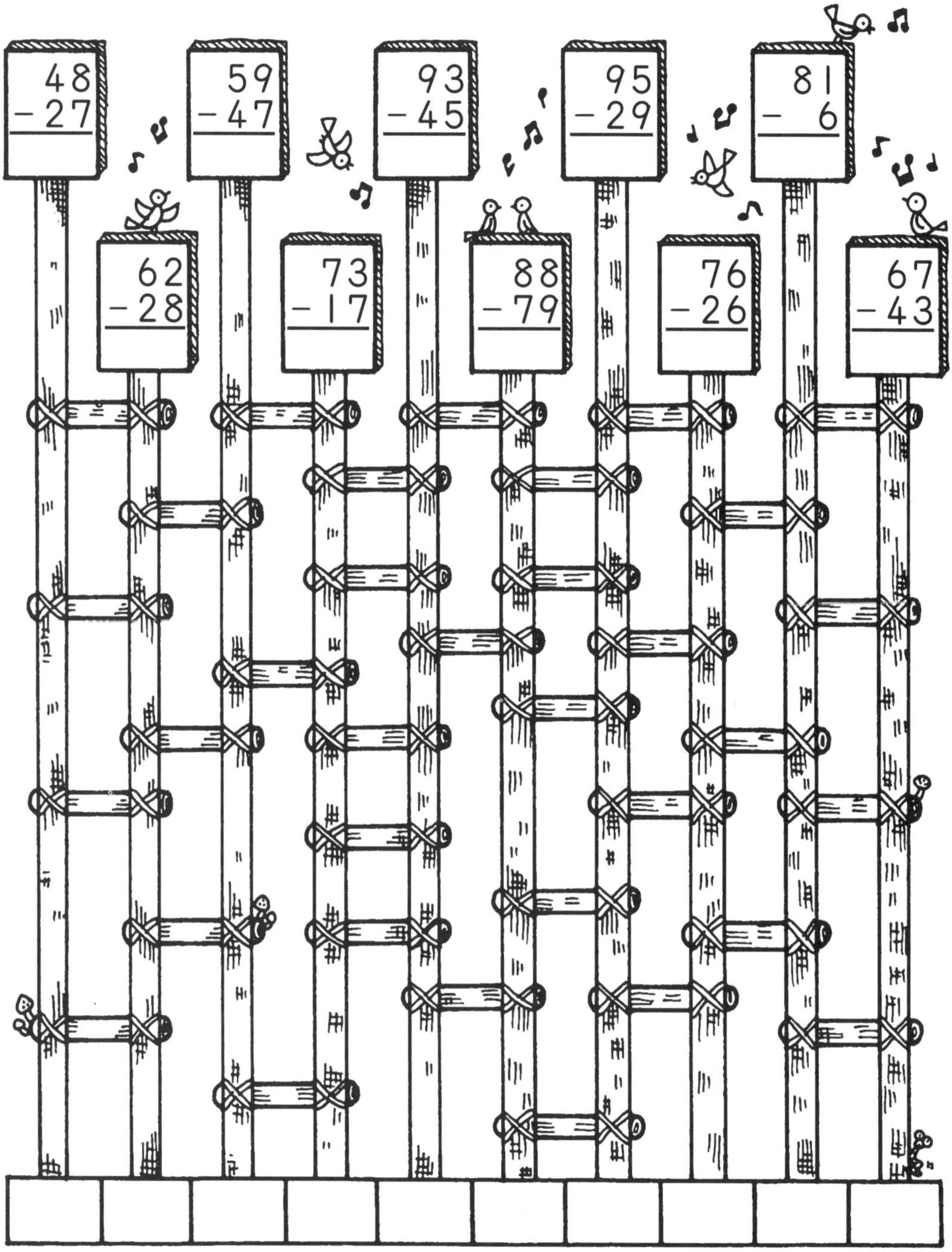

月　　日

算数あそび

ひき算の ひっ算 ②

名前

● 答《こた》えの　小さい　方《ほう》を　通《とお》って　ゴールまで　行きましょう。

月　　日

たし算と ひき算の ひっ算（1）

文しょうだい①

名前

[1] 水そうに　金魚《ぎょ》が　45ひき　います。そのうち　7ひき　すくうと，のこりは　何《なん》びきですか。

しき

答《こた》え

[2] 赤い　風船《ふうせん》が　18こ，白い　風船が　23こ　あります。
風船は　ぜんぶで　何こ　ありますか。

しき

答え

[3] あさりがりで　かずきさんは　32こ　とりました。
お姉《ねえ》さんは　かずきさんより　9こ　多《おお》くとりました。
お姉さんは　あさりを　何こ　とりましたか。

しき

答え

月　　日

たし算と ひき算の ひっ算（2）

文しょうだい②

名前

[1] ぶどうを　36つぶ　食《た》べると，のこりが　45つぶに　なりました。ぶどうは，はじめに　何つぶ　ありましたか。

しき

答《こた》え

[2] 玉入れを　しました。赤組《ぐみ》は　62こ　入れました。
白組は　赤組より　25こ　少《すく》なく　入れました。
白組は　何こ　入れましたか。

しき

答え

[3] あめが　80こ　あります。友《とも》だちに　35こ　くばると，あめは　何こ　のこりますか。

しき

答え

（141％に拡大してご使用ください。）

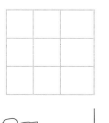

たし算と ひき算の ひっ算 (3)

名前

文しょうだい ③

1　ちゅう車場《しゃじょう》に，車が　78台《だい》　とまって　いました。そこへ車が　何台《なんだい》か　入って　きたので，車は　ぜんぶで　92台になりました。車は　何台　入って　きましたか。

しき

答《こた》え

2　赤い　チューリップが　42本，黄色《きいろ》い　チューリップが　39本　さいて　います。チューリップは　ぜんぶで　何本　さいて　いますか。

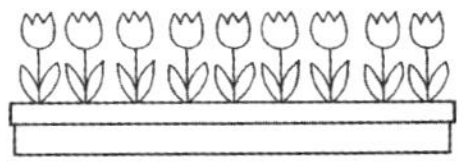

しき

答え

3　公園《こうえん》に　子どもが　63人　います。
そのうち　男の子は　28人です。女の子は　何人ですか。

しき

答え

たし算と ひき算の ひっ算 (4)

名前

文しょうだい ④

1　けいすけさんは　クイズを　33もんして，9もん　まちがえました。せいかいは　何《なん》もんでしたか。

しき

答《こた》え

2　おはじきを　27こ　もって　いました。
おばあさんに　53こ　もらいました。
おはじきは　何こに　なりましたか。

しき

答え

3　しょうたさんの　算数《さんすう》の　テストは　79点《てん》でした。
これは　国語《こくご》の　テストより　16点　ひくいです。
国語は　何点でしたか。

しき

答え

5分

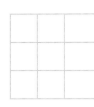

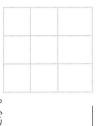

月　　日

長さ（1）

名前

● 魚《さかな》の　大きさを　くらべましょう。

(1) いちばん　線《せん》が　長《なが》いのは，どれですか。

(2) いちばん　線が　みじかいのは，どれですか。

月　　日

長さ (2)

名前

1　どちらが　どれだけ　長《なが》いでしょう。
長い　方《ほう》の　(　)に　○を　書《か》きましょう。

① 色紙《いろがみ》の　たてと　よこ

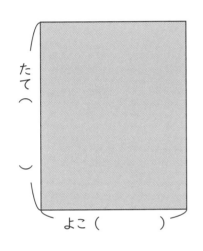

② ㋐の　えんぴつと
㋑の　えんぴつ

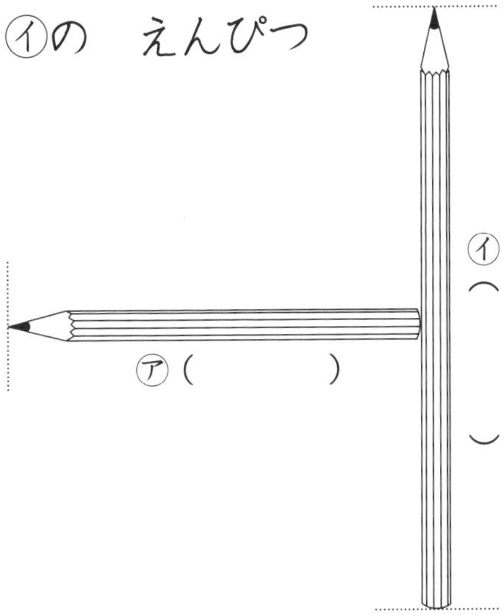

2　どちらが　どれだけ　長いでしょう。
(　)に　あてはまる　ことばや　数《かず》を　書きましょう。

㋐　のり

㋑　えんぴつ

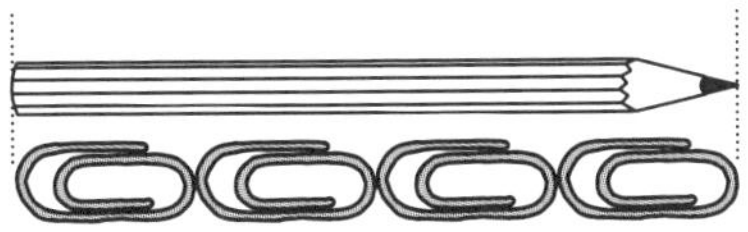

㋐　のりは，
クリップ(　　　)こ分《ぶん》

㋑　えんぴつは，
クリップ(　　　)こ分《ぶん》

だから，
(　　　　　　　)の　方が
クリップ(　　)こ分　長い。

月　　日

長さ (3)

名前

長《なが》さを　はかる　たんいに
センチメートルが　あります。
1センチメートル は 1cm と　書《か》きます。

1cm

[1] cmを　書く　れんしゅうを　しましょう。

1cm 2cm 3cm 4cm 5cm

[2] 1ますが　1cmの　工作用紙《こうさくようし》で　長さを　はかりましょう。

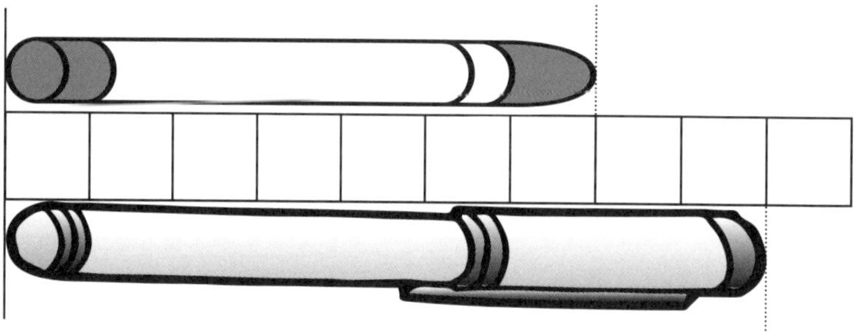

① (　　　cm)

② (　　　cm)

[3] ものさしで　長さを　はかりましょう。

①
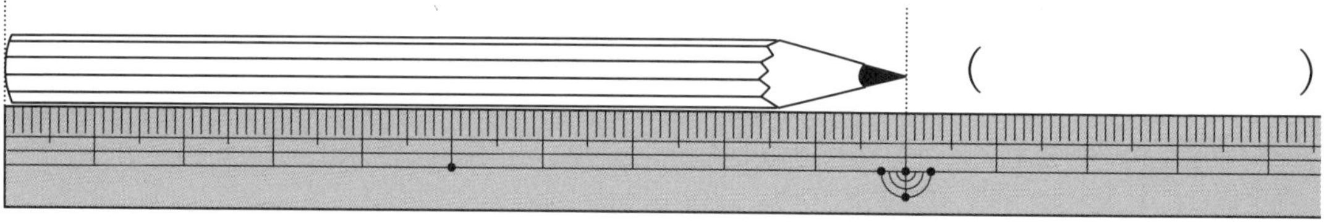
(　　　　)

②
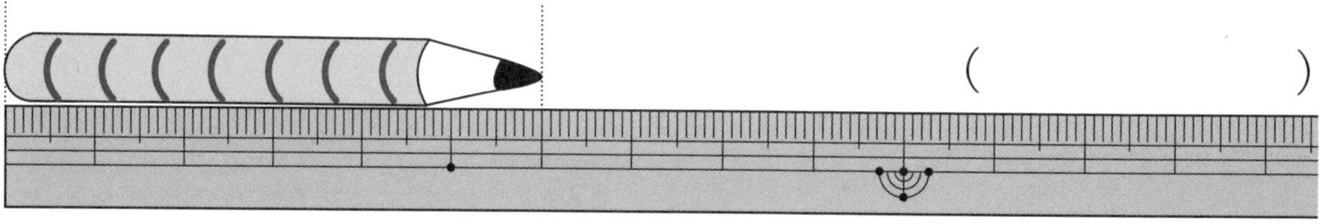
(　　　　)

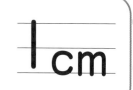

月　　日

長さ (4)

名前

□1 左の　はしから　㋐，㋑，㋒までの　長《なが》さは　それぞれ　何cmですか。

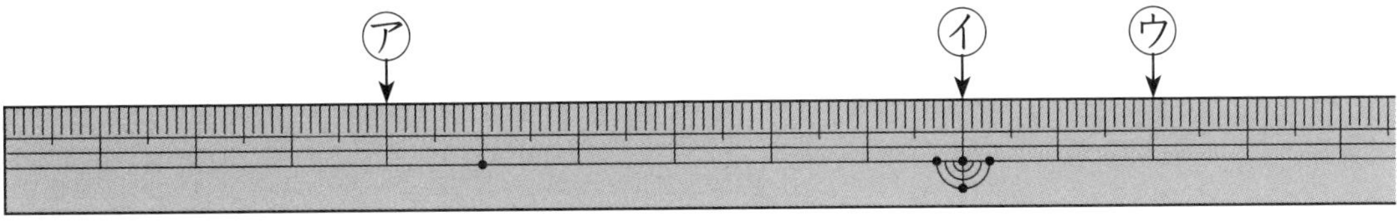

㋐（　　　　　cm）

㋑（　　　　　cm）

㋒（　　　　　cm）

□2 ものさしで　つぎの　長さの　線《せん》を　ひきましょう。

① 3cm　・

② 9cm　・

③ 12cm　・

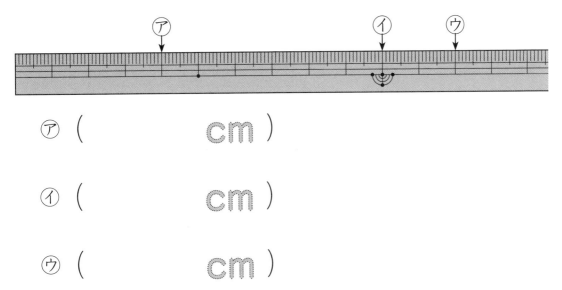

月　　日

長さ（5）

名前

● ありが　歩《ある》いた　長《なが》さを　しらべます。

(1) ㋐～㋓の　ありが　歩いた　長さを　はかりましょう。

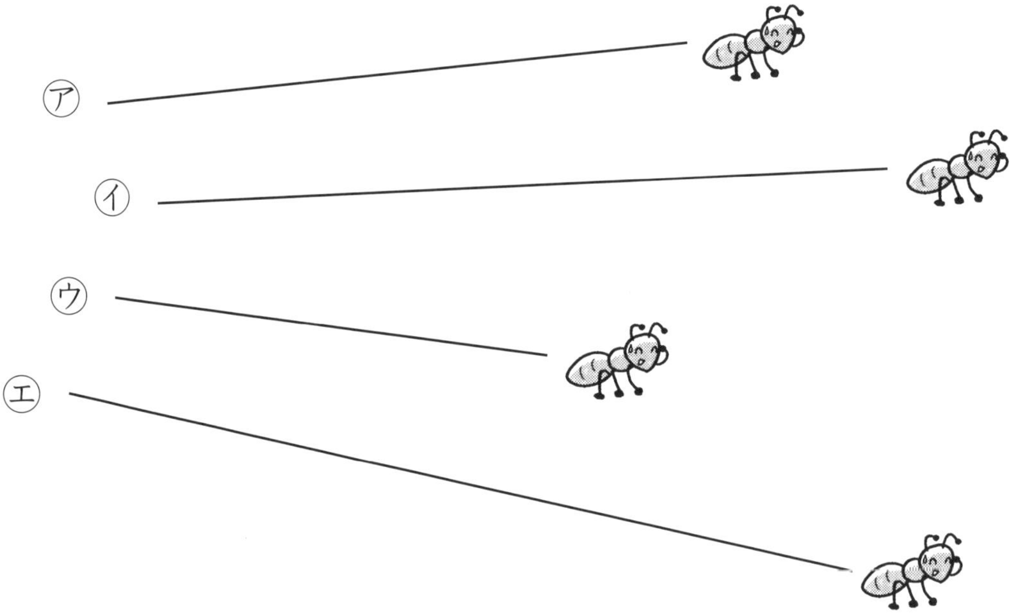

㋐（　　　　cm）　㋑（　　　　cm）

㋒（　　　　cm）　㋓（　　　　cm）

(2) いちばん　長く　歩いた　ありは　どの　ありですか。

月　　日

長さ (6)

名前

|cm を 同《おな》じ 長《なが》さに □ に 分《わ》けた |こ分《ぶん》の 長さを 1ミリメートル といいます。 |cm = □ mm

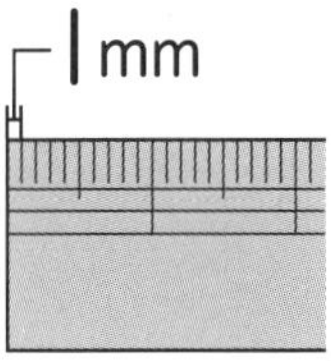

3 mmを 書く れんしゅうを しましょう。

1mm 2mm 3mm 4mm

2 つぎの ものの 長さは どれだけでしょうか。

①

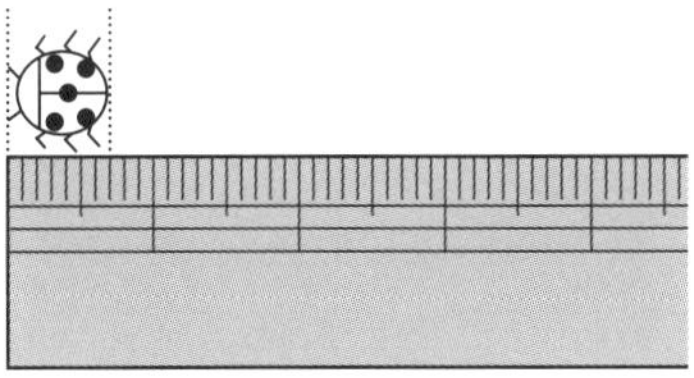

(　　mm)

②

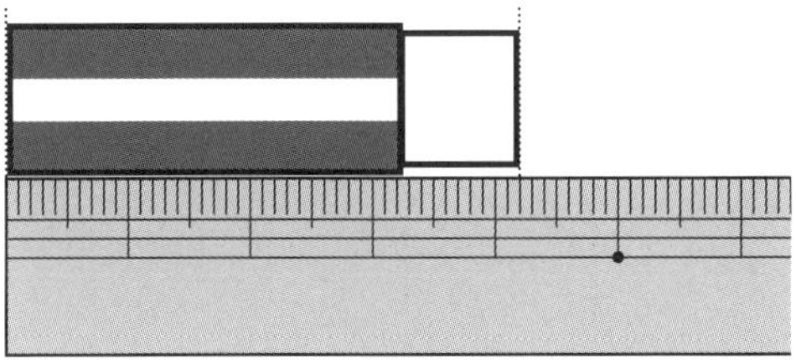

(　　cm　　mm)

③

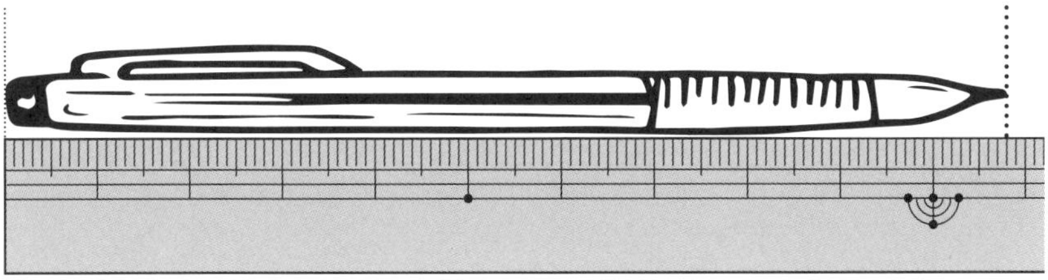

(　　cm　　mm)

5分

月　　日

長さ (7)

名前	

[1] つぎの　長《なが》さを　ものさしで　はかりましょう。

① 

② 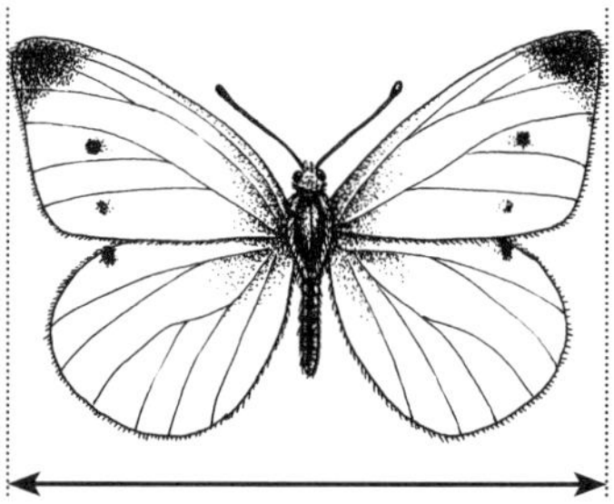

（　　mm）　　（　　cm　　mm）

[2] つぎの　長さを　ものさしで　はかりましょう。

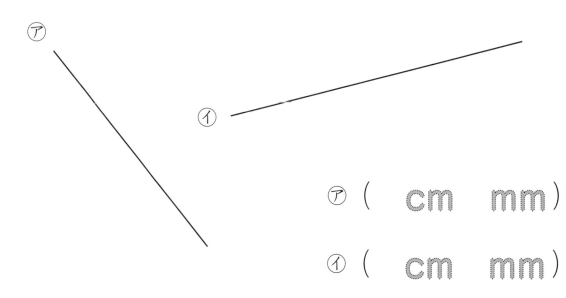

㋐

㋑

㋐（　　cm　　mm）

㋑（　　cm　　mm）

[3] つぎの　長さの　線《せん》を　ひきましょう。

① 9cm 3mm　・

② 2cm 6mm　・

月　　日

長さ (8)

名前	

1 (　)に あてはまる 数《かず》を 書《か》きましょう。

① 4cm 7mm ＝ (　　) mm

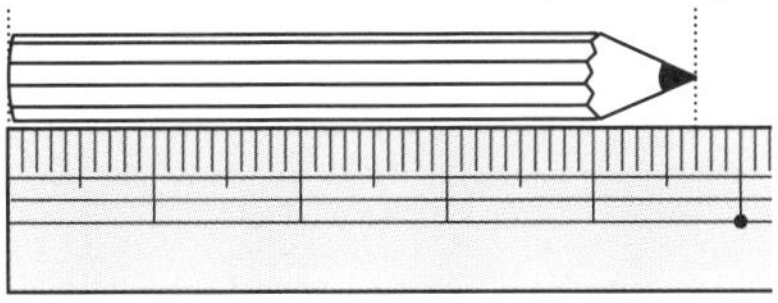

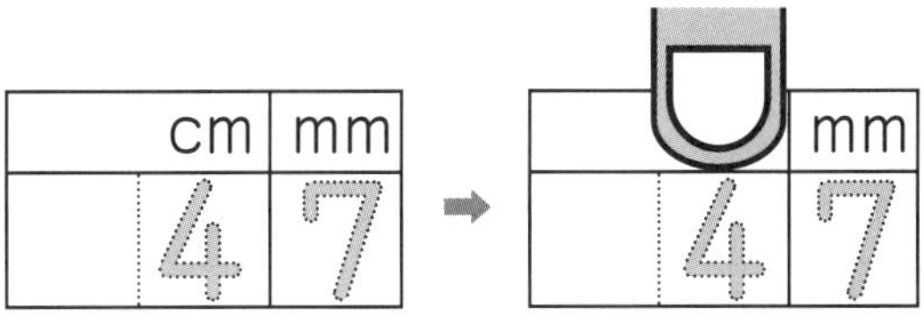

② 3cm ＝ (　　) mm

③ 10cm 9mm ＝ (　　) mm

④ 80mm ＝ (　　) cm

⑤ 15mm ＝ (　　) cm (　　) mm

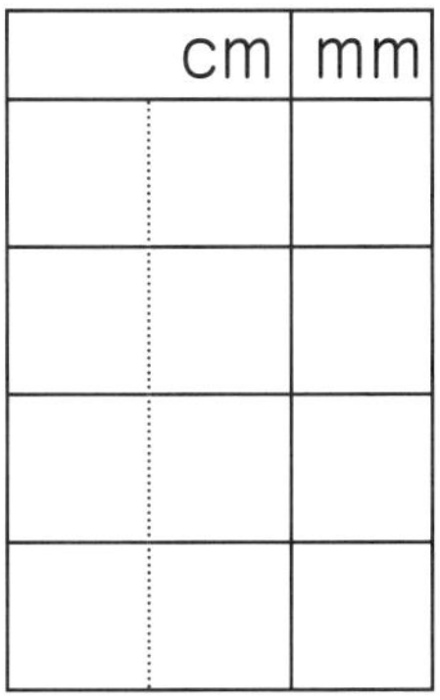

2 かたつむりから 花《はな》までの ㋐と ㋑の 道《みち》の 長《なが》さを はかって くらべましょう。

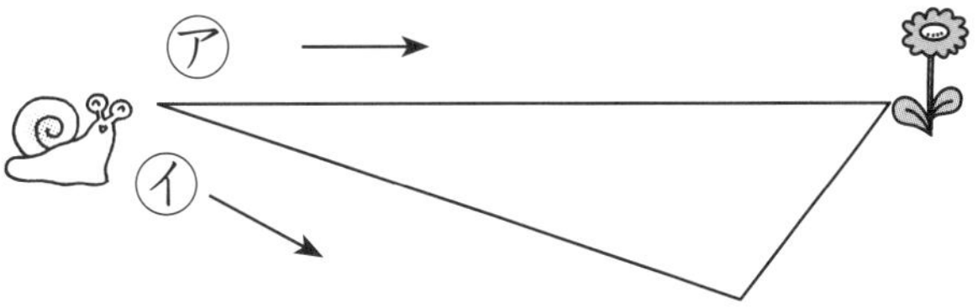

① ㋑の 道の 長さは 何《なん》cm ですか。

□ cm ＋ □ cm ＝ □ cm

② ㋐と ㋑の 道の 長さの ちがいは 何 cm ですか。

しき

答《こた》え ＿＿＿＿＿＿＿＿

月　　日

長さ (9)

名前

1 計算《けいさん》を　しましょう。

① 5cm 2mm + 3cm 3mm =

② 2cm 8mm + 6cm =

③ 3cm 1mm + 7mm =

④ 4cm + 2cm 9mm =

2 計算を　しましょう。

① 7cm 6mm − 2cm 5mm =

② 8cm 4mm − 5cm =

③ 4cm 9mm − 6mm =

④ 9cm 8mm − 6cm 8mm =

月　　日

長さ (10)

名前

1 計算《けいさん》を　しましょう。

① 3cm 9mm + 2cm 4mm =

	cm	mm
	3	9
+	2	4
	6	3

② 5cm 5mm + 1cm 6mm =

	cm	mm

③ 7cm 4mm + 8mm =

	cm	mm

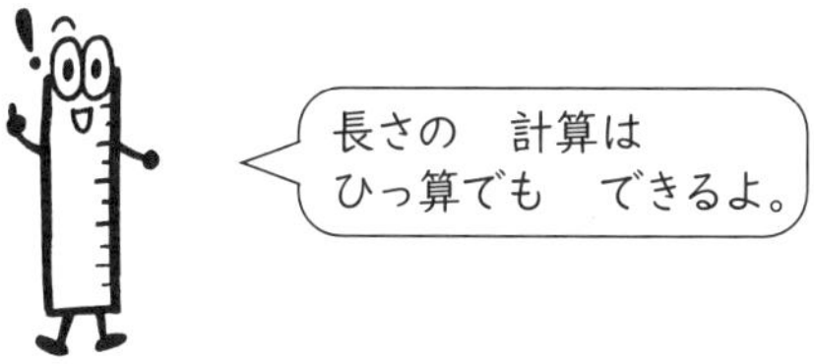

2 計算を　しましょう。

① 5cm 3mm − 2cm 6mm =

	cm	mm

② 9cm − 3cm 4mm =

	cm	mm

③ 8cm 2mm − 6mm =

	cm	mm

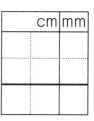

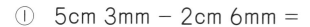

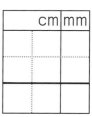

10分

月　　日

長さ（11）

名前

1 計算《けいさん》を　しましょう。

① 4cm 3mm ＋ 5mm ＝

② 3cm 8mm ＋ 4cm 1mm ＝

③ 5cm ＋ 2cm 7mm ＝

④ 1cm 5mm ＋ 7cm ＝

2 計算を　しましょう。

① 5cm 6mm − 3cm ＝

② 9cm 7mm − 6cm 5mm ＝

③ 8cm 4mm − 2cm 3mm ＝

④ 6cm 8mm − 4mm ＝

10分

月　日

長さ (12)

名前

1 計算《けいさん》を　しましょう。

① 5cm 6mm + 8mm =

② 2cm 9mm + 4cm 5mm =

③ 4cm 4mm + 3cm 7mm =

2 計算を　しましょう。

① 7cm 6mm − 9mm =

② 6cm − 4cm 8mm =

③ 5cm 2mm − 2cm 5mm =

月　日

ふりかえり
長さ ①

名前

1 ものさしで 長《なが》さを はかりましょう。

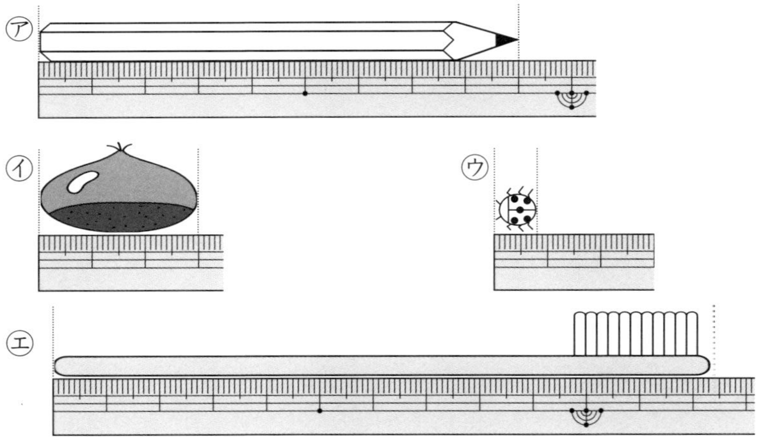

㋐（　　）　㋑（　　）
㋒（　　）　㋓（　　）

2 左の はしから ㋐, ㋑, ㋒, ㋓, ㋔, ㋕までの 長さは, それぞれ どれだけですか。

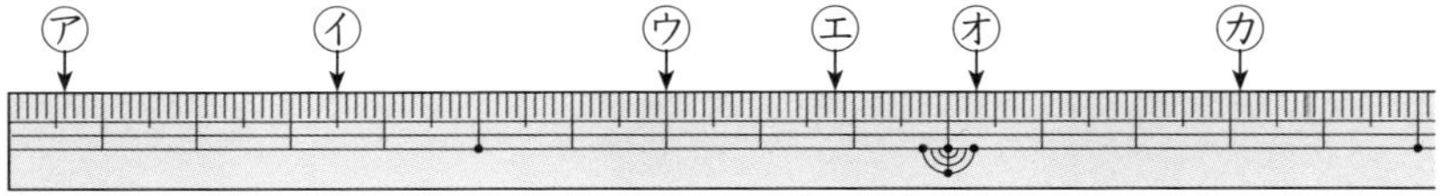

㋐（　　）　㋑（　　）
㋒（　　）　㋓（　　）
㋔（　　）　㋕（　　）

3 ものさしで つぎの 長さの 線《せん》を ひきましょう。

① 4cm ・
② 9mm ・
③ 6cm 5mm ・
④ 10cm 2mm ・
⑤ 8cm 7mm ・

4 ㋐～㋓の 長さを しらべます。

(1) ものさしで 長さを はかりましょう。

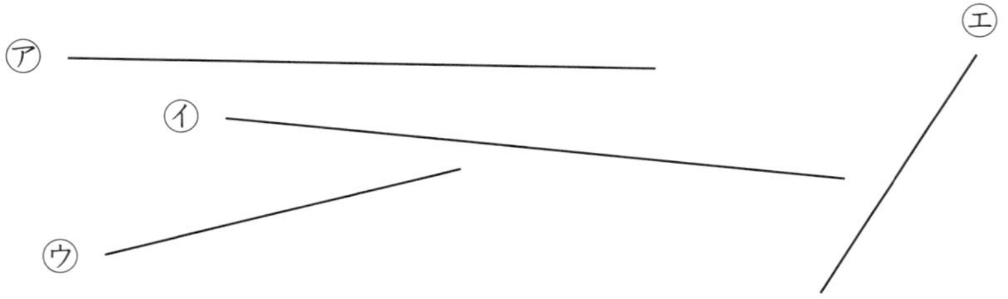

㋐（　　）　㋑（　　）
㋒（　　）　㋓（　　）

(2) いちばん 長い ものは どれですか。

(3) いちばん みじかい ものは どれですか。

（141%に拡大してご使用ください。）

ふりかえり
長さ ②

名前

1　ものさしで　㋐～㋓の　長《なが》さが　それぞれ　何《なん》cm 何 mm か はかって　(　)に　書《か》きましょう。
　また，何 mm かを　□　に　書きましょう。

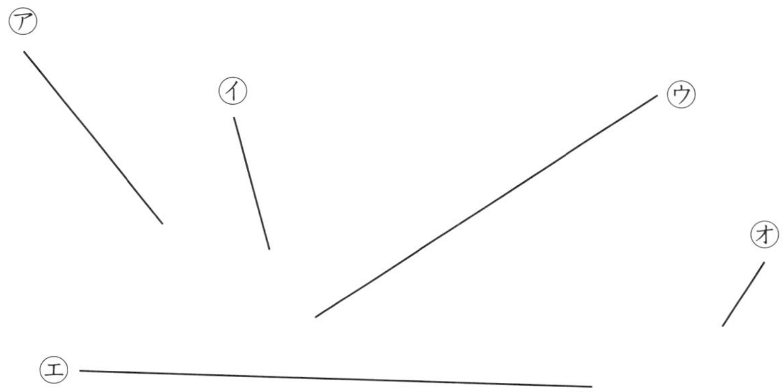

㋐ (　　　　)　□ mm

㋑ (　　　　)　□ mm

㋒ (　　　　)　□ mm

㋓ (　　　　)　□ mm

㋔ (　　　　)　□ mm

2　計算《けいさん》を　しましょう。

① 5cm 6mm + 8mm =

② 2cm 9mm + 4cm 5mm =

③ 4cm 4mm + 3cm 7mm =

④ 5cm 6mm − 8mm =

⑤ 4cm 5mm − 2cm 9mm =

⑥ 4cm 4mm − 3cm 7mm =

3　㋐の　線《せん》と，㋑の　線を　くらべると，どちらが どれだけ　長いですか。

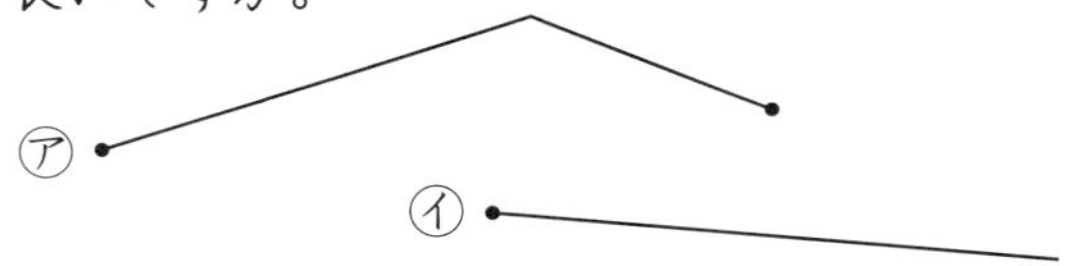

しき

答え　(　　)が(　　　　)長い。

10分 ふりかえり

月　日

長さ（テスト）

名前

【知識・技能】

1 長《なが》さに　ついて　□に　あてはまる数を　書きましょう。(5×2)

(1) 1mmは，1cmを □ に分けた1つ分の　長さです。

(2) 1cmの10こ分の長さは □ cmです。

2 ふさわしい　長さの　たんいを□に　書きましょう。(5×2)

(1) はがきの横《よこ》の長さ　10 □

(2) 教科書《きょうかしょ》のあつさ　14 □

3 ㋐，㋑の　長さを　□に書きましょう。(5×2)

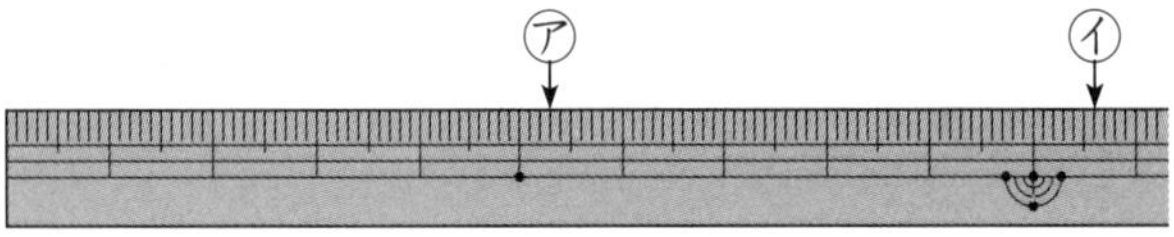

㋐ □　㋑ □

4 つぎの　長さの　直線《ちょくせん》を　|------ からかきましょう。(5×2)

(1) 4cm

(2) 7cm 7mm

5 □に　あてはまる　数を書きましょう。(5×2)

(1) 30 mm = □ cm

(2) 12cm 7mm = □ mm

【思考・判断・表現】

6 つぎの　2本の　テープを　見て答えましょう。(5×2)

(1) 2本の　テープの　ちがいは何cmですか。

しき

答え

(2) 2本の　テープを　つなぐと何cmですか。

しき

答え

7 ありが　㋐から　㋑まで　線の　上を歩《ある》いて　行きました。
どれだけ　歩きましたか。(10)

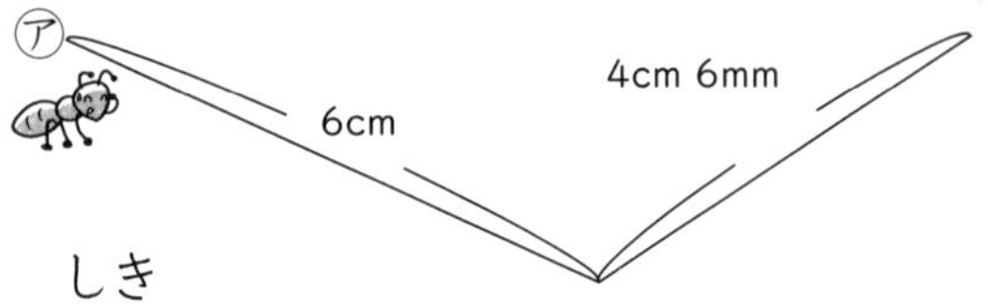

しき

答え

8 チョウと　テントウムシの　長さのちがいは　何cmですか。(10)

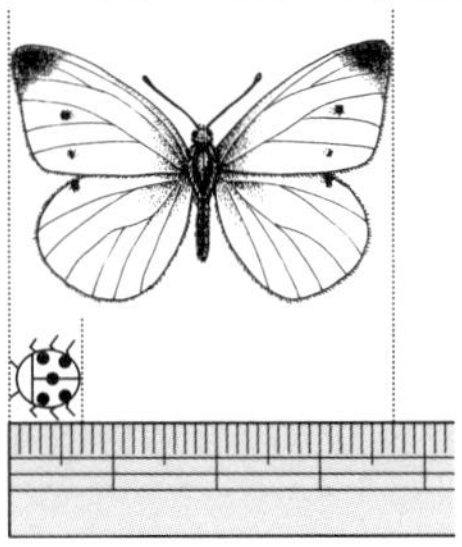

しき

答え

9 赤えんぴつは　9cm 6mmです。
青えんぴつは　10cm 9mmです。
どちらがどれだけ長いですか。(10)

しき

答え

月　　日

算数あそび
長さ

名前

● 点《てん》・と 点《てん》・の 間《あいだ》が 1cm, 2cm, 4cm, 5cm, 6cm, 11cmの ところを 線《せん》で むすびましょう。

月　　日

1000までの数（1）

名前

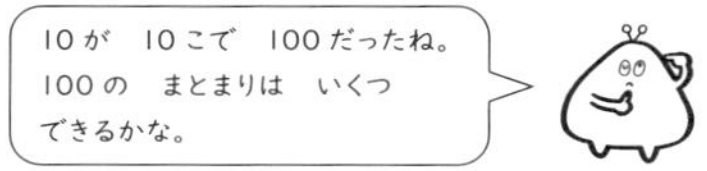
10が　10こで　100だったね。
100の　まとまりは　いくつ
できるかな。

魚《さかな》は　ぜんぶで　何《なん》びき　いますか。

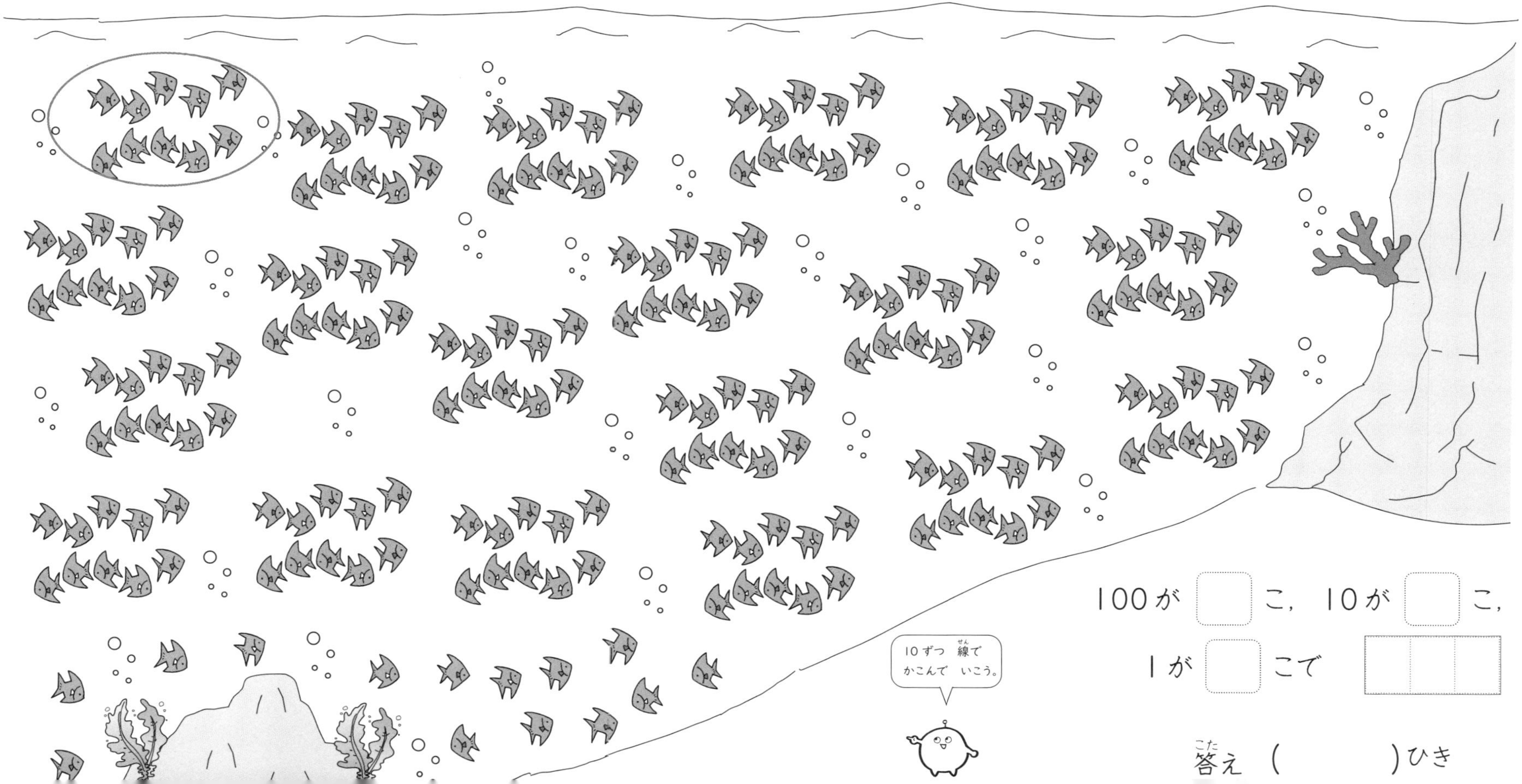
10ずつ　線《せん》で
かこんで　いこう。

100が　□　こ，10が　□　こ，

1が　□　こで　□□□

答《こた》え（　　　　）ひき

1000までの 数 (2)

名前

● ▢は ぜんぶで 何《なん》こ ありますか。

①

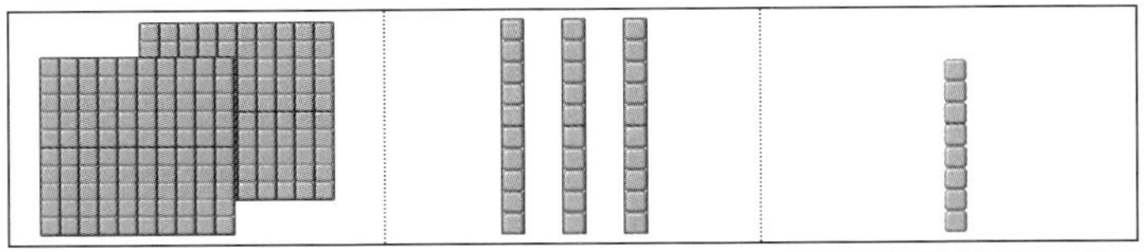

	百のくらい	十のくらい	一のくらい
読《よ》み方	二百	三十	八
数字《すうじ》			

②

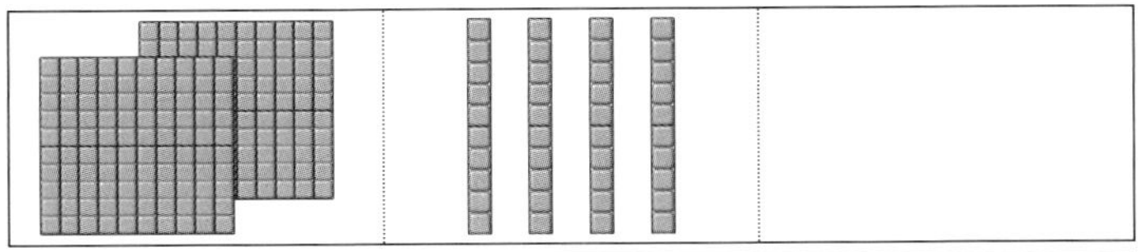

	百のくらい	十のくらい	一のくらい
読み方	二百	四十	
数字			

③

	百のくらい	十のくらい	一のくらい
読み方	三百		二
数字			

1000までの 数 (3)

名前

3分

1 数字《すうじ》で 書《か》きましょう。

① 四百五十七 ▢▢▢

② 八百六十 ▢▢▢

③ 五百一 ▢▢▢

④ 九百 ▢▢▢

2 ▢に あてはまる 数《かず》を 書きましょう。

① 100を 3こ，10を 8こ，1を 5こ あわせた 数は，▢▢▢ です。

② 100を 7こ，1を 4こ あわせた 数は ▢▢▢ です。

③ 890は，100を ▢ こ，10を ▢ こ あわせた 数です。

④ 百のくらいが 6，十のくらいが 1，一のくらいが 2の 数は，▢▢▢ です。

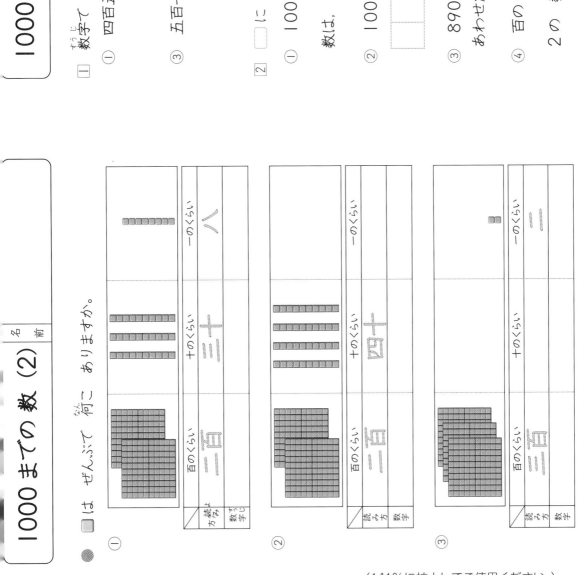

3分

1000までの 数 (4)

名前　　　　　月　　日

1 □に 答《こた》えを 書《か》きましょう。

① 10を 14こ あつめた 数《かず》は いくつですか。

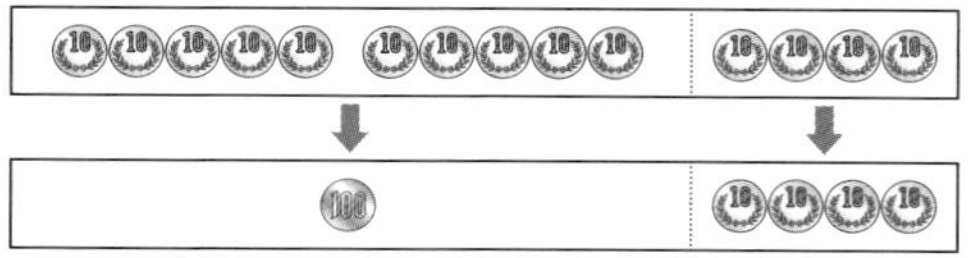

□

② 10を 28こ あつめた 数は いくつですか。

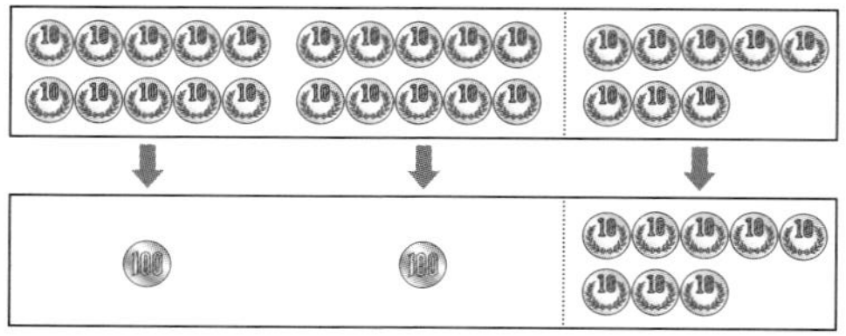

□

2 □に 答えを 書きましょう。

① 230は 10を 何《なん》こ あつめた 数ですか。

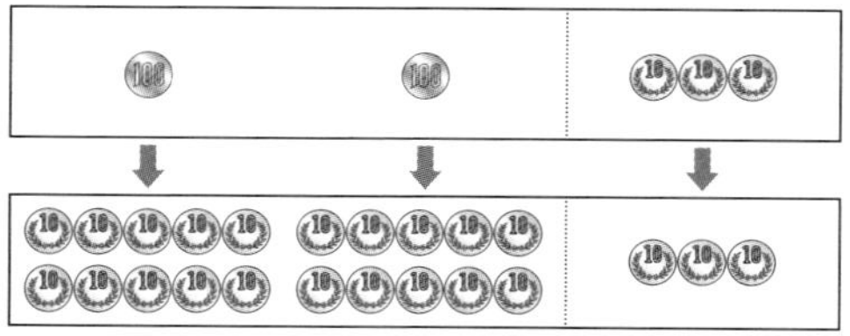

□こ

② 440は 10を 何こ あつめた 数ですか。

□こ

1000までの 数 (5)

名前　　　　　月　　日

1 □に あてはまる 数《かず》を 書《か》きましょう。

① 340 － 350 － □ － 370 － □

② 590 － □ － □ － 620 － 630

2 □に あてはまる 数を 書きましょう。

①

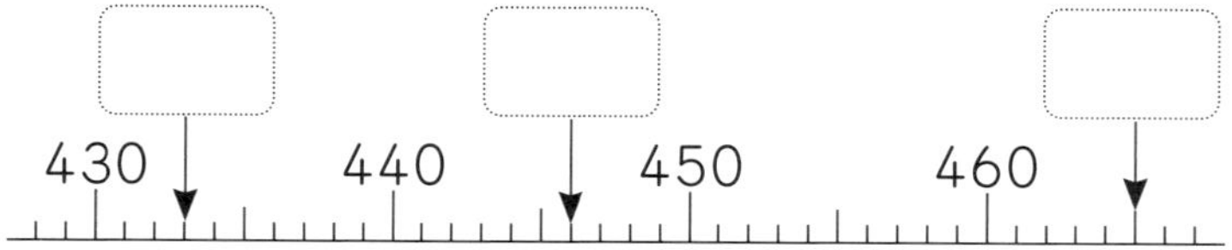

②

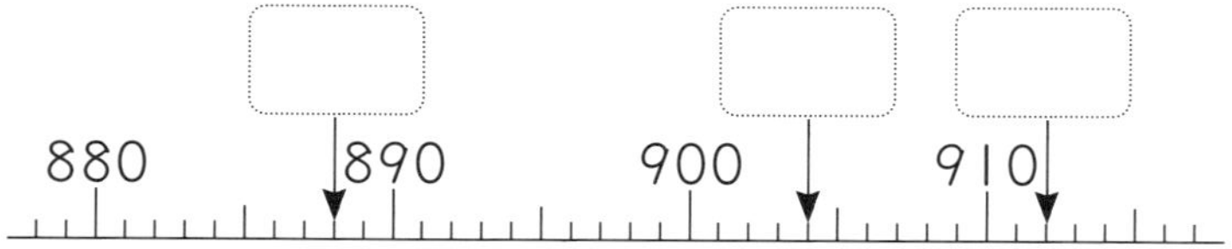

(141%に拡大してご使用ください。)

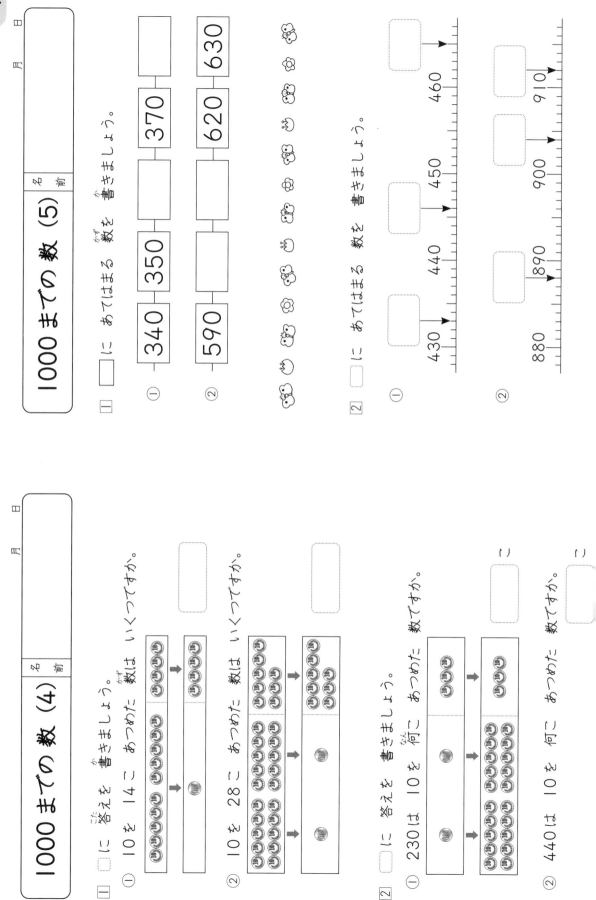

1000までの数（6）

名前

□1 下の 数《かず》の 線《せん》を 見て，□に あてはまる 数を 書《か》きましょう。

① 100を □ こ あつめた 数を 千と いい，□ と 書きます。

② 1000は，10を □ こ あつめた 数です。

③ 1000より 200 小さい 数は □ です。

④ 900は あと □ で 1000に なります。

⑤ 600より 400 大きい 数は □ です。

⑥ 1000より 1 小さい 数は □ です。

□2 つぎの 数を 〔れい〕の ように 下の 数の線に ↑で 書き入れましょう。

〔れい〕180	㋐ 320	㋑ 650	㋒ 790

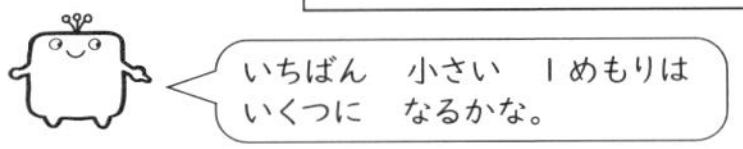

1000までの数（7）

名前

□1 どちらの 数《かず》が 大きいですか。
＞か，＜を つかって あらわしましょう。

① 295 □ 312

② 411 □ 408

③ 807 □ 798

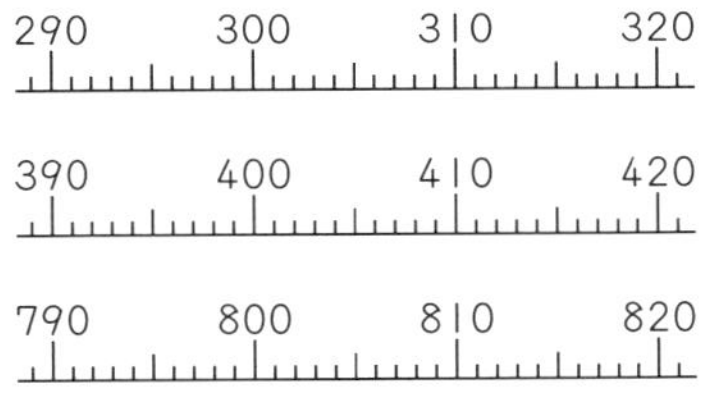

□2 どちらの 数が 大きいですか。
＞か，＜を つかって あらわしましょう。

① 336 □ 328　② 507 □ 498

③ 949 □ 946　④ 999 □ 1000

□3 3けたの 数を かいた カードが あります。数が 大きい 方《ほう》に ○を つけましょう。

① ② ③

1000までの 数 (8)

名前　　　　　　　　月　　日

□1 かれんさんと　たつやさんは　おかしを　買《か》いに　行《い》きました。

(1) かれんさんは　チョコレートと　ガムを　買いました。
あわせて　いくらですか。

しき

答《こた》え

(2) たつやさんは　130円　もっています。
グミを　買うと，いくら　のこりますか。

しき

答え

□2 おり紙《がみ》が　700まい　ありました。そのうち　300まい　つかうと，のこりは　何《なん》まいに　なりますか。

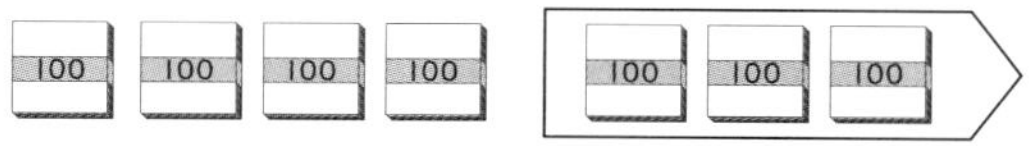

しき

答え

1000までの 数 (9)

名前　　　　　　　　月　　日

□1 計算《けいさん》を　しましょう。

① 80 + 60 =

② 300 + 200 =

③ 400 + 90 =

④ 150 − 70 =

⑤ 600 − 400 =

⑥ 580 − 80 =

□2 □に　あてはまる　>，<を　書《か》きましょう。

① 30 + 60 □ 80

② 70 + 40 □ 120

③ 140 − 60 □ 70

④ 1000 − 300 □ 80

5分

(141%に拡大してご使用ください。)

ふりかえり
1000までの 数

名前

1 (　)に 数字《すうじ》で 書《か》きましょう。

① 九百十三 (　　　)　② 百三十 (　　　)

③ 六百五 (　　　)　④ 百一 (　　　)

⑤ 五百七十三 (　　　)

2 □に あてはまる 数《かず》を 書きましょう。

① 100を 6こ, 10を 9こ あわせた 数は □ です。

② 305は, 100を □ こ, 1を □ こ あわせた 数です。

③ 740は, 10を □ こ あつめた 数です。

④ 百のくらいが 5, 十のくらいが 8, 一のくらいが 2の 数は □ です。

⑤ 10を 100こ あつめた 数は □ です。

⑥ 999は, あと □ で 1000に なります。

2 □に あてはまる ＞, ＜を 書きましょう。

① 798 □ 789　② 110 □ 101

③ 453 □ 455　④ 899 □ 901

4 数《かず》の線《せん》を 見て □に あてはまる 数を 書《か》きましょう。

①

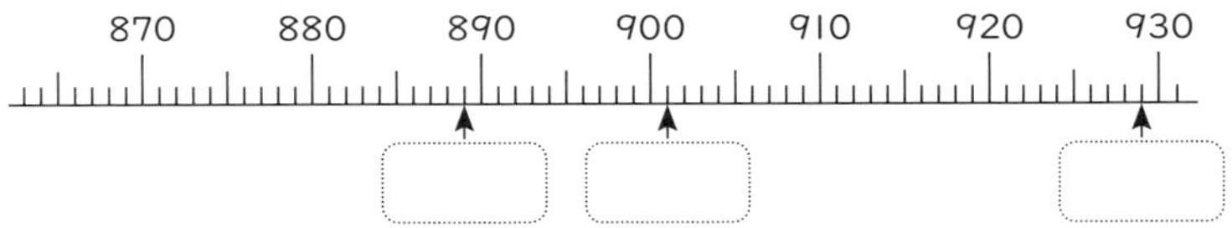

②

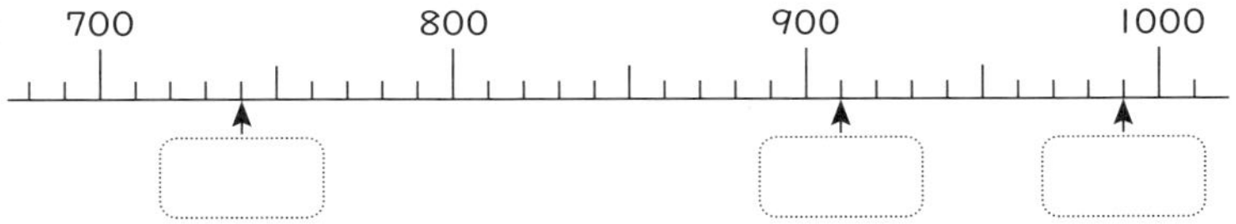

5 つぎの 計算《けいさん》を しましょう。

① 80 + 70 =　② 700 + 100 =

③ 440 − 40 =　④ 600 − 300 =

6 さくらさんは, 150円を もって 買《か》いものに 行《い》きました。

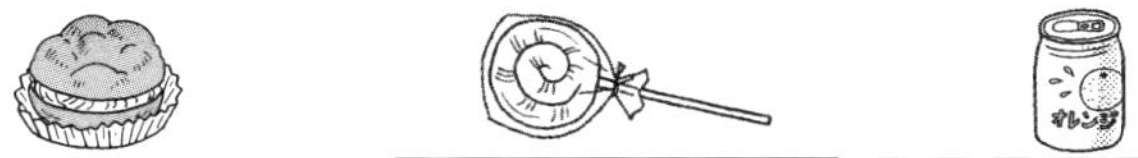

シュークリーム 80円　キャンディー 40円　ジュース 90円

① キャンディーと ジュースを 買うと 何円《なんえん》に なりますか。

しき　　　答《こた》え

② シュークリームを 買うと 何円 のこりますか。

しき　　　答え

月　日

1000までの 数（テスト）

名前

【知識・技能】

1 つぎの 数《かず》を □ に 書《か》きましょう。（5×2）

(1)

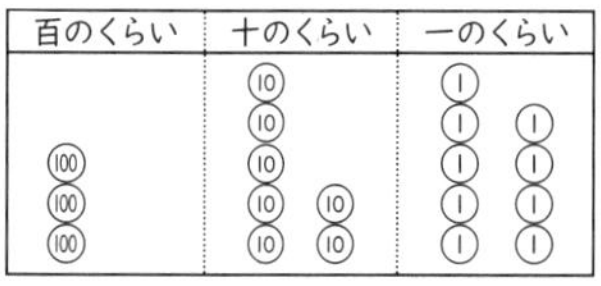

(2)

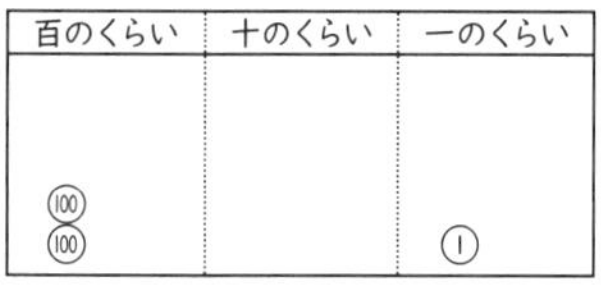

2 つぎの 数を 数字《すうじ》で □ に 書きましょう。（5×4）

(1) 百のくらいが 7，十のくらいが 6，一のくらいが 0の 数

(2) 100を 5こと，1を 8こ 合わせた数

(3) 百十九

(4) 千

3 どちらの 数が 大きいですか。
＜か ＞を つかって あらわしましょう。（5×2）

(1) 789 □ 791　(2) 301 □ 299

4 ↑の ところの 数を □ に 書きましょう。（5×2）

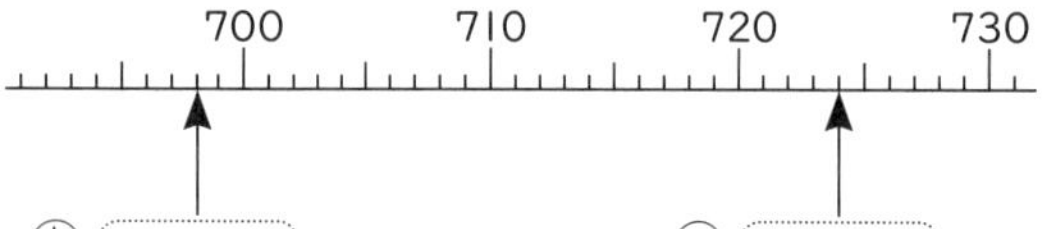

あ □　い □

【思考・判断・表現】

5 つぎの □ の 中に 数字を 書きましょう。（5×2）

(1) 420は，10を □ こ あつめた 数です。

(2) 10を 69こ あつめると □ です。

6 けんたさんは，毎日《まいにち》 なわとびを 400回 とんで います。きょうは，がんばって いつもより 100回 多く とびました。きょうは，何回《なんかい》 とびましたか。（7）

しき

答え

7 ななさんは，1000円 もって おまつりに 行《い》って 800円 つかいました。何円 のこって いますか。（8）

しき

答え

8 □に あてはまる 数を □ に すべて 書きましょう。（5×2）

(1) 668 ＜ 6□8

(2) 747 ＞ 7□9

9 870と いう 数に ついて 3人の あらわし方《かた》を 読《よ》んで □ に あてはまる 数を 書きましょう。（5×3）

みさき　870は，□ よりも 30 小さい 数です。

ゆきや　870は，□ と 70 あわせた 数です。

ひかる　870は，10を □ こ あつめた 数です。

（141％に拡大してご使用ください。）

算数あそび
1000までの 数

名前

● 0から 10, 20, 30…と 1000まで じゅんばんに 線《せん》で つなぎましょう。

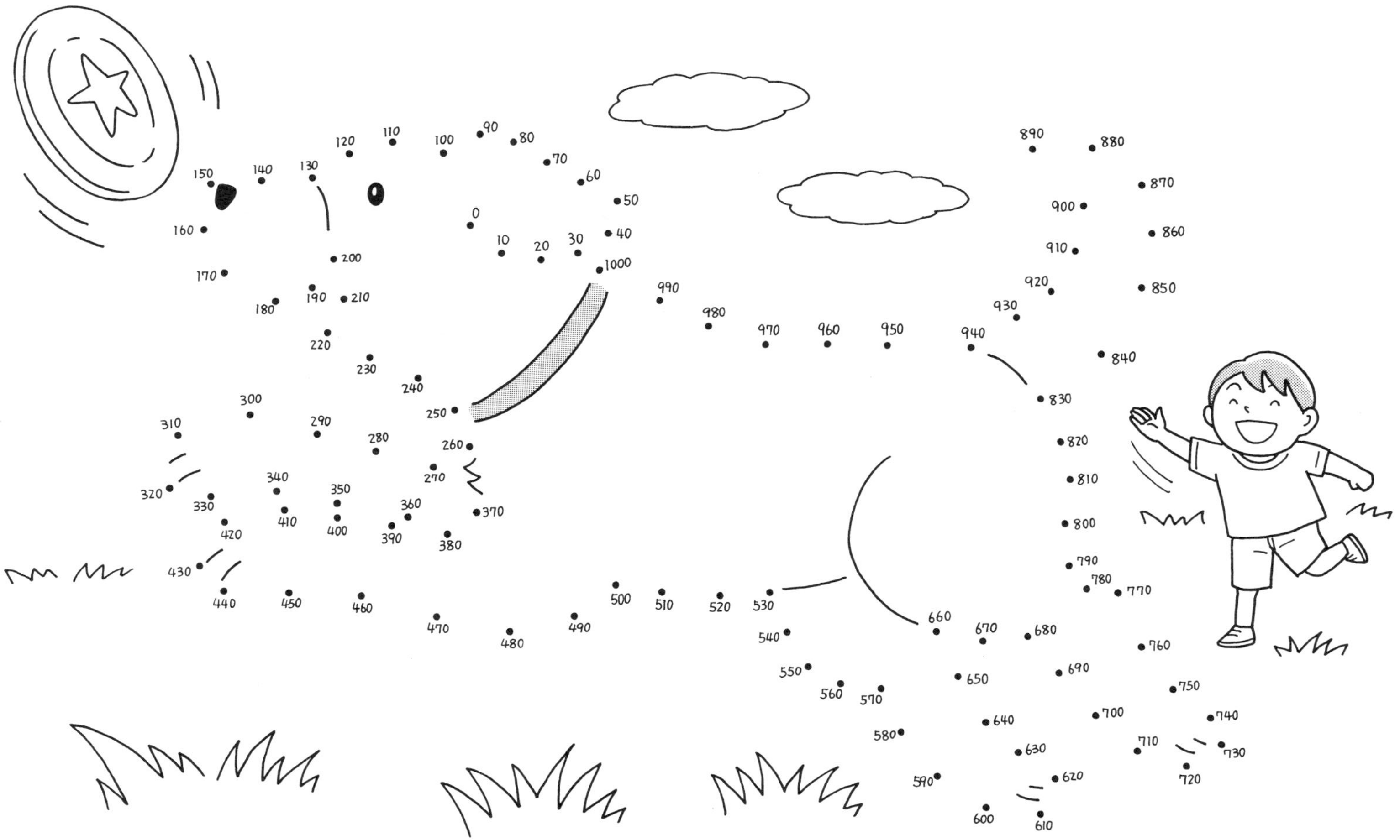

かさ（1）

月　　日　名前

□1 水《みず》が　多《おお》く　入《はい》っている　方《ほう》に　○を　つけましょう。

㋐　（　　）

㋑　（　　）

□2 水は　どちらに　どれだけ　多く　入っていますか。
（　）に　あてはまる　数《かず》を　書《か》きましょう。

㋐

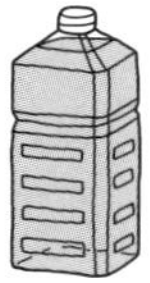

㋑

㋐

（　　）ぱい

㋑

（　　）はい

㋐の　方が　（　　）ぱい分　多い。

かさ（2）

月　　日　名前

かさを　あらわす　たんいに　リットルが
あります。
1リットルは　1Lと　書《か》きます。
水などの　かさは　1リットルが
いくつ分《ぶん》　あるかで　あらわします。

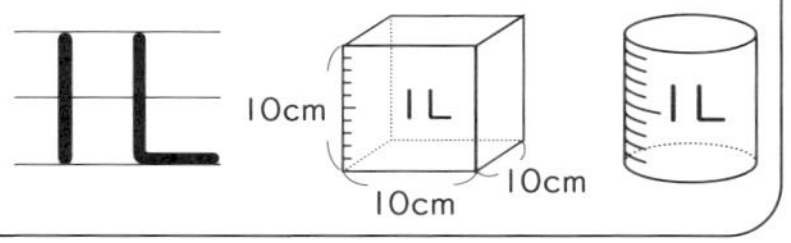

□1 Lを　書く　れんしゅうを　しましょう。

1L 2L 3L 4L 5L 6L

□2 つぎの　入れものに　入る　水の　かさを　書きましょう。

①

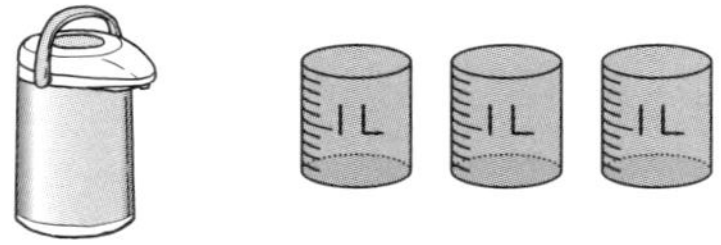

1Lの　□つ分で
□L

②

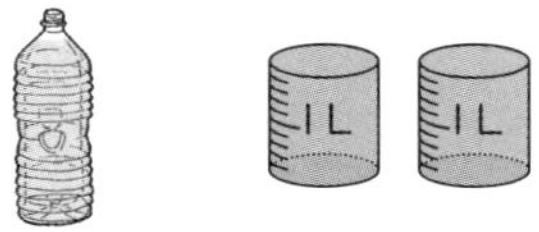

1Lの　□つ分で
□L

③

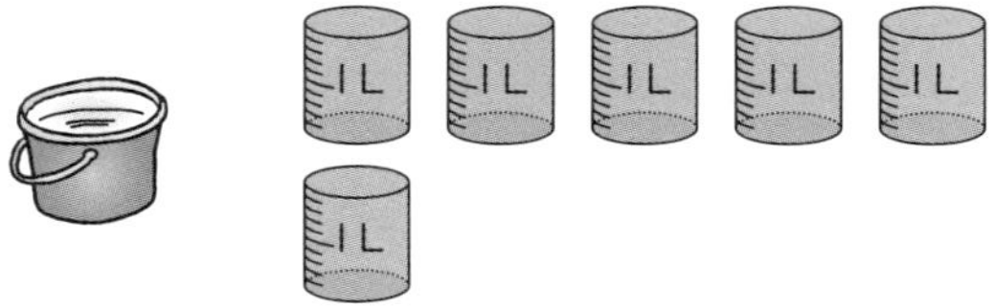

□L

④

□L

（141%に拡大してご使用ください。）

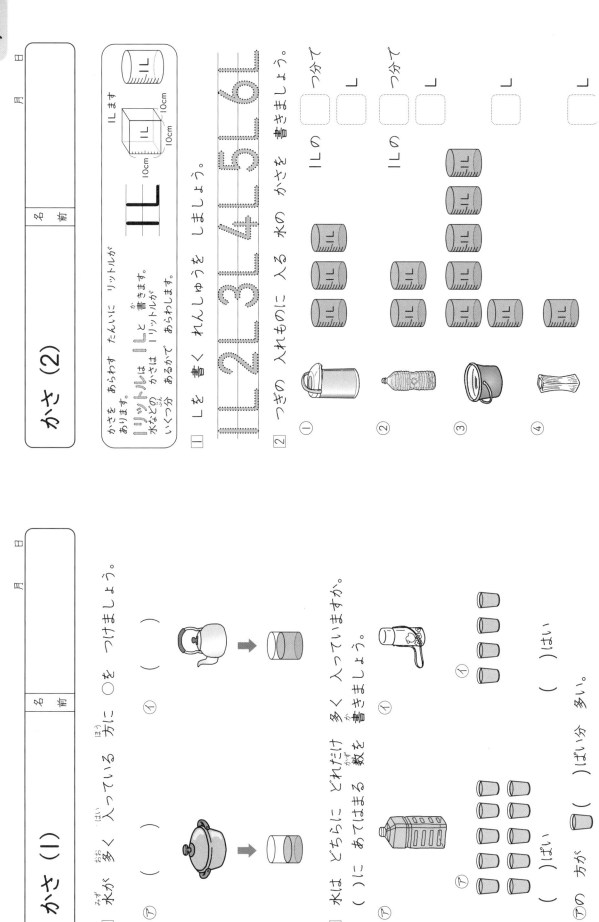

かさ（3）

名前

Ⅰデシリットルは　ⅠLを　同《おな》じ　かさに
10に　分《わ》けた　Ⅰこ分《ぶん》の　かさです。
Ⅰデシリットルは　1dL　と
書《か》きます。

1dL

ⅠL＝　　dL

1　dLを　書く　れんしゅうを　しましょう。

1dL 2dL 3dL 4dL 5dL

2　つぎの　入れものに　入る　水の　かさを　書きましょう。

①

　　dL

②

　　dL

③

　　dL

④

　　dL

かさ（4）

名前

1　つぎの　入れものに　入る　水の　かさを　書きましょう。

①
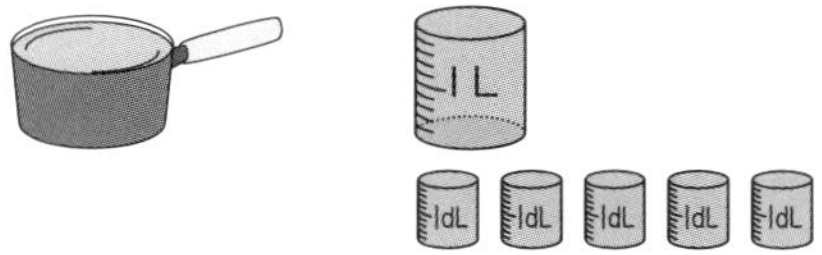
　　L　　dL

②

　　L　　dL

③

　　L　　dL

④
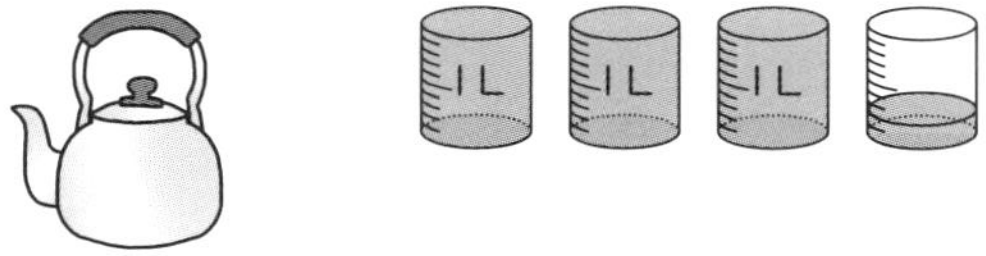
　　L　　dL

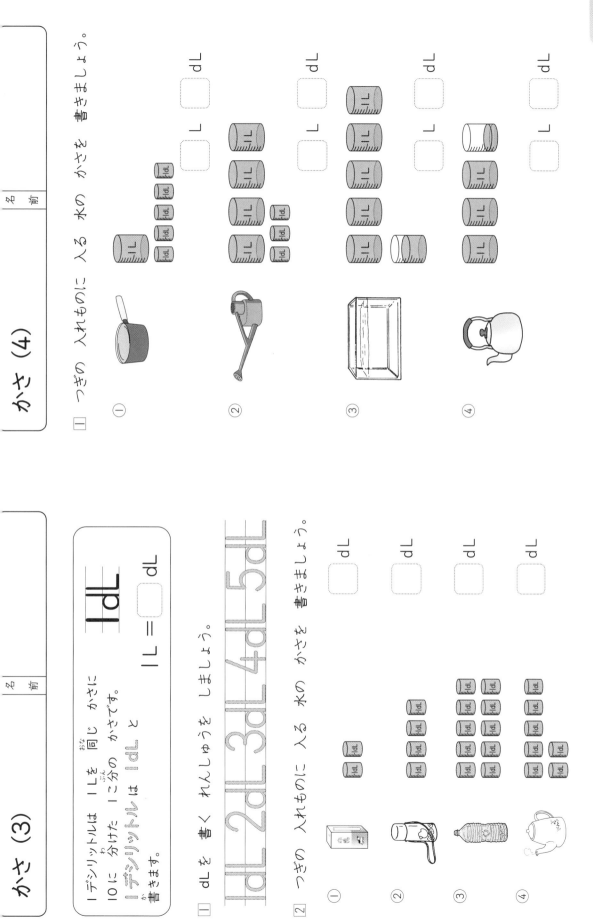

月　　日

かさ（5）

名前

● つぎの　入れものに　入る　水の　かさを　㋐，㋑の　あらわし方《かた》で　書《か》きましょう。

① 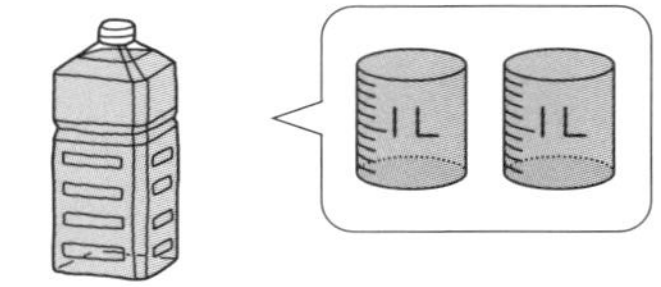

㋐ □ L

㋑ □ dL

② 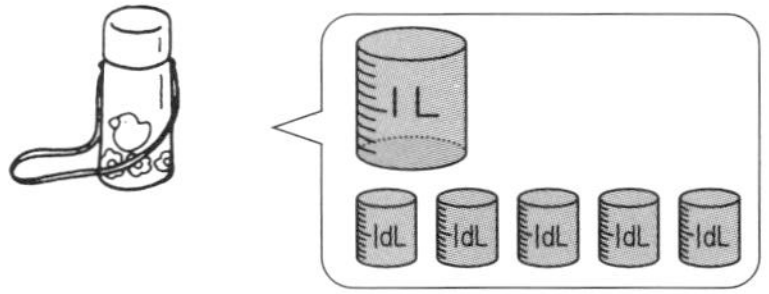

㋐ □ L □ dL

㋑ □ dL

③ 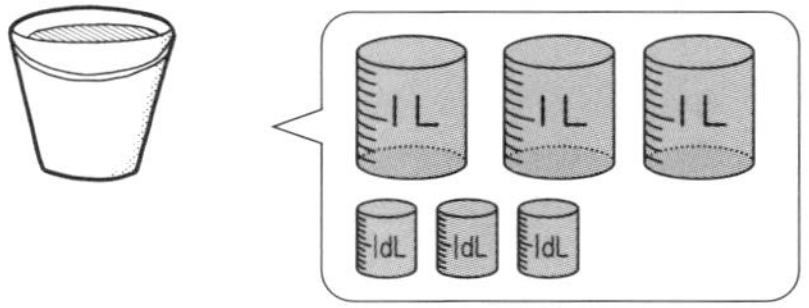

㋐ □ L □ dL

㋑ □ dL

④ 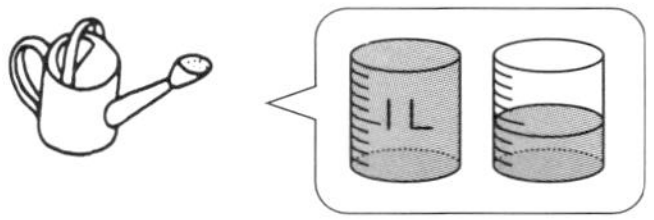

㋐ □ L □ dL

㋑ □ dL

⑤ 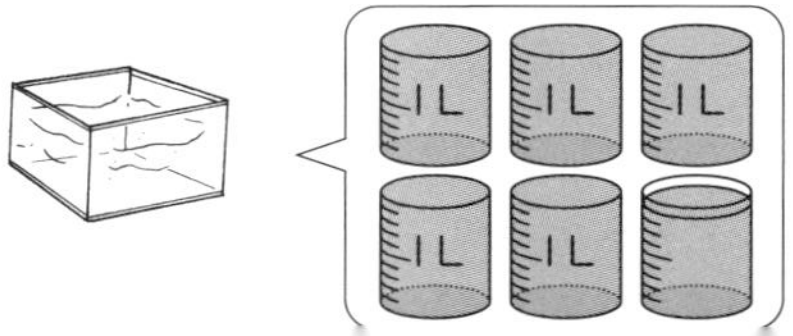

㋐ □ L □ dL

㋑ □ dL

月　　日

かさ（6）

名前

1 ジュースが　びんに　1 L 5dL，紙《かみ》パックに　2dL　入っています。

① ジュースは　あわせて　どれだけに　なりますか。

しき　□ L □ dL ＋ □ dL＝ □ L □ dL

答《こた》え

② かさの　ちがいは　どれだけですか。

しき　□ L □ dL － □ dL＝ □ L □ dL

答え

2 計算《けいさん》を　しましょう。

① 4L3dL＋6dL ＝

② 2L ＋ 1L5dL ＝

③ 5L8dL－7dL ＝

④ 3L4dL－2L ＝

（141％に拡大してご使用ください。）

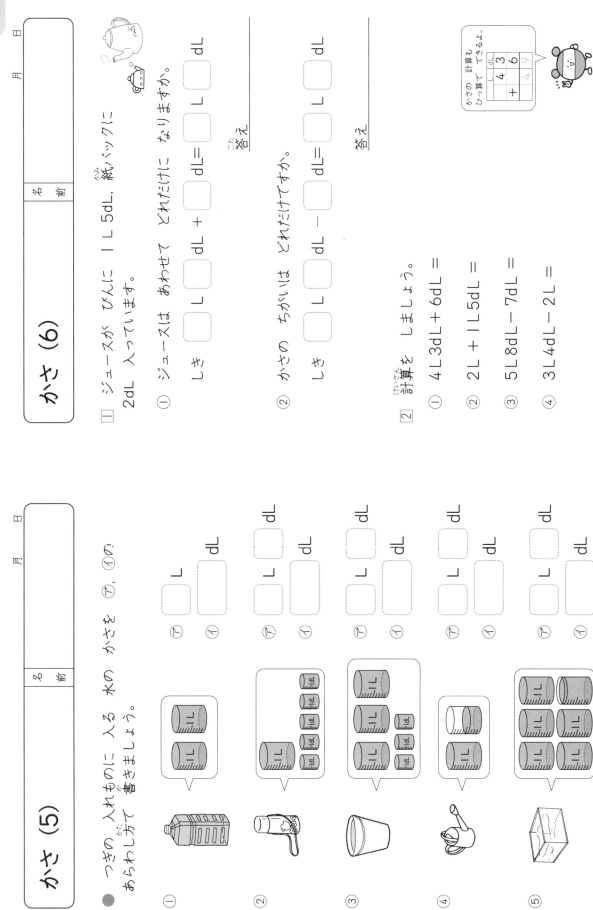

かさ (7)

名前

dLより 少《すく》ない かさを あらわす たんいに
ミリリットルが あります。
1ミリリットル は 1mL と 書《か》きます。

1mL

1L＝☐mL　1dL＝100 mL

1 mLを 書く れんしゅうを しましょう。

1mL 2mL 3mL 4mL 5mL

2 ☐に あてはまる 数《かず》を 書きましょう。

① 3L＝☐mL

② 5L＝☐mL

③ 6L＝☐mL

④ 4L＝☐mL

⑤ 2000mL＝☐L

⑥ 8000mL＝☐L

L	・	・	mL
3	0	0	0

かさ (8)

名前

1L＝☐mL　1dL＝☐mL

1 ☐に あてはまる 数《かず》を 書《か》きましょう。

① 2dL＝☐mL　② 8dL＝☐mL

③ 7dL＝☐mL　④ 3dL＝☐mL

⑤ 500mL＝☐dL　⑥ 600mL＝☐dL

⑦ 400mL＝☐dL　⑧ 900mL＝☐dL

2 ☐に あてはまる 数を 書きましょう。

① 1L7dL＝☐mL

② 3L4dL＝☐mL

5分

かさ (9)

月　　日　名前

1　□に　あてはまる　たんい（L，dL，mL）を　書《か》きましょう。

① 牛《ぎゅう》にゅうパックの　かさ　……　5 □

② ペットボトルの　かさ　……　500 □

③ おふろに　入る　水の　かさ　……　160 □

④ ジュースの　大きな　パックの　かさ　……　1000 □

2　かさの　大きい　方《ほう》に　○を　しましょう。

①

□  700mL

□ 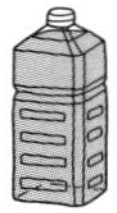 2L

②

□ 

□  600mL

③ （　3L ，400mL　）

④ （　8dL ，900mL　）

⑤ （　5L ，60dL　）

かさ (10)

月　　日　名前

1　計算《けいさん》を　しましょう。

① 2L7dL+1L4dL　　② 3L4dL+3L6dL

③ 4L3dL-3L7dL　　④ 1L-5dL

	L	dL

	L	dL

	L	dL

	L	dL

2　やかんに　お茶《ちゃ》が　2 L 3dL　入っています。水とうには　8dL　入っています。あわせると　どれだけに　なりますか。

しき

	L	dL

答《こた》え

3　牛にゅうが　1 L　あります。朝《あさ》，2dL　のみました。のこりは　何 dL ですか。

しき

	L	dL

答え

（141%に拡大してご使用ください。）

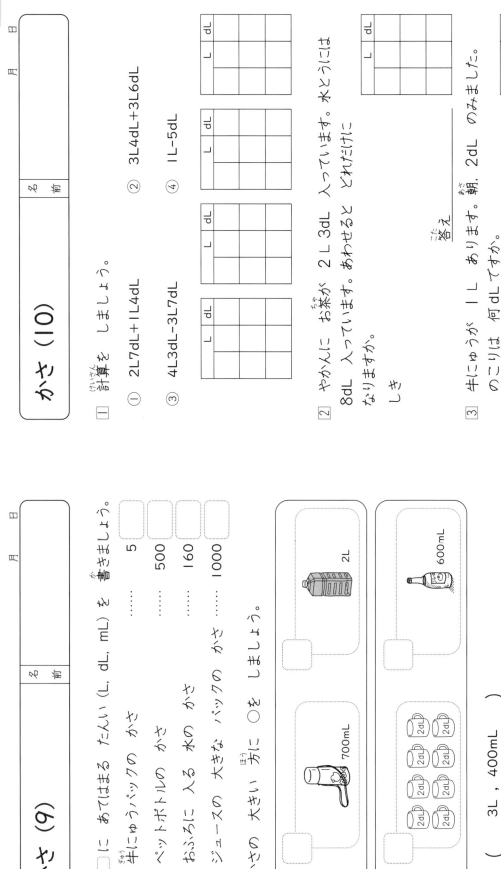

ふりかえり
かさ

名前

1 つぎの　水の　かさを　㋐，㋑の　あらわし方《かた》で
書《か》きましょう。

① 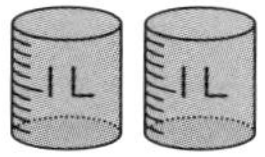

㋐ □ L
㋑ □ dL

② 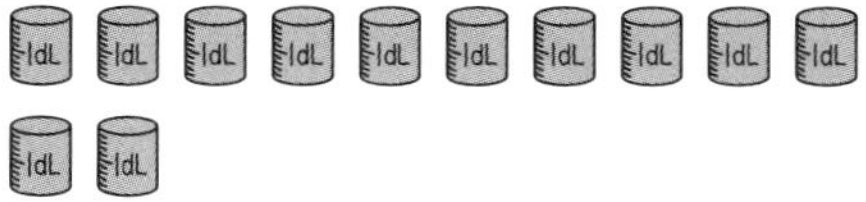

㋐ □ dL
㋑ □ L □ dL

③ 

㋐ □ L □ dL
㋑ □ dL

2 計算を　しましょう。

① 2L3dL＋4dL

② 3L＋1L9dL

③ 1L8dL－5dL

④ 4L6dL－4L

⑤ 5L7dL－7dL

3 □に　あてはまる　数《かず》を　書《か》きましょう。

① 1L＝□mL　　② 3L＝□mL

③ 2000mL＝□L　　④ 4000mL＝□L

4 □に　あてはまる　たんい（L, dL, mL）を　書《か》きましょう。

① バケツに　入る　水の　かさ　……　6 □

② 目ぐすりの　入れものの　かさ　……　15 □

③ コップに　入る　水の　かさ　……　2 □

5 かさの　大きい　方《ほう》に　○を　しましょう。

① （　15dL，2L　）　② （ 4L，3000mL ）

6 ㋐の　すいとうには　1L，㋑の　ペットボトルには
1L5dLの　水が　入ります。㋐，㋑の　2つの　入れものには
それぞれ　いっぱいに　水が　入っています。

① 水は　あわせて　どれだけ　ありますか。

しき　　答《こた》え

② 2つの　入れものに　入る　水の　かさの　ちがいは
どれだけですか。

しき　　答え

月　日

かさ（テスト）

名前

【知識・技能】

1 つぎの　入れものに　入る　水のかさを
㋐，㋑の　あらわし方で　書きましょう。(5×2)

㋐ □ L □ dL

㋑ □ dL

2 □にL，dL，mLから　ふさわしい　たんいを　書きましょう。(5×2)

(1) ペットボトルのお茶《ちゃ》

2 □

(2) コップの水

200 □

3 □に　あてはまる　数を　書きましょう。(5×2)

(1) 1L ＝ □ dL

(2) 1L ＝ □ mL

4 かさの　大きい　方《ほう》に　○を　しましょう。(5×2)

(1) （ 11dL　・　1L ）

(2) （ 8L9dL　・　9L ）

5 計算《けいさん》をしましょう。(5×2)

(1) 1L5dL＋3dL

(2) 1L－4dL

【思考・判断・表現】

6 アの　ペットボトルには　ジュースが　1L5dL　入って　います。
イの　ペットボトルには　ジュースが　2L　入って　います。(10×2)

(1) アと　イの　ペットボトルの　ジュースを　あわせると　どれだけに　なりますか。

しき

答え

(2) アと　イの　ペットボトルの　ジュースの　かさの　ちがいは　どれだけですか。

しき

答え

7 牛《ぎゅう》にゅうが　1L　ありました。
2dL　のみました。のこりは，どれだけ　ありますか。(10)

しき

答え

8 5dLの　ミルクと　1L5dLの　コーヒーを　合わせて　ミルクコーヒーに　します。(10×2)

(1) ミルクコーヒーは　どれだけ　できますか。

しき

答え

(2) できた　ミルクコーヒーを　4dL　あげました。
のこりは　どれだけに　なりますか。

しき

答え

　（141％に拡大してご使用ください。）

月　　日

算数あそび

かさ①

名前

● さあ，めいろです。ゴールを　めざして　がんばろう。

通《とお》った　方《ほう》の　答《こた》えを，□に　書《か》きましょう。

スタート―□―□―□―□―□→ゴール

月　　日

算数あそび

かさ②

名前

答《こた》えの　大きい　方《ほう》へ　すすみましょう。
通《とお》った　方の　答えを　□　に　書《か》きましょう。

スタート　①□　⇒　②□　⇒　③□
⇒　④□　⇒　⑤□　⇒　ゴール

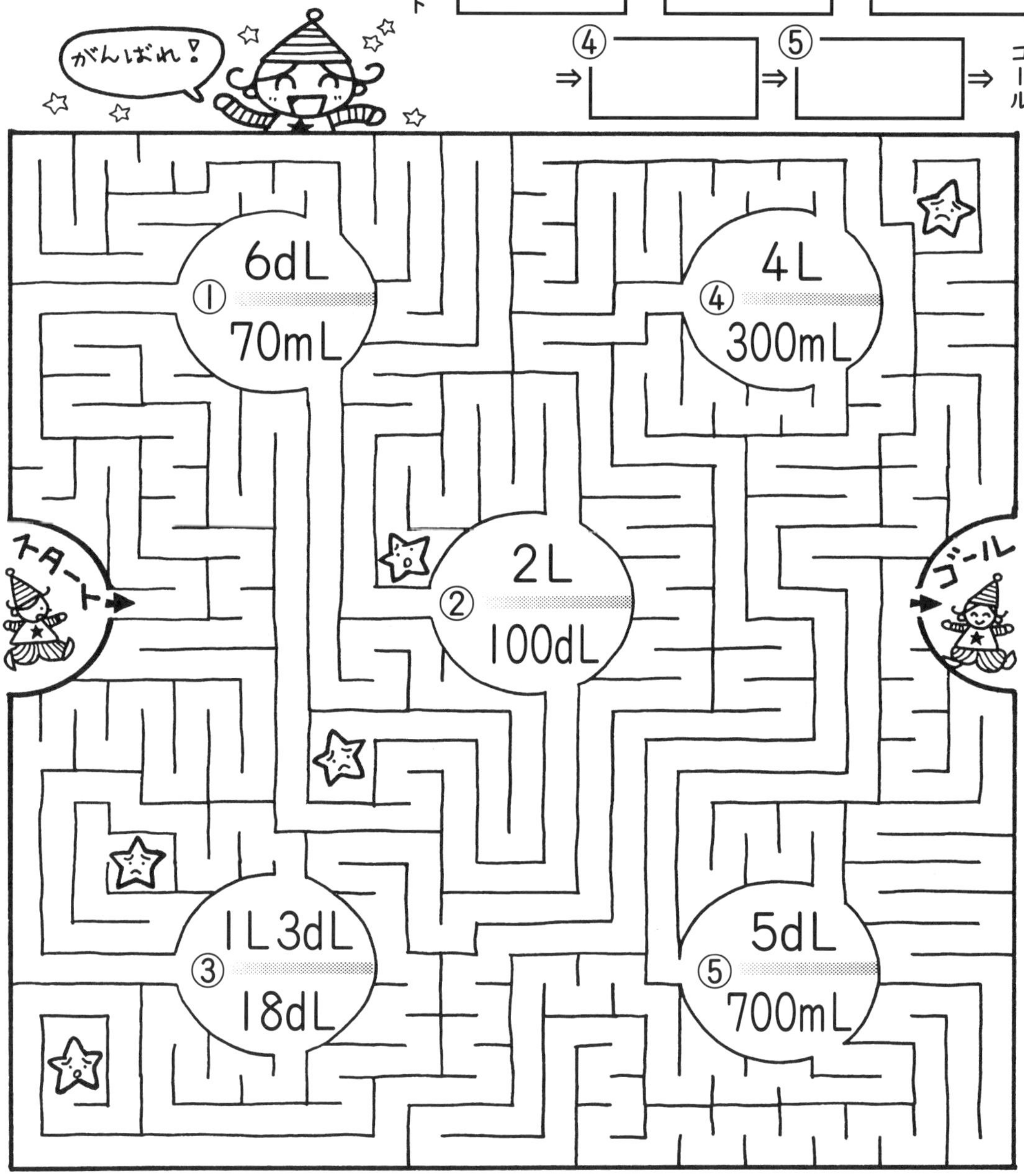

時こくと 時間（1）

名前

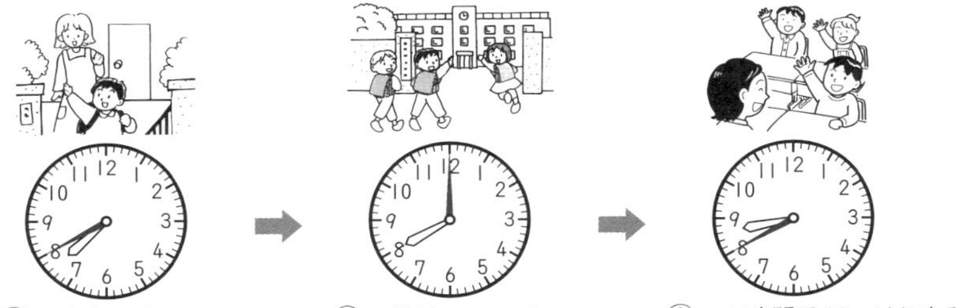

㋐ 家を 出る　㋑ 学校に つく　㋒ １時間目が はじまる

1 上の ㋐，㋑，㋒の 時《じ》こくを それぞれ 書《か》きましょう。

㋐ 　㋑

㋒

2 家《いえ》を 出てから 学校に つくまでの 時間《じかん》は 何分間《なんぷんかん》ですか。

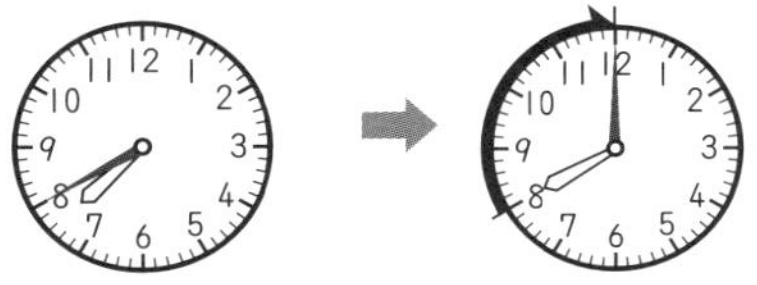

分間

3 学校に ついてから １時間目が はじまるまでの 時間は 何分間ですか。

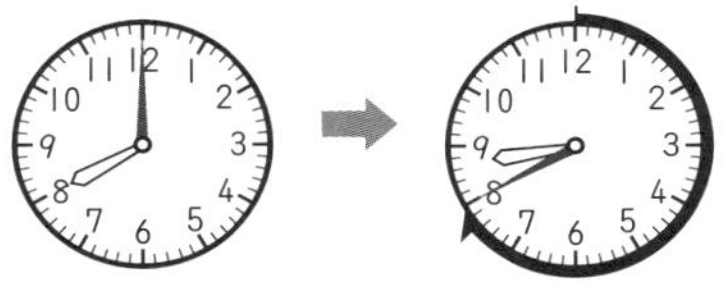

分間

時こくと 時間（2）

名前

● 時計《とけい》の 時《じ》こくを 下の □ に 書《か》いて，㋐から ㋑までの 時間《じかん》を もとめましょう。

① ㋐ ㋑

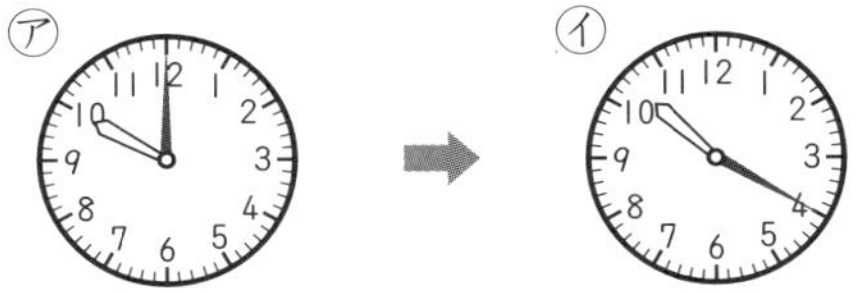

㋐ 時　㋑ 時 分　分間

② ㋐ ㋑

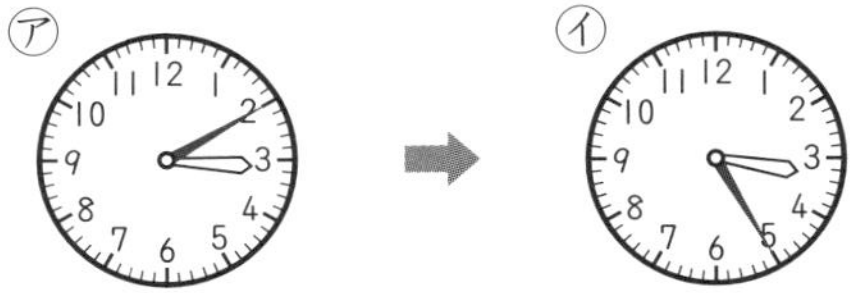

㋐ 時 分　㋑ 時 分　分間

③ ㋐ ㋑

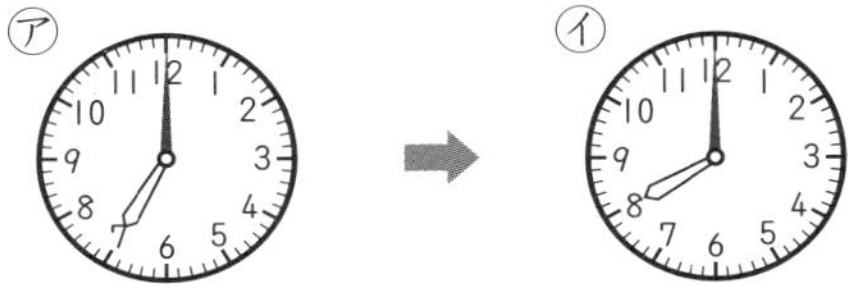

㋐ 時　㋑ 時　時間 分間

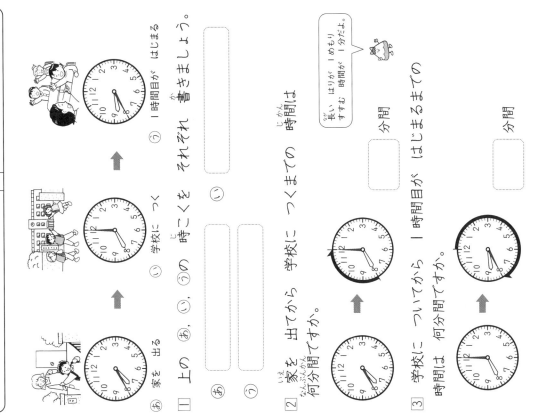

月　日

時こくと 時間（3）

名前

● 時計《とけい》の 時《じ》こくを 下の □ に 書《か》いて，㋐から ㋑までの 時間《じかん》を もとめましょう。

① ㋐

□時□分

→ ㋑

□時□分

□分間

② ㋐

□時□分

→ ㋑

□時□分

□分間

③ ㋐

□時□分

→ ㋑

□時□分

□分間

④ ㋐

□時□分

→ ㋑

□時□分

□分間

月　日

時こくと 時間（4）

名前

1 今《いま》の 時《じ》こくは 10時20分《ぷん》です。
つぎの 時こくを もとめましょう。

① 1時間前《じかんまえ》　□時□分
② 1時間後《あと》　□時□分

2 今の 時こくは 7時30分です。
つぎの 時こくを もとめましょう。

① 10分前　□時□分
② 20分後　□時□分
③ 15分前　□時□分
④ 25分後　□時□分
⑤ 40分前　□時□分
⑥ 40分後　□時□分

3 □ に あてはまる 数《かず》を 書《か》きましょう。

① 1時間10分 ＝ □分
② 1時間30分 ＝ □分
③ 80分 ＝ □時間□分
④ 100分 ＝ □時間□分

（141％に拡大してご使用ください。）

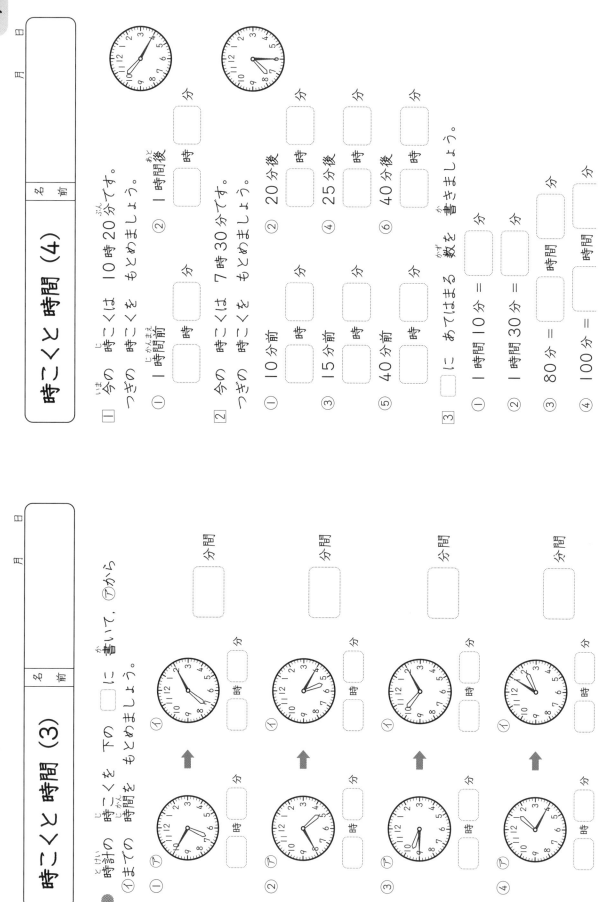

時こくと 時間（5）

名前

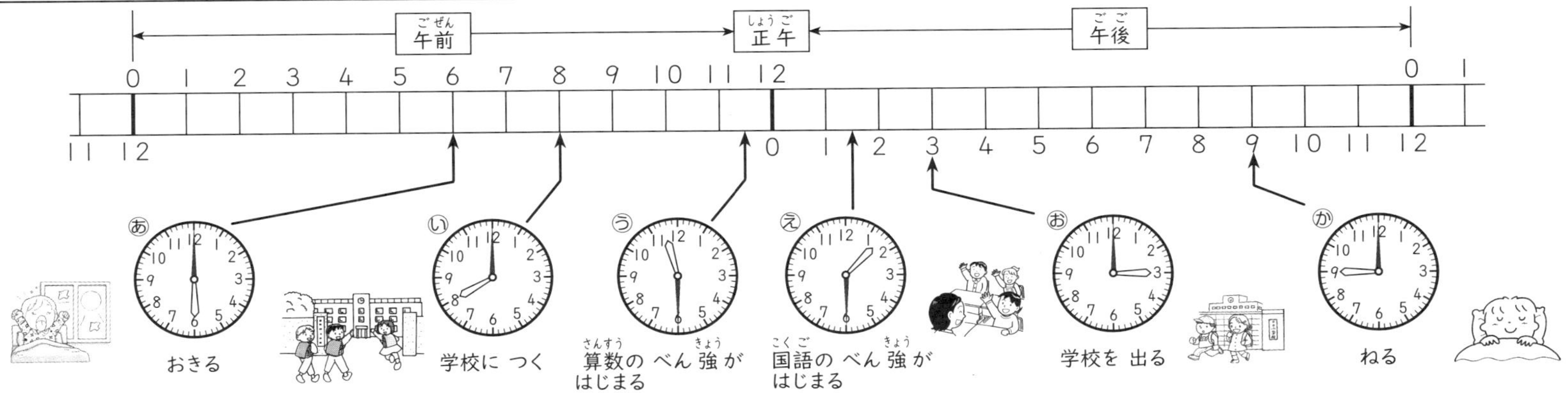

1 上の あ，い，う，え，お，か の 時《じ》こくを 午前，午後を つかって 書《か》きましょう。

あ ＿＿＿＿　い ＿＿＿＿

う ＿＿＿＿　え ＿＿＿＿

お ＿＿＿＿　か ＿＿＿＿

2 □ に あてはまる 数《かず》を 書きましょう。

① 午前は □ 時間，午後は □ 時間です。

② 1日は □ 時間です。

③ 時計《とけい》の みじかい はりは，1日に □ 回《かい》 回《まわ》ります。

3 つぎの 時間を 書きましょう。

① 学校に ついてから 家に 帰《かえ》るまでの 時間。

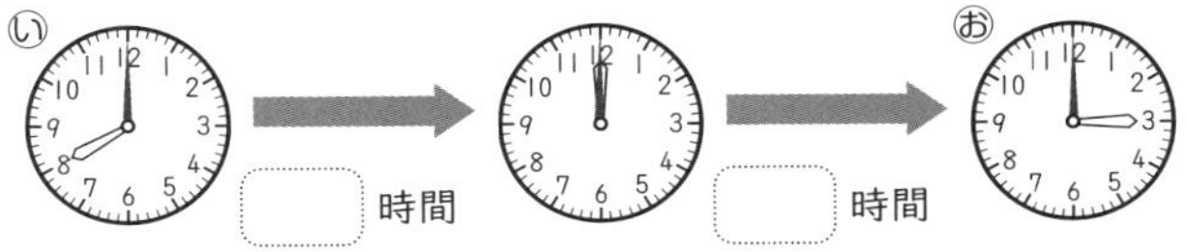

正午までの 時間と 正午からの 時間に 分《わ》けて 考《かんが》えよう。

□ 時間

② 算数の べん強が はじまってから，国語の べん強が はじまるまでの 時間。 □ 時間

③ おきてから ねるまでの 時間。 □ 時間

10分

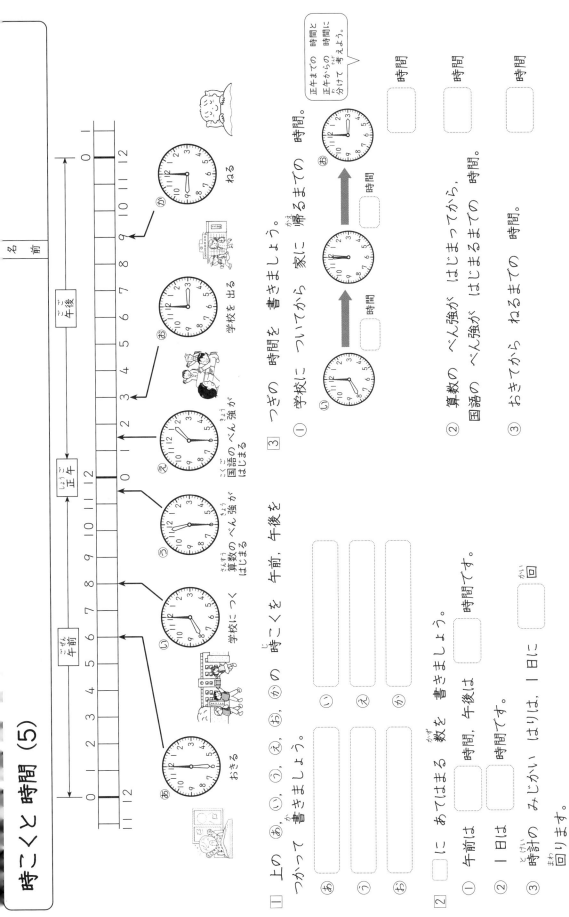

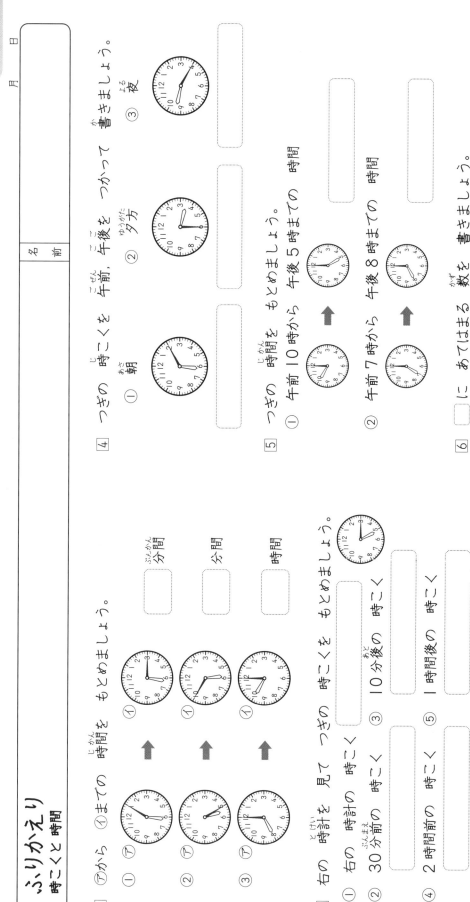

月　　日

ふりかえり
時こくと 時間

名前

1 ㋐から ㋑までの 時間《じかん》を もとめましょう。

① ㋐ → ㋑  　分間《ぶんかん》

② ㋐ → ㋑  　分間

③ ㋐ → ㋑  　時間

2 右の 時計《とけい》を 見て つぎの 時こくを もとめましょう。

① 右の 時計の 時こく

② 30分前《ぶんまえ》の 時こく　③ 10分後《あと》の 時こく

④ 2時間前の 時こく　⑤ 1時間後の 時こく

3 □に あてはまる 数《かず》を 書《か》きましょう。

① 1時間20分 ＝ □分

② 90分 ＝ □時間 □分

③ 110分 ＝ □時間 □分

4 つぎの 時《じ》こくを 午前《ごぜん》, 午後《ごご》を つかって 書《か》きましょう。

① 朝《あさ》

② 夕方《ゆうがた》

③ 夜《よる》

5 つぎの 時間《じかん》を もとめましょう。

① 午前10時から 午後5時までの 時間

② 午前7時から 午後8時までの 時間

6 □に あてはまる 数《かず》を 書きましょう。

① 午前，午後は それぞれ □時間《じかん》です。

② 1日は □時間です。

③ 時計《とけい》の みじかい はりは 1日に □回《かい》 まわります。

（141%に拡大してご使用ください。）

月　日

時こくと 時間（テスト）

名前

【知識・技能】

1 ㋐から ㋑までの 時間《じかん》を もとめましょう。(5 × 3)

(1) ㋐ ㋑
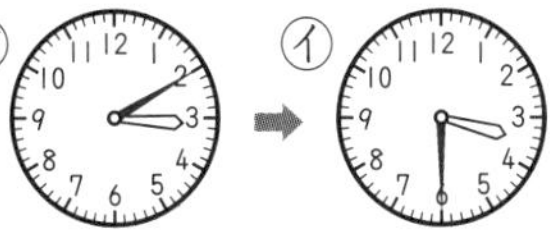
□ 分間《ぶんかん》

(2) ㋐ ㋑
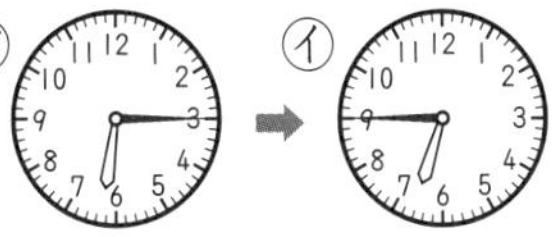
□ 分間

(3) ㋐ ㋑
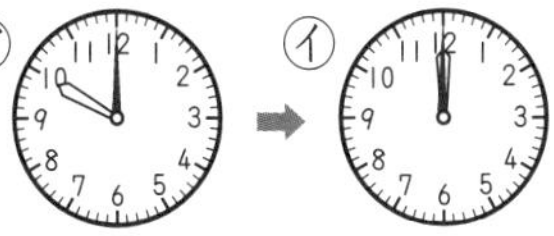
□ 時間

2 時計《とけい》を 見て つぎの 時こくを もとめましょう。(5 × 2)

(1)

10 分後の 時こく

□ 時 □ 分

(2)

20 分前の 時こく

□ 時 □ 分

3 □に あてはまる 数を 書きましょう。(5 × 5)

(1) 1 時間 10 分 ＝ □ 分

(2) 80 分 ＝ □ 時間 □ 分

(3) 100 分 ＝ □ 時間 □ 分

(4) 午前《ごぜん》と 午後《ごご》は，それぞれ □ 時間です。

(5) 1 日は □ 時間です。

【思考・判断・表現】

4 ㋐から ㋑までの 時間《じかん》を もとめましょう。(5 × 4)

(1) ㋐ ㋑
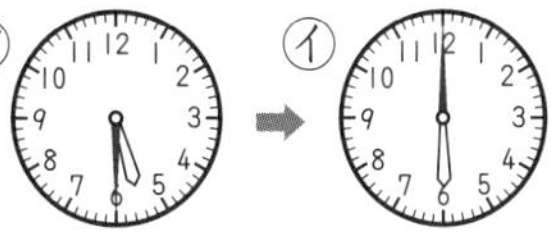
□ 分間

(2) ㋐ ㋑
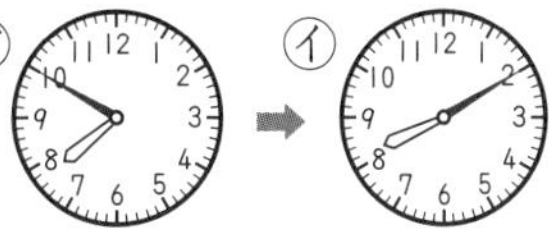
□ 分間

(3) ㋐ ㋑
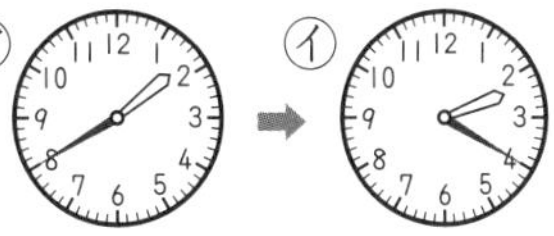
□ 分間

(4) ㋐ ㋑
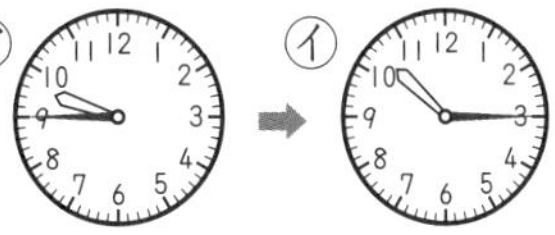
□ 分間

5 時計を 見て つぎの 時こくを もとめましょう。(5 × 4)

(1) 30 分後

□ 時

(2) 30 分後

□ 時 □ 分

(3) 30 分前

□ 時 □ 分

(4) 2 時間前

□ 時 □ 分

6 つぎの 時間を 書きましょう。(5 × 2)

(1) 朝 7 時に 起《お》きて，夜 9 時に ねるまでの 時間 □ 時間

(2) 午前 8 時に 学校に ついて，午後 3 時に 家に 帰《かえ》るまでの 時間 □ 時間

月　日

名前

算数あそび
時こくと 時間

● たからさがしに 出かけよう！
絵《え》を 見て，時計《とけい》の 時《じ》こくを （　）に，時間を □ に 書《か》きましょう。

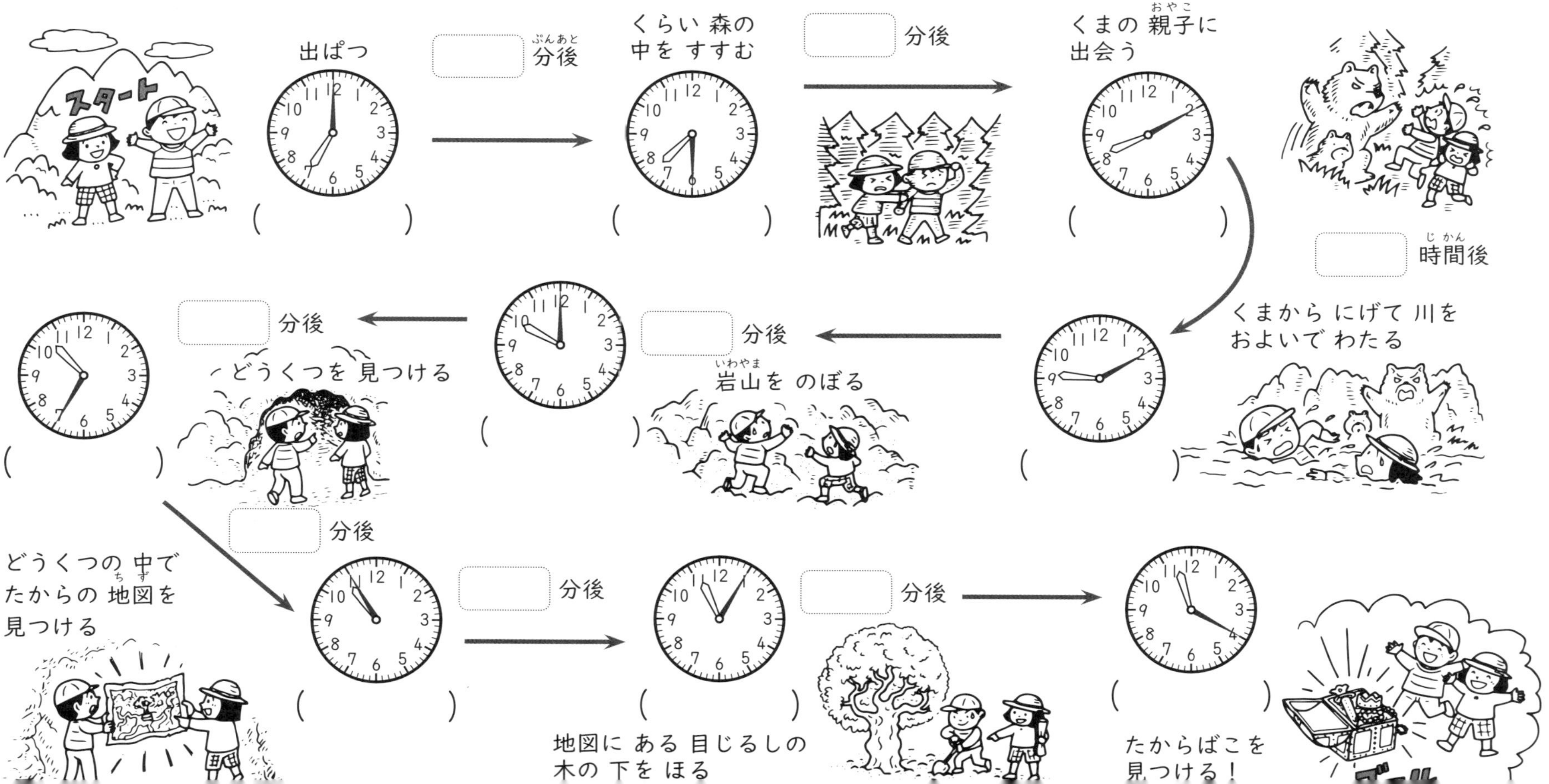

（141%に拡大してご使用ください。）

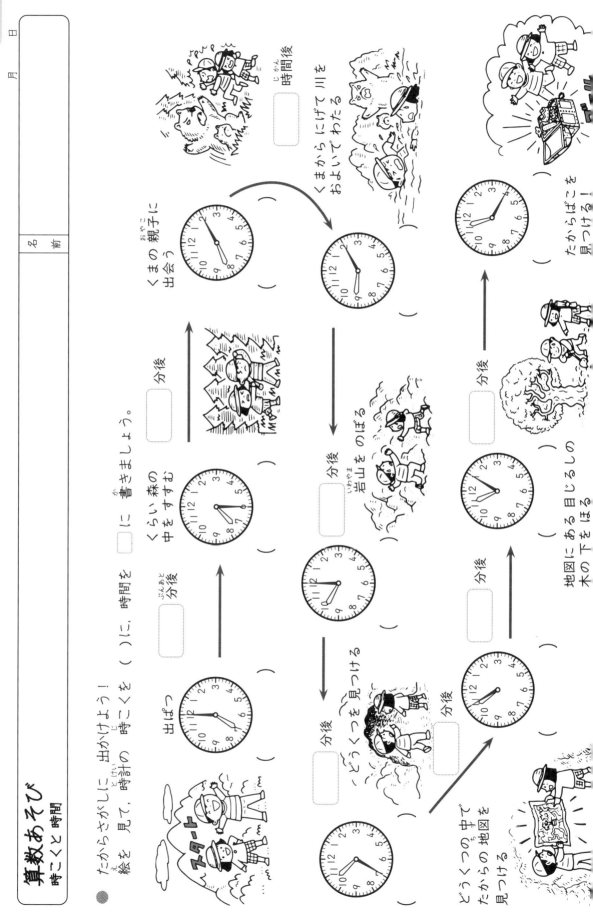

計算の くふう（1）

名前

1 みかんは ぜんぶで 何《なん》こ ありますか。
□に あてはまる 数《かず》を 書《か》きましょう。

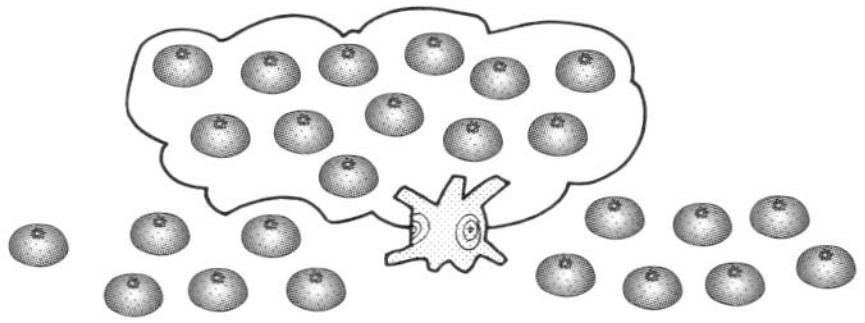

（ ）は ひとまとまりを あらわし，先に 計算するよ。

㋐ 木に なっている みかんと
おちている みかんを 先に 計算《けいさん》する。

（ 12 ＋ 13 ）＋ 7 ＝ □ ＋ □ ＝ □

㋑ おちている みかんと かごに 入っている みかんを
先に 計算する。

12 ＋（ 13 ＋ 7 ）＝ □ ＋ □ ＝ □

たす じゅんじょを かえても 答《こた》えは 同《おな》じだね。

2 （ ）の 中を 先に 計算して 答《こた》えを 出しましょう。

① 54 ＋（ 2 ＋ 8 ）

② 35 ＋（ 17 ＋ 3 ）

③ 27 ＋（ 6 ＋ 34 ）

④ 48 ＋（ 14 ＋ 26 ）

⑤ 43 ＋（ 19 ＋ 11 ）

計算の くふう（2）

名前

1 くふうして 計算《けいさん》しましょう。

① 36 ＋ 3 ＋ 7

② 11 ＋ 24 ＋ 16

③ 25 ＋ 23 ＋ 15

④ 8 ＋ 54 ＋ 22

⑤ 21 ＋ 36 ＋ 19

2 みわさんは シールを 23まい，お姉《ねえ》さんは 32まい，妹《いもうと》は 18まい もって います。
3人 あわせて シールは 何まい もって いますか。
（計算が かんたんに なるように （ ）を つかった 1つの しきに あらわしましょう。）

しき

答《こた》え

3 校ていに 2年生が 27人と 1年生が 25人 います。
そこへ 3年生が 15人 きました。
全部で 何人に なりましたか。
（計算が かんたんに なるように （ ）を つかった 1つの しきに あらわしましょう。）

しき

答え

5分

月　日

計算の くふう（テスト）

名前

【知識・技能】

1　どんぐりは　ぜんぶで　何こに　なりますか。□に　あてはまる　数を　書きましょう。(5×3)

ともやさんは　どんぐりを　16こ　ひろいました。お母さんから　17こ　もらいました。つぎに，お姉《ねえ》さんから　3こ　もらいました。

ともやさんの　どんぐりは　何こに　なりましたか。

(1)　ともやさんが　ひろった　こ数《すう》と　お母さんに　もらった　こ数を　先に　計算しましょう。

（□ ＋ □）＋ □ ＝ □

(2)　お母さんと　お姉さんに　もらった　こ数を　先に　計算しましょう。

□ ＋（□ ＋ □）＝ □

答え ＿＿＿＿＿＿

2　（　）の　中を　先に　計算《けいさん》して　答えを　出しましょう。(5×7)

(1)　28 + (8 + 2)

(2)　65 + (7 + 3)

(3)　59 + (4 + 6)

(4)　37 + (16 + 4)

(5)　66 + (18 + 2)

(6)　58 + (15 + 5)

(7)　69 + (7 + 23)

【思考・判断・表現】

3　バスに　はじめ　17人　のって　いました。　つぎの　バスていで　6人　のって　きました。また　つぎの　バスていで　4人　のってきました。(10×

(1)　あとから　バスに　のって　きたのは　あわせて　何人ですか。

しき

答え ＿＿＿＿＿＿

(2)　バスに　のって　いるのは　ぜんぶ　何人ですか。

しき

答え ＿＿＿＿＿＿

4　ひろばに　18羽《わ》　ハトがいました。　そこへ　3羽　とんで　きました。　そのあと　7羽　とんで　きました。(10×2)

(1)　あとから　とんで　きた　はとは　合わせて　何羽ですか。

しき

答え ＿＿＿＿＿＿

(2)　ひろばに　いる　はとは　ぜんぶで　何羽ですか。

しき

答え ＿＿＿＿＿＿

5　カードを　36まい　もっていました。　あたらしく　7まい　買《か》いました。　お兄さんから　13まい　もらいまし　カードは　何まいに　なりましたか。(

しき

答え ＿＿＿＿＿＿

（141％に拡大してご使用ください。）

算数あそび

計算のくふう ②

名前

● 3つの 数《かず》の うち，あわせて 20に なる 2つの 数を 見つけて，⬭で かこみましょう。また，3つの 数の たしざんの 答《こた》えを 下の ▢ に 書《か》きましょう。

① ▢ ② ▢ ③ ▢ ④ ▢ ⑤ ▢ ⑥ ▢

算数あそび

計算のくふう ②

名前

● 3つの 数《かず》の うち，あわせて 30に なる 2つの 数を 見つけて，⬭で かこみましょう。また，3つの 数の たしざんの 答《こた》えを 下の ▢ に 書《か》きましょう。

① ▢ ② ▢ ③ ▢ ④ ▢ ⑤ ▢ ⑥ ▢

3けたになるたし算のひっ算 (1)
くり上がり 1回 ①

名前　　　　月　　日

● 計算《けいさん》を　しましょう。

①
$$\begin{array}{r} 47 \\ +\,91 \\ \hline \end{array}$$

②
$$\begin{array}{r} 20 \\ +\,83 \\ \hline \end{array}$$

③
$$\begin{array}{r} 56 \\ +\,60 \\ \hline \end{array}$$

④
$$\begin{array}{r} 37 \\ +\,72 \\ \hline \end{array}$$

⑤
$$\begin{array}{r} 41 \\ +\,85 \\ \hline \end{array}$$

⑥
$$\begin{array}{r} 80 \\ +\,39 \\ \hline \end{array}$$

3けたになるたし算のひっ算 (2)
くり上がり 1回 ②

名前　　　　月　　日

● 計算《けいさん》を　しましょう。

① 76 + 43

② 21 + 85

③ 90 + 62

④ 64 + 75

⑤ 15 + 92

⑥ 84 + 40

（141％に拡大してご使用ください。）

3けたになるたし算のひっ算 (3)
くり上がり 1回 ③

名前

● 計算《けいさん》を　しましょう。

① 16 + 90　② 63 + 44　③ 75 + 74　④ 89 + 20

⑤ 62 + 91　⑥ 41 + 77　⑦ 66 + 61　⑧ 52 + 66

⑨ 92 + 96　⑩ 35 + 74

3けたになるたし算のひっ算 (4)
くり上がり 1回 ④

名前

● 計算《けいさん》を　しましょう。

① 73 + 82　② 82 + 37　③ 92 + 43　④ 74 + 91

⑤ 56 + 53　⑥ 28 + 91　⑦ 83 + 55　⑧ 94 + 32

⑨ 41 + 81　⑩ 84 + 84

5分

（141%に拡大してご使用ください。）

3分

3けたになるたし算のひっ算 (5)
くり上がり２回 ①

名前　　　　月　　日

● 計算《けいさん》を　しましょう。

①
$$\begin{array}{r} 36 \\ +\ 94 \\ \hline \end{array}$$

②
$$\begin{array}{r} 48 \\ +\ 75 \\ \hline \end{array}$$

③
$$\begin{array}{r} 52 \\ +\ 69 \\ \hline \end{array}$$

④
$$\begin{array}{r} 18 \\ +\ 87 \\ \hline \end{array}$$

⑤
$$\begin{array}{r} 34 \\ +\ 76 \\ \hline \end{array}$$

⑥
$$\begin{array}{r} 23 \\ +\ 98 \\ \hline \end{array}$$

3けたになるたし算のひっ算 (6)
くり上がり２回 ②

名前　　　　月　　日

● 計算《けいさん》を　しましょう。

① 83 + 17

② 24 + 79

③ 56 + 65

④ 38 + 92

⑤ 12 + 99

⑥ 79 + 68

（141%に拡大してご使用ください。）

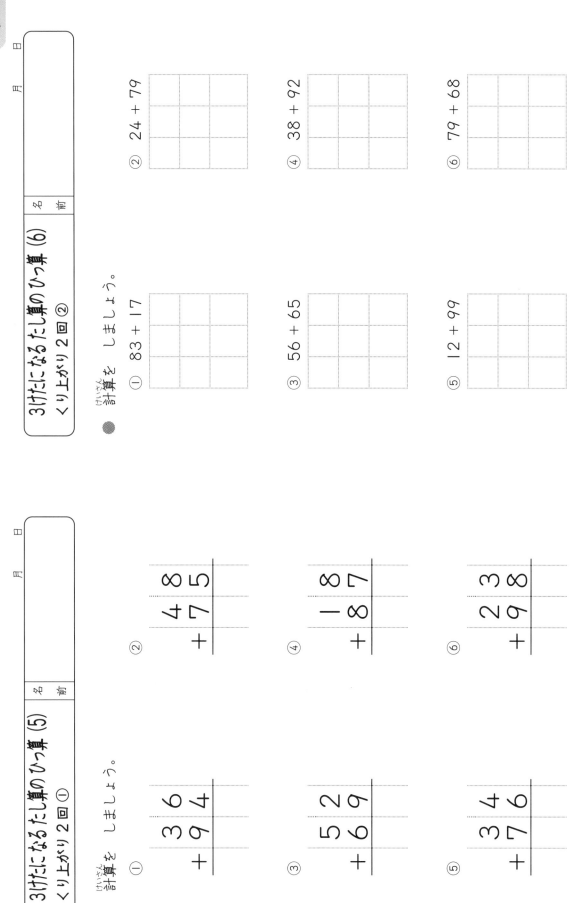

3けたになるたし算のひっ算 (7)
くり上がり２回③

名前

● 計算《けいさん》を　しましょう。

① 87 + 65　② 36 + 74　③ 78 + 63　④ 42 + 58

⑤ 96 + 16　⑥ 55 + 75　⑦ 91 + 29　⑧ 34 + 86

⑨ 46 + 68　⑩ 73 + 97

3けたになるたし算のひっ算 (8)
くり上がり２回④

名前

● 計算《けいさん》を　しましょう。

① 99 + 99　② 16 + 94　③ 84 + 77　④ 87 + 17

⑤ 39 + 64　⑥ 29 + 82　⑦ 53 + 59　⑧ 93 + 38

⑨ 87 + 48　⑩ 69 + 88

5分

5分

月　日

3けたになるたし算のひっ算(9)
くり上がり2回⑤

名前

● 計算《けいさん》を　しましょう。

① 3 + 98　② 91 + 9　③ 7 + 93　④ 97 + 5

⑤ 7 + 96　⑥ 99 + 1　⑦ 7 + 94　⑧ 92 + 8

⑨ 95 + 8　⑩ 95 + 6

月　日

3けたになるたし算のひっ算(10)
くり上がり2回⑥

名前

● 計算《けいさん》を　しましょう。

① 4 + 97　② 5 + 98　③ 2 + 99　④ 94 + 8

⑤ 96 + 8　⑥ 9 + 98　⑦ 93 + 8　⑧ 9 + 99

⑨ 98 + 2　⑩ 9 + 95

(141%に拡大してご使用ください。)

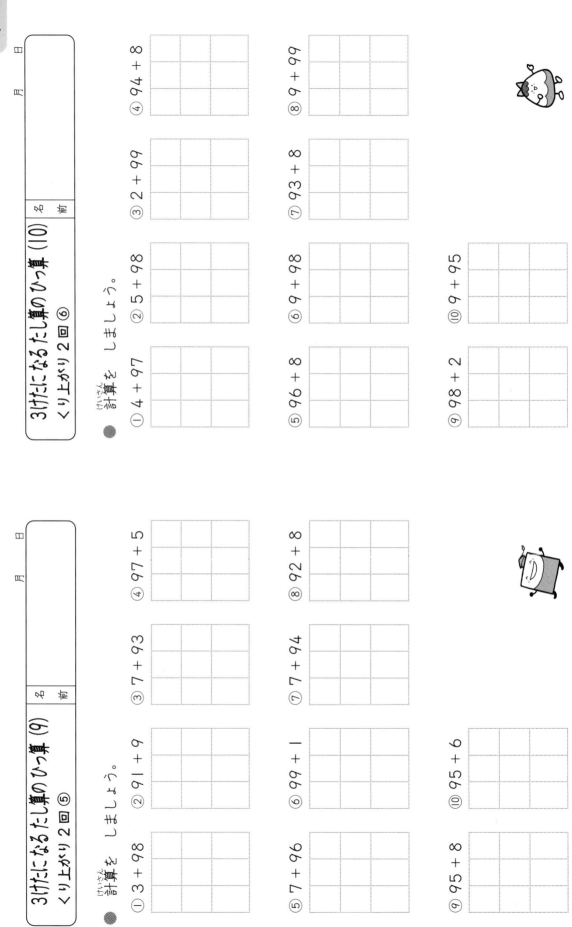

3けたになるたし算のひっ算（11）

くり上がり２回⑦

名前

● 計算《けいさん》を　しましょう。

① 92 ＋ 68　② 56 ＋ 56　③ 74 ＋ 86　④ 21 ＋ 79

⑤ 87 ＋ 86　⑥ 13 ＋ 89　⑦ 53 ＋ 47　⑧ 68 ＋ 55

⑨ 5 ＋ 98　⑩ 84 ＋ 67

3けたになるたし算のひっ算（12）

くり上がり２回⑧

名前

● 計算《けいさん》を　しましょう。

① 51 ＋ 89　② 45 ＋ 67　③ 79 ＋ 65　④ 95 ＋ 59

⑤ 74 ＋ 37　⑥ 82 ＋ 28　⑦ 96 ＋ 17　⑧ 68 ＋ 67

⑨ 98 ＋ 9　⑩ 76 ＋ 79

5分

3けたになるたし算のひっ算(13) くり上がり2回⑨

名前　　　　月　　日

計算《けいさん》を　しましょう。

① 57 + 98　② 57 + 55　③ 49 + 79　④ 93 + 68

⑤ 28 + 79　⑥ 78 + 34　⑦ 89 + 82　⑧ 19 + 86

⑨ 96 + 8　⑩ 36 + 85

3けたになるたし算のひっ算(14) くり上がり2回⑩

名前　　　　月　　日

計算《けいさん》を　しましょう。

① 67 + 99　② 68 + 38　③ 88 + 43　④ 58 + 79

⑤ 45 + 95　⑥ 83 + 97　⑦ 7 + 97　⑧ 78 + 99

⑨ 58 + 47　⑩ 84 + 59

(141%に拡大してご使用ください。)

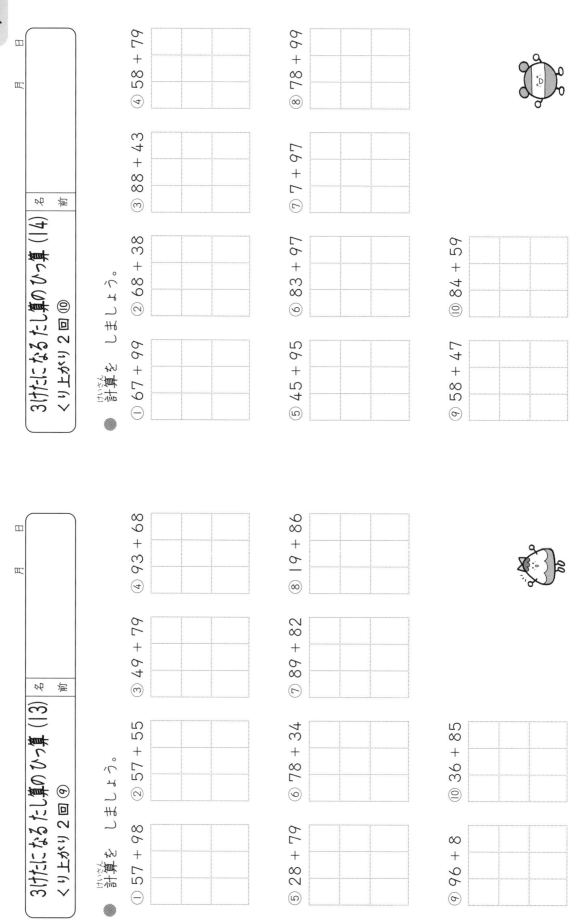

3けたになるたし算のひっ算(15)
くり上がり１回・２回①

名前

● 計算《けいさん》を　しましょう。

① 16＋86　② 93＋57　③ 25＋84　④ 42＋59

⑤ 92＋9　⑥ 64＋66　⑦ 85＋29　⑧ 45＋65

⑨ 77＋87　⑩ 36＋71

3けたになるたし算のひっ算(16)
くり上がり１回・２回②

名前

● 計算《けいさん》を　しましょう。

① 67＋36　② 8＋97　③ 39＋97　④ 78＋68

⑤ 46＋73　⑥ 83＋18　⑦ 38＋74　⑧ 18＋91

⑨ 85＋46　⑩ 56＋58

5分

(141%に拡大してご使用ください。)

3けたになるたし算のひっ算(17)
くり上がり１回・２回③

月　日　名前

● 計算《けいさん》を　しましょう。

① 99 + 88　② 56 + 62　③ 46 + 79　④ 59 + 59

⑤ 69 + 59　⑥ 37 + 83　⑦ 29 + 72　⑧ 49 + 60

⑨ 25 + 95　⑩ 95 + 6

3けたになるたし算のひっ算(18)
くり上がり１回・２回④

月　日　名前

● 計算《けいさん》を　しましょう。

① 69 + 81　② 56 + 76　③ 30 + 72　④ 95 + 67

⑤ 7 + 96　⑥ 14 + 99　⑦ 28 + 89　⑧ 62 + 48

⑨ 95 + 78　⑩ 13 + 92

(141%に拡大してご使用ください。)

ふりかえり
3けたに なる たし算の ひっ算

名前

● 計算《けいさん》を　しましょう。

① 91 + 9
② 51 + 89
③ 86 + 88
④ 35 + 81
⑤ 55 + 97
⑥ 7 + 96
⑦ 83 + 79
⑧ 44 + 86
⑨ 64 + 45
⑩ 79 + 57
⑪ 3 + 98
⑫ 48 + 93
⑬ 37 + 97
⑭ 72 + 73
⑮ 78 + 74
⑯ 69 + 95
⑰ 37 + 64
⑱ 96 + 52
⑲ 97 + 98
⑳ 85 + 98

10分 ふりかえり

月　　日

算数あそび

3けたになる たし算の ひっ算 ①

名前

● ①～⑤の　たし算《ざん》をして，答《こた》えの　大きい　方《ほう》へ
すすみましょう

月　　日

算数あそび

3けたになる たし算の ひっ算 ②

名前

◎ ①～⑤の たし算《ざん》をして，答《こた》えの 小さい 方《ほう》へ すすみましょう

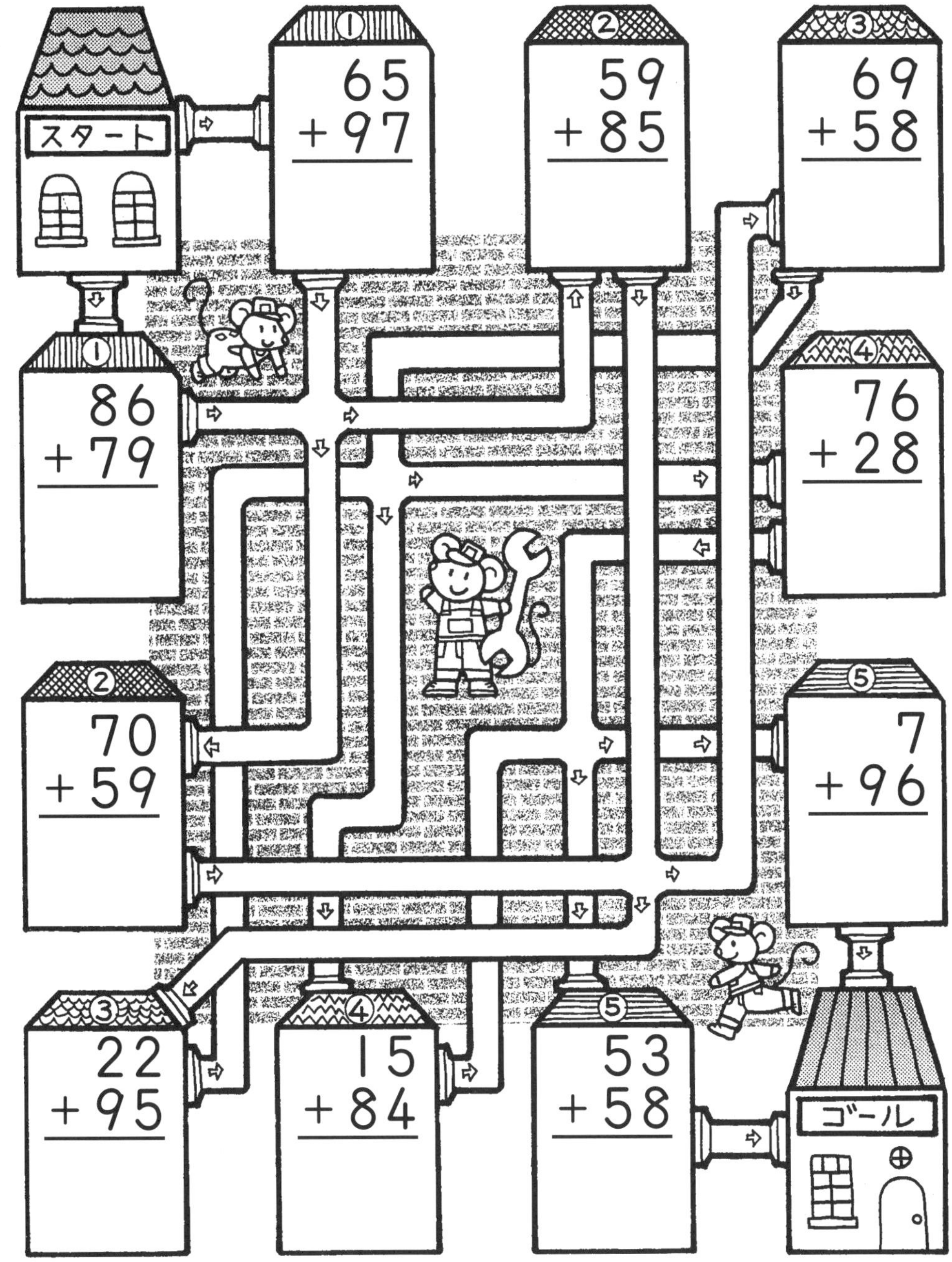

100いくつからの ひき算の ひっ算 (1)
くり下がり 1回 ①

月　　日　　名前

● 計算《けいさん》を　しましょう。

①
```
  115
-  61
-----
```

②
```
  163
-  93
-----
```

③
```
  147
-  52
-----
```

④
```
  129
-  48
-----
```

⑤
```
  136
-  75
-----
```

⑥
```
  184
-  94
-----
```

100いくつからの ひき算の ひっ算 (2)
くり下がり 1回 ②

月　　日　　名前

● 計算《けいさん》を　しましょう。

① 175 − 92

② 123 − 61

③ 118 − 38

④ 137 − 45

⑤ 144 − 92

⑥ 166 − 81

(141%に拡大してご使用ください。)

100いくつからの ひき算の ひっ算 (3)
名前

くり下がり 1回 ③

● 計算《けいさん》を　しましょう。

① 139 − 59　② 117 − 46　③ 124 − 72　④ 156 − 61

⑤ 121 − 31　⑥ 144 − 83　⑦ 138 − 65　⑧ 179 − 87

⑨ 153 − 82　⑩ 117 − 94

100いくつからの ひき算の ひっ算 (4)
名前

くり下がり 1回 ④

● 計算《けいさん》を　しましょう。

① 118 − 74　② 157 − 96　③ 126 − 50　④ 164 − 71

⑤ 128 − 98　⑥ 134 − 80　⑦ 113 − 82　⑧ 155 − 73

⑨ 139 − 97　⑩ 145 − 62

5分

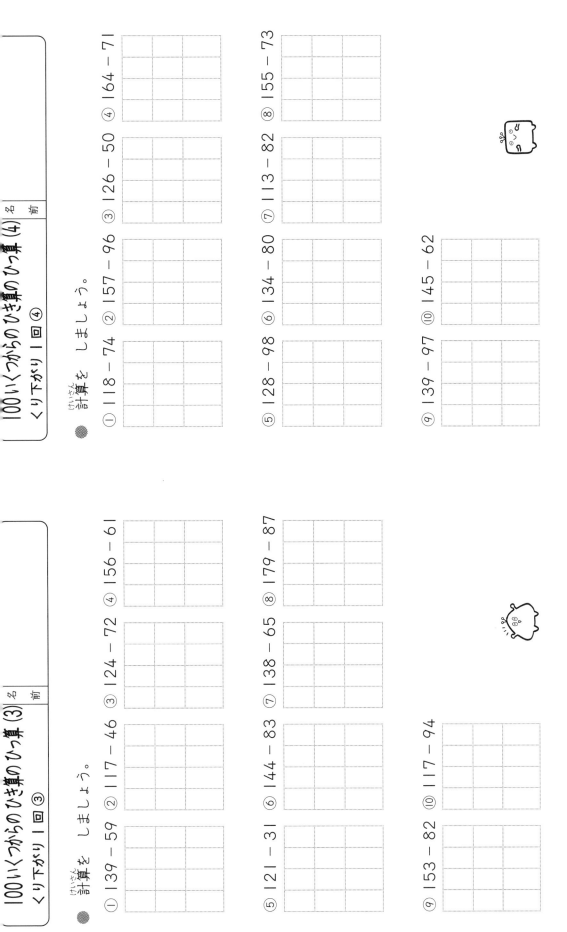

3分

100いくつからの ひき算の ひっ算 (5)
くり下がり 2回 ①

月　日　名前

● 計算《けいさん》を　しましょう。

①

	1	6	0
−		7	7

②

	1	4	1
−		5	5

③

	1	3	5
−		3	8

④

	1	1	7
−		3	8

⑤

	1	2	3
−		7	8

⑥

	1	0	2
−		5	4

100いくつからの ひき算の ひっ算 (6)
くり下がり 2回 ②

月　日　名前

● 計算《けいさん》を　しましょう。

① 103 − 94

② 190 − 98

③ 166 − 88

④ 125 − 66

⑤ 131 − 53

⑥ 142 − 49

（141%に拡大してご使用ください。）

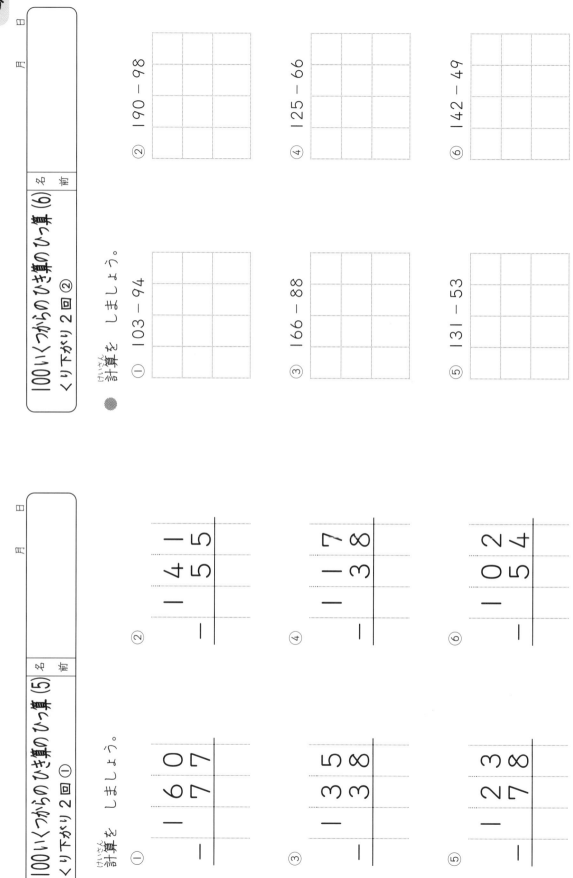

100いくつからの ひき算の ひっ算 (7)

くり下がり２回③

名前

● 計算《けいさん》を　しましょう。

① 111－29　② 184－86　③ 117－79　④ 122－26

⑤ 136－97　⑥ 171－86　⑦ 143－65　⑧ 164－67

⑨ 170－94　⑩ 123－47

100いくつからの ひき算の ひっ算 (8)

くり下がり２回④

名前

● 計算《けいさん》を　しましょう。

① 111－22　② 130－46　③ 156－79　④ 132－78

⑤ 182－97　⑥ 140－82　⑦ 174－79　⑧ 127－88

⑨ 163－79　⑩ 118－49

5分

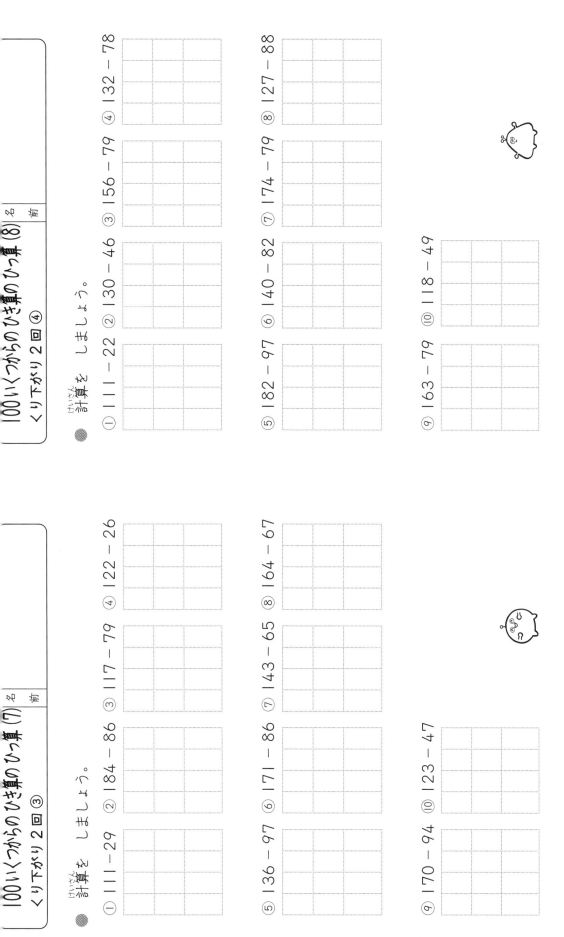

100いくつからの ひき算の ひっ算 (9)
くり下がり 2回 ⑤

名前　　　　　月　　日

● 計算《けいさん》を　しましょう。

①
$$\begin{array}{r} 106 \\ -\ \ 18 \\ \hline \end{array}$$

②
$$\begin{array}{r} 103 \\ -\ \ 47 \\ \hline \end{array}$$

③
$$\begin{array}{r} 100 \\ -\ \ 65 \\ \hline \end{array}$$

④
$$\begin{array}{r} 101 \\ -\ \ 22 \\ \hline \end{array}$$

⑤
$$\begin{array}{r} 105 \\ -\ \ 99 \\ \hline \end{array}$$

⑥
$$\begin{array}{r} 100 \\ -\ \ 34 \\ \hline \end{array}$$

100いくつからの ひき算の ひっ算 (10)
くり下がり 2回 ⑥

名前　　　　　月　　日

● 計算《けいさん》を　しましょう。

①
$$\begin{array}{r} 102 \\ -\ \ \ 3 \\ \hline \end{array}$$

②
$$\begin{array}{r} 100 \\ -\ \ \ 5 \\ \hline \end{array}$$

③
$$\begin{array}{r} 104 \\ -\ \ \ 6 \\ \hline \end{array}$$

④
$$\begin{array}{r} 107 \\ -\ \ \ 8 \\ \hline \end{array}$$

⑤
$$\begin{array}{r} 108 \\ -\ \ \ 9 \\ \hline \end{array}$$

⑥
$$\begin{array}{r} 100 \\ -\ \ \ 7 \\ \hline \end{array}$$

（141％に拡大してご使用ください。）

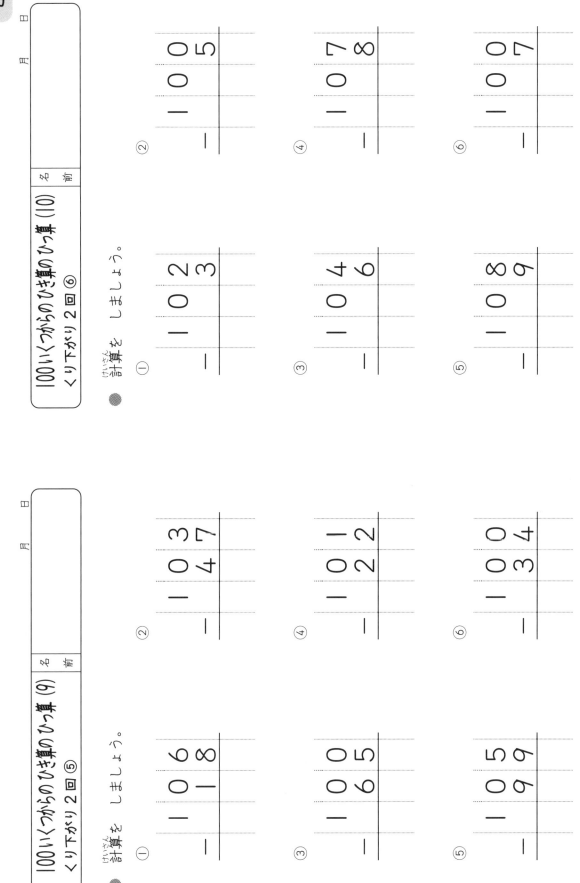

100いくつからのひき算のひっ算(11)

くり下がり２回⑦

名前

● 計算《けいさん》を　しましょう。

① 101 − 8　② 100 − 92　③ 103 − 8　④ 107 − 38

⑤ 104 − 25　⑥ 108 − 19　⑦ 102 − 46　⑧ 100 − 7

⑨ 105 − 9　⑩ 106 − 97

100いくつからのひき算のひっ算(12)

くり下がり２回⑧

名前

● 計算《けいさん》を　しましょう。

① 104 − 6　② 107 − 18　③ 100 − 33　④ 102 − 3

⑤ 102 − 9　⑥ 103 − 25　⑦ 106 − 59　⑧ 105 − 66

⑨ 100 − 8　⑩ 101 − 5

(141%に拡大してご使用ください。)

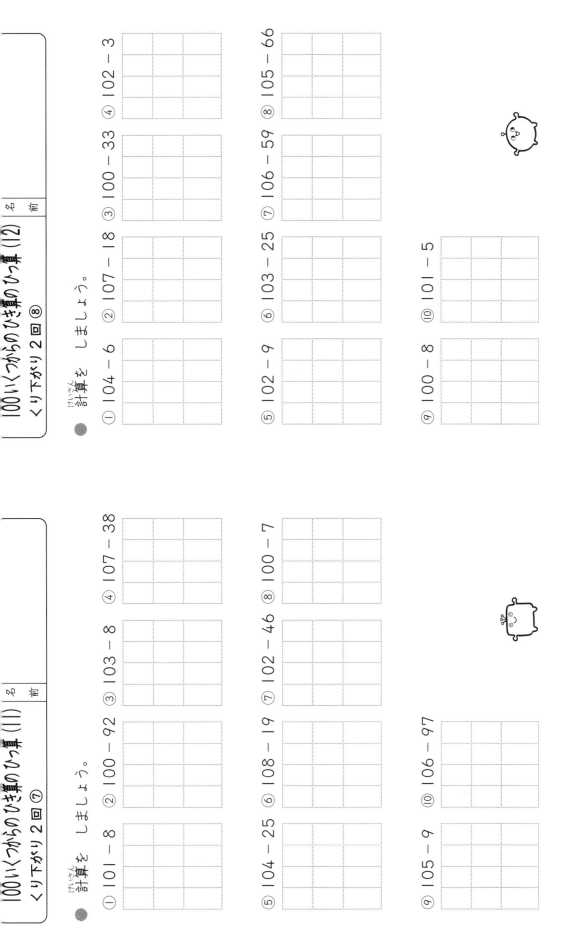

月　　日

100いくつからの ひき算の ひっ算 (13) くり下がり 1回・2回 ①

名前

● 計算《けいさん》を しましょう。

① 132 − 57　② 189 − 91　③ 105 − 9　④ 190 − 92

⑤ 132 − 61　⑥ 183 − 89　⑦ 111 − 95　⑧ 167 − 79

⑨ 105 − 17　⑩ 101 − 83

月　　日

100いくつからの ひき算の ひっ算 (14) くり下がり 1回・2回 ②

名前

● 計算《けいさん》を しましょう。

① 130 − 87　② 125 − 99　③ 112 − 81　④ 105 − 69

⑤ 103 − 26　⑥ 160 − 95　⑦ 104 − 35　⑧ 165 − 71

⑨ 142 − 96　⑩ 100 − 92

(141%に拡大してご使用ください。)

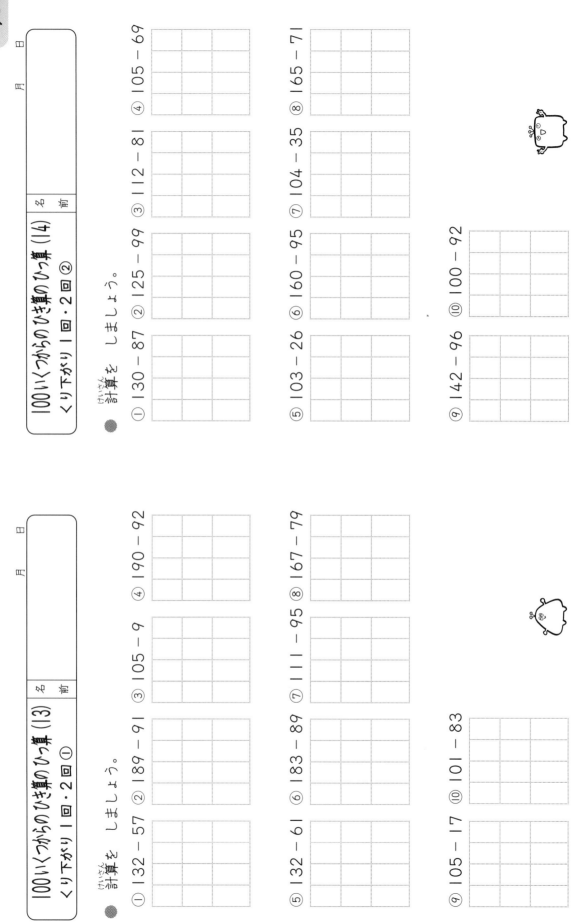

100いくつからのひき算のひっ算 (15)
くり下がり 1回・2回 ③

名前

● 計算《けいさん》を　しましょう。

① 108 − 89　② 144 − 57　③ 107 − 69　④ 127 − 38

⑤ 102 − 4　⑥ 152 − 53　⑦ 118 − 75　⑧ 181 − 92

⑨ 113 − 87　⑩ 129 − 45

100いくつからのひき算のひっ算 (16)
くり下がり 1回・2回 ④

名前

● 計算《けいさん》を　しましょう。

① 168 − 70　② 104 − 75　③ 154 − 69　④ 123 − 55

⑤ 170 − 72　⑥ 100 − 8　⑦ 171 − 99　⑧ 144 − 54

⑨ 111 − 63　⑩ 150 − 96

5分

（141%に拡大してご使用ください。）

月　日　名前

ふりかえり
100いくつからの ひき算の ひっ算

● 計算《けいさん》を　しましょう。

① 144 − 66　② 154 − 79　③ 105 − 9　④ 112 − 44　⑤ 161 − 66　⑥ 141 − 42　⑦ 128 − 82

⑧ 106 − 87　⑨ 183 − 90　⑩ 110 − 73　⑪ 157 − 88　⑫ 125 − 38　⑬ 102 − 6　⑭ 130 − 87

⑮ 133 − 57　⑯ 103 − 94　⑰ 123 − 84　⑱ 182 − 88　⑲ 154 − 61　⑳ 178 − 89

月　　日

算数あそび

100いくつからの ひき算の ひっ算①

名前

● 答《こた》えの　大きい　方《ほう》へ　すすみましょう。
通《とお》った方の　答えを　□に　書《か》きましょう。

月　日

算数あそび

100いくつからの ひき算の ひっ算②

名前	

● 答《こた》えの　小さい　方《ほう》へ　すすみましょう。

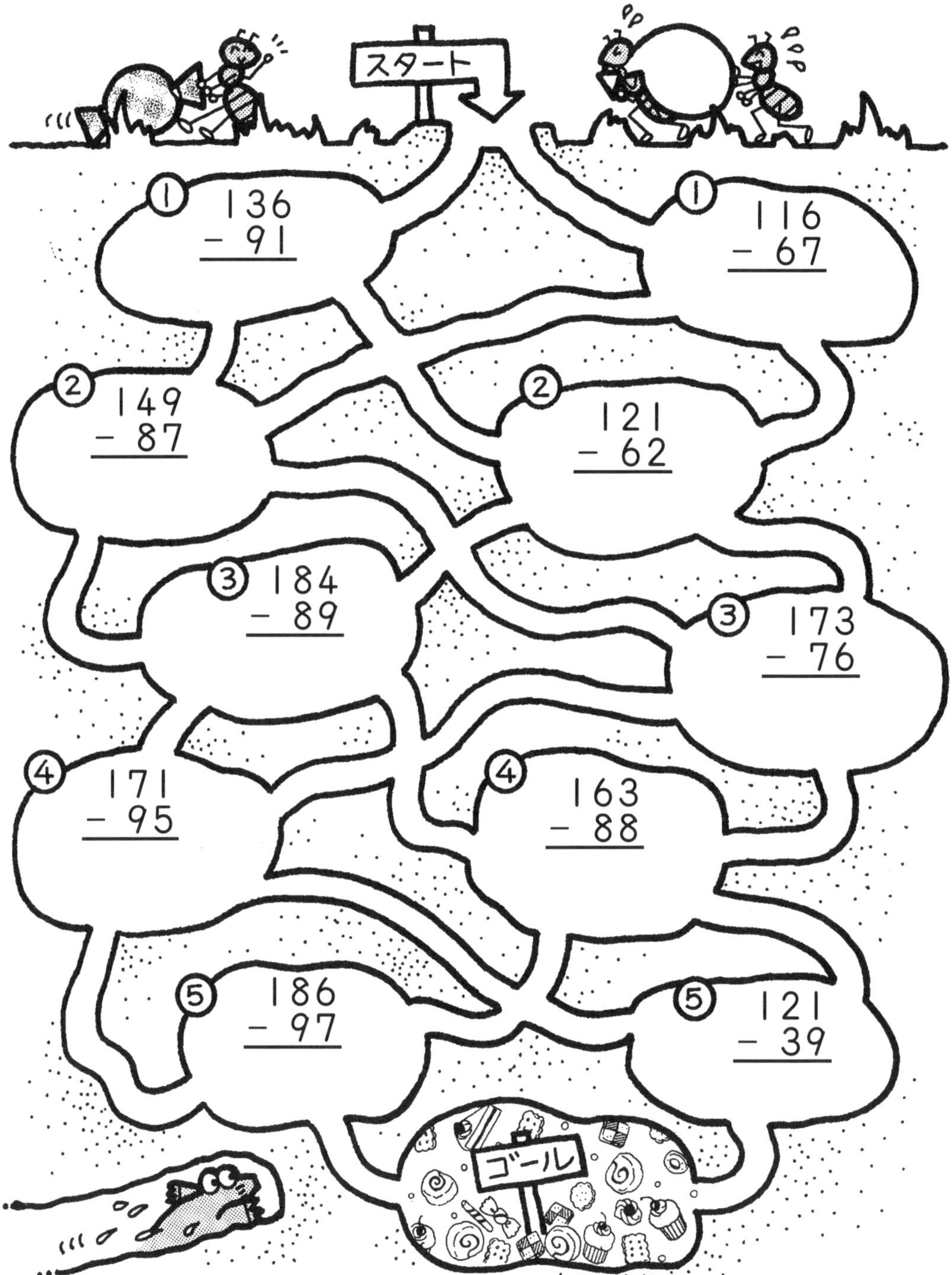

たし算と ひき算の ひっ算 (1)
文しょうだい ①

名前

1 とおるさんは，きのう　78ページ，今日《きょう》は　112ページ　本を読《よ》みました。今日は　きのうより　何《なん》ページ　多《おお》く読みましたか。

しき

答《こた》え

2 まなさんは　貝がらを　84こ，妹《いもうと》は　57こ　もって　います。あわせて　いくつですか。

しき

答え

3 チョコレートは　1こ　64円で，クッキーは　チョコレートより58円　高《たか》いです。クッキーはいくらですか。

しき

答え

4 はやとさんは　150円　もって　いました。82円シールを1まい　買いました。のこりは　いくらですか。

しき

答え

たし算と ひき算の ひっ算 (2)
文しょうだい ②

名前

1 電車《でんしゃ》に　132人　のって　います。そのうち　すわって　いるのは63人です。立って　いる　人は　何《なん》人ですか。

しき

答《こた》え

2 ホールに　人が　95人　いました。68人　入って　きました。何人に　なりましたか。

しき

答え

3 アイスキャンディーは　144円で，ラムネはアイスキャンディーより　86円　やすいです。ラムネは　いくらですか。

しき

答え

4 くつばこに　うんどうぐつが　73足《そく》，うわばきが　102足入って　います。うわばきは　うんどうぐつより何足　多《おお》いですか。

しき

答え

月　日

3けたに なる たし算の ひっ算　100いくつからの ひき算の ひっ算（テスト）

名前

【知識・技能】

1 ひっ算《さん》で　しましょう。(5×5)

① 84 + 93　② 8 + 96

③ 74 + 36　④ 75 + 67

⑤ 96 + 78

2 ひっ算で　しましょう。(5×5)

① 126 − 53　② 167 − 69

③ 102 − 36　④ 105 − 98

⑤ 104 − 8

【思考・判断・表現】

3 85円の　えんぴつと，90円の　けしゴムを買《か》いました。
だい金は　いくらになりますか。(5×2)

しき

答え

ひっ算

4 おり紙《がみ》を　102まい　もって　います。
48まい　つかいました。
何《なん》まい　のこっていますか。(5×2)

しき

答え

ひっ算

5 164ページの　本を　読《よ》みます。
77ページ　読みました。
読んでいないのは　何ページですか。(5×2)

しき

答え

ひっ算

6 2年生の　男の子は　49人です。
女の子は　58人です。(5×4)

(1) 2年生は　みんなで　何人ですか。

しき

答え

ひっ算

(2) 1年生は　98人です。
2年生は　1年生より　何人多《おお》いですか。

しき

答え

ひっ算

　（141%に拡大してご使用ください。）

大きい数のひっ算（1）
たし算①

名前

1 427＋64を ひっ算《さん》で しましょう。

	4	2	7
＋		6	4

① くらいを たてに そろえて 書《か》く。

→

	4	2	7
＋		6	4
	□	□	□

② 一のくらいから じゅんに 計算《けいさん》する。

一のくらいの計算

7＋4＝□

十のくらいの計算

1＋2＋6＝□

百のくらいは

□

2 ひっ算で しましょう。

① 245＋18

② 9＋607

③ 703＋7

④ 508＋63

⑤ 39＋816

大きい数のひっ算（2）
たし算②

名前

● ひっ算《さん》で しましょう。

① 618＋44

② 7＋509

③ 432＋15

④ 222＋68

⑤ 38＋101

⑥ 83＋909

3分

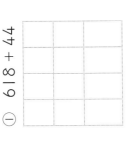

月　　日

大きい 数の ひっ算 (3)

名前

ひき算 ①

1　271 − 38 を　ひっ算《さん》で　しましょう。

① くらいを たてに そろえて 書《か》く。

```
  271
−  38
―――――
```

② 一のくらいから じゅんに 計算《けいさん》する。

```
   ⑥10
  2 7 1
−   3 8
―――――――
  □ □ □
```

一のくらいの計算

1 から 8 はひけない。
十のくらいから 1 くり下げる。

11 − 8 = □

十のくらいの計算

一くり下げたので 6

6 − 3 = □

百のくらいは □

2　ひっ算で　しましょう。

① 365 − 26　　② 712 − 5　　③ 327 − 9

④ 680 − 74　　⑤ 544 − 6

月　　日

大きい 数の ひっ算 (4)

名前

ひき算 ②

● ひっ算《さん》で　しましょう。

① 182 − 54　　② 689 − 23

③ 773 − 44　　④ 334 − 19

⑤ 982 − 81　　⑥ 123 − 5

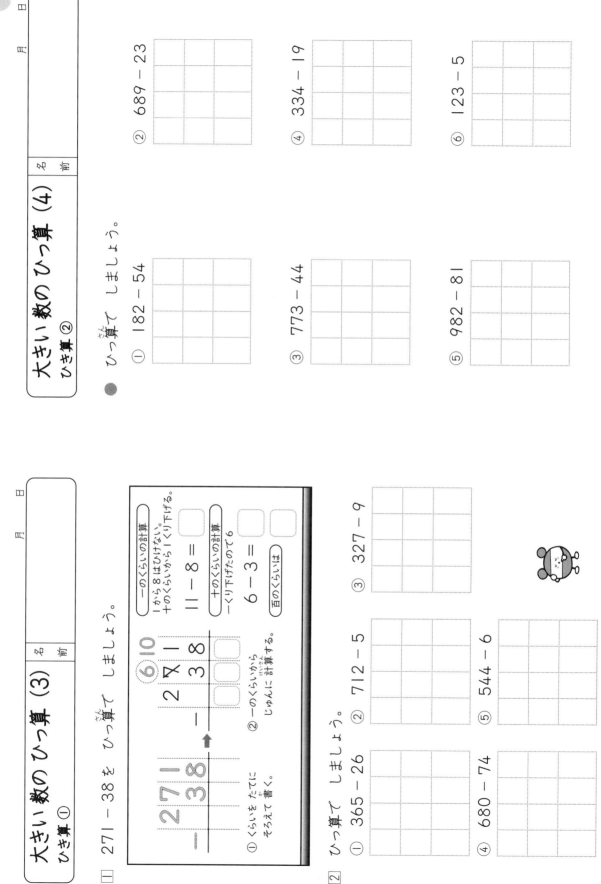

大きい数のひっ算 (5)
たし算 ③

名前

● ひっ算《さん》で　しましょう。

① 104 + 84
② 28 + 305
③ 447 + 25
④ 901 + 9
⑤ 612 + 30
⑥ 555 + 7
⑦ 516 + 24
⑧ 38 + 128
⑨ 9 + 462
⑩ 730 + 64

大きい数のひっ算 (6)
ひき算 ③

名前

● ひっ算《さん》で　しましょう。

① 181 − 34
② 279 − 69
③ 180 − 25
④ 987 − 65
⑤ 223 − 19
⑥ 356 − 28
⑦ 634 − 9
⑧ 844 − 20
⑨ 721 − 6
⑩ 653 − 15

5分

月　　日

算数あそび

大きい数の ひっ算

名前

● 答《こた》えの　小さい　方《ほう》へ　すすみましょう。

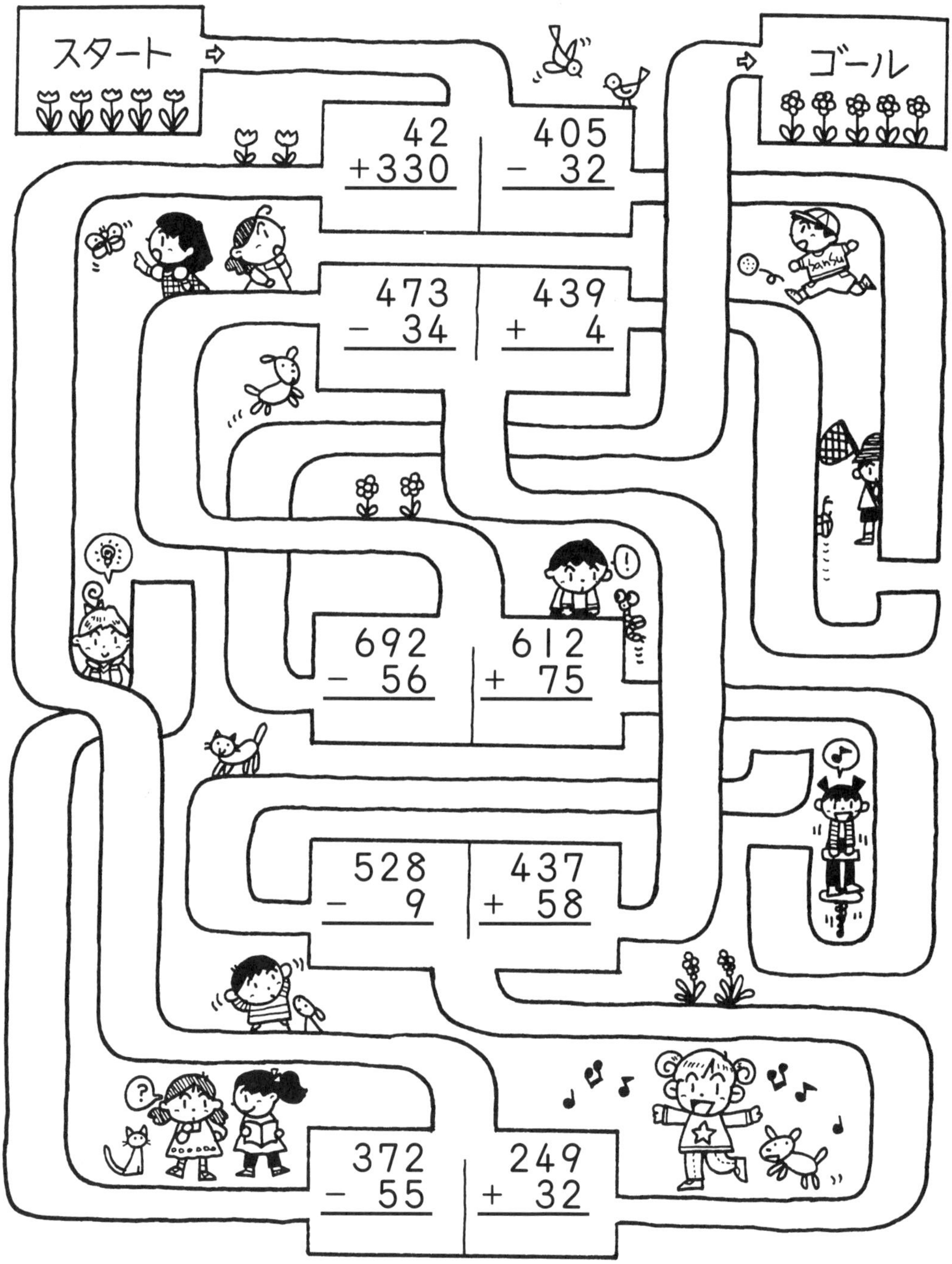

月　　日

三角形と四角形（1）

名前

1 同《おな》じ　記《き》ごうの　・《てん》と　・を　直線《ちょくせん》で　つないで　かこみ，三角形《さんかくけい》や　四角形《しかくけい》を　作《つく》りましょう。

2 （　）に　あてはまる　ことばを　書《か》きましょう。

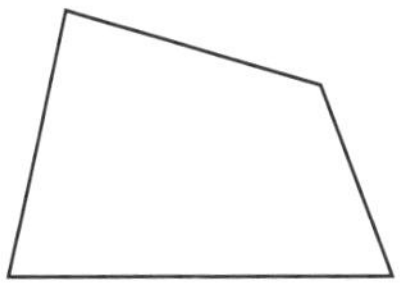

4本の　直線で　かこまれた　形《かたち》を
（　　　　　　）と　いいます。

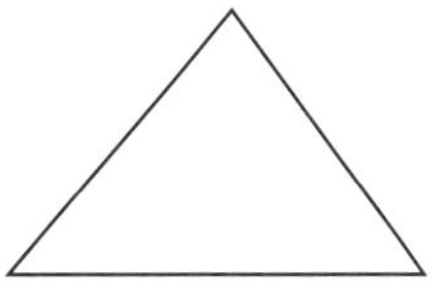

3本の　直線で　かこまれた　形を
（　　　　　　）と　いいます。

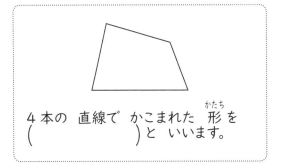

月　　日

三角形と四角形（2）

名前

1　□に　あてはまる　ことばや　数《かず》を　書《か》きましょう。

① 三角形《さんかくけい》や　四角形《しかくけい》の　かどの　点《てん》を □と　いい，まわりの 直線《ちょくせん》を □と　いいます。

三角形

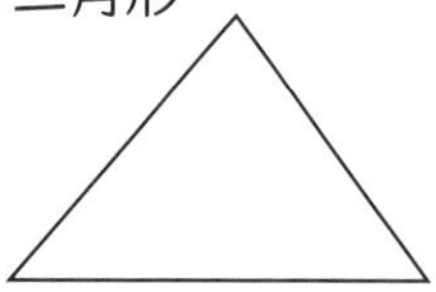

② 三角形の　へんは □本，ちょう点は □こです。

四角形

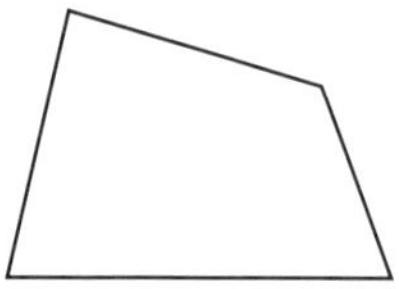

③ 四角形の　へんは □本，ちょう点は □こです。

2　三角形と　四角形を　見つけて，（　）に　記《き》ごうを　書きましょう。

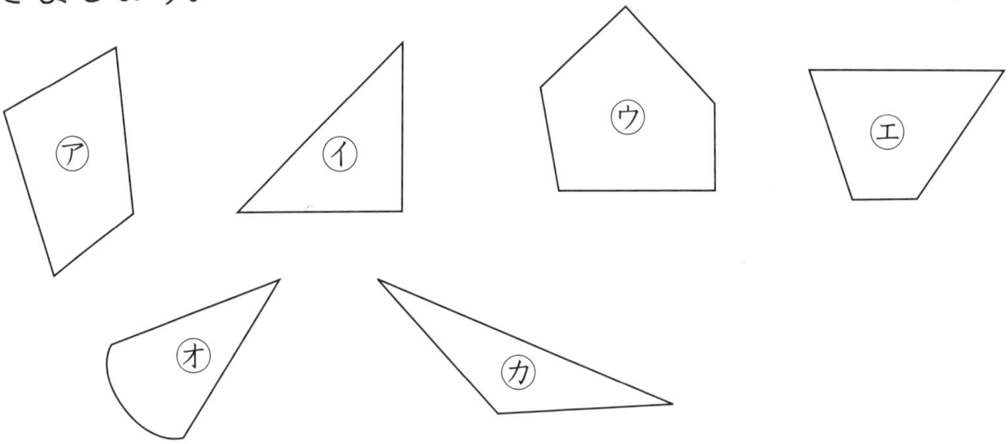

三角形（　　　　　　　　）　四角形（　　　　　　　　）

月　　日

三角形と四角形（3）

名前

① 点《てん》と　点を　直線《ちょくせん》で　つなぎ，三角形《さんかくけい》を　3つ　かきましょう。

② 点と　点を　直線で　つなぎ，四角形《しかくけい》を　3つ　かきましょう。

③ つぎの　形《かたち》に　なるように，下の　図《ず》に　直線を　1本　ひきましょう。

① 2つの　三角形

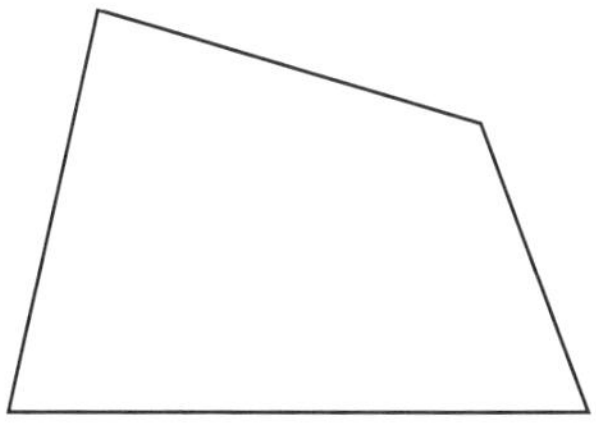

② 三角形と　四角形

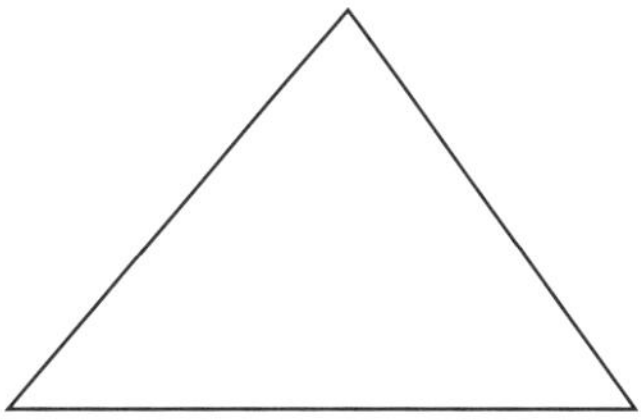

月　　日

三角形と四角形（4）

名前

1　下の　図《ず》から　直角《ちょっかく》を　見つけ，直角の　かどを　赤く　ぬりましょう。

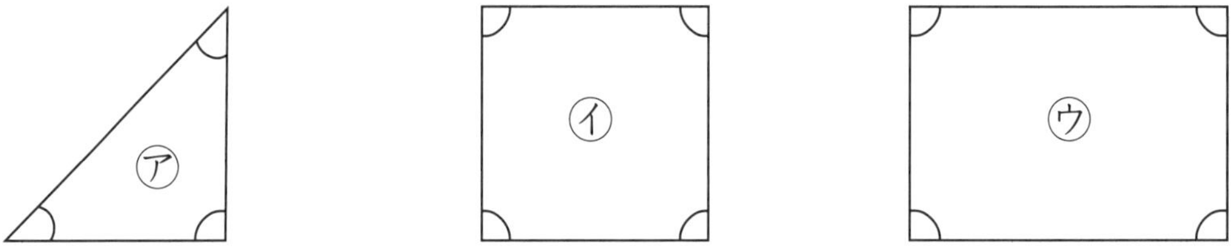

2　[　　]に　あてはまる　ことばを　書《か》きましょう。

① 4つの　かどが，みんな　直角に　なって　いる　四角形《しかくけい》を，[　　　　　　]と　いいます。

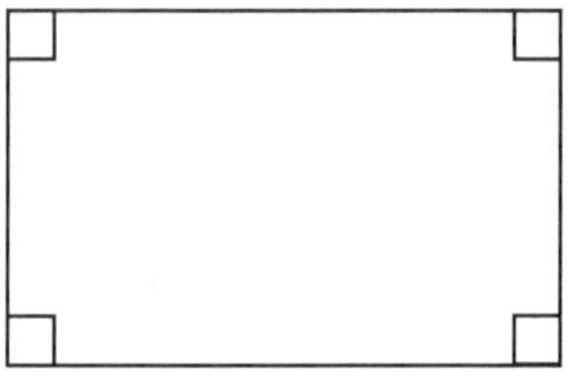

② 長方形《ちょうほうけい》の　むかいあう　2つの　へんの　長《なが》さは　[　　　　]です。

③ 4つの　かどが　みんな　直角で，4つの　へんの　長さが　同《おな》じ　四角形を　[　　　　　]と　いいます。

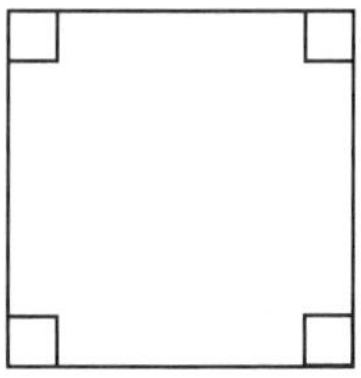

月　　日

三角形と四角形（5）

名前

1 下の図《ず》から　長方形《ちょうほうけい》と　正方形《せいほうけい》を　えらび，（　）に記《き》ごうを　書《か》きましょう。

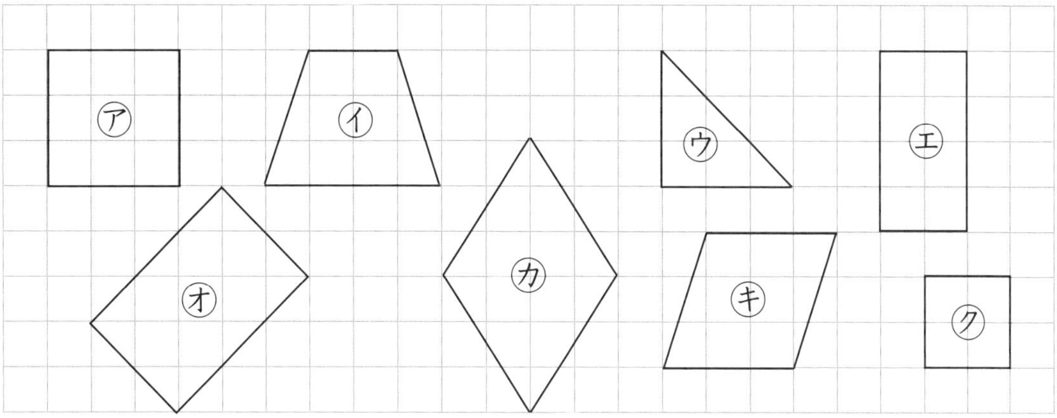

長方形（　　　　　　　　）　正方形（　　　　　　　　）

2 いろいろな　大きさの　長方形や　正方形を　かきましょう。

① たて　3cm，よこ　2cmの　長方形

② たて　2cm，よこ　5cmの　長方形

③ 1つの　へんの　長《なが》さが　3cmの　正方形

月　　日

三角形と四角形（6）

名前

1　□に　あてはまる　ことばを　書《か》きましょう。

1つの　かどが　直角《ちょっかく》に　なって　いる　三角形《さんかくけい》を

□と　いいます。

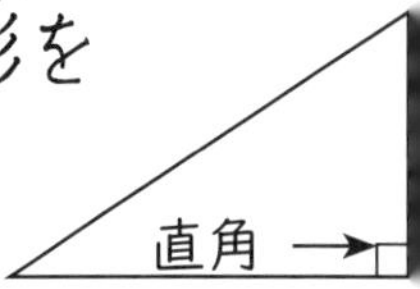

2　下の　図《ず》から　直角三角形を　えらび，（　）に　記《き》ごうを書きましょう。

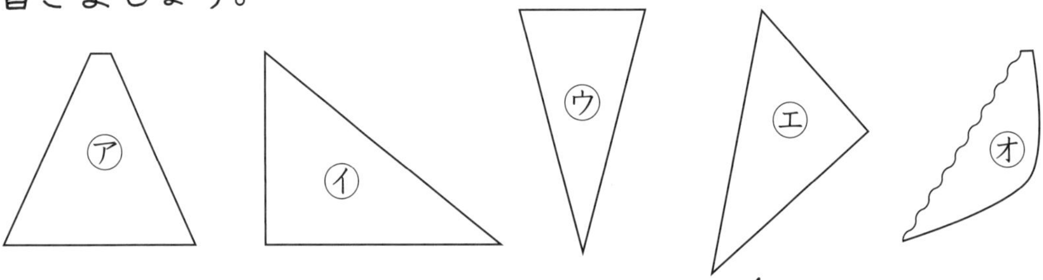

（　　　　）

3　3cmの　へんと 5cmの　あいだに，直角の　かどが　ある　直角三角形を　かきましょう。

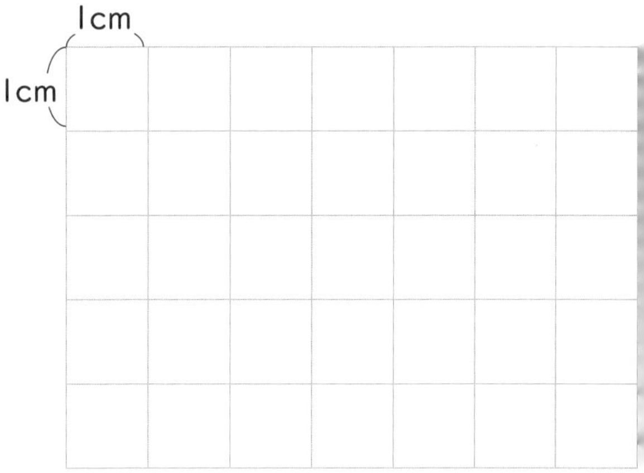

4　2つの　直角三角形に　なるように，右の　長方形《ちょうほうけい》に　直線《ちょくせん》を　1本　ひきましょう。

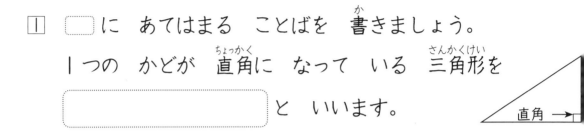

ふりかえり
三角形と四角形

名前

1 (　)に　あてはまる　ことばを，□に　数《かず》を　書《か》きましょう。

① 三角形《さんかくけい》　㋐(　　　)　㋑(　　　)

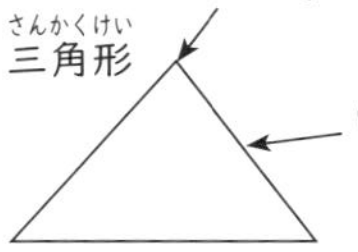

ちょう点 □ こ

へん □ 本

② 四角形《しかくけい》　㋐(　　　)　㋑(　　　)

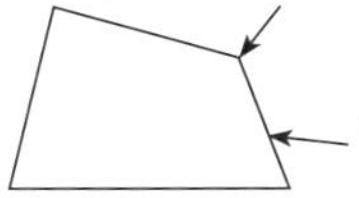

ちょう点 □ こ

へん □ 本

2 下の　図《ず》から　三角形，四角形を　えらび，(　)に　記《き》ごうを　書きましょう。

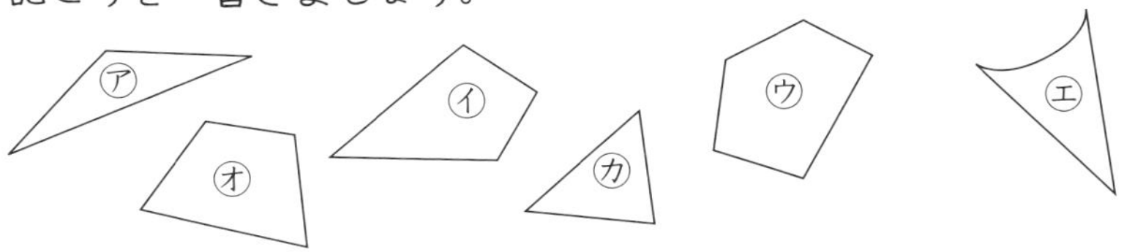

三角形(　　　　　)　四角形(　　　　　)

3 下の　図の　中から，直角三角形《ちょっかくさんかくけい》，正方形《せいほうけい》，長方形《ちょうほうけい》を　えらび　(　)に　記ごうを　書きましょう。

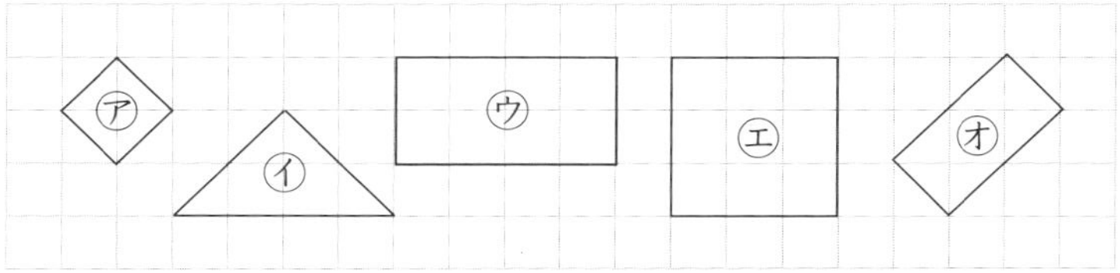

直角三角形(　　　)　正方形(　　　)　長方形(　　　)

4 つぎの　㋐，㋑，㋒に　あてはまる　図《ず》の　名まえを　書きましょう。

㋐ 4つの　かどが　すべて　直角な　四角形 □

㋑ 直角の　かどが　ある　三角形 □

㋒ 4つの　かどが　すべて　直角で，へんの　長さが　すべて　同じ　四角形 □

5 下の　三角じょうぎの　直角の　かどを　えらび，(　)に　記ごうを　書きましょう。

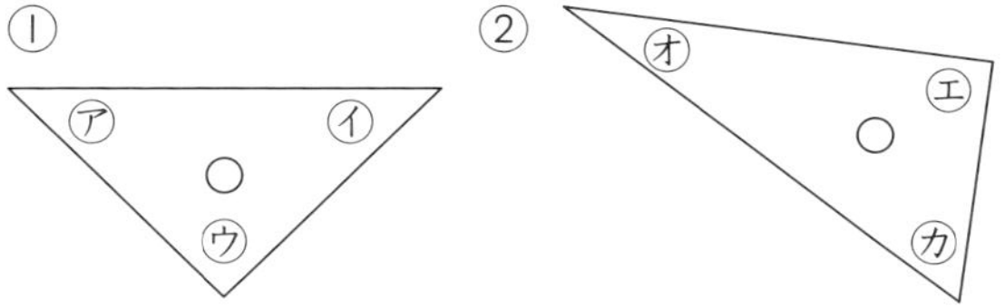

①(　　　)

②(　　　)

6 長方形、正方形，直角三角形を　１つずつ　かきましょう。

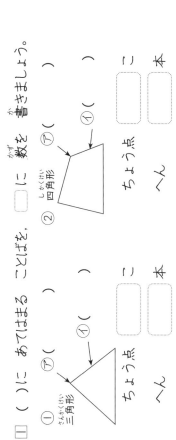

月　日

三角形と 四角形（テスト）

名前

【知識・技能】

1　□に　あてはまる　ことばを　書《か》きましょう。(5×4)

(1)　３本の　直線《ちょくせん》で　かこまれた形《かたち》を
□と　いいます。

(2)　４本の　直線で　かこまれた形を
□と　いいます。

(3)　三角形や　四角形の　かどの　点を
□と　いいます。

(4)　三角形や　四角形の　まわりの
直線を　□と　いいます。

2　下の　中から，直角三角形《ちょっかくさんかくけい》，正方形《せいほうけい》，長方形《ちょうほうけい》を　えらび　□に　記ごうを　書きましょう。(5×3)

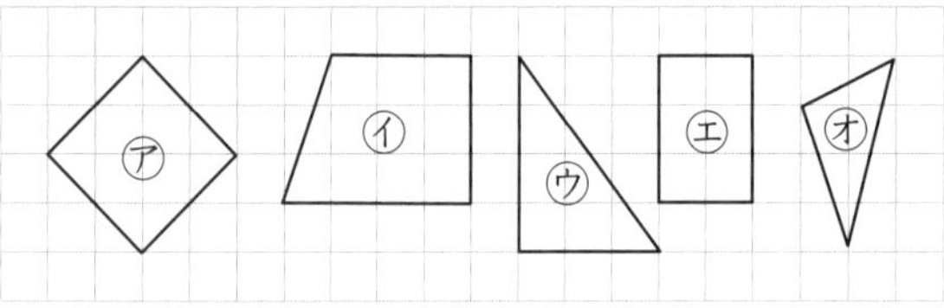

長方形 □　　正方形 □

直角三角形 □

3　つぎの　形を　かきましょう。(5×3)

(1)　へんの　長さが　2cmと　4cmの　長方形

1cm
1cm

(2)　へんの　長さが　3cmの　正方形

1cm
1cm

(3)　直角と　なる　２つの　へんの　長さが　4cmと　2cmの　直角三角形

1cm
1cm

【思考・判断・表現】

4　つぎの　中で，長方形と　正方形の　どちらにも　あて　はまる文を　えらび　□に　○をつけましょう。(10)

□　3本の　直線で　かこまれている。

□　4つの　へんの　長さが　同じ。

□　4つの　かどが　直角に　なってい

5　長方形に　１本ずつ　直線を　ひき，それぞれの　形に　分けましょう。(10×2)

(1)　２つの直角三角形

(2)　直角三角形と四角形

6　三角形では　ないものを　２つ　えらび，その　りゆうを　下から　えらで　記ごうを　書きましょう。(5×4)

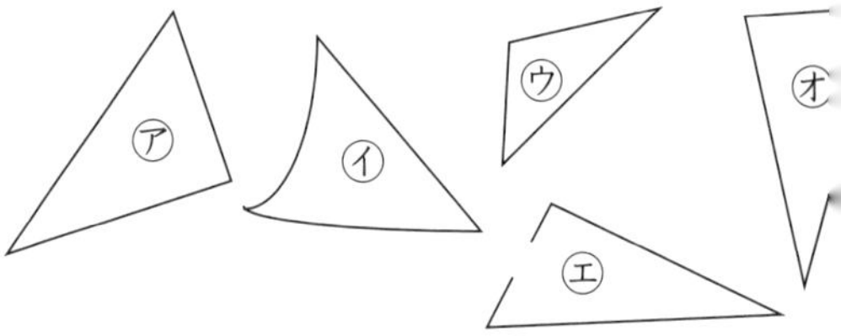

三角形でないもの	そのりゆう

あ　ちょう点が　３つではない。
い　へんが　とちゅうで　切れている
う　へんが　４本ある。
え　直線でない　へんが　ある。

（141％に拡大してご使用ください。）

月　日

算数あそび

三角形と四角形

名前

● スタートから，長方形《ちょうほうけい》，正方形《せいほうけい》，直角三角形《ちょっかくさんかくけい》の　じゅんに　犬が　すすんで　いきます。犬は　何《なに》を　食《た》べましたか。

（ななめには　すすめません。）

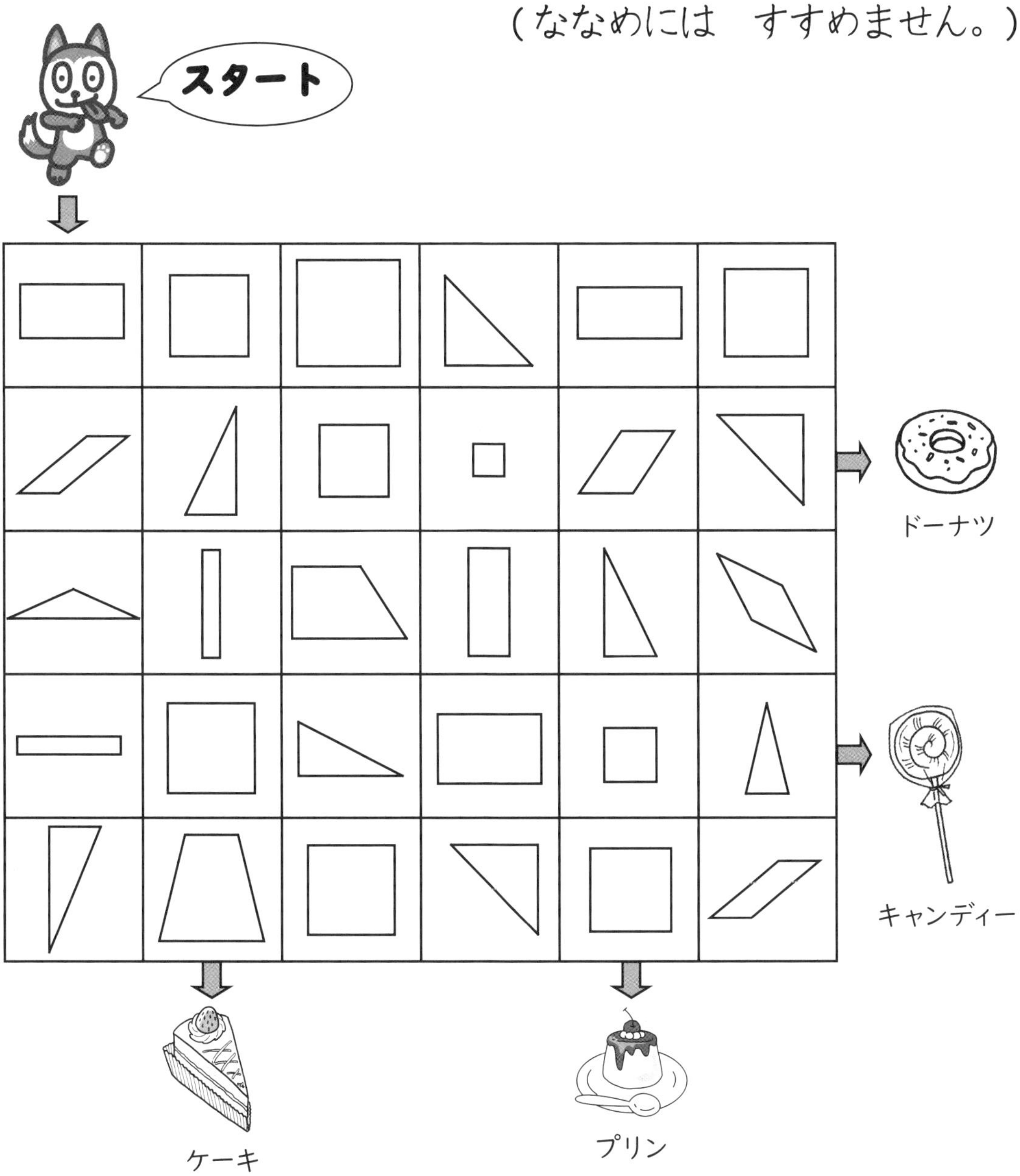

答《こた》え＿＿＿＿＿＿＿＿

月　日

かけ算（1）

名前

● 絵《え》を 見《み》て ○，□，◎に あてはまる 数《かず》を 書《か》きましょう。

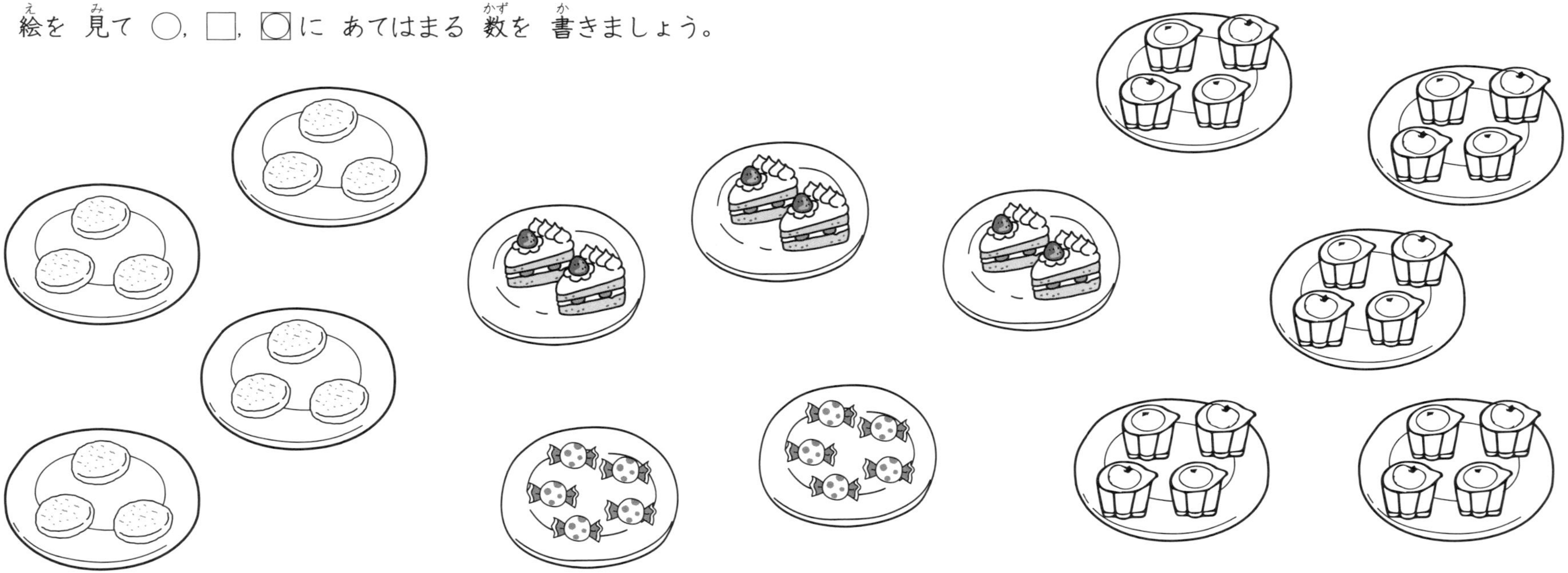

① 1さらに ○ こずつ □ さら分《ぶん》で ◎ こ

② 1さらに ○ こずつ □ さら分で ◎ こ

③ 1さらに ○ こずつ □ さら分で ◎ こ

④ 1さらに ○ こずつ □ さら分で ◎ こ

（141%に拡大してご使用ください。）

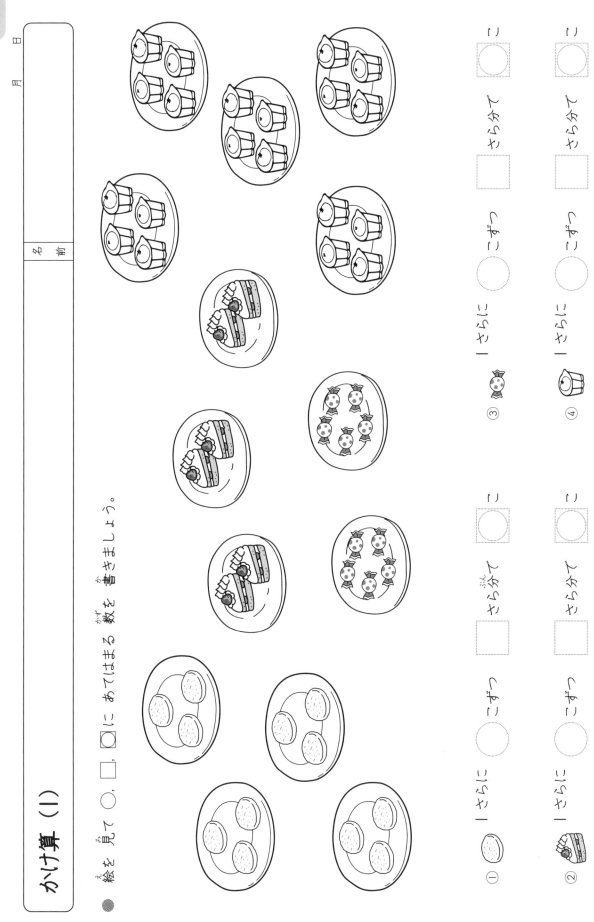

かけ算（2）

名前

● 絵《え》を　見て　かけ算《ざん》の　しきを　作《つく》りましょう。

（1台分《だいぶん》の人数《にんずう》）（台数《だいすう》）（ぜんぶの　数）

① 5 × 3 ＝ ○

② ○ × □ ＝ ○

③ ○ × □ ＝ ○

④ ○ × □ ＝ ○

⑤ ○ × □ ＝ ○

⑥ ○ × □ ＝ ○

5分

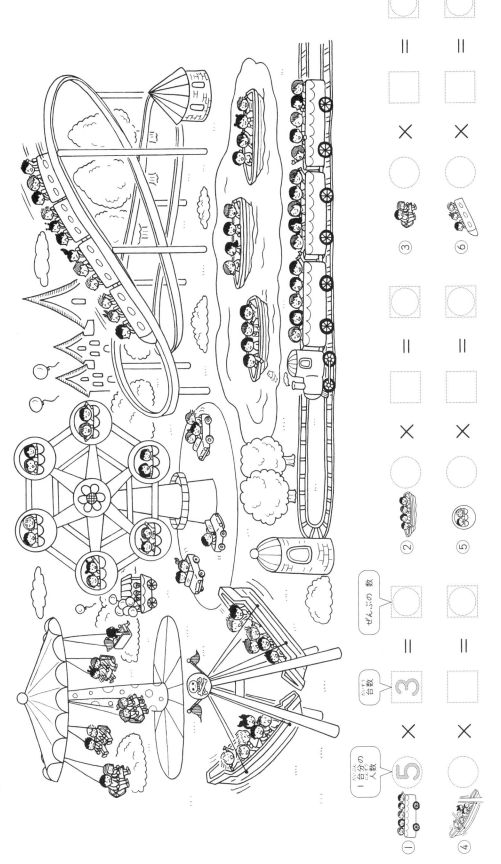

月　日

かけ算（3）

名前

● かけ算《ざん》の　しきに　書《か》いて　ぜんぶの　数《かず》を　もとめましょう。

① ビスケット

しき　（1つ分《ぶん》の 数）○ × （いくつ分）□ ＝ （ぜんぶの 数）○

答《こた》え　○　まい

② 風船《ふうせん》

しき　（1つ分《ぶん》の 数）○ × （いくつ分）□ ＝ （ぜんぶの 数）○

答え　○　こ

③ プリン

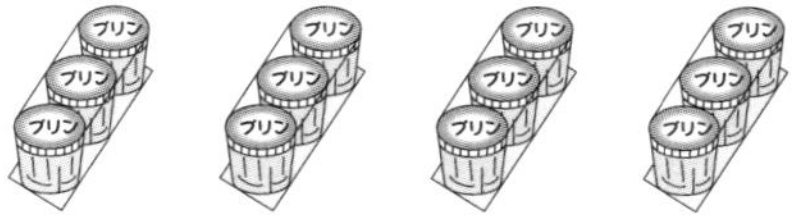

しき　（1つ分《ぶん》の 数）○ × （いくつ分）□ ＝ （ぜんぶの 数）○

答え　○　こ

月　日

かけ算（4）

名前

● かけ算《ざん》の　しきに　書《か》いて　ぜんぶの　数《かず》を　もとめましょう。

① チーズ

しき　○ × □ ＝ ○

答《こた》え　○　こ

② みかん

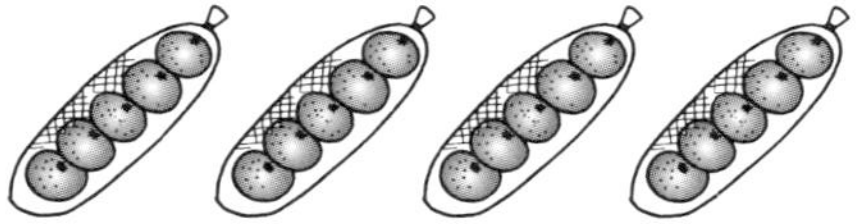

しき　○ × □ ＝ ○

答え　○　こ

③ 花

しき　○ × □ ＝ ○

答え　○　本

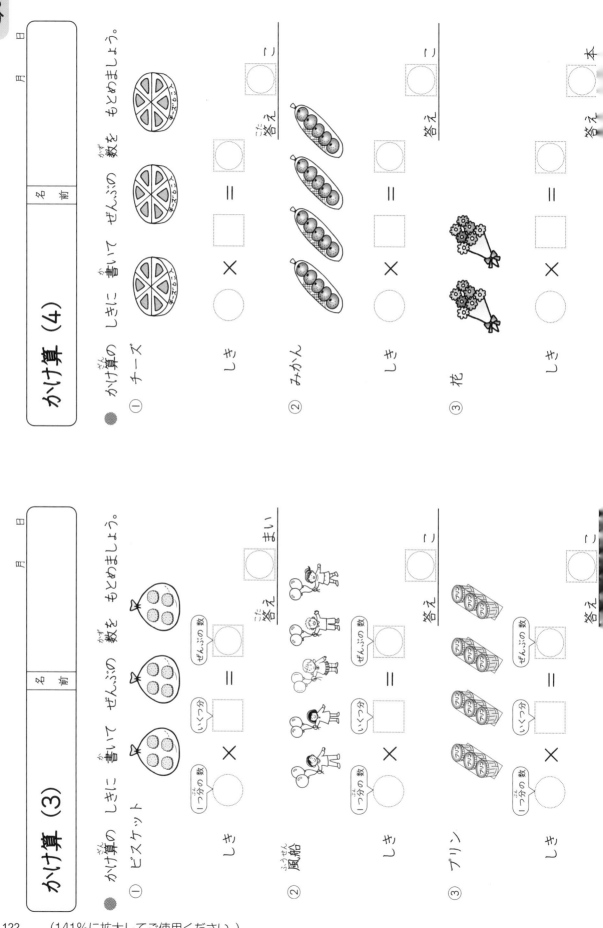

かけ算（5）

名前

● かけ算《ざん》の　しきに　書《か》いて　ぜんぶの　数《かず》を　もとめましょう。

① まんじゅう

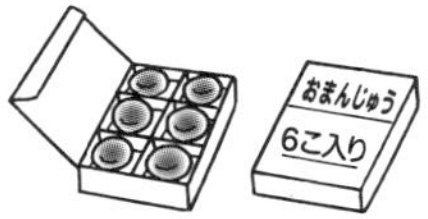

しき　（1つ分《ぶん》の 数）○ × （いくつ分）□ ＝ （ぜんぶの 数）○

答《こた》え ○ こ

② ペン

しき　○ × □ ＝ ○

答え ○ 本

③ たいやき

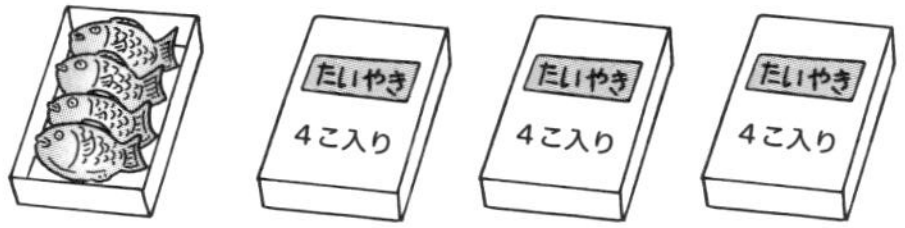

しき　○ × □ ＝ ○

答え ○ こ

かけ算（6）

名前

● かけ算《ざん》の　しきに　書《か》いて　ぜんぶの　数《かず》を　もとめましょう。

① ゼリー

しき　○ × □ ＝ ○

答《こた》え ○ こ

② ケーキ

しき　○ × □ ＝ ○

答え ○ こ

③ りんご

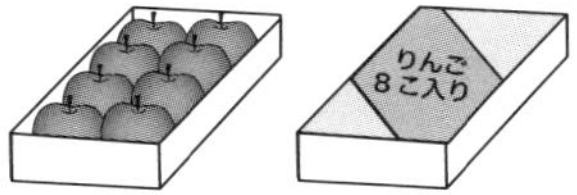

しき　○ × □ ＝ ○

答え ○ こ

5分

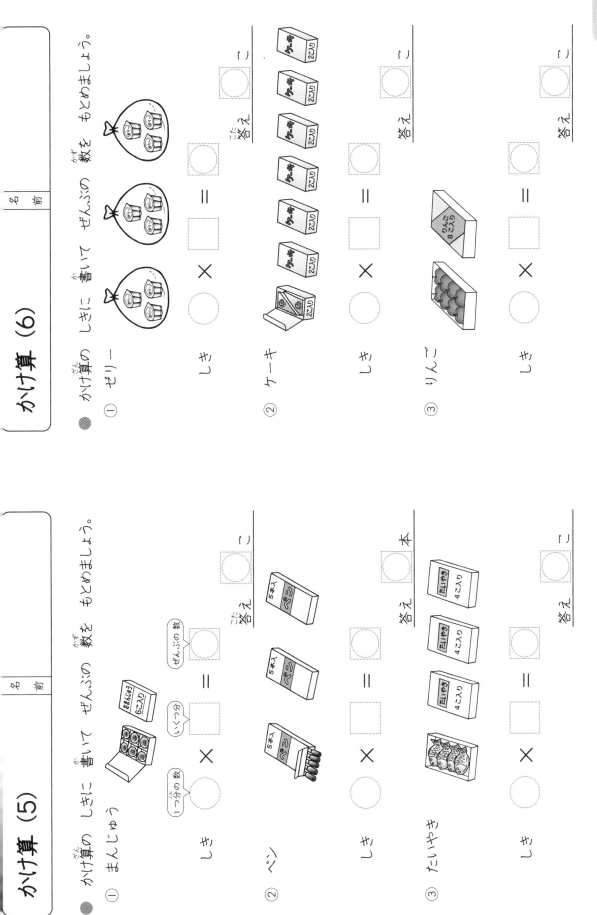

かけ算（7）

月　　日

名前

① かけ算《ざん》の　しきに　あった　絵《え》を　えらんで　線《せん》で　むすびましょう。

2 × 3 ・　　　・ 

4 × 2 ・　　　・ 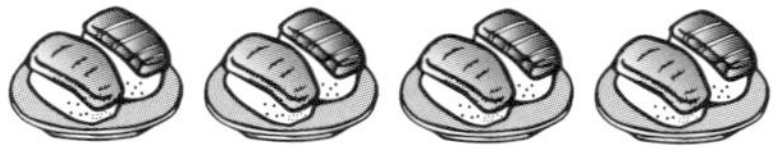

3 × 2 ・　　　・ 

2 × 4 ・　　　・ 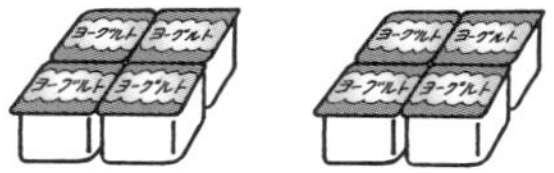

② 絵に　あうように，かけ算の　しきを　書《か》きましょう。

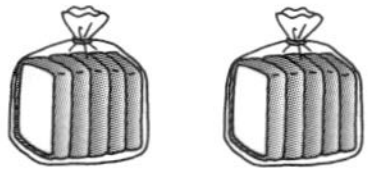

かけ算（8）

月　　日

名前

● つぎの　長《なが》さに　なるように，テープに　色《いろ》を　ぬりましょう。また，かけ算の　しきに　書《か》いて，その　長さを　もとめましょう。

① 2cmの　3ばい

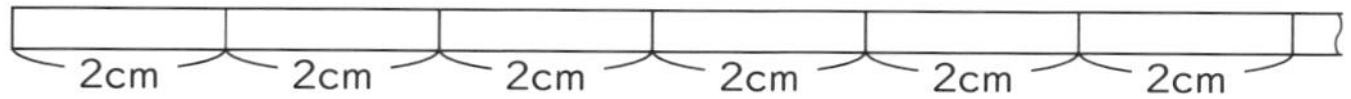

しき

答《こた》え

② 2cmの　4ばい

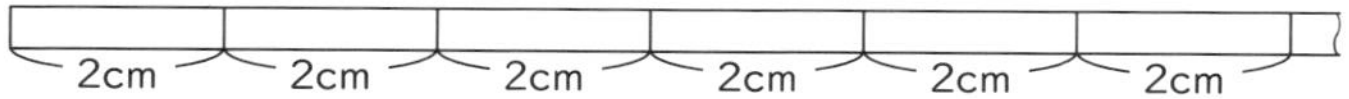

しき

答え

③ 2cmの　5ばい

しき

答え

④ 3cmの　2ばい

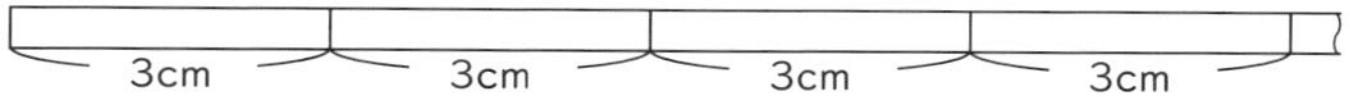

しき

答え

2cmの　3つ分《ぶん》の　ことを　2cmの　3ばいと　いうよ。
2cmの　3ばいの　長さを　もとめる　ときも，2 × 3の　かけ算の　しきに　なるよ。

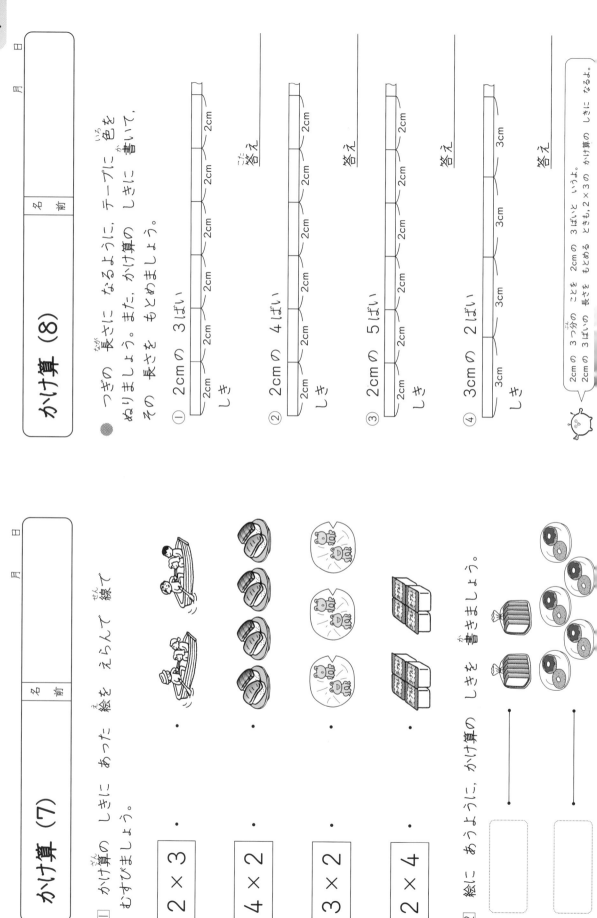

かけ算（9）
5のだん

名前

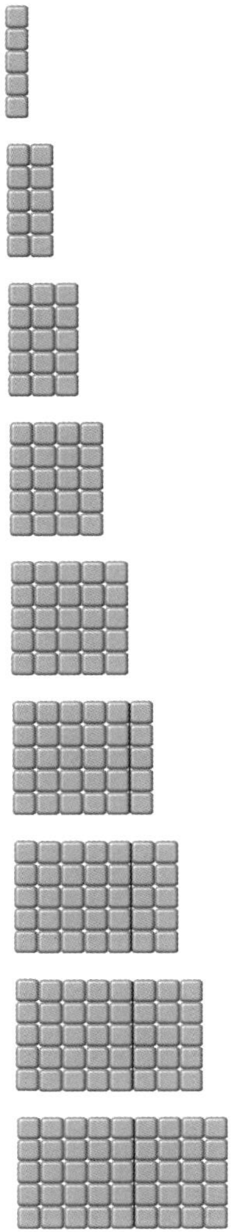

5×1＝	五一《ごいち》が	5《ご》
5×2＝	五二《ごに》	10《じゅう》
5×3＝	五三《ごさん》	15《じゅうご》
5×4＝	五四《ごし》	20《にじゅう》
5×5＝	五五《ごご》	25《にじゅうご》
5×6＝	五六《ごろく》	30《さんじゅう》
5×7＝	五七《ごしち》	35《さんじゅうご》
5×8＝	五八《ごは》	40《しじゅう》
5×9＝	五九《ごっく》	45《しじゅうご》

5のだんの れんしゅう

① 5×2＝
② 5×9＝
③ 5×6＝
④ 5×5＝
⑤ 5×7＝
⑥ 5×1＝
⑦ 5×3＝
⑧ 5×8＝
⑨ 5×4＝

かけ算（10）
2のだん

名前

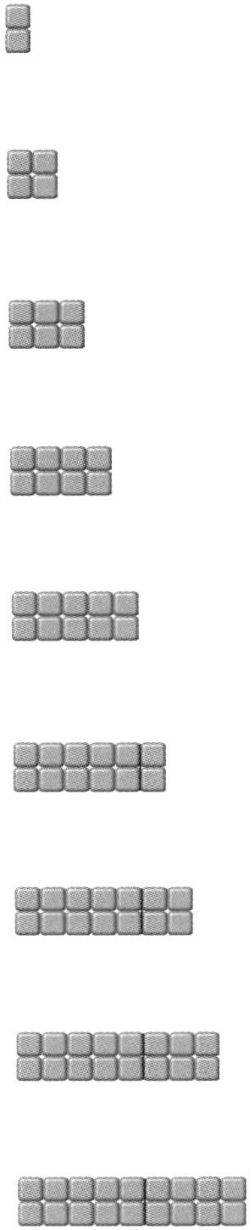

2×1＝	二一《にいち》が	2《に》
2×2＝	二二《ににん》が	4《し》
2×3＝	二三《にさん》が	6《ろく》
2×4＝	二四《にし》が	8《はち》
2×5＝	二五《にご》	10《じゅう》
2×6＝	二六《にろく》	12《じゅうに》
2×7＝	二七《にしち》	14《じゅうし》
2×8＝	二八《にはち》	16《じゅうろく》
2×9＝	二九《にく》	18《じゅうはち》

2のだんの れんしゅう

① 2×6＝
② 2×4＝
③ 2×2＝
④ 2×9＝
⑤ 2×3＝
⑥ 2×8＝
⑦ 2×1＝
⑧ 2×7＝
⑨ 2×5＝

3分

（141%に拡大してご使用ください。）

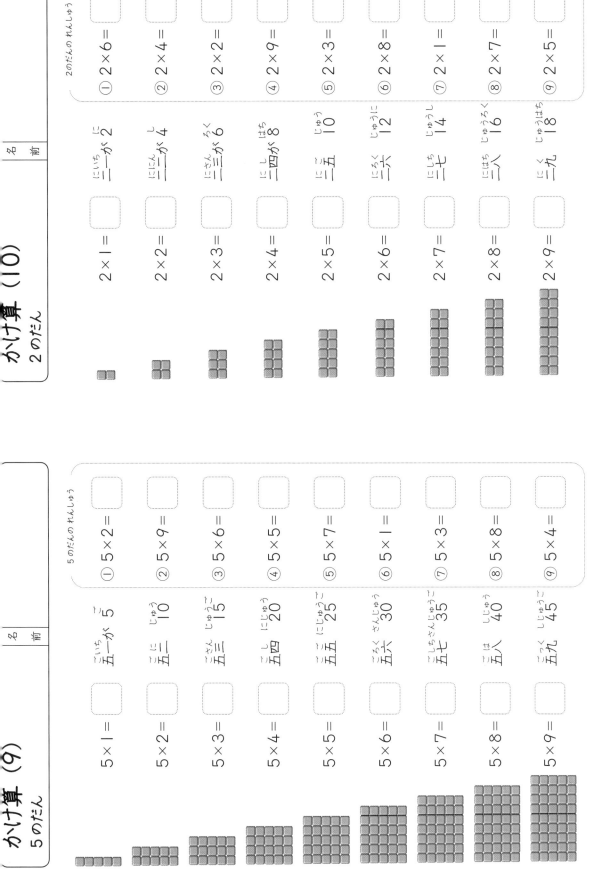

月　日

かけ算（11）

3のだん

名前

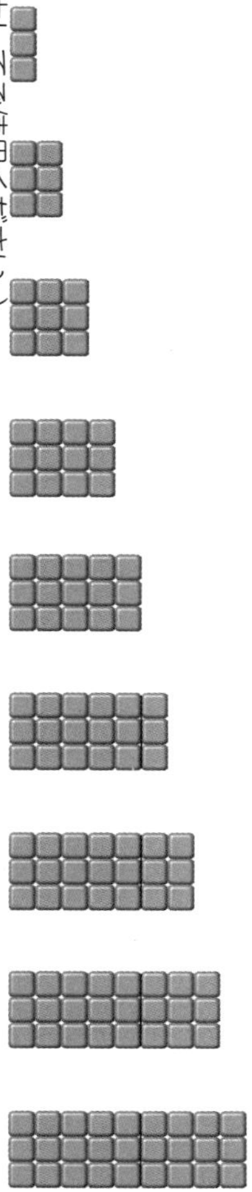

3×1＝□　三一《さんいち》が3《さん》

3×2＝□　三二《さんに》が6《ろく》

3×3＝□　三三《さざん》が9《く》

3×4＝□　三四《さんし》　12《じゅうに》

3×5＝□　三五《さんご》　15《じゅうご》

3×6＝□　三六《さぶろく》　18《じゅうはち》

3×7＝□　三七《さんしち》　21《にじゅういち》

3×8＝□　三八《さんぱ》　24《にじゅうし》

3×9＝□　三九《さんく》　27《にじゅうしち》

3のだんの れんしゅう

① 3×3＝□

② 3×6＝□

③ 3×8＝□

④ 3×9＝□

⑤ 3×1＝□

⑥ 3×5＝□

⑦ 3×7＝□

⑧ 3×4＝□

⑨ 3×8＝□

月　日

かけ算（12）

4のだん

名前

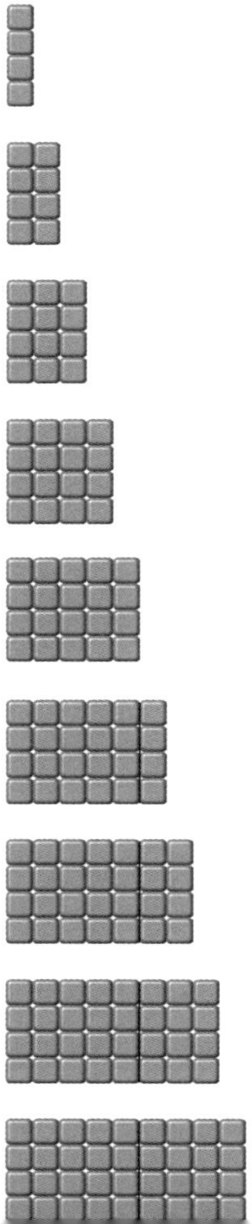

4×1＝□　四一《しいち》が4《し》

4×2＝□　四二《しに》が8《はち》

4×3＝□　四三《しさん》　12《じゅうに》

4×4＝□　四四《しし》　16《じゅうろく》

4×5＝□　四五《しご》　20《にじゅう》

4×6＝□　四六《しろく》　24《にじゅうし》

4×7＝□　四七《ししち》　28《にじゅうはち》

4×8＝□　四八《しは》　32《さんじゅうに》

4×9＝□　四九《しく》　36《さんじゅうろく》

4のだんの れんしゅう

① 4×8＝□

② 4×4＝□

③ 4×6＝□

④ 4×2＝□

⑤ 4×5＝□

⑥ 4×9＝□

⑦ 4×7＝□

⑧ 4×1＝□

⑨ 4×3＝□

（141%に拡大してご使用ください。）

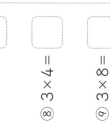

かけ算（13）

2のだん～5のだん①

名前

① 3 × 9 =　② 4 × 1 =　③ 2 × 7 =

④ 3 × 5 =　⑤ 4 × 8 =　⑥ 3 × 2 =

⑦ 2 × 6 =　⑧ 4 × 4 =　⑨ 5 × 6 =

⑩ 2 × 4 =　⑪ 3 × 7 =　⑫ 5 × 1 =

⑬ 4 × 9 =　⑭ 3 × 3 =　⑮ 5 × 9 =

⑯ 4 × 3 =　⑰ 2 × 3 =　⑱ 4 × 6 =

⑲ 3 × 6 =　⑳ 5 × 2 =

かけ算（14）

2のだん～5のだん②

名前

① 2 × 5 =　② 3 × 1 =　③ 5 × 4 =

④ 4 × 7 =　⑤ 3 × 4 =　⑥ 2 × 9 =

⑦ 4 × 8 =　⑧ 3 × 7 =　⑨ 5 × 5 =

⑩ 4 × 2 =　⑪ 2 × 8 =　⑫ 5 × 9 =

⑬ 2 × 2 =　⑭ 3 × 9 =　⑮ 2 × 1 =

⑯ 2 × 3 =　⑰ 2 × 1 =　⑱ 4 × 5 =

⑲ 3 × 8 =　⑳ 5 × 7 =

3分

月　日

ふりかえり
かけ算 ① 2のだん～5のだん

名前

① 3 × 6 =	② 5 × 2 =	③ 3 × 3 =
④ 2 × 4 =	⑤ 4 × 1 =	⑥ 5 × 6 =
⑦ 4 × 5 =	⑧ 3 × 8 =	⑨ 2 × 7 =
⑩ 5 × 8 =	⑪ 2 × 1 =	⑫ 4 × 2 =
⑬ 2 × 9 =	⑭ 4 × 6 =	⑮ 5 × 3 =
⑯ 4 × 7 =	⑰ 5 × 9 =	⑱ 2 × 6 =
⑲ 3 × 5 =	⑳ 4 × 3 =	㉑ 3 × 2 =
㉒ 2 × 2 =	㉓ 5 × 4 =	㉔ 2 × 5 =
㉕ 3 × 9 =	㉖ 2 × 8 =	㉗ 3 × 1 =
㉘ 5 × 5 =	㉙ 3 × 4 =	㉚ 2 × 3 =
㉛ 4 × 9 =	㉜ 5 × 7 =	㉝ 4 × 8 =
㉞ 5 × 1 =	㉟ 4 × 4 =	㊱ 3 × 7 =

月　日

ふりかえり
かけ算 ② 2のだん～5のだん

名前

① 2 × 5 =	② 3 × 4 =	③ 4 × 3 =
④ 5 × 9 =	⑤ 4 × 8 =	⑥ 2 × 1 =
⑦ 3 × 3 =	⑧ 2 × 9 =	⑨ 5 × 5 =
⑩ 4 × 1 =	⑪ 3 × 7 =	⑫ 2 × 6 =
⑬ 5 × 3 =	⑭ 4 × 4 =	⑮ 3 × 2 =
⑯ 4 × 7 =	⑰ 3 × 5 =	⑱ 5 × 7 =
⑲ 3 × 8 =	⑳ 5 × 2 =	㉑ 4 × 9 =
㉒ 2 × 2 =	㉓ 4 × 5 =	㉔ 2 × 4 =
㉕ 5 × 6 =	㉖ 2 × 8 =	㉗ 5 × 1 =
㉘ 3 × 9 =	㉙ 5 × 4 =	㉚ 4 × 6 =
㉛ 2 × 7 =	㉜ 3 × 1 =	㉝ 2 × 3 =
㉞ 4 × 2 =	㉟ 5 × 8 =	㊱ 3 × 6 =

（141%に拡大してご使用ください。）

かけ算（15）
6のだん

名前

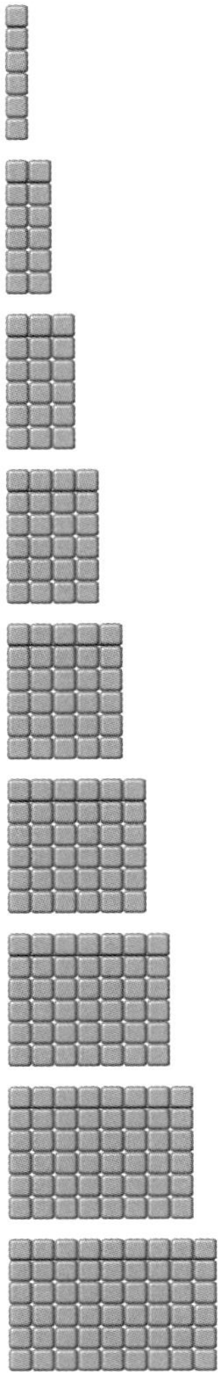

6×1＝	六一《ろくいち》が 6《ろく》	
6×2＝	六二《ろくに》 12《じゅうに》	
6×3＝	六三《ろくさん》 18《じゅうはち》	
6×4＝	六四《ろくし》 24《にじゅうし》	
6×5＝	六五《ろくご》 30《さんじゅう》	
6×6＝	六六《ろくろく》 36《さんじゅうろく》	
6×7＝	六七《ろくしち》 42《しじゅうに》	
6×8＝	六八《ろくは》 48《しじゅうはち》	
6×9＝	六九《ろっく》 54《ごじゅうし》	

6のだんの れんしゅう

① 6×5＝
② 6×9＝
③ 6×1＝
④ 6×6＝
⑤ 6×3＝
⑥ 6×7＝
⑦ 6×8＝
⑧ 6×4＝
⑨ 6×2＝

かけ算（16）
7のだん

名前

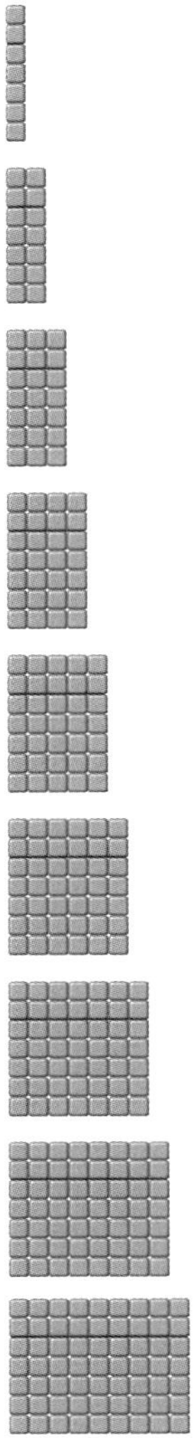

7×1＝	七一《しちいち》が 7《しち》	
7×2＝	七二《しちに》 14《じゅうし》	
7×3＝	七三《しちさん》 21《にじゅういち》	
7×4＝	七四《しちし》 28《にじゅうはち》	
7×5＝	七五《しちご》 35《さんじゅうご》	
7×6＝	七六《しちろく》 42《しじゅうに》	
7×7＝	七七《しちしち》 49《しじゅうく》	
7×8＝	七八《しちは》 56《ごじゅうろく》	
7×9＝	七九《しちく》 63《ろくじゅうさん》	

7のだんの れんしゅう

① 7×4＝
② 7×6＝
③ 7×2＝
④ 7×7＝
⑤ 7×5＝
⑥ 7×1＝
⑦ 7×8＝
⑧ 7×3＝
⑨ 7×9＝

3分

（141％に拡大してご使用ください。）

月　日

かけ算（17）

8のだん

名前

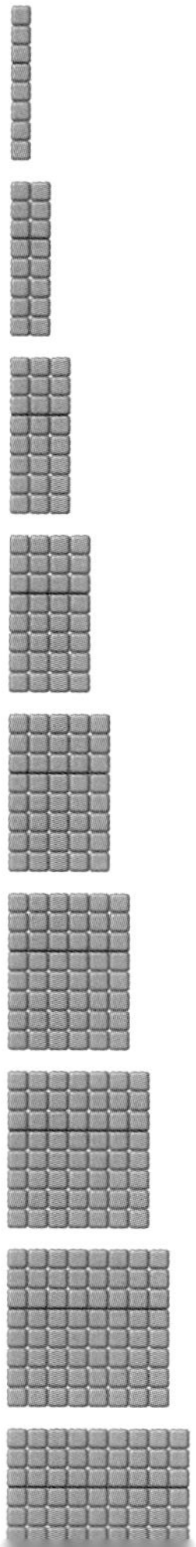

8×1＝　八《はち》一《いち》が　8《はち》

8×2＝　八《はち》二《に》　16《じゅうろく》

8×3＝　八《はっ》三《さん》　24《にじゅうし》

8×4＝　八《はち》四《し》　32《さんじゅうに》

8×5＝　八《はち》五《ご》　40《しじゅう》

8×6＝　八《はち》六《ろく》　48《しじゅうはち》

8×7＝　八《はち》七《しち》　56《ごじゅうろく》

8×8＝　八《はっ》八《ぱ》　64《ろくじゅうし》

8×9＝　八《はっ》九《く》　72《しちじゅうに》

8のだんの れんしゅう

① 8×5＝

② 8×3＝

③ 8×6＝

④ 8×4＝

⑤ 8×2＝

⑥ 8×9＝

⑦ 8×7＝

⑧ 8×1＝

⑨ 8×8＝

月　日

かけ算（18）

9のだん

名前

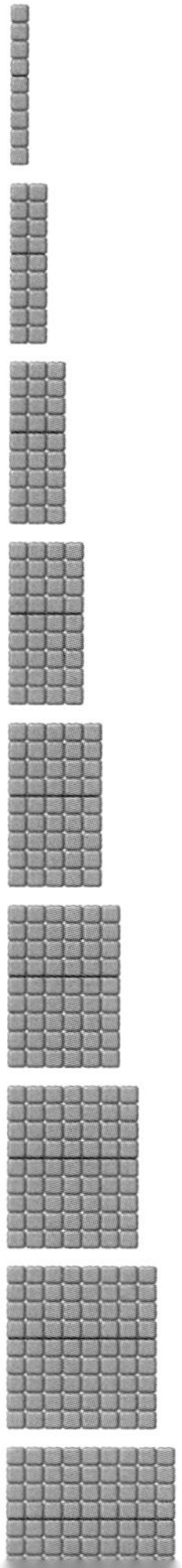

9×1＝　九《く》一《いち》が　9《く》

9×2＝　九《く》二《に》　18《じゅうはち》

9×3＝　九《く》三《さん》　27《にじゅうしち》

9×4＝　九《く》四《し》　36《さんじゅうろく》

9×5＝　九《く》五《ご》　45《しじゅうご》

9×6＝　九《く》六《ろく》　54《ごじゅうし》

9×7＝　九《く》七《しち》　63《ろくじゅうさん》

9×8＝　九《く》八《は》　72《しちじゅうに》

9×9＝　九《く》九《く》　81《はちじゅういち》

9のだんの れんしゅう

① 9×9＝

② 9×2＝

③ 9×4＝

④ 9×7＝

⑤ 9×5＝

⑥ 9×3＝

⑦ 9×8＝

⑧ 9×1＝

⑨ 9×6＝

（141%に拡大してご使用ください。）

かけ算（19）

1のだん

名前

| × 1 = □ 一一《いんいち》が 1《いち》

1 × 2 = □ 一《いん》二《に》が 2《に》

1 × 3 = □ 一《いん》三《さん》が 3《さん》

1 × 4 = □ 一《いん》四《し》が 4《し》

1 × 5 = □ 一《いん》五《ご》が 5《ご》

1 × 6 = □ 一《いん》六《ろく》が 6《ろく》

1 × 7 = □ 一《いん》七《しち》が 7《しち》

1 × 8 = □ 一《いん》八《はち》が 8《はち》

1 × 9 = □ 一《いん》九《く》が 9《く》

1のだんの れんしゅう

① 1 × 8 = □

② 1 × 2 = □

③ 1 × 4 = □

④ 1 × 9 = □

⑤ 1 × 3 = □

⑥ 1 × 6 = □

⑦ 1 × 1 = □

⑧ 1 × 7 = □

⑨ 1 × 5 = □

かけ算（20）

6のだん～9のだん ①

名前

3分

① 8 × 8 =

② 7 × 2 =

③ 6 × 7 =

④ 9 × 5 =

⑤ 8 × 4 =

⑥ 7 × 7 =

⑦ 6 × 9 =

⑧ 9 × 3 =

⑨ 8 × 6 =

⑩ 7 × 4 =

⑪ 6 × 6 =

⑫ 9 × 4 =

⑬ 7 × 8 =

⑭ 6 × 5 =

⑮ 9 × 9 =

⑯ 7 × 3 =

⑰ 8 × 9 =

⑱ 6 × 3 =

⑲ 9 × 7 =

⑳ 8 × 2 =

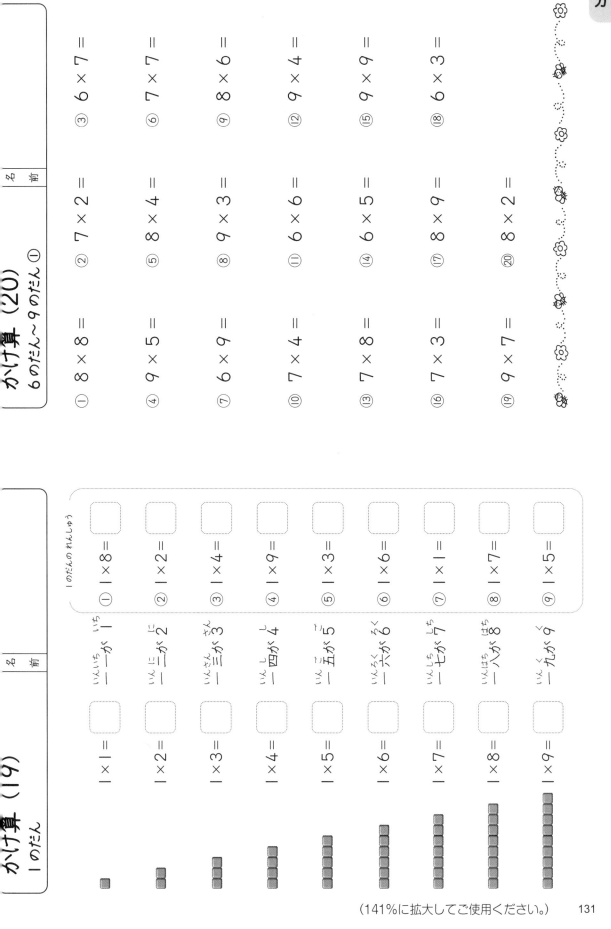

3分

かけ算（21）

6のだん～9のだん②

名前　　　　月　　日

① 6 × 5 =　② 8 × 8 =　③ 6 × 4 =

④ 9 × 1 =　⑤ 6 × 9 =　⑥ 8 × 2 =

⑦ 7 × 6 =　⑧ 8 × 3 =　⑨ 9 × 9 =

⑩ 8 × 5 =　⑪ 9 × 4 =　⑫ 7 × 3 =

⑬ 6 × 8 =　⑭ 7 × 2 =　⑮ 9 × 8 =

⑯ 7 × 7 =　⑰ 9 × 3 =　⑱ 7 × 9 =

⑲ 6 × 1 =　⑳ 8 × 7 =

かけ算（22）

6のだん～9のだん③

名前　　　　月　　日

① 7 × 7 =　② 8 × 1 =　③ 7 × 4 =

④ 6 × 2 =　⑤ 7 × 8 =　⑥ 8 × 6 =

⑦ 9 × 4 =　⑧ 6 × 6 =　⑨ 9 × 7 =

⑩ 7 × 5 =　⑪ 9 × 2 =　⑫ 8 × 4 =

⑬ 9 × 6 =　⑭ 6 × 4 =　⑮ 6 × 3 =

⑯ 8 × 9 =　⑰ 7 × 1 =　⑱ 9 × 5 =

⑲ 6 × 7 =　⑳ 8 × 3 =

（141％に拡大してご使用ください。）

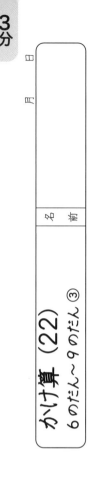

かけ算（23）

6のだん〜9のだん ④

名前

① 9 × 7 =	② 8 × 5 =	③ 7 × 1 =
④ 6 × 5 =	⑤ 9 × 4 =	⑥ 8 × 9 =
⑦ 6 × 2 =	⑧ 7 × 8 =	⑨ 9 × 9 =
⑩ 7 × 3 =	⑪ 6 × 9 =	⑫ 8 × 7 =
⑬ 6 × 6 =	⑭ 7 × 9 =	⑮ 8 × 2 =
⑯ 7 × 5 =	⑰ 6 × 3 =	⑱ 8 × 3 =
⑲ 6 × 7 =	⑳ 9 × 6 =	㉑ 7 × 7 =
㉒ 9 × 5 =	㉓ 6 × 4 =	㉔ 8 × 1 =
㉕ 9 × 3 =	㉖ 7 × 4 =	㉗ 8 × 6 =
㉘ 7 × 2 =	㉙ 8 × 4 =	㉚ 9 × 1 =
㉛ 7 × 6 =	㉜ 9 × 8 =	㉝ 6 × 1 =
㉞ 8 × 8 =	㉟ 9 × 2 =	㊱ 6 × 8 =

かけ算（24）

6のだん〜9のだん ⑤

名前

① 8 × 6 =	② 6 × 3 =	③ 9 × 7 =
④ 6 × 6 =	⑤ 8 × 7 =	⑥ 9 × 1 =
⑦ 8 × 3 =	⑧ 7 × 5 =	⑨ 8 × 5 =
⑩ 7 × 9 =	⑪ 6 × 1 =	⑫ 9 × 4 =
⑬ 9 × 8 =	⑭ 9 × 6 =	⑮ 6 × 8 =
⑯ 7 × 4 =	⑰ 8 × 4 =	⑱ 7 × 2 =
⑲ 6 × 2 =	⑳ 7 × 7 =	㉑ 6 × 4 =
㉒ 9 × 5 =	㉓ 6 × 9 =	㉔ 8 × 2 =
㉕ 7 × 1 =	㉖ 8 × 1 =	㉗ 9 × 3 =
㉘ 8 × 8 =	㉙ 6 × 5 =	㉚ 7 × 6 =
㉛ 9 × 2 =	㉜ 7 × 3 =	㉝ 8 × 9 =
㉞ 6 × 7 =	㉟ 9 × 9 =	㊱ 7 × 8 =

5分

（141%に拡大してご使用ください。）

月　日

かけ算（25）

1のだん～9のだん ①

名前

① 8 × 8 =　② 2 × 4 =　③ 3 × 5 =

④ 4 × 9 =　⑤ 6 × 9 =　⑥ 4 × 5 =

⑦ 3 × 3 =　⑧ 5 × 2 =　⑨ 9 × 7 =

⑩ 2 × 6 =　⑪ 1 × 9 =　⑫ 6 × 7 =

⑬ 3 × 8 =　⑭ 5 × 6 =　⑮ 8 × 4 =

⑯ 3 × 5 =　⑰ 6 × 3 =　⑱ 4 × 1 =

⑲ 9 × 3 =　⑳ 7 × 5 =　㉑ 9 × 8 =

㉒ 7 × 4 =　㉓ 9 × 2 =　㉔ 5 × 8 =

㉕ 1 × 2 =

月　日

かけ算（26）

1のだん～9のだん ②

名前

① 6 × 4 =　② 5 × 7 =　③ 2 × 8 =

④ 7 × 7 =　⑤ 1 × 4 =　⑥ 4 × 8 =

⑦ 9 × 5 =　⑧ 3 × 4 =　⑨ 9 × 6 =

⑩ 2 × 3 =　⑪ 4 × 6 =　⑫ 8 × 1 =

⑬ 6 × 6 =　⑭ 7 × 8 =　⑮ 1 × 1 =

⑯ 9 × 9 =　⑰ 5 × 3 =　⑱ 7 × 9 =

⑲ 6 × 7 =　⑳ 3 × 6 =　㉑ 8 × 9 =

㉒ 3 × 7 =　㉓ 8 × 6 =　㉔ 2 × 9 =

㉕ 6 × 8 =

（141%に拡大してご使用ください。）

かけ算（27）

1のだん〜9のだん③

名前

① 5 × 8 =	② 7 × 6 =	③ 3 × 3 =
④ 6 × 1 =	⑤ 2 × 9 =	⑥ 5 × 7 =
⑦ 3 × 9 =	⑧ 1 × 2 =	⑨ 9 × 5 =
⑩ 1 × 7 =	⑪ 4 × 2 =	⑫ 3 × 8 =
⑬ 1 × 4 =	⑭ 8 × 2 =	⑮ 5 × 5 =
⑯ 9 × 4 =	⑰ 8 × 8 =	⑱ 4 × 5 =
⑲ 1 × 1 =	⑳ 6 × 5 =	㉑ 7 × 3 =
㉒ 5 × 1 =	㉓ 8 × 4 =	㉔ 2 × 5 =
㉕ 4 × 3 =	㉖ 9 × 9 =	㉗ 8 × 3 =
㉘ 3 × 6 =	㉙ 8 × 9 =	㉚ 3 × 1 =
㉛ 2 × 2 =	㉜ 5 × 9 =	㉝ 7 × 1 =
㉞ 2 × 3 =	㉟ 1 × 5 =	㊱ 7 × 2 =
㊲ 9 × 1 =	㊳ 5 × 2 =	㊴ 6 × 9 =
㊵ 2 × 4 =	㊶ 7 × 9 =	㊷ 4 × 4 =
㊸ 3 × 2 =	㊹ 8 × 6 =	㊺ 6 × 2 =

かけ算（28）

1のだん〜9のだん④

名前

① 2 × 6 =	② 9 × 3 =	③ 8 × 1 =
④ 9 × 2 =	⑤ 8 × 8 =	⑥ 2 × 7 =
⑦ 8 × 3 =	⑧ 9 × 6 =	⑨ 4 × 1 =
⑩ 4 × 7 =	⑪ 4 × 6 =	⑫ 3 × 7 =
⑬ 8 × 9 =	⑭ 3 × 4 =	⑮ 6 × 3 =
⑯ 7 × 4 =	⑰ 9 × 5 =	⑱ 1 × 6 =
⑲ 9 × 7 =	⑳ 6 × 4 =	㉑ 7 × 8 =
㉒ 1 × 3 =	㉓ 8 × 7 =	㉔ 4 × 7 =
㉕ 2 × 1 =	㉖ 5 × 6 =	㉗ 4 × 8 =
㉘ 5 × 4 =	㉙ 6 × 6 =	㉚ 4 × 9 =
㉛ 6 × 8 =	㉜ 1 × 9 =	㉝ 8 × 5 =
㉞ 7 × 6 =	㉟ 5 × 3 =	㊱ 5 × 9 =
㊲ 9 × 4 =	㊳ 7 × 2 =	㊴ 9 × 8 =
㊵ 3 × 5 =	㊶ 6 × 7 =	㊷ 8 × 2 =
㊸ 5 × 7 =	㊹ 6 × 9 =	㊺ 2 × 8 =

5分

（141%に拡大してご使用ください。）

ふりかえり

かけ算 1のだん～9のだん　名前　　　月　　日

① 5×5＝	② 1×3＝	③ 5×9＝	④ 6×6＝
⑤ 2×4＝	⑥ 5×3＝	⑦ 7×7＝	⑧ 4×9＝
⑨ 2×5＝	⑩ 9×4＝	⑪ 1×7＝	⑫ 8×5＝
⑬ 4×2＝	⑭ 5×1＝	⑮ 8×6＝	⑯ 7×9＝
⑰ 3×4＝	⑱ 9×5＝	⑲ 4×4＝	⑳ 6×2＝
㉑ 3×8＝	㉒ 9×2＝	㉓ 7×3＝	㉔ 1×2＝
㉕ 4×3＝	㉖ 6×1＝	㉗ 2×3＝	㉘ 6×8＝
㉙ 5×2＝	㉚ 8×1＝	㉛ 3×7＝	㉜ 1×1＝
㉝ 3×9＝	㉞ 2×2＝	㉟ 9×6＝	㊱ 2×6＝
㊲ 1×8＝	㊳ 9×8＝	㊴ 6×3＝	㊵ 4×1＝
㊶ 8×3＝	㊷ 2×1＝	㊸ 3×3＝	㊹ 9×8＝
㊺ 7×4＝	㊻ 9×2＝	㊼ 4×6＝	㊽ 2×8＝
㊾ 4×7＝	㊿ 3×1＝	(51) 8×2＝	(52) 9×1＝
(53) 4×5＝	(54) 7×2＝	(55) 5×6＝	(56) 1×4＝
(57) 6×7＝	(58) 8×8＝	(59) 3×1＝	(60) 9×9＝
(61) 7×5＝	(62) 4×8＝	(63) 6×5＝	(64) 9×3＝
(65) 5×8＝	(66) 1×6＝	(67) 7×8＝	(68) 2×9＝
(69) 7×1＝	(70) 7×6＝	(71) 5×4＝	(72) 7×6＝
(73) 1×5＝	(74) 8×4＝	(75) 3×6＝	(76) 2×7＝
(77) 6×9＝	(78) 3×2＝	(79) 8×7＝	(80) 1×9＝

ふりかえり

かけ算 1のだん～9のだん　名前　　　月　　日

① 9×4＝	② 3×9＝	③ 8×8＝	④ 3×5＝
⑤ 6×8＝	⑥ 7×3＝	⑦ 1×4＝	⑧ 9×6＝
⑨ 4×5＝	⑩ 9×2＝	⑪ 4×3＝	⑫ 7×7＝
⑬ 1×9＝	⑭ 8×3＝	⑮ 6×6＝	⑯ 2×1＝
⑰ 4×8＝	⑱ 7×1＝	⑲ 5×2＝	⑳ 3×6＝
㉑ 9×9＝	㉒ 2×3＝	㉓ 5×6＝	㉔ 9×8＝
㉕ 1×8＝	㉖ 7×5＝	㉗ 5×9＝	㉘ 3×3＝
㉙ 9×1＝	㉚ 8×5＝	㉛ 6×4＝	㉜ 1×2＝
㉝ 7×8＝	㉞ 2×6＝	㉟ 1×1＝	㊱ 2×9＝
㊲ 4×7＝	㊳ 2×9＝	㊴ 5×8＝	㊵ 3×7＝
㊶ 6×9＝	㊷ 2×8＝	㊸ 4×1＝	㊹ 5×5＝
㊺ 8×2＝	㊻ 9×5＝	㊼ 7×2＝	㊽ 6×5＝
㊾ 5×9＝	㊿ 1×5＝	(51) 4×9＝	(52) 6×7＝
(53) 5×4＝	(54) 1×7＝	(55) 8×9＝	(56) 4×2＝
(57) 7×9＝	(58) 2×4＝	(59) 6×1＝	(60) 2×7＝
(61) 9×3＝	(62) 8×7＝	(63) 5×1＝	(64) 3×2＝
(65) 7×4＝	(66) 8×6＝	(67) 5×3＝	(68) 1×6＝
(69) 4×4＝	(70) 6×2＝	(71) 3×8＝	(72) 2×5＝
(73) 4×6＝	(74) 5×7＝	(75) 8×4＝	(76) 1×3＝
(77) 7×6＝	(78) 3×1＝	(79) 9×7＝	(80) 8×1＝

（141％に拡大してご使用ください。）

ふりかえり

かけ算 1のだん～9のだん

名前

① 8×7＝	② 3×3＝	③ 5×6＝	④ 2×7＝
⑤ 9×6＝	⑥ 3×4＝	⑦ 7×6＝	⑧ 5×1＝
⑨ 4×3＝	⑩ 1×8＝	⑪ 5×4＝	⑫ 6×1＝
⑬ 7×3＝	⑭ 3×8＝	⑮ 9×2＝	⑯ 1×8＝
⑰ 6×7＝	⑱ 2×4＝	⑲ 1×5＝	⑳ 8×3＝
㉑ 4×9＝	㉒ 5×7＝	㉓ 3×6＝	㉔ 7×9＝
㉕ 1×4＝	㉖ 2×8＝	㉗ 3×5＝	㉘ 8×1＝
㉙ 4×4＝	㉚ 9×8＝	㉛ 5×3＝	㉜ 2×9＝
㉝ 3×1＝	㉞ 9×5＝	㉟ 2×3＝	㊱ 6×6＝
㊲ 8×9＝	㊳ 6×5＝	㊴ 8×4＝	㊵ 1×1＝
㊶ 4×5＝	㊷ 9×1＝	㊸ 7×8＝	㊹ 5×2＝
㊺ 9×9＝	㊻ 4×2＝	㊼ 1×6＝	㊽ 3×7＝
㊾ 6×2＝	㊿ 1×7＝	51 8×5＝	52 2×6＝
53 9×4＝	54 2×2＝	55 6×9＝	56 7×2＝
57 1×9＝	58 4×7＝	59 5×9＝	60 1×3＝
61 7×7＝	62 5×8＝	63 2×5＝	64 8×6＝
65 1×2＝	66 6×8＝	67 7×5＝	68 9×3＝
69 2×1＝	70 5×5＝	71 4×1＝	72 9×7＝
73 8×2＝	74 6×4＝	75 7×1＝	76 3×9＝
77 7×4＝	78 3×2＝	79 4×8＝	80 6×3＝
81 4×6＝			

□ もん／81

ふりかえり

かけ算 1のだん～9のだん

名前

① 7×5＝	② 1×5＝	③ 5×8＝	④ 3×2＝
⑤ 4×1＝	⑥ 7×3＝	⑦ 2×3＝	⑧ 1×7＝
⑨ 3×8＝	⑩ 6×7＝	⑪ 7×9＝	⑫ 9×9＝
⑬ 8×7＝	⑭ 8×5＝	⑮ 4×6＝	⑯ 5×4＝
⑰ 5×5＝	⑱ 2×4＝	⑲ 9×2＝	⑳ 8×8＝
㉑ 1×2＝	㉒ 3×3＝	㉓ 7×4＝	㉔ 2×6＝
㉕ 9×4＝	㉖ 5×2＝	㉗ 3×7＝	㉘ 7×1＝
㉙ 2×7＝	㉚ 8×6＝	㉛ 8×1＝	㉜ 6×8＝
㉝ 4×8＝	㉞ 4×3＝	㉟ 6×6＝	㊱ 4×2＝
㊲ 6×3＝	㊳ 6×1＝	㊴ 1×1＝	㊵ 9×1＝
㊶ 9×6＝	㊷ 7×7＝	㊸ 8×9＝	㊹ 6×5＝
㊺ 7×2＝	㊻ 2×9＝	㊼ 5×6＝	㊽ 3×4＝
㊾ 4×5＝	㊿ 1×8＝	51 9×7＝	52 5×1＝
53 2×1＝	54 6×4＝	55 2×8＝	56 4×7＝
57 6×9＝	58 8×2＝	59 9×3＝	60 1×6＝
61 1×3＝	62 3×6＝	63 7×6＝	64 8×3＝
65 7×8＝	66 9×5＝	67 6×2＝	68 2×2＝
69 3×5＝	70 5×3＝	71 3×1＝	72 9×8＝
73 5×9＝	74 4×4＝	75 1×4＝	76 5×7＝
77 8×4＝	78 1×9＝	79 4×9＝	80 3×9＝
81 2×5＝			

□ もん／81

月　　日

算数あそび

かけ算 ①

名前

● 答《こた》えの　大きい　方《ほう》を　通《とお》って　ゴールまで　行《い》きましょう。
通った　方の　答えを　□に　書《か》きましょう。

スタート ①□ ⇨ ②□ ⇨ ③□ ⇨ ④□ ⇨ ⑤□ ⇨ ⑥□ ⇨ ⑦□ ⇨ ⑧□ ⇨ ⑨□ ⇨ ⑩□ ゴール

算数あそび

かけ算②（2・3・4・5の だん）

名前

● 九九を　して，スタートから　ゴールまで　行《い》きましょう。

(1) 答《こた》えの　正しい　じゅんに　線《せん》を　つなぎましょう。

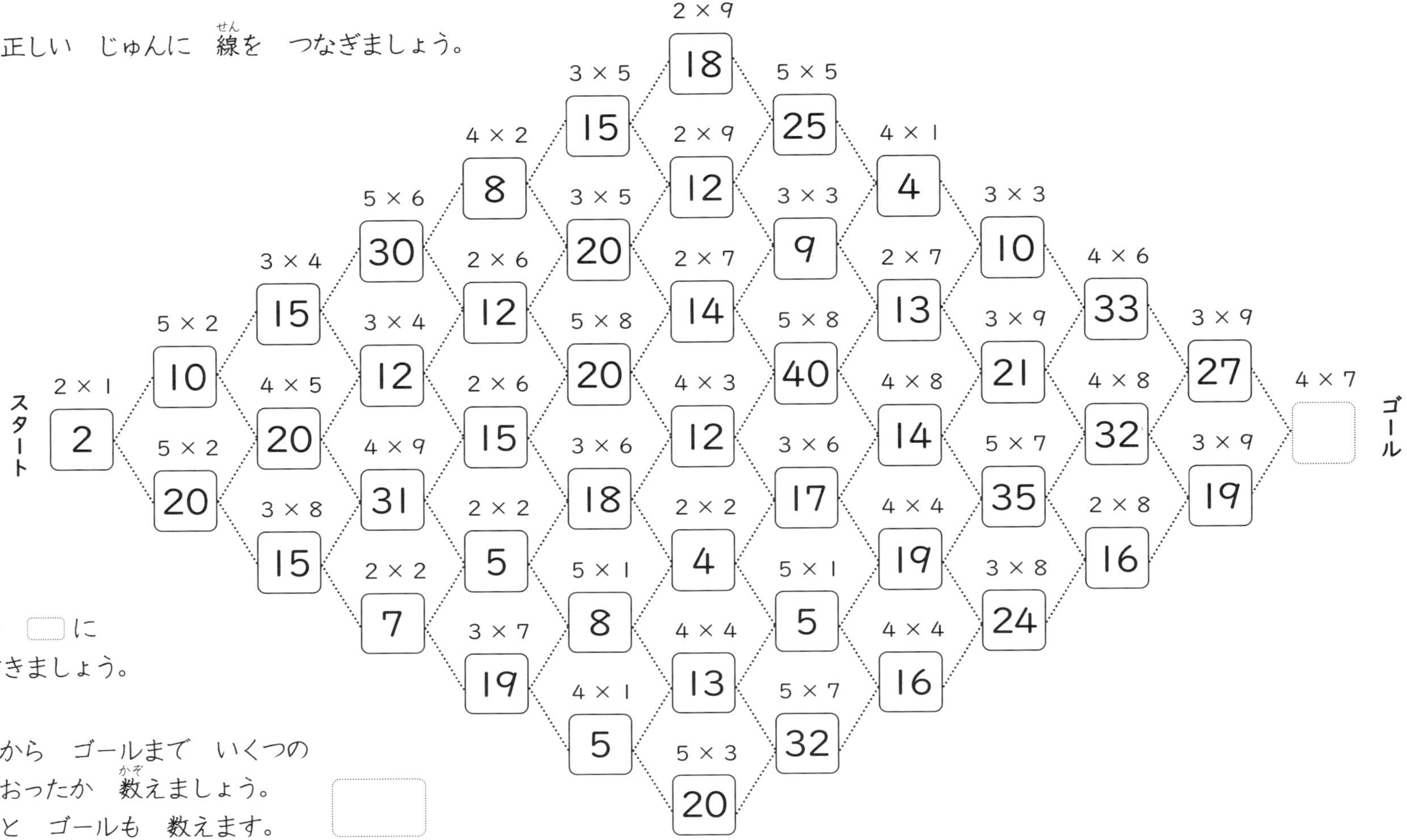

(2) ゴールの　□　に
答えを　書《か》きましょう。

(3) スタートから　ゴールまで　いくつの
□を　とおったか　数《かぞ》えましょう。
スタートと　ゴールも　数えます。

月　日

算数あそび

かけ算 ③（6・7・8・9の だん）

名前

● 九九を　して，スタートから　ゴールまで　行《い》きましょう。

(1) 答《こた》えの　正しい　じゅんに　線《せん》を　つなぎましょう。

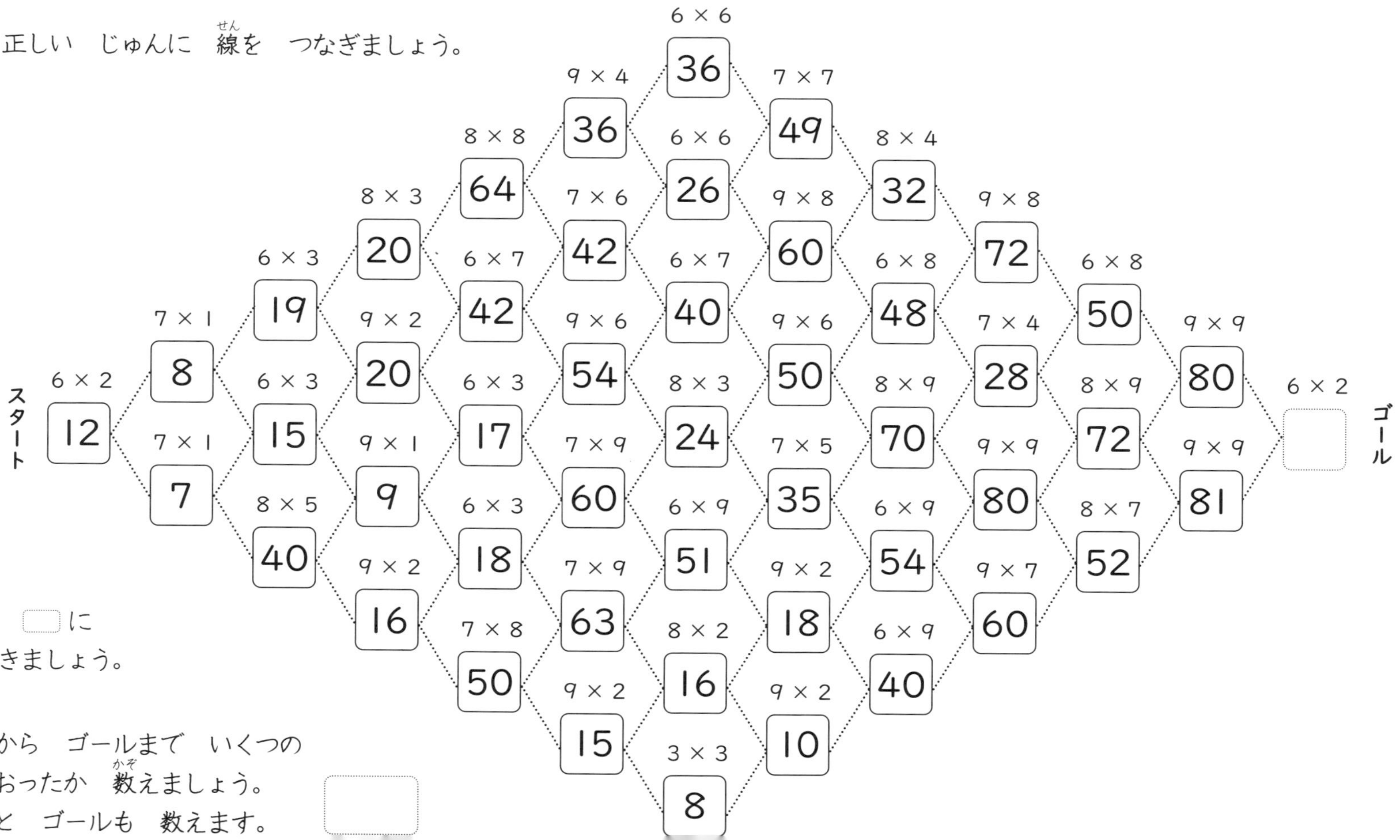

(2) ゴールの □ に
答えを　書《か》きましょう。

(3) スタートから　ゴールまで　いくつの
□を　とおったか　数《かぞ》えましょう。
スタートと　ゴールも　数えます。

（141%に拡大してご使用ください。）

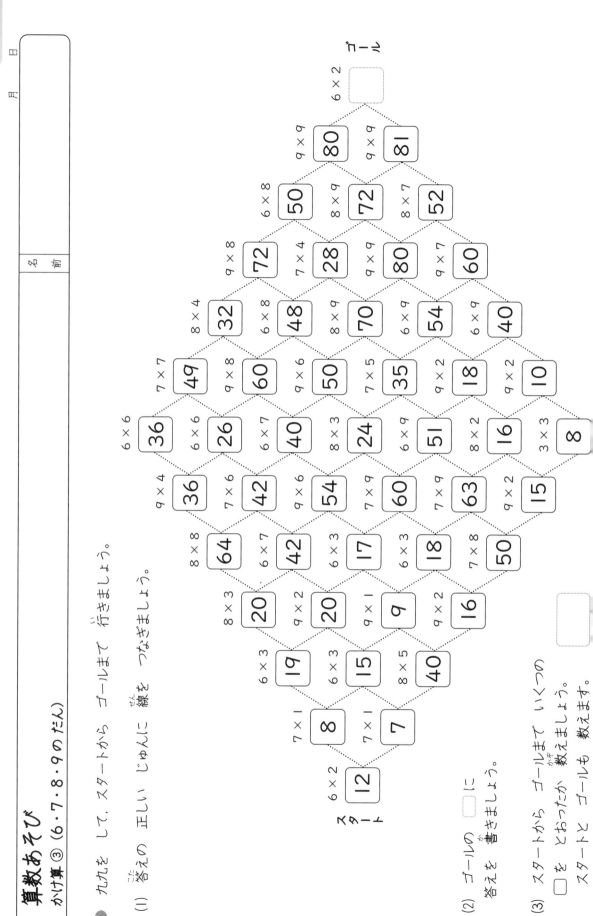

かけ算（29）
文しょうだい ①

名前

1　1ふくろに　パンが　4こずつ　入《はい》って　います。
5ふくろでは　パンは　ぜんぶで　何《なん》こ　ありますか。

しき　（1つ分《ぶん》の 数）○ × （いくつ分）□ ＝ （ぜんぶの 数）○

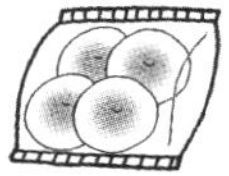

答《こた》え　　　こ

2　1はこに　りんごが　9こずつ　入って　います。
4はこでは，りんごは　ぜんぶで　何こ　ありますか。

しき　（1つ分の 数）○ × （いくつ分）□ ＝ （ぜんぶの 数）○

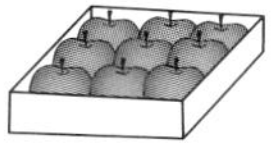

答え　　　こ

3　1さらに　ビスケットが　5まいずつ　のって　います。
7さらでは，ビスケットは　ぜんぶで　何まい　ありますか。

しき　（1つ分の 数）○ × （いくつ分）□ ＝ （ぜんぶの 数）○

答え　　　まい

かけ算（30）
文しょうだい ②

名前

1　1つの　水そうに　金魚《きんぎょ》が　3びきずつ　います。
4つの　すいそうでは　金魚は　ぜんぶで　何びき　いますか。

しき

答え

2　テープを　ひとりに　8cmずつ　くばります。
4人分《にんぶん》では，テープは　何cmに　なりますか。

しき

答え

3　1週間《しゅうかん》は　7日です。
3週間では　何日に　なりますか。

しき

答え

3分

かけ算（31）
文しょうだい③

月　　日　名前

1 1パック　2こ入りの　ヨーグルトが　9パック　あります。
ヨーグルトは，ぜんぶで　何《なん》こ　ありますか。

しき

答《こた》え

2 1ふくろに　じゃがいもが　6こずつ　入って　います。
8ふくろでは，じゃがいもは　ぜんぶで　何こ　ありますか。

しき

答え

3 チューリップを　8本ずつ　たばにして　花たばを　つくります。
花たばを　5たば　つくると，チューリップは　ぜんぶで　何本　いりますか。

しき

答え

4 1さらに　ぎょうざが　7こ　のって　います。
4さらでは，ぎょうざは　何こ　ありますか。

しき

答え

5 トマトが　1かごに　5こずつ　入って　います。
3かごでは，トマトは　ぜんぶで　何こ　ありますか。

しき

答え

かけ算（32）
文しょうだい④

月　　日　名前

1 1まい　9円の　色紙《いろがみ》を　8まい　買《か》います。
ぜんぶで　何円《なんえん》に　なりますか。

しき

答《こた》え

2 1つの　ベンチに　5人ずつ　すわることが　できます。
6つの　ベンチでは，何人　すわることが　できますか。

しき

答え

3 学校の　まわりを　毎日《まいにち》　4しゅう　走《はし》って　います。
6日間《かん》　つづけると，ぜんぶで　何しゅう　走りますか。

しき

答え

4 1さつの　あつさが　3cmの　図《ず》かんが　あります。
6さつ　かさねると，あつさは　何cmに　なりますか。

しき

答え

5 ペットボトルに　ジュースが　6dLずつ　入って　います。
ペットボトル　7本では，ジュースは　何dLに　なりますか。

しき

答え

（141%に拡大してご使用ください。）

かけ算（33）
文しょうだい ⑤

名前

1 チーズの　はこが　5はこ　あります。チーズは　1はこに　6こずつ　入って　います。チーズは，ぜんぶで　何《なん》こ　ありますか。

しき

答《こた》え ＿＿＿＿＿＿

2 おべんとうを　5人分　つくります。1人分の　おにぎりは　2こです。おにぎりは，ぜんぶで　何こ　いりますか。

しき

答え ＿＿＿＿＿＿

3 子どもが　8人　います。1人に　チョコレートを　3こずつ　くばります。チョコレートは，ぜんぶで　何こ　いりますか。

しき

答え ＿＿＿＿＿＿

4 車が　4台《だい》　あります。1台に　5人ずつ　のると，ぜんぶで　何人　のれますか。

しき

答え ＿＿＿＿＿＿

5 花たばが　5たば　あります。1たばには　花が　7本ずつ　たばに　なって　います。花は，ぜんぶで　何本　ありますか。

しき

答え ＿＿＿＿＿＿

かけ算（34）
文しょうだい ⑥

名前

1 おもちゃの　自《じ》どう車を　3台《だい》　作《つく》ります。1台《だい》に　タイヤを　4こずつ　つけます。タイヤは，ぜんぶで　何こ　いりますか。

しき

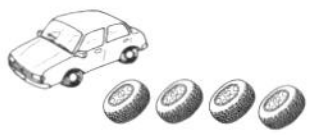

答《こた》え ＿＿＿＿＿＿

2 あめを　9こ　買《か》います。あめは　1こ　6円です。ぜんぶで　何円に　なりますか。

しき

答え ＿＿＿＿＿＿

3 長《なが》いすが　8きゃく　あります。1きゃくに　4にんずつ　すわると，ぜんぶで　何人　すわれますか。

しき

答え ＿＿＿＿＿＿

4 おり紙《がみ》を　9人に　くばります。1人に　7まいずつ　くばるには，おり紙は　何まい　いりますか。

しき

答え ＿＿＿＿＿＿

5 くしだんごが　4本　あります。どの　くしにも　だんごが　3こずつ　さして　あります。だんごは，ぜんぶで　何こ　ありますか。

しき

答え ＿＿＿＿＿＿

5分

月　　日

かけ算（35）
文しょうだい⑦

名前

1 4人のりの　ボートが　7そう　あります。
ぜんぶで　何人　のれますか。

しき

答《こた》え

2 おさらが　8まい　あります。おさら　1まいに　ドーナツを　6こずつ　のせます。ドーナツは，ぜんぶで　何こ　いりますか。

しき

答え

3 9cmの　テープの　3ばいの　長《なが》さは　何cmですか。

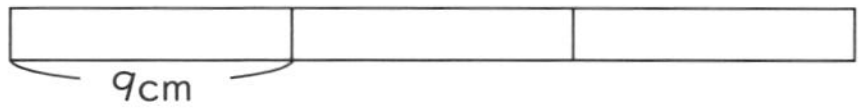

しき

答え

4 9この　花《か》びんに，バラの　花を　5本ずつ　入れます。
バラの　花は，ぜんぶで　何本　いりますか。

しき

答え

5 6こ入りの　ケーキの　はこが　4はこ　あります。
ケーキは，ぜんぶで　何こ　ありますか。

しき

答え

月　　日

かけ算（36）
文しょうだい⑧

名前

1 1パックに　魚《さかな》が　2ひきずつ　入って　います。
7パックでは，魚は　ぜんぶで　何《なん》びきに　なりますか。

しき

答《こた》え

2 1こ　7円の　あめ玉を　6こ　買《か》いました。
ぜんぶで　何円に　なりますか。

しき

答え

3 かきを　5人に　くばります。
1人3こずつ　くばると，かきは　ぜんぶで　何こ　いりますか。

しき

答え

4 れいなさんは　おりづるを　6羽《わ》　作《つく》ります。お姉《ねえ》さんは　れいなさんの　2ばいの　数《かず》の　おりづるを　作りました。
お姉さんは　おりづるを　何羽　作りましたか。

しき

答え

5 きゅうりの　ふくろが　8ふくろ　あります。
1ふくろに　きゅうりは　5本　入って　います。
きゅうりは，ぜんぶで　何本　ありますか。

しき

答え

（141%に拡大してご使用ください。）

かけ算（37）
文しょうだい ⑨

名前

1 1こ　5円の　チョコレートを　6こと，1こ　7円の　あめ玉を　3こ　買《か》いました。ぜんぶで　何円に　なりますか。

しき

答《こた》え

2 1はこ　6本入りのえんぴつが　4はこと，8本入りの　えんぴつが　2はこ　あります。えんぴつは，ぜんぶで　何本　ありますか。

しき

答え

3 やかんの　お茶を　3本の　水とうに　4dLずつ，4つの　コップに　2dLずつ　入れると　すべて　なくなりました。やかんの　お茶は，はじめに　何dL　ありましたか。

しき

答え

4 ビスケットを　7人に　6まいずつ　くばると，5まい　あまります。ビスケットは　何まい　ありますか。

しき

答え

5 ミニトマトの　たねを　うえきばちに　うえて　いきました。
7はちに　5こずつ　うえて，1つの　はちだけ　4こに　なりました。ミニトマトの　たねは　ぜんぶで　何こ　ありましたか。

しき

答え

かけ算（38）
文しょうだい ⑩

名前

1 リボンが　80cm　あります。8cmずつ　7本に　切《き》って　分けると，のこりは　何《なん》cmに　なりますか。

しき

答《こた》え

2 おり紙《がみ》が　50まい　あります。6人に　7まいずつ　くばると，おり紙は　何まい　あまりますか。

しき

答え

3 1こ　9円の　ガムを　8こ　買《か》って，100円　はらいました。おつりは　何円ですか。

しき

答え

4 1ふくろ　6こ入りの　みかんを　3ふくろ　買って，みんなで　9こ　食《た》べました。みかんは　何こ　のこって　いますか。

しき

答え

5 おまんじゅうを　5はこ　買って　きました。1はこに　8こずつ　入って　いました。33人に　1こずつ　くばると，おまんじゅうは　何こ　のこりますか。

しき

答え

月　日

かけ算（39）
もんだいづくり ①

名前

1 絵《え》を　見て　かけ算《ざん》に　なる　もんだいを　つくりましょう。
また，しきを　書《か》いて　答《こた》えも　もとめましょう。

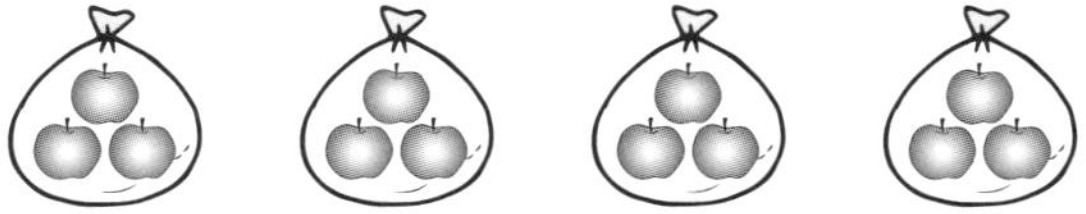

もんだい
1ふくろに　りんごが　□　こずつ　入って　います。
□　ふくろでは，ぜんぶで　何こに　なりますか。

しき　　　答え

2 「ケーキ」と　「はこ」と　いう　ことばを　つかって，
4 × 5の　しきに　なる　もんだいを　つくりましょう。
また，答えも　もとめましょう。

しき　　　答え

月　日

かけ算（40）
もんだいづくり ②

名前

1 □に　数《かず》を　入れて，次の　しきに　なる　もんだいを
つくりましょう。また，しきを　書《か》いて　答《こた》えも　もとめましょう。

もんだい① 「7 × 5」
1つの　水とうに　□　dL ずつ　お茶《ちゃ》を
入れます。□　本の　水とうに　入れると，
お茶は　ぜんぶで　何《なに》dL　いりますか。

しき　　　答え

もんだい② 「9 × 6」
シールを　□　まい　買《か》いました。
シールは　1まい　□　円です。
ぜんぶで　何円に　なりますか。

しき　　　答え

2 「みかん」と　「ふくろ」と　いう　ことばを　つかって，
4 × 5の　しきに　なる　もんだいを　つくりましょう。
また，答えも　もとめましょう。

しき　　　答え

（141%に拡大してご使用ください。）

ふりかえり

かけ算 1のだん～9のだん

名前

1 かけ算《ざん》を　しましょう。

① 3×4＝	② 2×7＝	③ 1×3＝	④ 1×6＝
⑤ 4×9＝	⑥ 8×4＝	⑦ 6×3＝	⑧ 4×2＝
⑨ 1×5＝	⑩ 3×1＝	⑪ 8×1＝	⑫ 7×9＝
⑬ 8×7＝	⑭ 7×6＝	⑮ 4×4＝	⑯ 2×4＝
⑰ 9×3＝	⑱ 6×2＝	⑲ 1×7＝	⑳ 7×4＝
㉑ 5×7＝	㉒ 5×1＝	㉓ 9×7＝	㉔ 8×6＝
㉕ 4×6＝	㉖ 1×1＝	㉗ 3×2＝	㉘ 5×3＝
㉙ 2×5＝	㉚ 2×9＝	㉛ 6×1＝	㉜ 8×9＝
㉝ 3×8＝	㉞ 4×7＝	㉟ 4×1＝	㊱ 5×6＝
㊲ 6×5＝	㊳ 5×4＝	㊴ 5×5＝	㊵ 9×8＝
㊶ 6×6＝	㊷ 6×7＝	㊸ 9×5＝	㊹ 2×8＝
㊺ 8×3＝	㊻ 8×2＝	㊼ 2×2＝	㊽ 6×9＝
㊾ 4×8＝	㊿ 1×9＝	51 3×6＝	52 3×7＝
53 1×2＝	54 7×1＝	55 8×5＝	56 5×8＝
57 7×8＝	58 6×4＝	59 9×1＝	60 2×3＝
61 5×9＝	62 3×3＝	63 1×8＝	64 6×8＝
65 2×6＝	66 7×5＝	67 7×3＝	68 3×5＝
69 7×2＝	70 7×7＝	71 8×8＝	72 9×6＝
73 2×1＝	74 3×9＝	75 1×4＝	76 4×5＝
77 9×4＝	78 4×3＝	79 9×2＝	80 9×9＝
81 5×2＝			

2 1ふさ　3本ずつの　バナナが　6ふさ　あります。
バナナは，ぜんぶで　何本《なん》　ありますか。

しき

答《こた》え

3 車が　3台《だい》　あります。1台に　5人ずつ　のると，ぜんぶで　何人　のれますか。

しき

答え

4 1まい　7円の　色紙《いろがみ》を　9まい　買《か》って，100円　はらいました。
おつりは　何円ですか。

しき

答え

5 「ドーナツ」と　「はこ」と　いう　ことばを　つかって，
8×6の　しきに　なる　もんだいを　つくりましょう。

月　日

かけ算（テスト①）

名前

1 絵《え》を　見て，しきを　書《か》いて　ぜんぶの　数《かず》を　もとめましょう。(5×6)

(1)

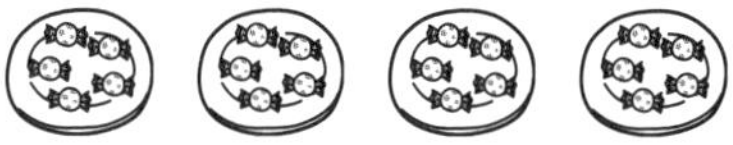

しき　○　×　□　＝　○

答え

(2)

しき　○　×　□　＝　○

答え

(3)

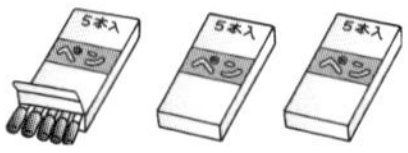

しき　○　×　□　＝　○

答え

2 (1)～(4)の　絵に　あう　しきを　線《せん》で　つなぎましょう。(5×4)

(1) ケーキ　・　　・ 4×3

(2) カエル　・　　・ 3×2

(3) トンボの はね　・　　・ 3×5

(4) チューリップ　・　　・ 2×4

3 1ふくろに　あめが　2こずつ　入っ
います。5ふくろでは，あめは　ぜんぶで　何《なん》こですか。(5×2)

しき

答え

4 1つの　水そうに　メダカが　5ひき
います。その　水そうが　6つあると　メダカは　ぜんぶで　何びきに　なりますか。(5×2)

しき

答え

5 1パックに　なっとうが　3こずつ　入って　います。それが　4パック　あります。なっとうは，ぜんぶで　何こ　ありますか。(5×2)

しき

答え

6 ボートに　人が　4人ずつ　のります
ボートは　6そう　あります。
何人　のることが　できますか。(5×2)

しき

答え

7 1さつの　あつさが　5cmの　じてん
あります。その　本を　9さつ　つむと
どれだけの　高《たか》さに　なりますか。(5×2)

しき

答え

　（141%に拡大してご使用ください。）

月　日

かけ算（テスト②）

名前

【知識・技能】

1 つぎの　計算《けいさん》を　しましょう。(1×50)

①	3 × 2	②	2 × 4
③	5 × 3	④	9 × 3
⑤	6 × 6	⑥	4 × 3
⑦	3 × 8	⑧	5 × 6
⑨	8 × 9	⑩	4 × 9
⑪	6 × 3	⑫	9 × 4
⑬	9 × 6	⑭	2 × 5
⑮	7 × 3	⑯	5 × 8
⑰	6 × 9	⑱	8 × 3
⑲	5 × 4	⑳	7 × 1
㉑	4 × 6	㉒	7 × 8
㉓	9 × 5	㉔	6 × 7
㉕	1 × 9	㉖	6 × 8
㉗	8 × 5	㉘	9 × 7
㉙	2 × 8	㉚	8 × 6
㉛	8 × 7	㉜	6 × 4
㉝	7 × 7	㉞	4 × 8
㉟	9 × 8	㊱	5 × 9
㊲	4 × 7	㊳	3 × 5
㊴	5 × 5	㊵	7 × 4
㊶	8 × 8	㊷	7 × 6
㊸	6 × 5	㊹	5 × 7
㊺	4 × 4	㊻	9 × 9
㊼	6 × 1	㊽	7 × 9
㊾	3 × 7	㊿	8 × 2

【思考・判断・表現】

2 7本ずつで　花たばに　します。
花たばを　5つ　作《つく》ります。
花は，何本《なんぼん》あれば　いいですか。(5×2)

しき

答え

3 6日間《かん》　毎日《まいにち》　うんどう場《じょう》を　8しゅう　走《はし》りました。ぜんぶで　何しゅう　走ったことに　なりますか。(5×2)

しき

答え

4 8cmの　4倍《ばい》の　長《なが》さは　何cmですか。(5×2)

しき

答え

5 えんぴつが　1はこに　6本ずつ　入って　いるはこが　5はこ　あります。はこに　入って　いない　えんぴつが　5本　あります。えんぴつは　ぜんぶで　何本ありますか。(5×2)

しき

答え

6 1まいが　9円の　色画用紙《いろがようし》を　5まい　買《か》って　50円を　はらいました。
おつりは　いくらに　なりますか。(5×2)

しき

答え

（141%に拡大してご使用ください。）

月　　日

算数あそび
かけ算 ①

名前

● スタートから　ゴールまで　答《こた》えの　小さい　方《ほう》を　通《とお》って　すすみましょう。通った　ところに　色《いろ》を　ぬりましょう。

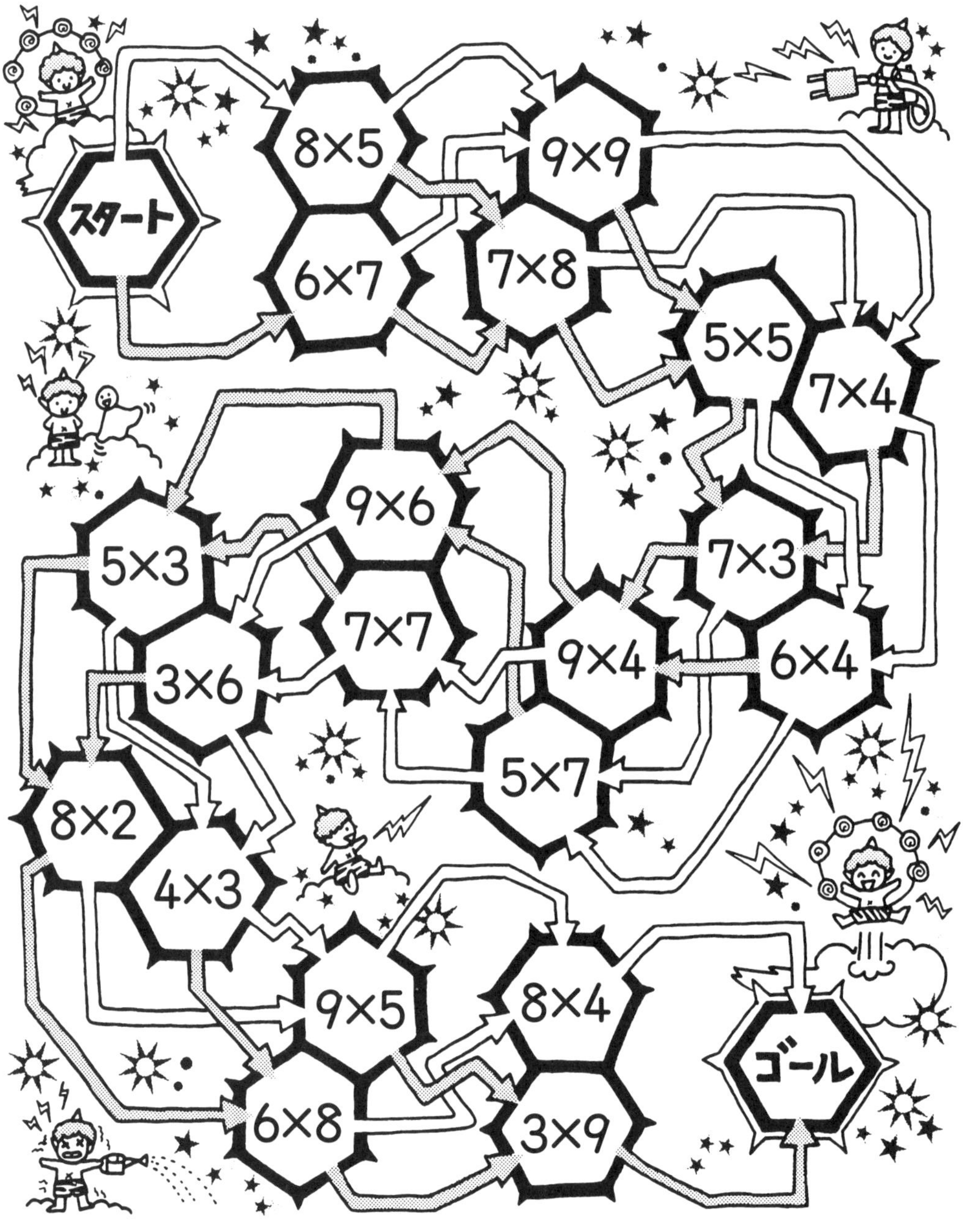

月　　日

算数あそび

かけ算 ②

名前

● かにが　かきの木を　そだてました。
答《こた》えが　16，18，24，30，42の　かきを　食《た》べます。
食べられる　かきに　色《いろ》を　ぬりましょう。

10分

月　日

九九の ひょうと きまり（1）

名前

1 つぎの　九九の　ひょうを　見て，答《こた》えましょう。

かける数《かず》（横）／かけられる数（縦）

	1	2	3	4	5	6	7	8	9
1		2					7		
2					10				
3			9						
4						24			
5	5			20					
6								48	
7		14							63
8				32				64	
9									81

① 九九の　ひょうの　あいている　ところに　答えを　書《か》いて　ひょうを　かんせいさせましょう。

② 答えが　12の　ところに　赤色《いろ》を　ぬりましょう。

③ 答えが　25の　ところに　青色を　ぬりましょう。

④ 答えが　36の　ところに　○を　つけましょう。

⑤ 答えが　42の　ところに　△を　つけましょう。

2 □に　あてはまる　数や　ことばを　書きましょう。

① 6のだんでは，かける数が　1ふえると　答えは　□　ふえます。

② かけ算《ざん》では，かける数と　□　を　入れかえて　計算《けいさん》しても　答えは　同《おな》じです。

3 □に　あてはまる　数を　書きましょう。

① $5 \times 6 = 6 \times$ □

② $4 \times 8 = 4 \times 7 +$ □

③ $9 \times 7 = 9 \times 6 +$ □

④ $3 \times 5 = 3 \times$ □ $+ 3$

4 つぎの　答えに　なる　九九を　□に　ぜんぶ　書きましょう。

① 6　□　□　□　□

② 18　□　□　□　□

5 2のだんの　答えと　6のだんの　答えを　たすと，何《なん》の　だんの　答えになりますか。

□の　だん

九九の ひょうと きまり (2)

名前

● はこの 中の クッキーは ぜんぶで 何《なん》こ ありますか。

かけ算《ざん》を つかって，くふうして もとめましょう。

また，もとめ方《かた》を 図《ず》を つかって せつめいしましょう。

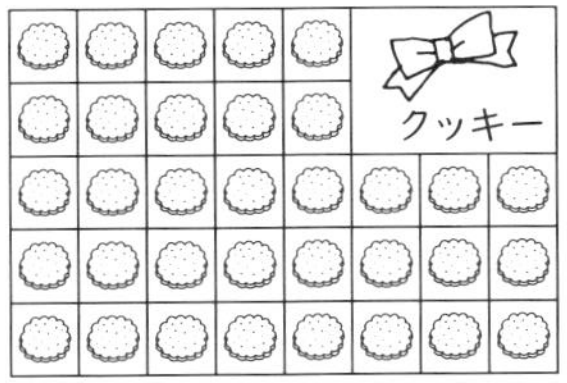

しき

答《こた》え

もとめ方

九九の ひょうと きまり (3)

名前

● つぎの 九九の ひょうを 見て 答《こた》えましょう。

かける数《かず》 / かけられる数

	1	2	3	4	5	6	7	8	9	10	11	12
1	1	2	3	4	5	6	7	8	9	㋐		
2	2	4	6	8	10	12	14	16	18		㋐あ	
3	3	6	9	12	15	18	21	24	27			
4	4	8	12	16	20	24	28	32	36			㋑
5	5	10	15	20	25	30	35	40	45			
6	6	12	18	24	30	36	42	48	54			
7	7	14	21	28	35	42	49	56	63		㋒	
8	8	16	24	32	40	48	56	64	72			
9	9	18	27	36	45	54	63	72	81			
10	㋓					㋔						
11		い							㋕			

① あ，いに 入る 数は どんな しきで もとめられますか。

あ（　　　　） い（　　　　）

② あに 入る 数を 書《か》きましょう。（　　　　）

③ いに 入る 数を 書きましょう。（　　　　）

④ 上の ひょうの ㋐～㋕に あてはまる 数を 書きましょう。

5分

月　　日

九九の ひょうと きまり（4）

名前	

はこの　中の　クッキーは　ぜんぶで　何《なん》こ　ありますか。

九九を　つかって，くふうして　もとめましょう。

2通《とお》り考《かんが》えて，もとめ方《かた》を　せつめい　しましょう。

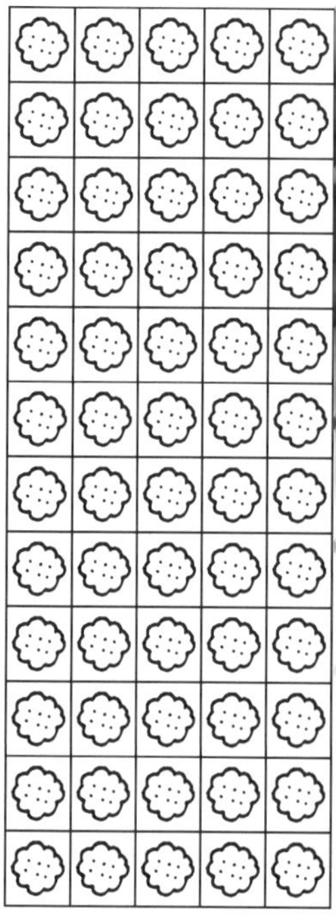

もとめ方 ①

しき

答《こた》え

もとめ方 ②

しき

答え

（141％に拡大してご使用ください。）

月　日

九九の ひょうと きまり (5)

名前

4のだんと 同じように, 九九の 答《こた》えの, 一のくらいの 数字《すうじ》を 直線《ちょくせん》で つないで みましょう。(0から はじめて 0に もどります。)

4×1＝ 4
4×2＝ 8
4×3＝12
4×4＝16
4×5＝20
4×6＝24
4×7＝28
4×8＝32
4×9＝36

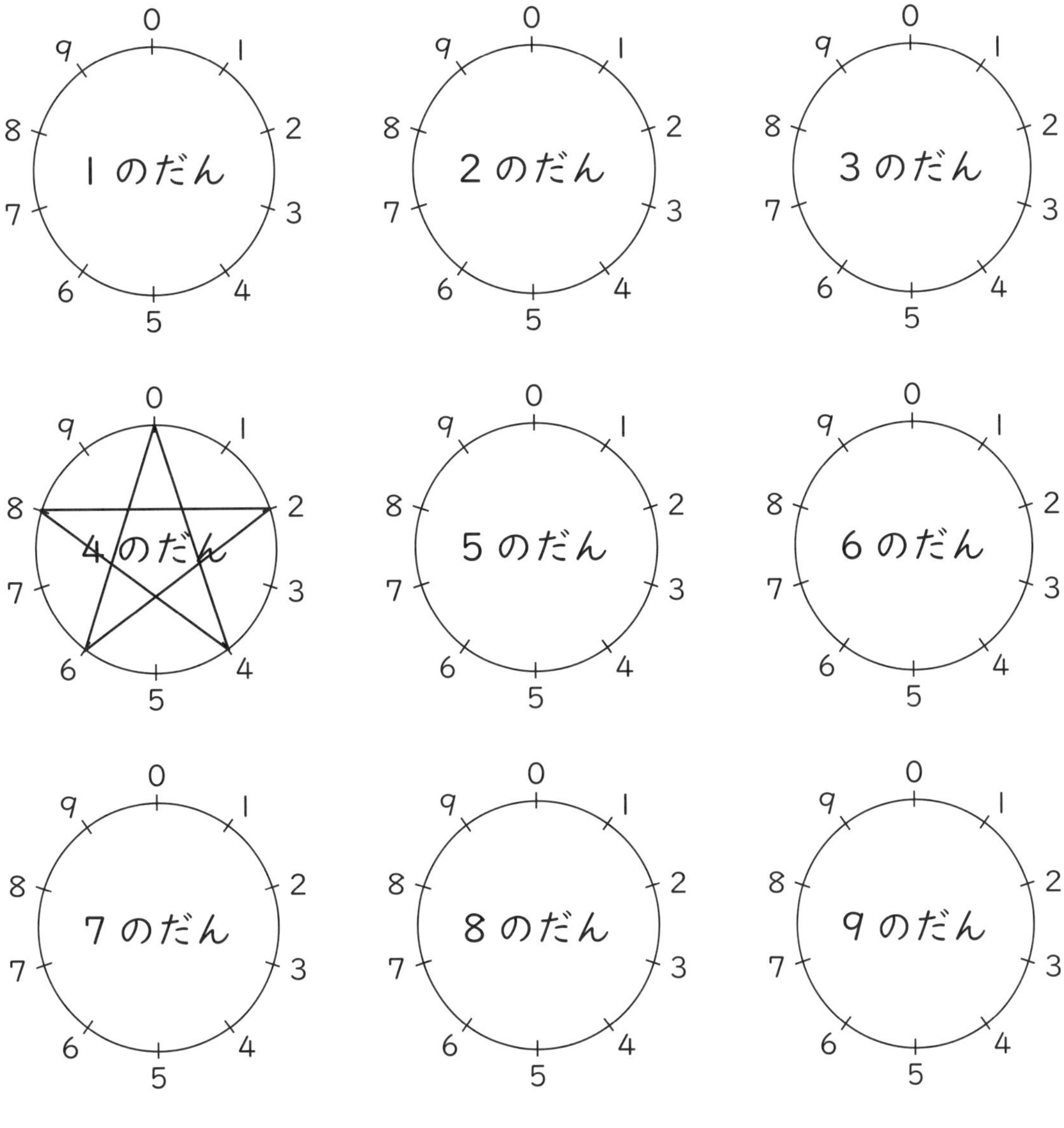

月　日

九九の ひょうと きまり（テスト）

名前

【知識・技能】

1 つぎの 答《こた》えに なる かけ算《ざん》 九九を すべて 書《か》きましょう。(5×3)

(1) 6　(　　)(　　)(　　)(　　)

(2) 16　(　　)(　　)(　　)

(3) 24　(　　)(　　)(　　)(　　)

2 □に あてはまる 数《かず》や ことばを 書きましょう。(5×3)

(1) 4 × 6 ＝ □ × 4

(2) 7 × □ ＝ 8 × 7

(3) かけ算では，□数と かけられる数を 入れかえて 計算《けいさん》しても 答えは 同《おな》じです。

3 □に あてはまる 数を 書きましょう。(5×2)

(1) 5 × 6 ＝ 5 × 5 ＋ □

(2) 7 × 8 ＝ 7 × 7 ＋ □

4 下の 表《ひょう》は 九九ひょうの 一ぶぶん です。㋐と ㋑に あてはまる 数を □に 書きましょう。(5×2)

30	36	42
35	42	㋐
㋑	48	56

㋐ □

㋑ □

【思考・判断・表現】

5 はこの 中の クッキーは ぜんぶで 何《なん》こ あるかを 考《かんが》えました。
絵《え》と 考えかたとが あう しきを えらんで 線《せん》で むすびましょう。(10×3)

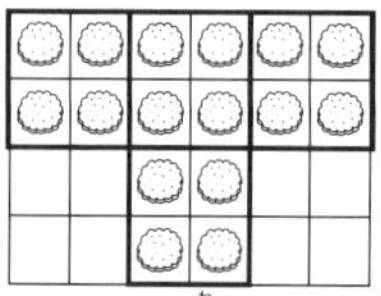

4つに分《わ》けて

・　・ 6＋2＝
2×8＝1

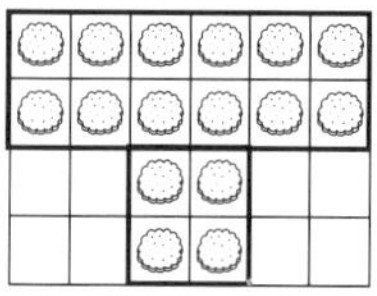

上と下に分けて

・　・ 2×2＝
4×4＝1

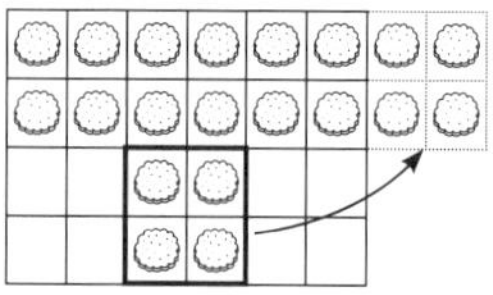

下を上にうごかして

・　・ 2×2 ＝
2×6＝1
4＋12＝1

6 はこの 中の チョコレートの こ数《すう》 線《せん》で 分けて もとめます。
分《わ》け方《かた》に あう しきと 答えを 書きましょう。(10×2)

(1)

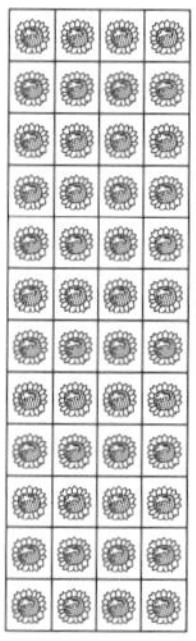

しき

答え

(2)

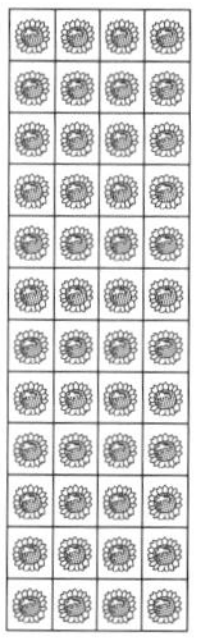

しき

答え

　(141%に拡大してご使用ください。)

1000より大きい数（1）

名前

● 1円玉は 何《なん》まい ありますか。

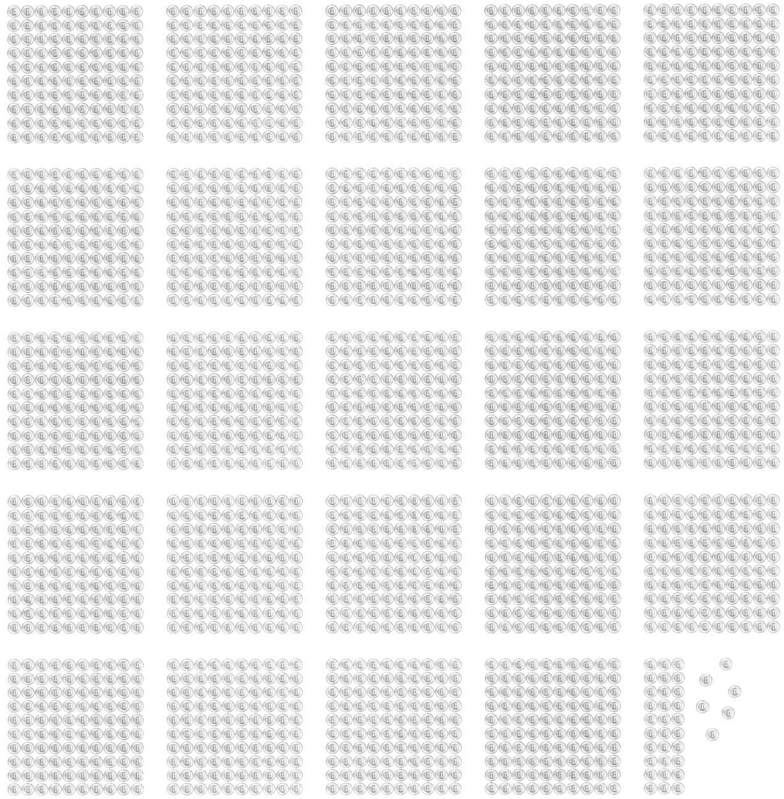

1000が ［　］こ，100が ［　］こ，10が ［　］こ，1が ［　］こで，［　　］まい

1000より大きい数（2）

名前

● つぎの 数《かず》を ［　］に 書《か》きましょう。

①

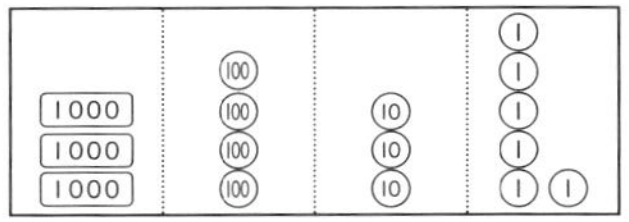

千	百	十	一
3	4	3	6

②

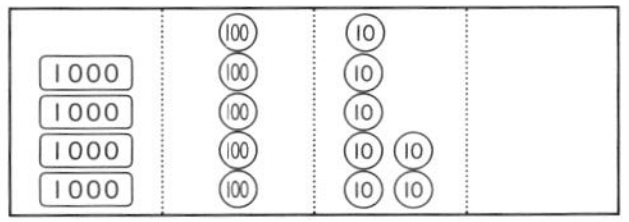

千	百	十	一

③

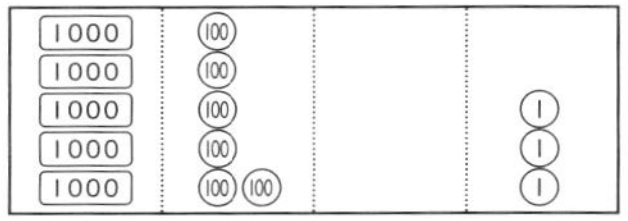

千	百	十	一

④

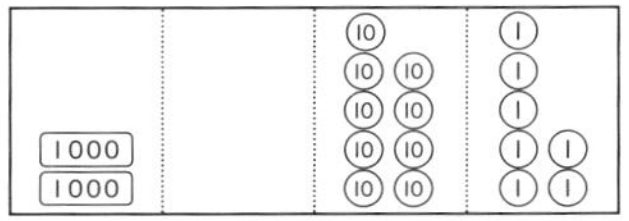

千	百	十	一

⑤

千	百	十	一

⑥

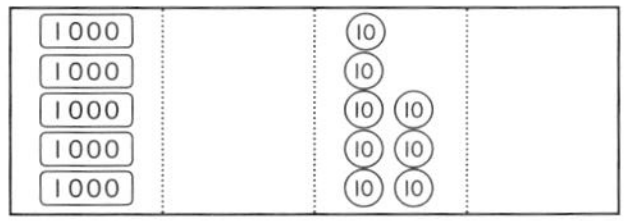

千	百	十	一

⑦

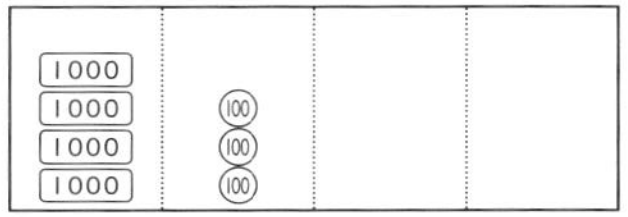

千	百	十	一

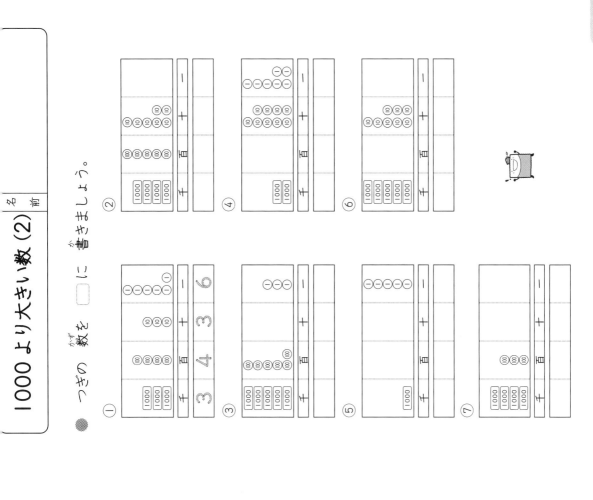

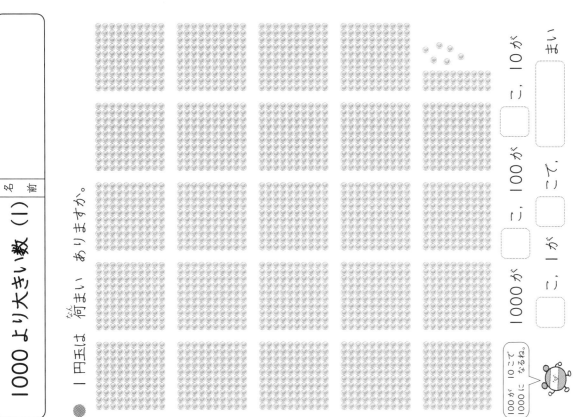

月　日

1000より大きい数（3）

名前

1 数字《すうじ》で　書《か》きましょう。

① 千三百五十八

1	3	5	8

② 七千二十九

③ 六千百十

④ 四千七

2 □に　あてはまる　数《かず》を　書きましょう。

① 1000を　5こ，100を　9こ，10を　2こ，1を　3こ　あわせた　数は　□　です。

② 1000を　8こ，10を7こ　あわせた　数は　□　です。

③ 2604は，1000を　□　こ，100を　□　こ　1を　□　こ　あわせた　数です。

④ 千のくらいが　1，百のくらいが　0，十のくらいが　5，一のくらいが　8の　数は　□　です。

月　日

1000より大きい数（4）

名前

1 □に　答《こた》えを　書《か》きましょう。

① 100を　13こ　あつめた　数《かず》は　いくつですか。

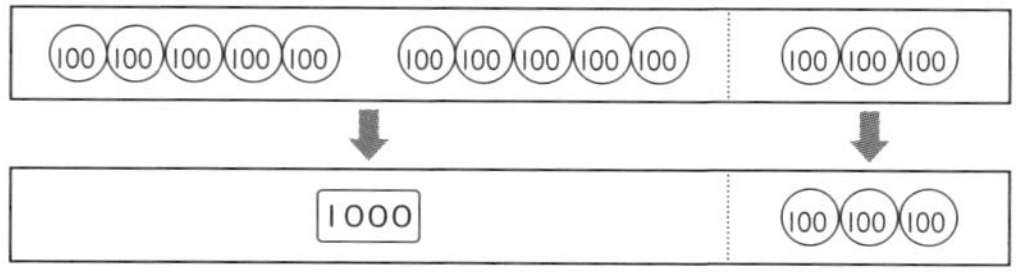

② 100を　28こ　あつめた　数は　いくつですか。

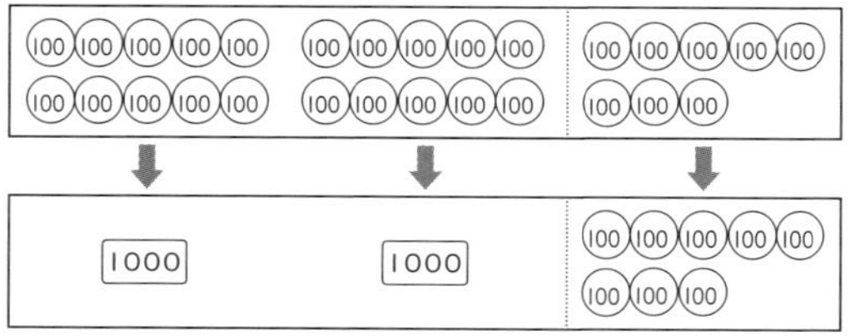

2 □に　答えを　書きましょう。

① 1400は　100を　何《なん》こ　あつめた　数ですか。

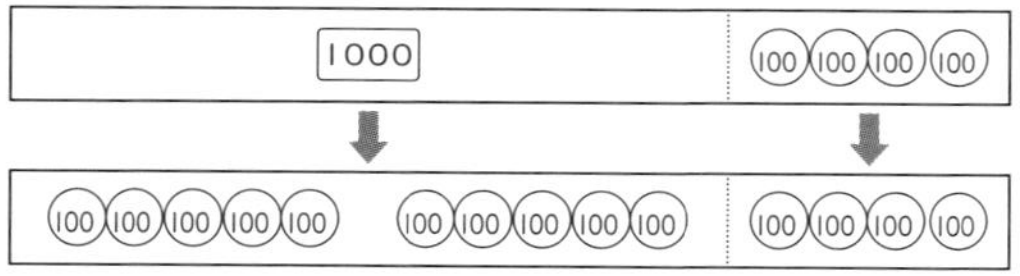

□ こ

② 4200は　100を　何こ　あつめた　数ですか。

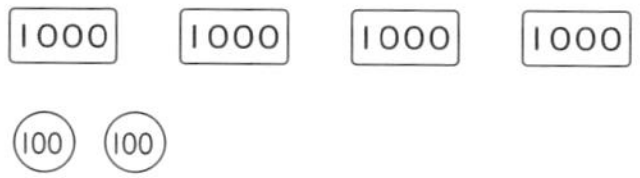

□ こ

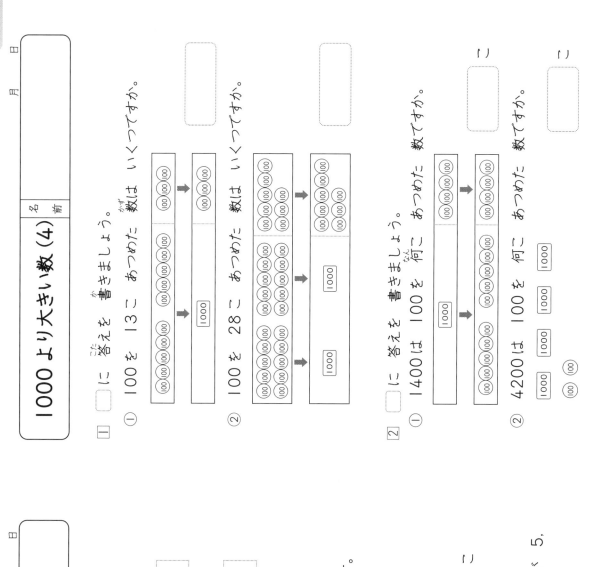

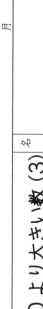

1000より大きい数（5）

名前

1 数字《すうじ》で　書《か》きましょう。

① 二千百九十五 □　② 九千六百七 □

③ 八千十四 □　④ 三千九百 □

⑤ 五千六 □

2 □に　あてはまる　数《かず》を　書きましょう。

① 1000を　7こ，100を　2こ，10を　4こ，1を　5こ　あわせた　数は □ です。

② 1000を　8こ，1を　3こ　あわせた　数は □ です。

③ 2413は，1000を □ こ，100を □ こ，10を □ こ，1を □ こ　あわせた　数です。

④ 6028は，1000を □ こ，10を □ こ，1を □ こ　あわせた　数です。

⑤ 千のくらいが　3，百のくらいが　0，十のくらいが　7，一のくらいが　0の　数は □ です。

⑥ 千のくらいが　7，百のくらいが　6，十のくらいが　0，一のくらいが　0の　数は □ です。

1000より大きい数（6）

名前

1 100を　17こ　あつめた　数《かず》は　いくつですか。

100が17こ〈 100が 10こ ➡ □ ／ 100が 7こ ➡ 700 〉□

2 □に　あてはまる　数を　書《か》きましょう。

① 100を　29こ　あつめた　数は □ です。

② 100を　46こ　あつめた　数は □ です。

3 2500は　100を　何《なん》こ　あつめた　数ですか。

2500〈 2000 ➡ 100が □ こ ／ 500 ➡ 100が □ こ 〉100が □ こ

4 □に　あてはまる　数を　書きましょう。

① 3800は　100を □ こ　あつめた　数です。

② 2100は　100を □ こ　あつめた　数です。

5分

（141％に拡大してご使用ください。）

1000より大きい数(7)

月　日　名前

[1] まなさんは　900円の　ふでばこと　400円の
ペンセットを　買《か》いました　あわせて　何円ですか。

しき

答《こた》え ＿＿＿＿＿

[2] しょうごさんは　1000円　もって　います。
300円の　おかしを　買うと　何円　のこりますか。

しき

答え ＿＿＿＿＿

[3] 計算《けいさん》を　しましょう。

① 800 + 200 = □　② 500 + 800 = □

③ 2000 + 700 = □　④ 1000 − 600 = □

⑤ 1400 − 800 = □　⑥ 4300 − 300 = □

[4] □に　あてはまる　>，<を　書《か》きましょう。

① 800 + 700 □ 1400　② 600 + 500 □ 1200

③ 1000 − 300 □ 800　④ 1600 − 900 □ 600

1000より大きい数(8)

月　日　名前

[1] □に　あてはまる　>，<を　書《か》きましょう。

① 4060 □ 3980　② 6254 □ 6249

③ 8890 □ 8980　④ 3418 □ 3416

⑤ 2430 □ 2340　⑥ 7900 □ 8100

⑦ 7310 □ 7031　⑧ 5908 □ 5980

[2] □に　入る　数を　ぜんぶ　書きましょう。

① 7570 ＜ 75□0　(　　　　)

② 2396 ＞ 2□96　(　　　　)

[3] 小さい　数《かず》から　じゅんに　(　)に　書きましょう。

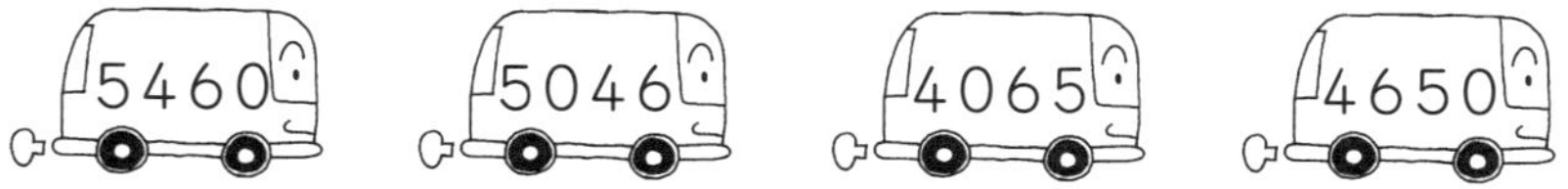

(　　　) ＜ (　　　) ＜ (　　　) ＜ (　　　)

1000より大きい数（9）

名前

1 下の　数《かず》の線《せん》を　見て，□に　あてはまる　数を　書《か》きましょう。

① 1000を　□こ　あつめた　数を　一万《いちまん》といい，□と　書きます。

② 10000は，100を　□こ　あつめた　数です。

③ 10000より　1000　小さい　数は　□です。

④ 10000より　1　小さい　数は　□です。

⑤ 9990より　10　大きい　数は　□です。

2 つぎの　数を　〔れい〕の　ように　下の　数の線に　↑で　書き入れましょう。

〔れい〕2600　㋐ 3400　㋑ 4200　㋒ 5900　㋓ 7800　㋔ 9500

いちばん　小さい　1めもりは　いくつに　なるかな。

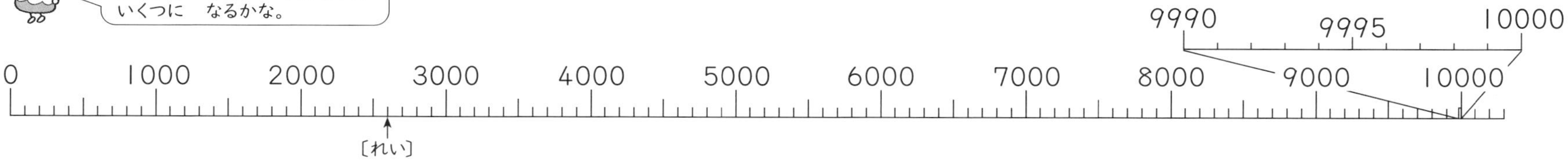

1000より大きい数（10）

名前

1 （　）に　1めもりの　数《かず》を　書《か》いて，□に　あてはまる　数を　書きましょう。

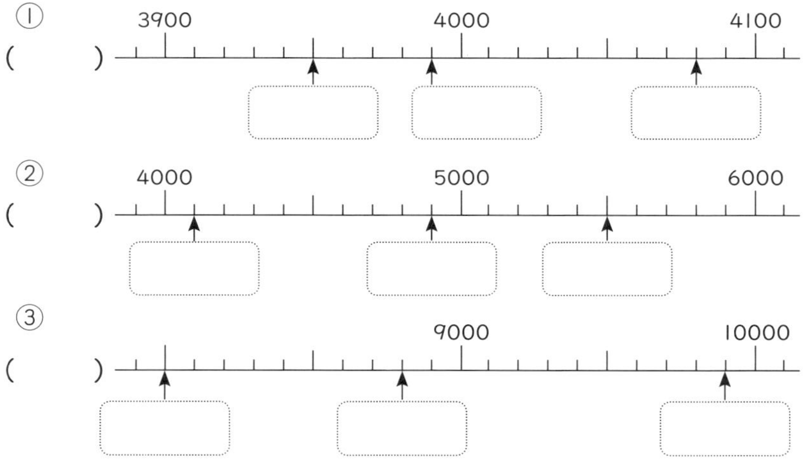

2 □に　あてはまる　数を　書きましょう。

①	9995	9996		9998		
②		7600	7700		7900	
③	10000			7000	6000	

5分

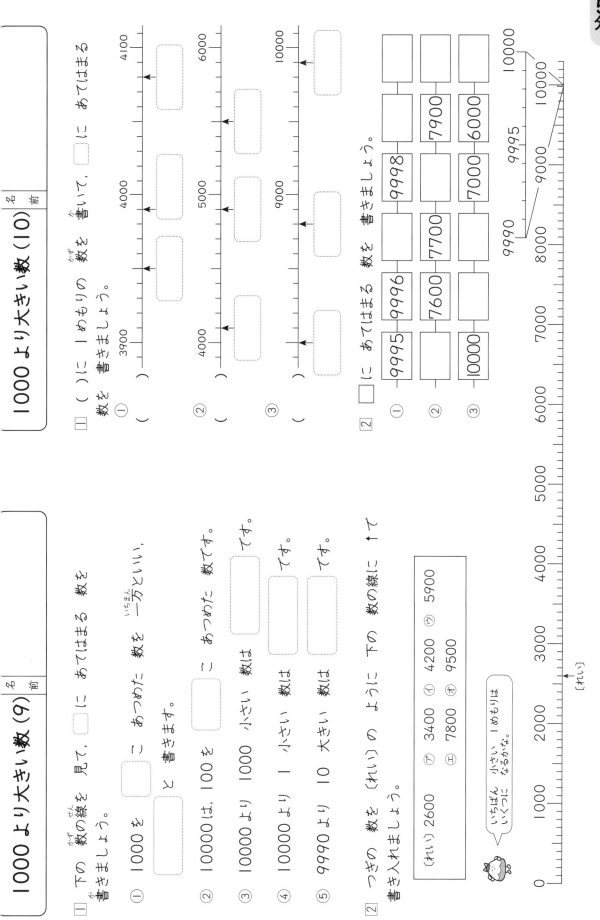

月　日

ふりかえり
1000より大きい数 ①

名前

1 つぎの 数《かず》を □ に 書《か》きましょう。

① 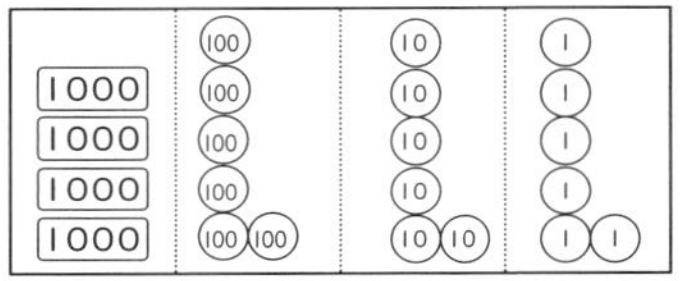

② 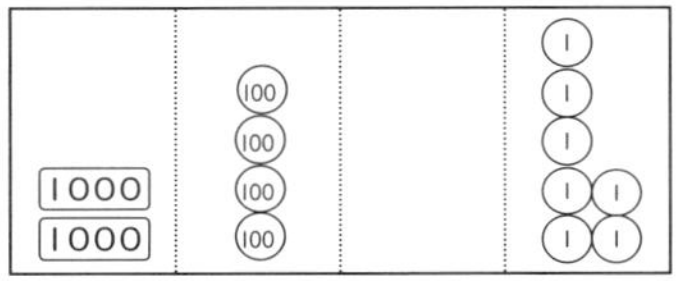

③ 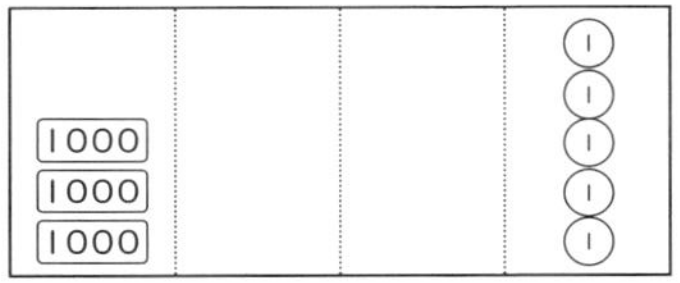

④ 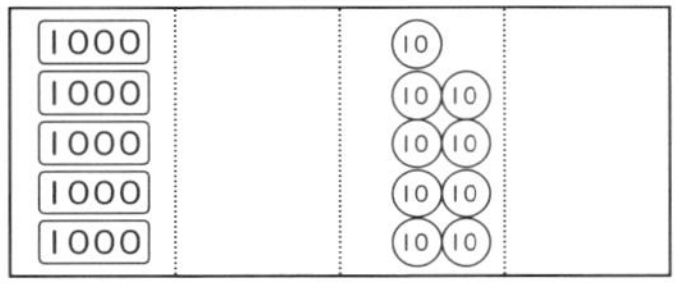

2 □ に あてはまる 数を 書きましょう。

① 1000を 7こ，100を 6こ，1を 8こ あわせた 数は □ です。

② 4932は，1000を □ こ，100を □ こ，10を □ こ，1を □ こ あわせた 数です。

3 数字《すうじ》で 書きましょう。

① 六千八　□　② 千十四　□　③ 七千百　□

4 □ に あてはまる 数を 書きましょう。

① 100を 7こ あつめた 数は □ です。

② 2900は，100を □ こ あつめた 数です。

5 下の 数の線《せん》を 見て □ に あてはまる 数を 書きましょう。

① 10000は，1000を □ こ あつめた 数です。

② 9000より 1000 大きい 数は □ です。

③ 10000より 1 小さい 数は □ です。

④ 10000より 10 小さい 数は □ です。

6 つぎの 数を 〔れい〕の ように 下の 数の線に ↑で 書き入れましょう。

〔れい〕2500	㋐ 3300	㋑ 4100
	㋒ 6700	㋓ 7900

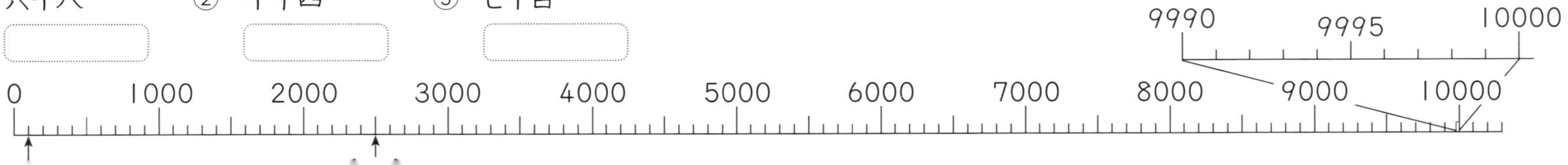

ふりかえり
1000より大きい数 ②

名前

1 □に あてはまる 数《かず》を 書《か》きましょう。

①

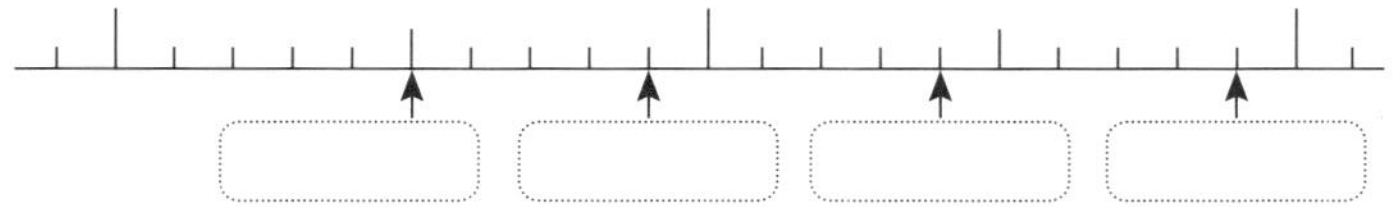

②

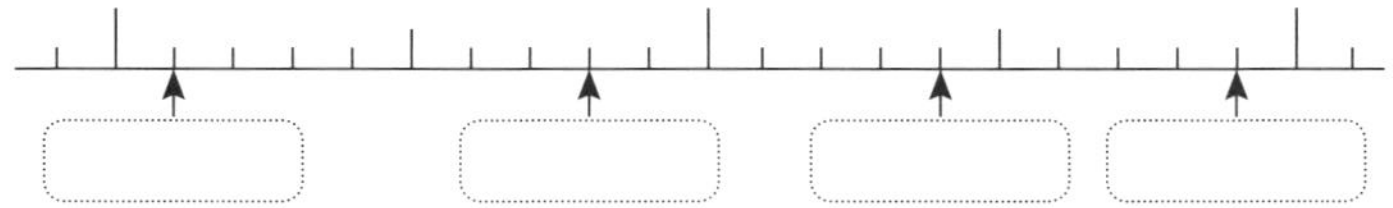

2 □に あてはまる >, <を 書きましょう。

① 3410 □ 3401　② 2990 □ 2909

③ 5076 □ 5167　④ 9989 □ 9998

3 つぎの 計算《けいさん》を しましょう。

① 700 + 300 =　② 800 + 600 =

③ 1000 − 400 =　④ 3500 − 500 =

4 □に あてはまる >, <を 書きましょう。

① 600 + 500 □ 1200　② 200 + 700 □ 800

③ 1000 − 800 □ 100　④ 1800 − 800 □ 900

5 くだものやさんで 800円の メロンと 400円の ももを 買《か》いました。あわせて 何《なん》円ですか。

しき

答《こた》え

6 かのんさんは 700円 もって います。お兄《にい》さんは かのんさんより 600円 多《おお》く もって います。
お兄さんは 何円 もって いますか。

しき

答え

7 クレヨンは 1000円で，色《いろ》えんぴつは 600円です。
どちらが 何円 高《たか》いですか。

しき

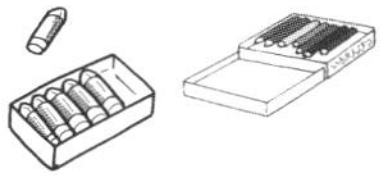

答え

8 白ぶどうは 700円です。赤ぶどうは 白ぶどうより 300円 やすく 売《う》って います。赤ぶどうは 何円ですか。

しき

答え

月　日

1000より 大きい数（テスト）

名前

【知識・技能】

1 つぎの 数《かず》を □に 書《か》きましょう。(5×2)

(1)

千のくらい	百のくらい	十のくらい	一のくらい
1000 1000	100	10 10 10 10 10	1 1 1 1 1 1 1

□

(2)

千のくらい	百のくらい	十のくらい	一のくらい
1000 1000 1000 1000 1000 1000	100 100 100		1 1 1 1

□

2 つぎの 数を 数字《すうじ》で □に 書きましょう。(5×4)

(1) 1000を 7こ, 10を 6こ あわせた 数 □

(2) 千のくらいが 9, 百のくらいが 8, 十のくらいと 一のくらいは 0の 数 □

(3) 千三百十六 □

(4) 五千五 □

3 どちらの 数が 大きいですか。<か >を つかって あらわしましょう。(5×2)

(1) 6510 □ 6051　(2) 7989 □ 7990

4 ↑の ところの 数を □に 書きましょう。(5×2)

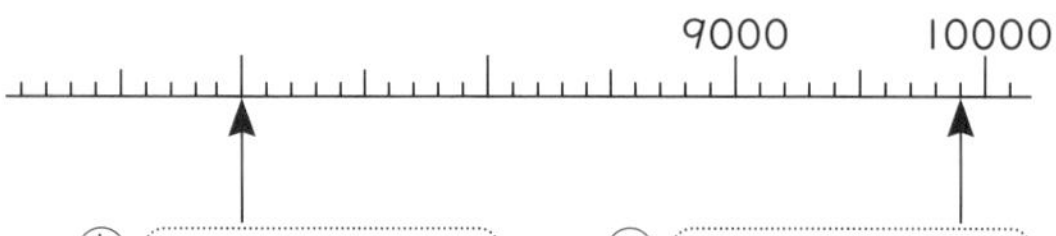

あ □　い □

【思考・判断・表現】

5 つぎの □の 中に 数字を 書きましょう。(5×2)

(1) 2500は, 100を □こ あつめた 数です。

(2) 1000を 10こ あつめると □です。

6 えみさんは, 600円の ペンセットと 800円の 絵《え》のぐセットを 買《か》いました。あわせて 何円《なんえん》ですか。(5×2)

しき

答え

7 あてはまる 数を □に書きましょう。(5

(1) 10000よりも 1小さい数は □です。

(2) 10000は 100を □こ あつめた 数です。

8 □に あてはまる 数を □に すべて 書きましょう。(5×2)

(1) 4382 < 4□82 □

(2) 8706 > 8□06 □

9 9900と いう 数に ついて 2人の あらわし方《かた》を 読《よ》んで □に あてはまる 数を 書きましょう。(5×2)

みさき　9900は, □より 100 小さい 数です。

ゆきや　9900は, □と 900 あわせた 数です。

　(141%に拡大してご使用ください。)

月　　日

算数あそび

1000より 大きい数 ①

名前

● 数《かず》の　大きい　方《ほう》へ　すすみましょう。
(数字《すうじ》に　なおして　考《かんが》えましょう。)

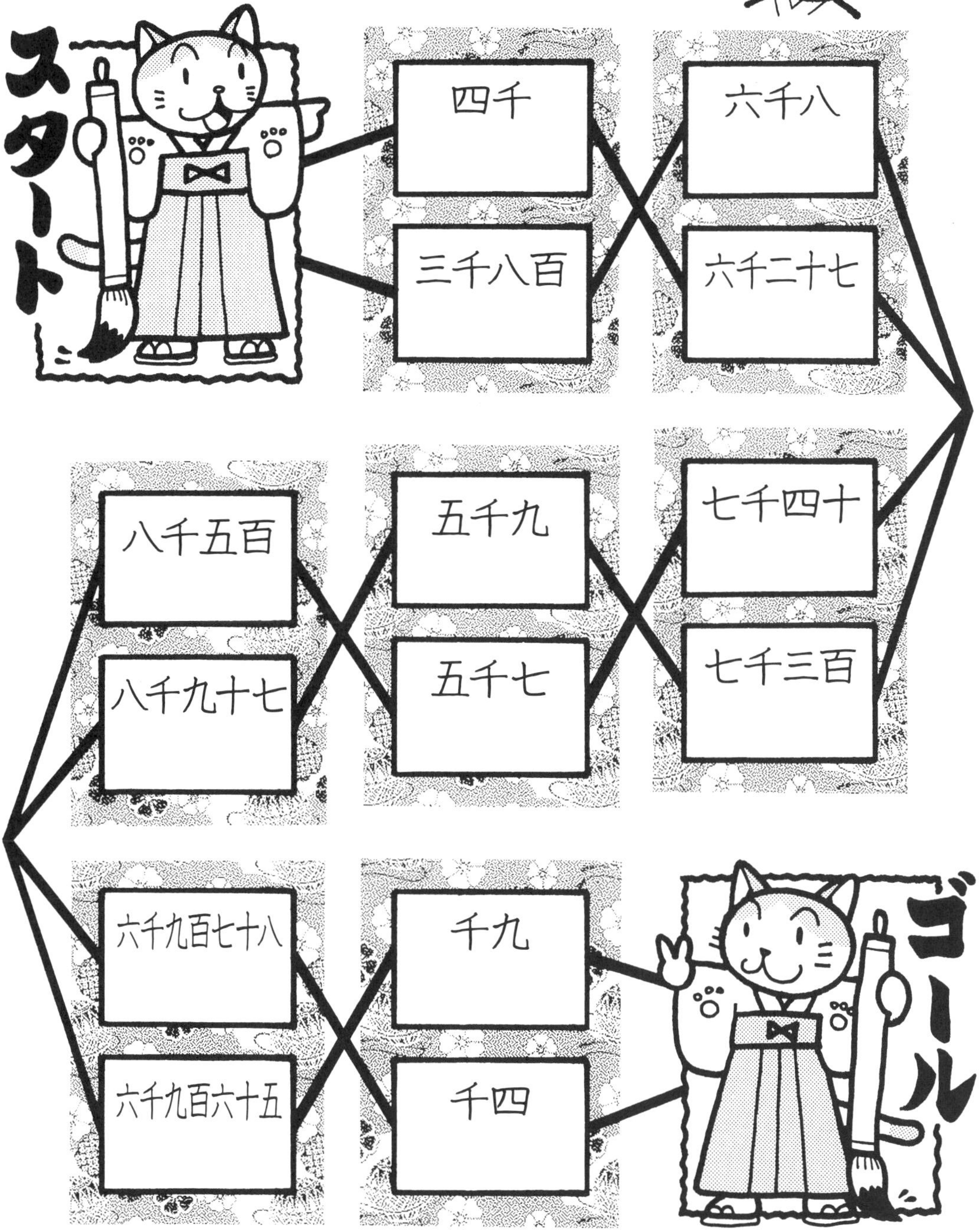

月　　日

算数あそび
1000より 大きい数 ②

名前

● 数《かず》の　大きい　方《ほう》へ　すすんで　ゴールへ　行《い》きましょう。

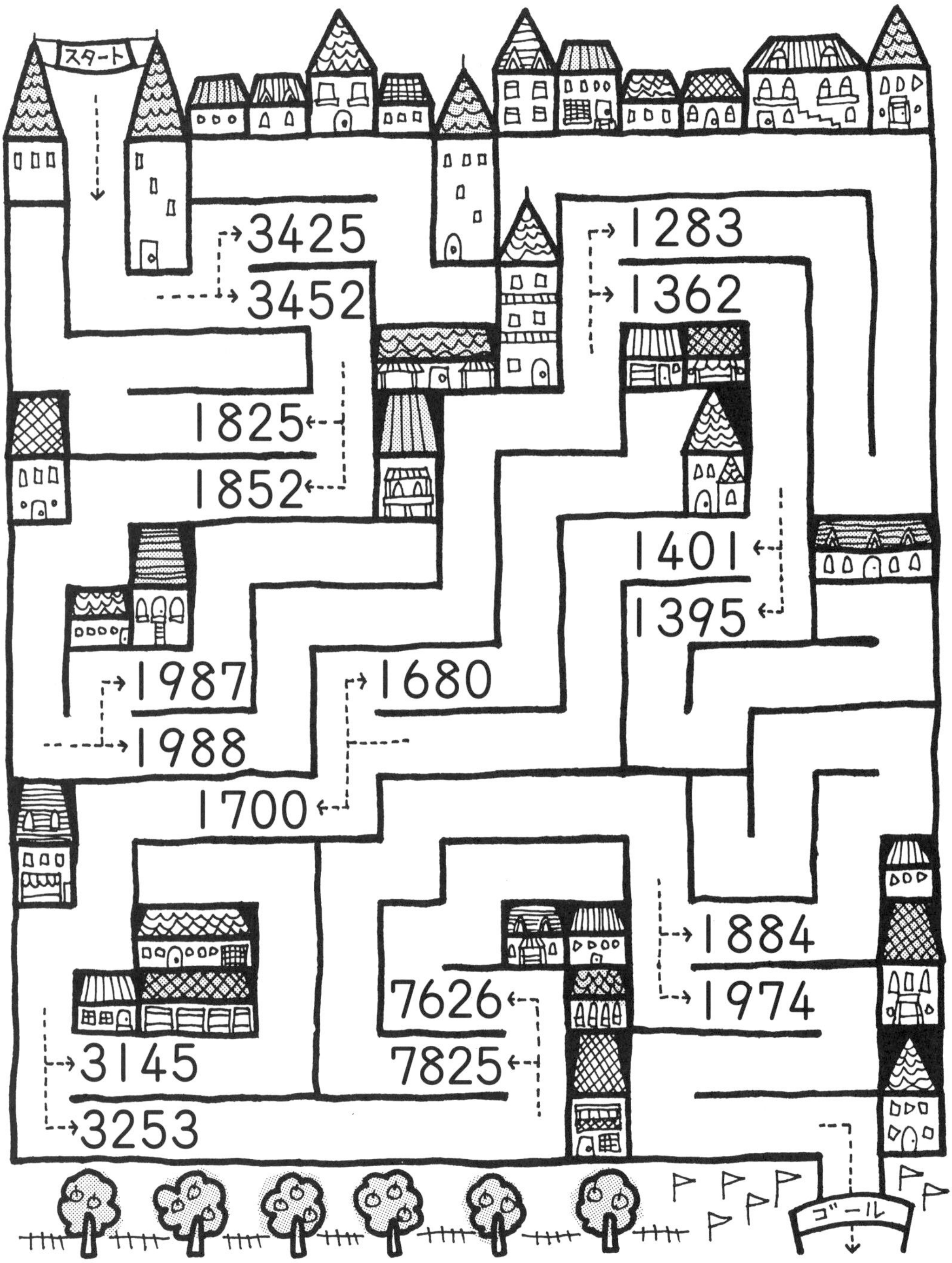

長いものの 長さ（1）

名前

1 1mものさしの 目もりを 読《よ》んで，□に あてはまる 数《かず》を 書《か》きましょう。

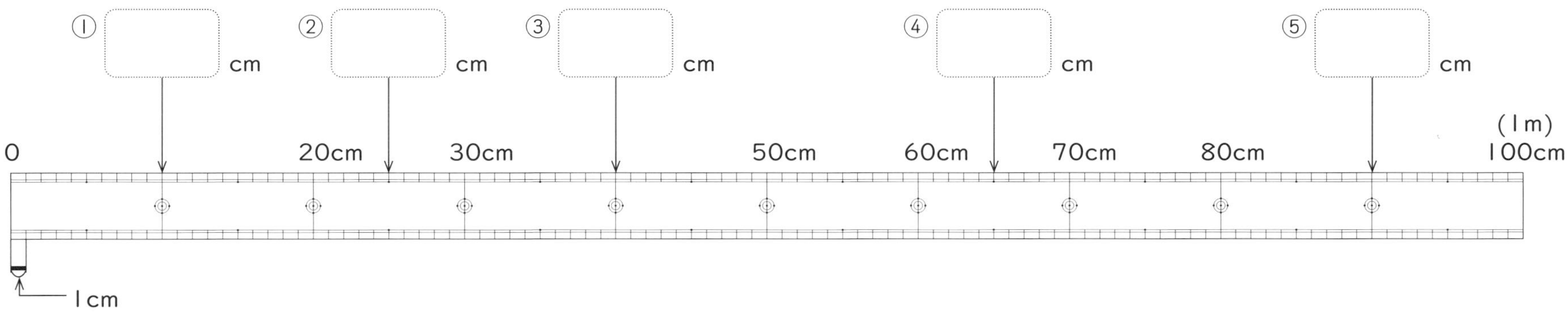

1m＝100cm

2 れんしゅう しましょう。

1m 2m 3m 4m 5m 6m 7m 8m 9m

3分

長いものの 長さ（2）

月　日　名前

● □ に あてはまる 数《かず》を 書《か》きましょう。

① 1m ＝ □ cm

m	cm
1	00

② 4m 25cm ＝ □ cm

m	cm

③ 1m 10cm ＝ □ cm

m	cm

④ 1m 6cm ＝ □ cm

m	cm

⑤ 3m 2cm ＝ □ cm

m	cm

⑥ 2m 9cm ＝ □ cm

m	cm

長いものの 長さ（3）

月　日　名前

● □ に あてはまる 数《かず》を 書《か》きましょう。

① 236cm ＝ □ m □ cm

m	cm

② 547cm ＝ □ m □ cm

m	cm

③ 130cm ＝ □ m □ cm

m	cm

④ 220cm ＝ □ m □ cm

m	cm

⑤ 301cm ＝ □ m □ cm

m	cm

⑥ 404cm ＝ □ m □ cm

m	cm

（141%に拡大してご使用ください。）

月　日

長いものの 長さ（4）

名前

1　本だなと　ランドセルラックの　高《たか》さを　くらべましょう。

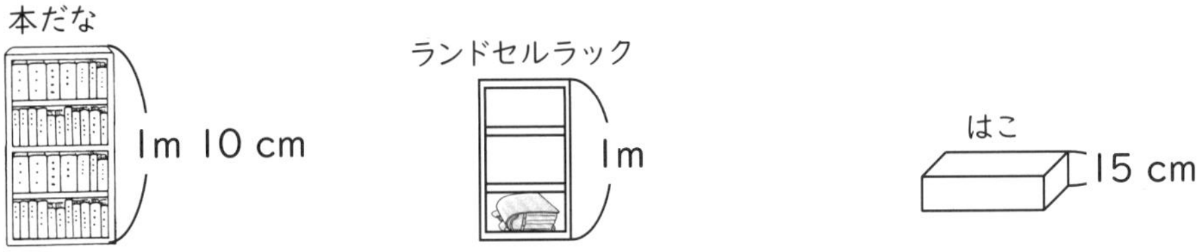

① 本だなと　ランドセルラックの　高さの　ちがいは　何《なん》cm ですか。

しき　□ m □ cm − □ m ＝ □ cm

答《こた》え ＿＿＿＿＿＿

② 本だなの　上に　高さ　15cm の　はこを　のせると，あわせた　高さは　何m何 cm ですか。

しき　□ m □ cm ＋ □ cm ＝ □ m □ cm

答え ＿＿＿＿＿＿

2　計算《けいさん》を　しましょう。

① 1m 20 cm ＋ 3m 70 cm

② 4m 30 cm ＋ 50 cm

③ 2m 50 cm − 1m 20 cm

④ 3m 40 cm − 2m

⑤ 1m − 80 cm

月　　日

長いものの 長さ (5)

チャレンジ①

名前

1　下のような　はこが　あります。たての　長《なが》さと，よこの　長さと，高《たか》さを　たして，１ｍを　こえるのは　どちらですか。

答《こた》え

2　うさぎ，ねこ，カンガルーが，ジャンプをして，とんだ　高さを　くらべました。

2m 10cm
とびました。

(1)　ねこと　カンガルーの　とんだ　高さは，それぞれ　何《なん》m何cmですか。□に　書《か》きましょう。

うさぎより
30cm ひくい。

うさぎより
１ｍ 50cm 高い。

(2)　とんだ　高さが　高い　じゅんに　□に　名前《なまえ》を　書きましょう。

□ → □ → □

月　　日

長いものの 長さ (6)

チャレンジ②

名前

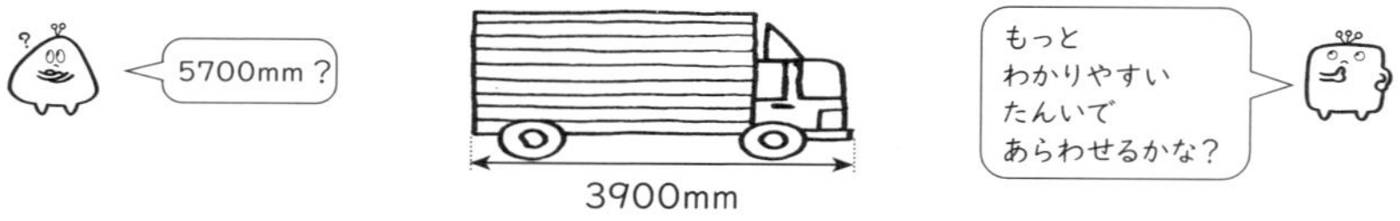

1　5700 mm を　mや　cmで　あらわしましょう。

m		cm		mm
	5	7	0	0

5700mm = □ cm

5700mm = □ m □ cm

2　□に　あてはまる　数《かず》を　書《か》きましょう。

①　１ｍ = □ cm

m		cm		mm
	1	0	0	

②　１ｍ = □ mm

m		cm		mm
	1	0	0	0

③　３ｍ = □ mm

m		cm		mm
	3	0	0	0

3　□に　あてはまる　長《なが》さの　たんい（m，cm，mm）を　書きましょう。

①　えんぴつの　長さ　……16 □

②　ノートの　あつさ　……5 □

③　プールの　たての　長さ　……25 □

（141％に拡大してご使用ください。）

ふりかえり
長いものの 長さ

名前

1 1mものさしの 目もりを 読《よ》んで，□に あてはまる 数《かず》を 書《か》きましょう。

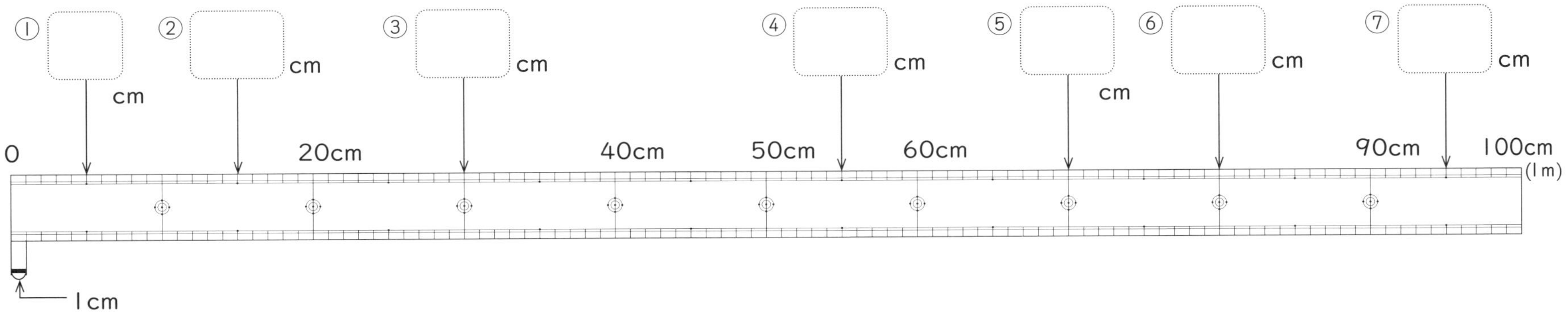

2 □に あてはまる 数を 書きましょう。

① 1m ＝ □cm

② 2m 60cm ＝ □cm

③ 3m 7cm ＝ □cm

④ 148cm ＝ □m □cm

⑤ 350cm ＝ □m □cm

⑥ 409cm ＝ □m □cm

m	cm

3 計算《けいさん》を しましょう。

① 2m 20cm ＋ 3m 40cm

② 1m 80cm ＋ 10cm

③ 50cm ＋ 30cm

④ 4m 40cm − 1m 30cm

⑤ 3m 60cm − 1m

⑥ 1m − 10cm

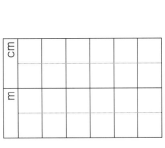

月　日

長いものの 長さ（テスト）

名前

【知識・技能】

1　テープの　長《なが》さを　しらべます。
あ，い，う の　長さを　書《か》きましょう。(5 × 3)

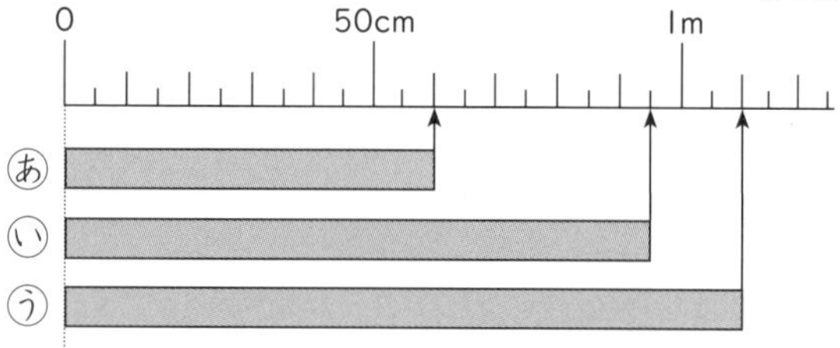

あ □ cm

い □ cm

う □ m □ cm

2　ふさわしい　長さの　たんいを □ に　書きましょう。(5 × 3)

(1) プールの　たての　長さ …25 □

(2) 国語《こくご》の　教科書《きょうかしょ》の　あつさ … 7 □

(3) えんぴつの　長さ …18 □

3　□ に　あう　数を　書きましょう。(5 × 2)

(1) 1 m ＝ □ cm

(2) 125 cm ＝ □ m □ cm

4　つぎの　長さの　計算《けいさん》を　しましょう。(5 × 2)

(1) 1 m 20 cm ＋ 35 cm

(2) 1 m − 20 cm

【思考・判断・表現】

5　つぎの　2本の　テープを
つなぎます。長さは　どれだけに
なりますか。(5 × 3)

しき

□ m □ cm

答え □ cm

6　るいさんは，立ちはばとびで
1m 25cm　とびました。しょうさんは，
るいさんより　18cm　みじかかったです
しょうさんは，どれだけ　とびましたか
(5

しき

□ m □ cm

答え □ cm

7　わたしの　せの　高《たか》さは，1m 40cm です
60cm の　台《だい》の上に　上がると
どれだけの　高さに　なりますか。(5 × 2)

しき

答え

8　本ばこの　たての長さと　横《よこ》の　長さの
ちがいは　どれだけですか。(5 × 2)

しき

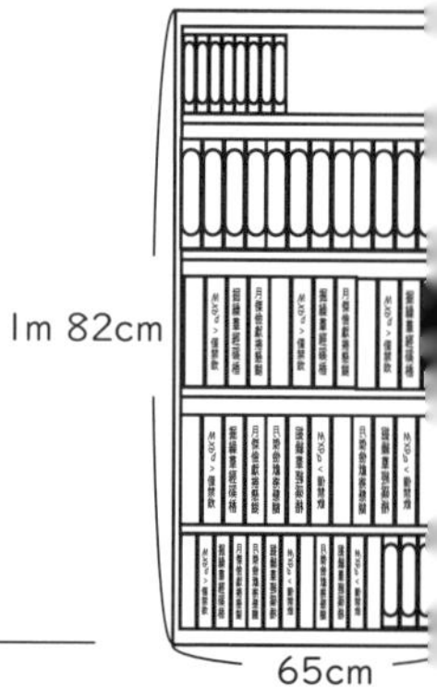

答え

月　　日

算数あそび
長い長さ

名前

● さるが，スタートから　ゴールまで　すすみます。

(1) ㋐，㋑，㋒の　道《みち》の　それぞれの　長さを　□に　書《か》きましょう。

㋐ □　㋑ □　㋒ □

(2) ゴールまで　いちばん　近《ちか》いのは，㋐，㋑，㋒の　うち　どの　道ですか。□に　記《き》ごうを　書きましょう。

□

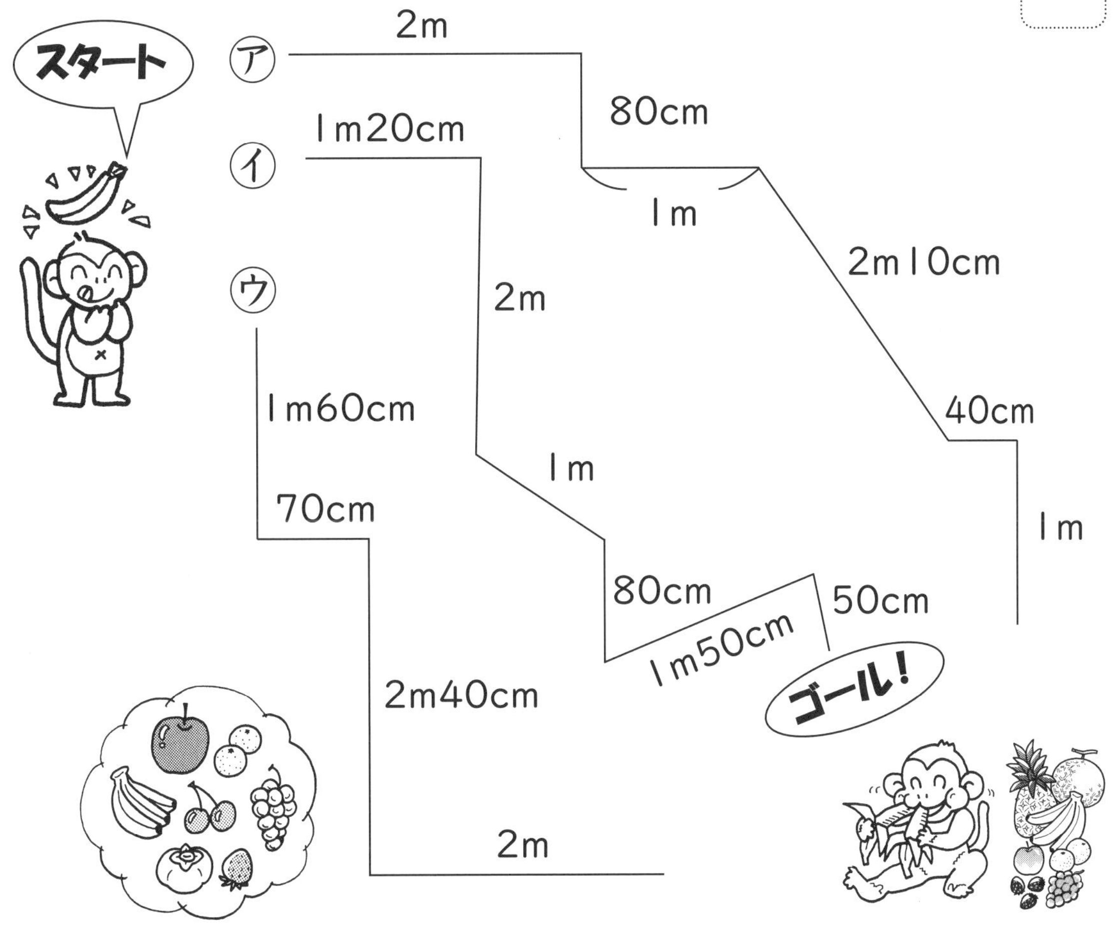

月　　日

図を 使って 考えよう (1)

名前

● わからない 数《かず》を □と して 図《ず》に あらわして，答《こた》えを もとめましょう。

1 クッキーが 28まい あります。
何《なん》まいか やいたので，ぜんぶで 80まいに なりました。
何まい やきましたか。

しき

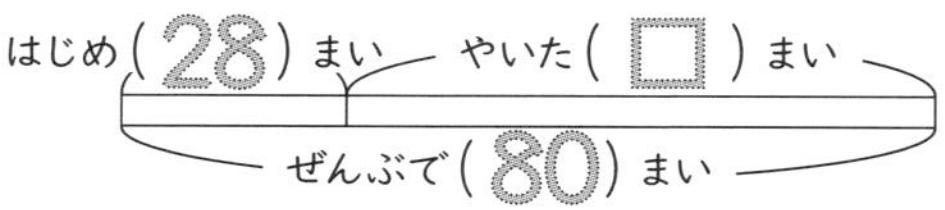

やいた 数は わからないから，□で あらわそう。

答え

2 バスに 17人 のって います。つぎの バスていで 何人か のって きたので，ぜんぶで 33人に なりました。
何人 のって きましたか。

しき

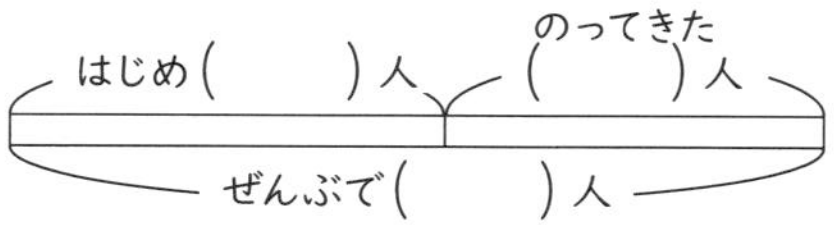

答え

3 公園《こうえん》で 子どもが 25人 あそんでいます。あとから 何人か 来《き》たので ぜんぶで 39人に なりました。
あとから 何人 来ましたか。

しき

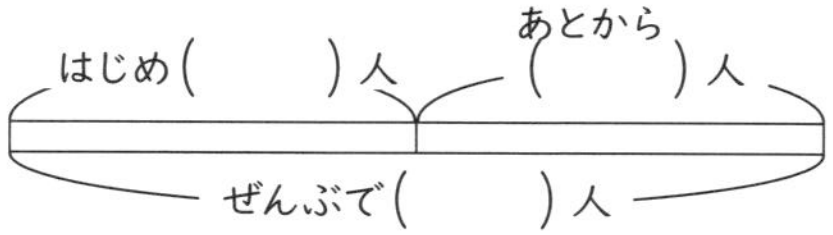

答え

月　　日

図を 使って 考えよう (2)

名前

● わからない 数《かず》を □と して 図《ず》に あらわして，答《こた》えを もとめましょう。

1 みかんが 何こか あります。
35こ 買《か》って きたので，ぜんぶで 62こに なりました。
はじめに みかんは 何こ ありましたか。

しき

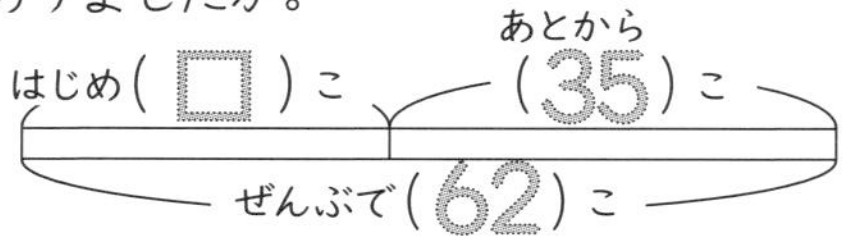

答え

2 ちゅう車場《しゃじょう》に 車が 何台《だい》か とまって います。あとから 12台 入って きたので，ぜんぶで 51台に なりました。
はじめに 車は 何台 とまって いましたか。

しき

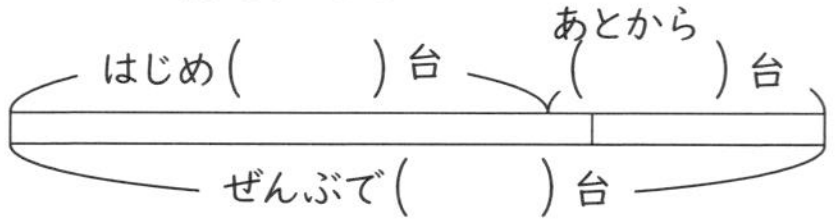

答え

3 池《いけ》に カモが 何羽《なんわ》か いました。9羽 とんで きたので，ぜんぶで 32羽に なりました。
はじめに カモは 何羽 とんで いましたか。

しき

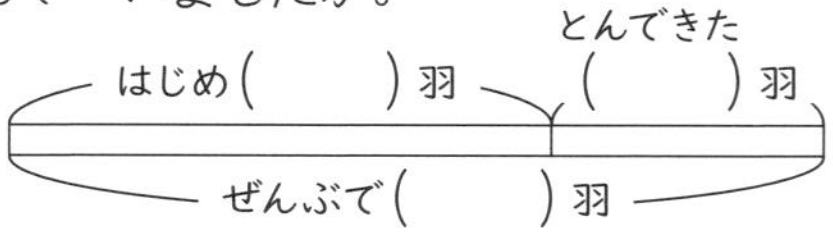

答え

図を使って考えよう (3)

名前

● わからない 数《かず》を □と して 図《ず》に あらわして，答《こた》えを もとめましょう。

1 色紙《いろがみ》が 58まい あります。
何《なん》まいか つかったので のこりが 39まいに なりました。
何まい つかいましたか。

しき

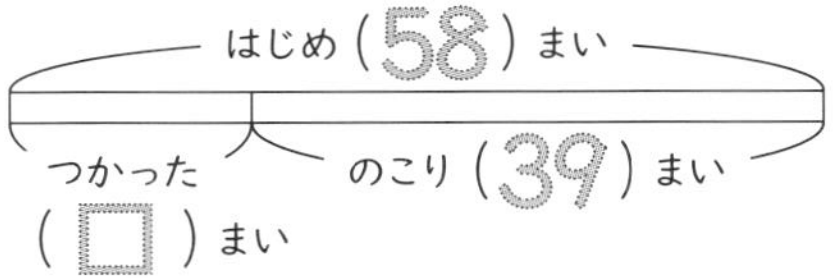

答え

2 ジュースが 73本 あります。
何本か くばったので のこりが 18本に なりました。
何本 くばりましたか。

しき

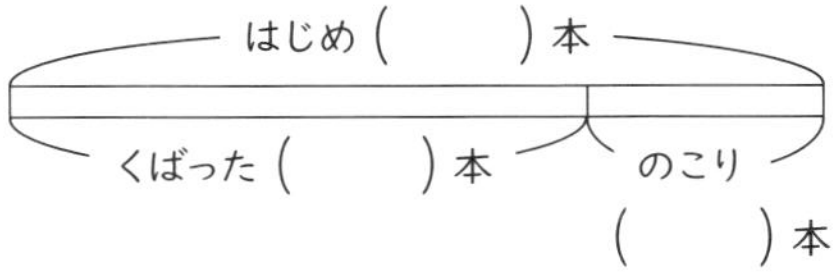

答え

3 おこづかいを 90円 もっています。
クッキーを 1まい 買《か》ったので のこりが 15円になりました。
クッキーは いくらでしたか。

しき

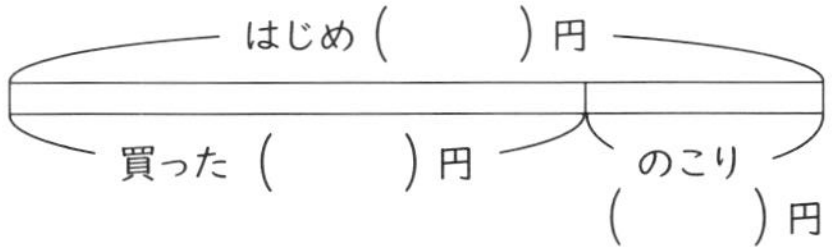

答え

図を使って考えよう (4)

名前

● わからない 数《かず》を □と して 図《ず》に あらわして，答《こた》えを もとめましょう。

1 いちごが 何《なん》こか ありました。
18こ 食《た》べたので のこりが 25こに なりました。
いちごは 何こ ありましたか。

しき

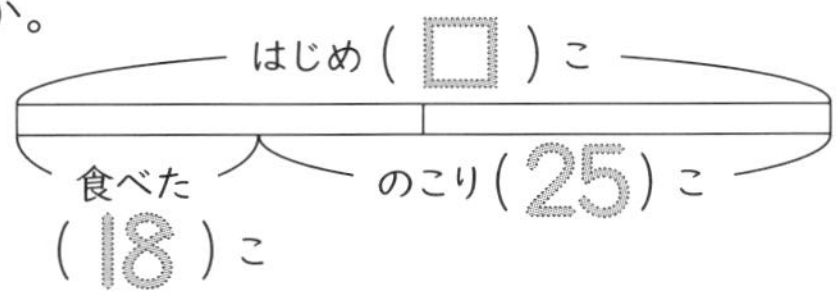

答え

2 公園《こうえん》に すずめが 何羽《わ》か います。
13羽 とんで いったので のこりが 37羽に なりました。
はじめに すずめは 何羽 いましたか。

しき

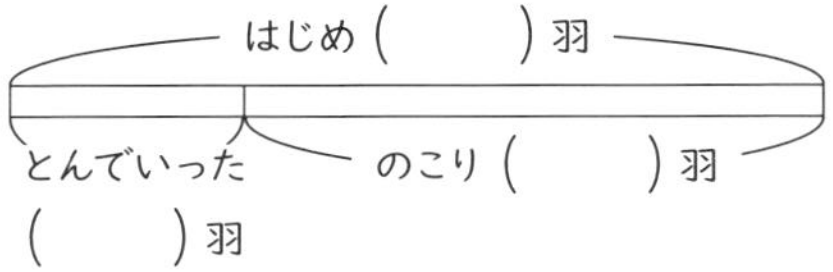

答え

3 リボンが 何mか あります。
22m つかったので のこりが 45mに なりました。
はじめに リボンは 何m ありましたか。

しき

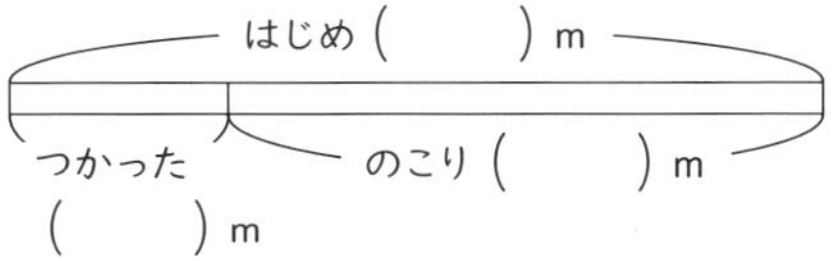

答え

10分

(141%に拡大してご使用ください。)

月　　日

図を 使って 考えよう（5）

名前

● わからない 数《かず》を □と して 図《ず》に あらわして，答《こた》えを もとめましょう。

1 りんごが 34こ あります。何《なん》こか もらったので，ぜんぶで 42こに なりました。何こ もらいましたか。

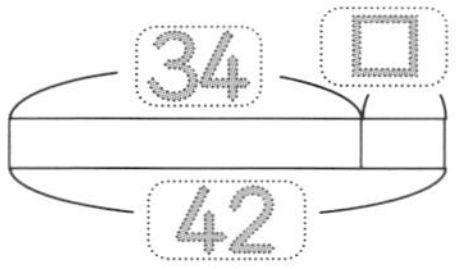

しき

答え

2 おこづかいを もって 買《か》いものに 行《い》きました。97円の チョコレートを 買ったので，のこりが 53円に なりました。おこづかいを いくら もって 行きましたか。

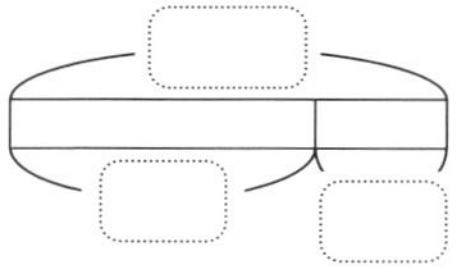

しき

答え

3 テープが 86cm あります。何cmか つかったので，のこりが 29cmに なりました。何cm つかいましたか。

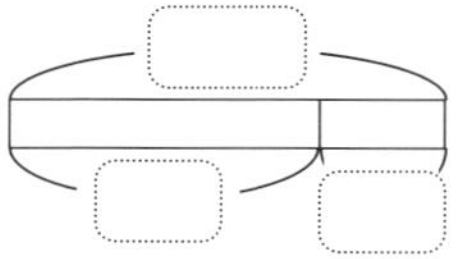

しき

答え

4 シールを 何まいか もって いました。お姉《ねえ》さんから 38まい もらったので，ぜんぶで 64まいに なりました。はじめに シールを 何まい もって いましたか。

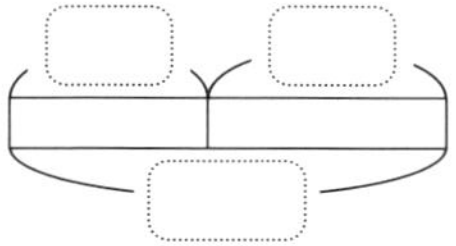

しき

答え

月　　日

図を 使って 考えよう（6）

名前

● わからない 数《かず》を □と して 図《ず》に あらわして，答《こた》えを もとめましょう。

1 うんどう場《じょう》で 子どもが おにごっこを しています。あとから 7人 きたので，ぜんぶで 21人に なりました。はじめに 子どもは 何人《なんにん》 いましたか。

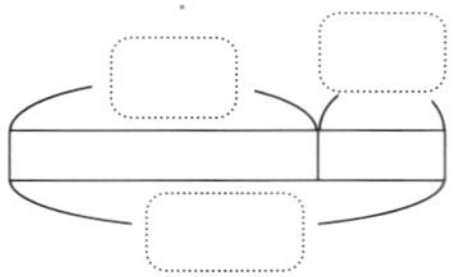

しき

答え

2 カードが 49まい あります。何まいか 買《か》って きたので，ぜんぶで 68まいに なりました。カードを 何まい 買いましたか。

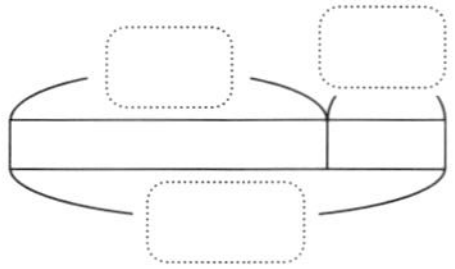

しき

答え

3 いちごが 何こか おさらに 入って います。12こ 食《た》べたので，のこりが 38こに なりました。いちごは，はじめに 何こ ありましたか。

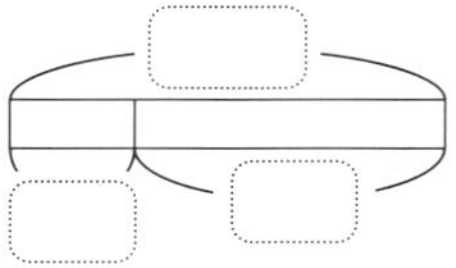

しき

答え

4 ぜんぶで 135ページの 本が あります。何ページか 読《よ》んだので，のこりは 59ページに なりました。本を 何ページ 読みましたか。

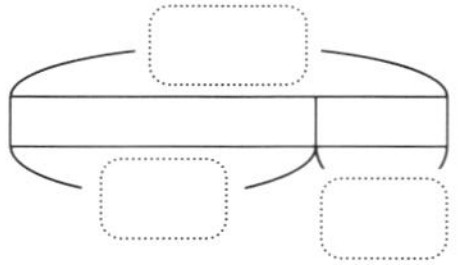

しき

答え

（141%に拡大してご使用ください。）

ふりかえり
図を 使って 考えよう

名前

● わからない 数《かず》を □と して 図《ず》に あらわして，答《こた》えを もとめましょう。

1 電車《でんしゃ》に 47人 のって います。つぎの えきで 何人《なんにん》か のって きたので，みんなで 71人に なりました。何人 のって きましたか。

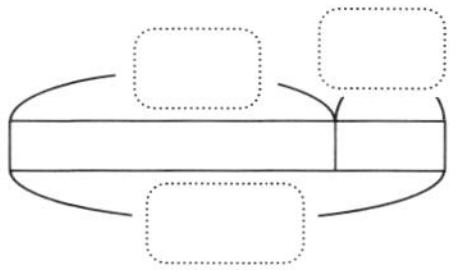

しき

答え

2 さいふに いくらか 入って います。お母《かあ》さんに 55円 もらったので 180円に なりました。はじめに いくら 入って いましたか。

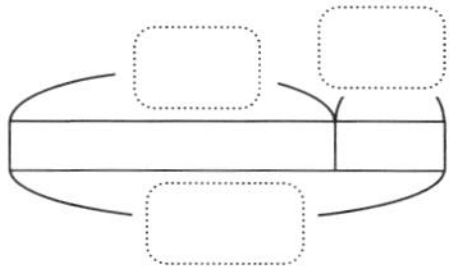

しき

答え

3 公園《こうえん》に すずめが 何羽《わ》か います。5羽 とんで いったので のこりが 39羽に なりました。はじめに すずめは 何羽 いましたか。

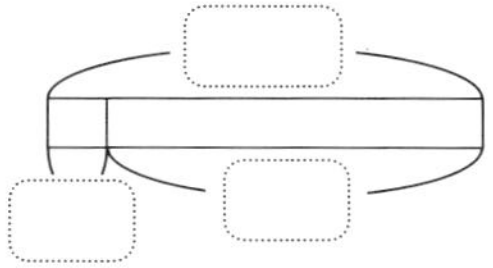

しき

答え

4 風船《ふうせん》が 42こ あります。何人かに くばったので，のこりが 17こに なりました。風船を 何こ くばりましたか。

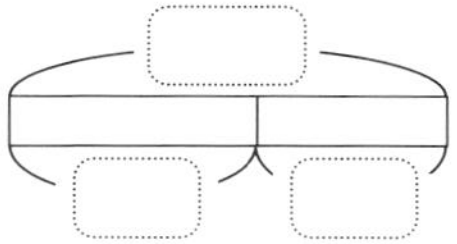

しき

答え

5 レストランに おきゃくさんが 何人か います。あとから 16人 来《き》たので，みんなで 62人に なりました。はじめに おきゃくさんは 何人 いましたか。

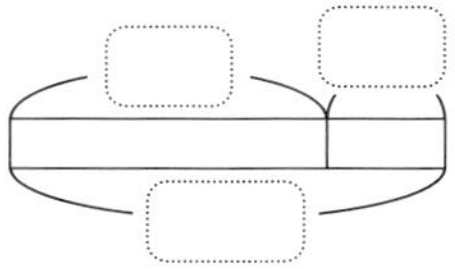

しき

答え

6 水そうに 金魚《きんぎょ》が 33ひき います。何びきか もらったので ぜんぶで 48ひきに なりました。何びき もらいましたか。

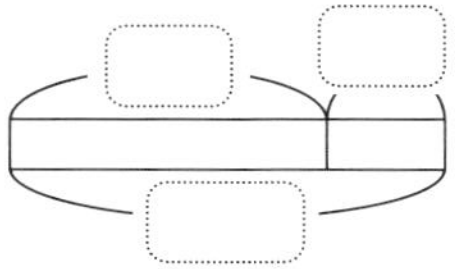

しき

答え

7 はり金が 54 m あります。工作《こうさく》で 何mか つかったので，のこりが 36 mに なりました。何m つかいましたか。

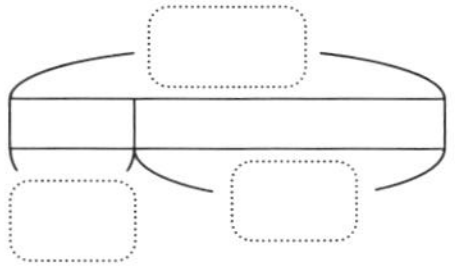

しき

答え

8 たまごが 何こか ありました。6こ つかったので のこりが 28こに なりました。はじめに たまごは 何こ ありましたか。

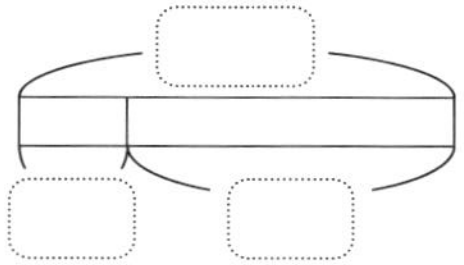

しき

答え

月　日

図を 使って 考えよう（テスト）

名前

【知識・技能】

1 つぎの 文を 読《よ》んで，図《ず》の ▢ に あてはまる 数《かず》 または □を 書《か》きましょう。(10 × 5)

(1) 公園《こうえん》に 14人の 子どもが あそんで いました。□人 きたので ぜんぶで 23人に なりました。

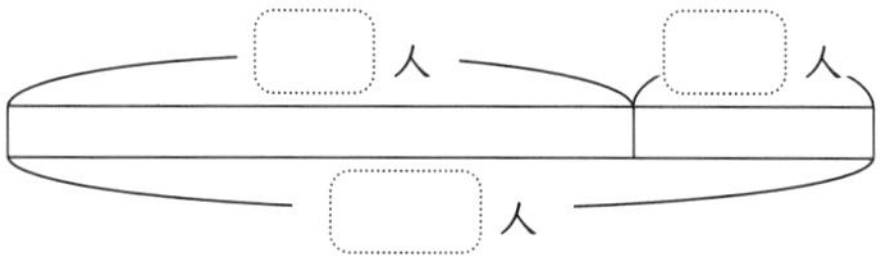

(2) バスに □人 のって います。
つぎの バスていで 7人 のって きたので バスに のって いる 人は ぜんぶで 26人に なりました。

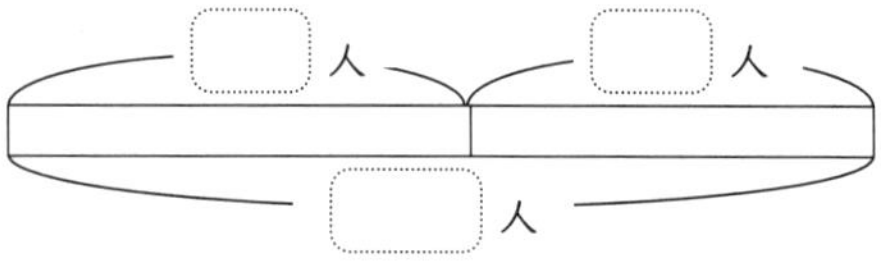

(3) ミニトマトが 32こ なって いました。□こ とったので のこりは 17こに なりました。

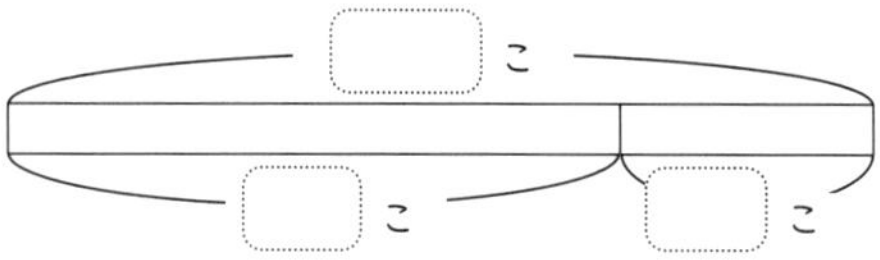

(4) □円 もって いました。100円の ジュースを 買《か》ったので のこりは 50円に なりました。

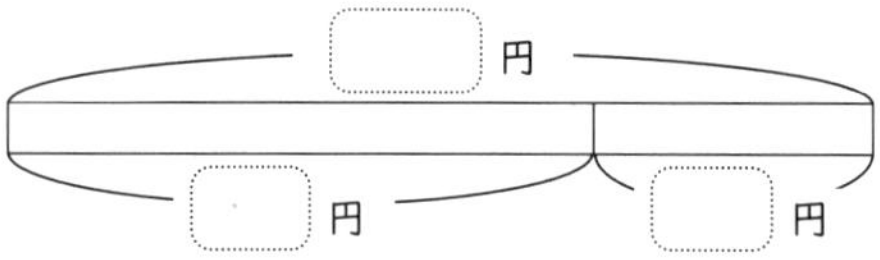

(5) ここなさんの クラスは ぜんぶで 31人です。男の子は 15人で，女の子は □人です。

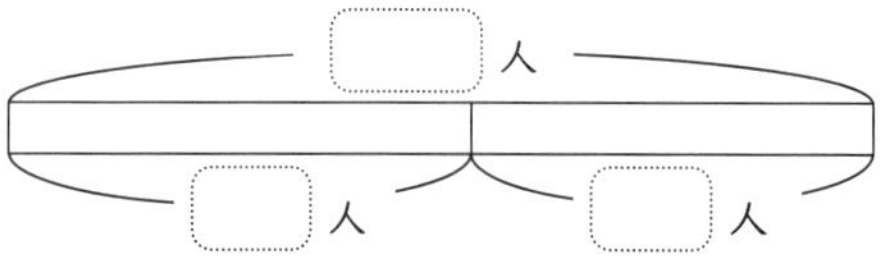

【思考・判断・表現】

2 おり紙《がみ》を 36まい もって いました。
ひかりさんから 何《なん》まいか もらったので 43まいに なりました。ひかりさんから もらった おり紙は 何まいですか。(5 × 2)

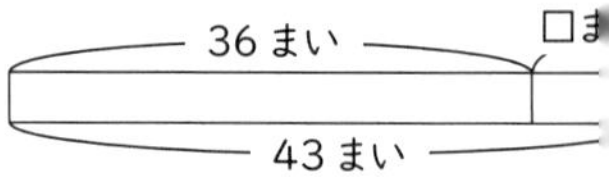

しき

答《こた》え

3 花が あります。18人に 1本ずつ わたしたので のこりが 5本に なりました。はじめに 花は 何本 ありましたか。(5 × 2)

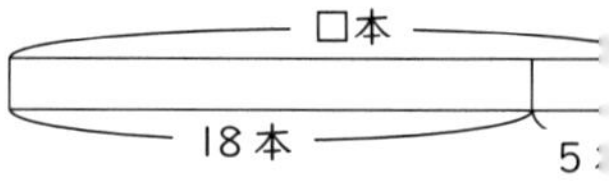

しき

答え

4 ▢ に あてはまる 数や □を 入れてから しきと 答えを 書きましょう。

(1) 池《いけ》に アヒルが たくさん います。
そこへ 6羽《わ》 やって 来《き》たので，32羽に なりました。はじめに 池に いた アヒルは 何羽ですか。

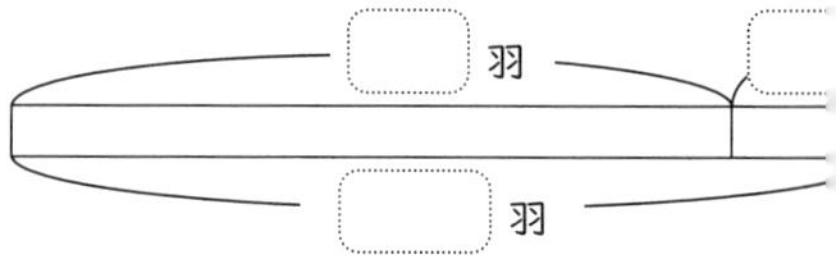

しき

答え

(2) 公園《こうえん》に 50人 いました。5時《じ》に なったので 何人か 帰《かえ》ったので 14人に なりました。帰った 人は 何人ですか。

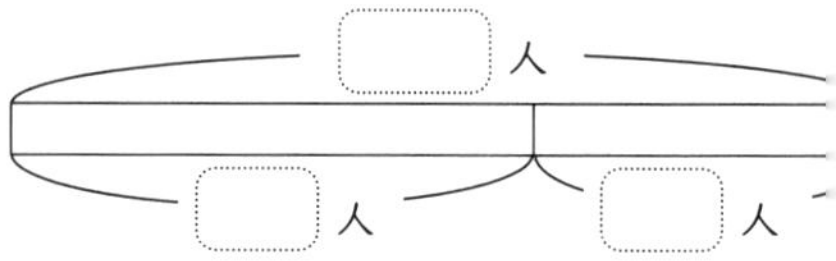

しき

答え

月　　日

算数あそび

図を 使って 考えよう

名前

(1) ことばの　たし算《ざん》　ひき算を　しましょう。

①

コーヒー	牛《ぎゅう》にゅう

②

赤	
赤えんぴつ	

③

	当番《とうばん》
そうじ当番	

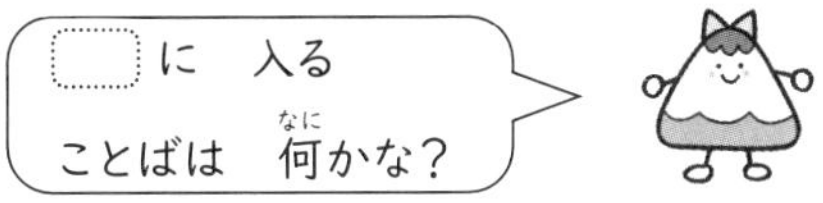

(2) 数字《すうじ》の　たし算　ひき算を　しましょう。

①

14	25

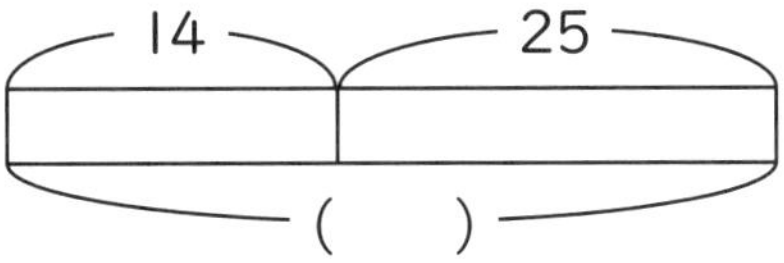

②

17	
37	

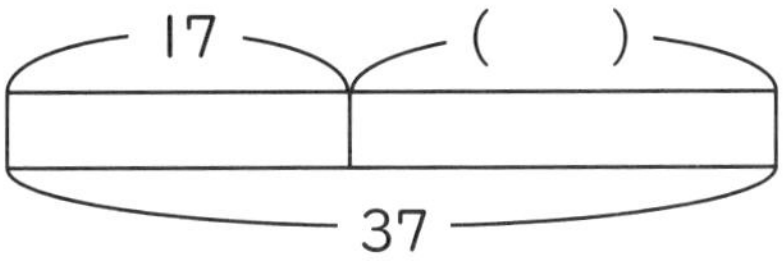

③

	50
70	

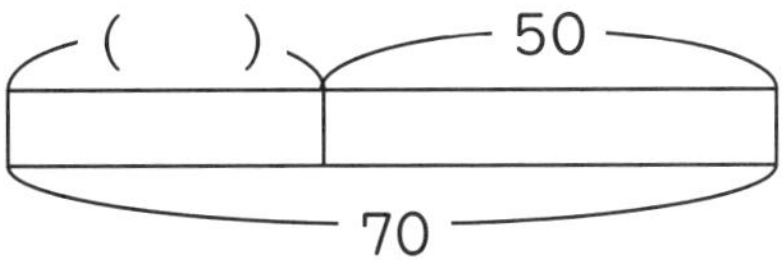

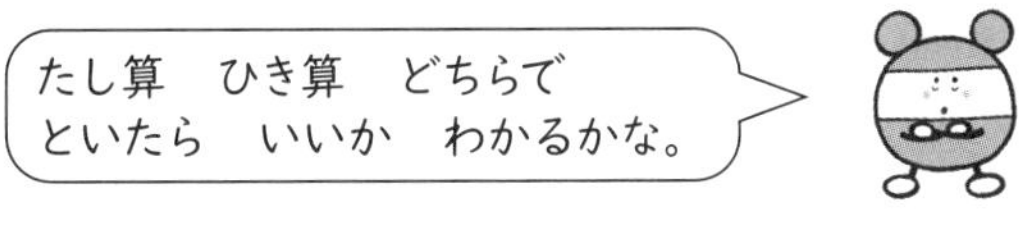

（141%に拡大してご使用ください。）

月　日

分数（1）

名前

1 色《いろ》の　ついた　ところが　$\frac{1}{2}$の　大きさに　なって　いるのは　どれですか。（　）に　○を　つけましょう。

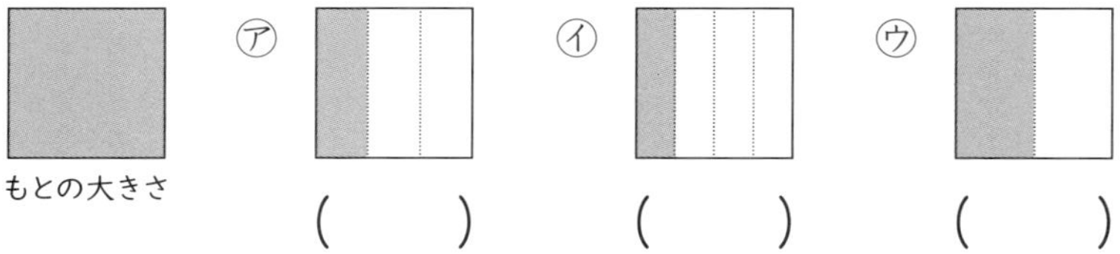

2 色の　ついた　ところが　$\frac{1}{4}$の　長《なが》さに　なって　いるのは　どれですか。（　）に　○を　つけましょう。

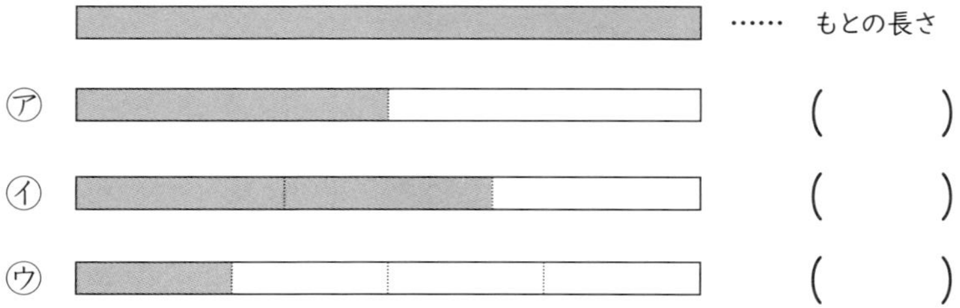

3 色の　ついた　ところが　$\frac{1}{3}$の　大きさに　なって　いるのは　どれですか。（　）に　○を　つけましょう。

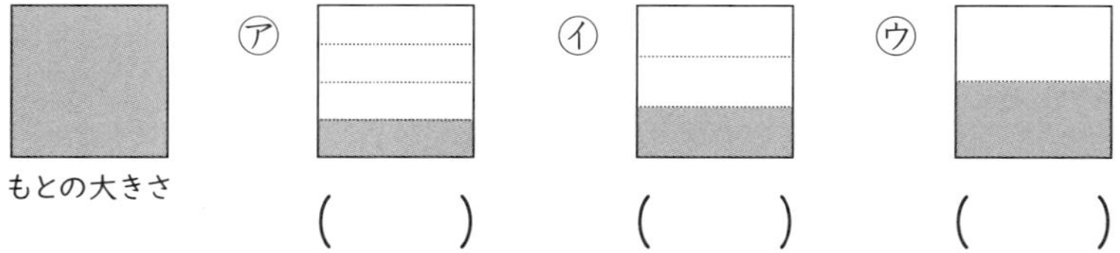

月　日

分数（2）

名前

1 色《いろ》の　ついた　ところ の　大きさは　もとの　大きさの　何分《なんぶん》の一ですか。

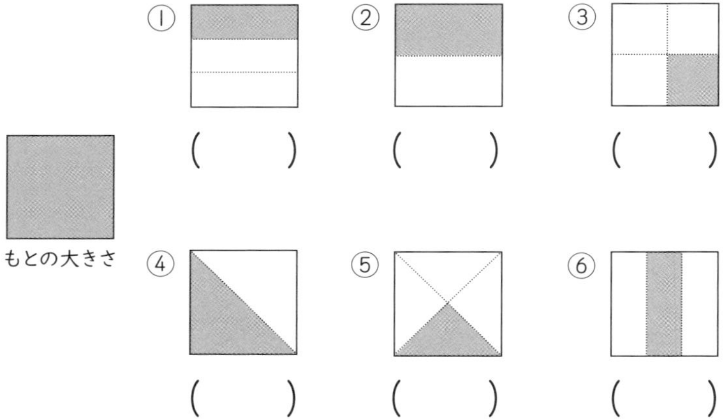

2 つぎの　大きさに　線《せん》を　ひいて，色を　ぬりましょう。

① $\frac{1}{2}$の 大きさ　② $\frac{1}{4}$の 大きさ　③ $\frac{1}{3}$の 大きさ

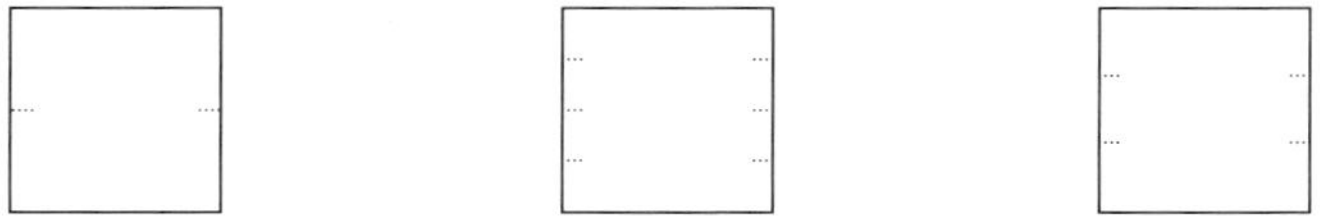

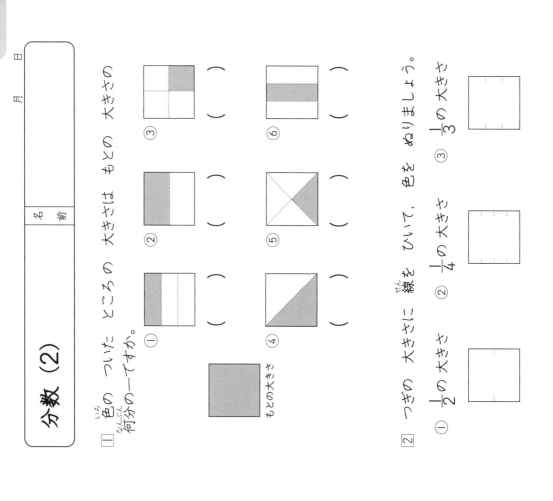

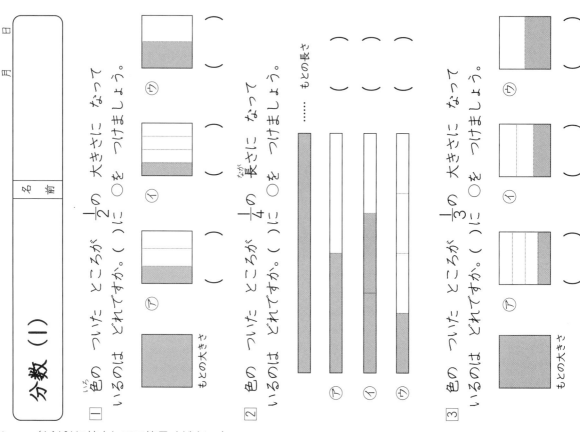

分数（3）

名前

□1 色《いろ》の　ついた　ところは　もとの　長《なが》さの　何分《なんぶん》の一ですか。

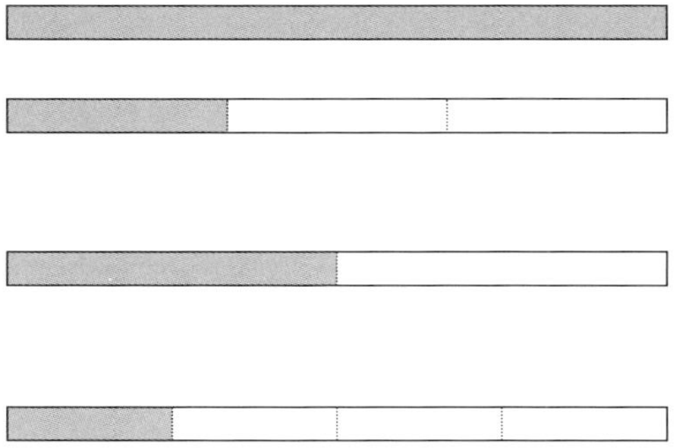

① ……（$\frac{1}{\square}$）

② ……（$\frac{1}{\square}$）

③ ……（$\frac{1}{\square}$）

□2 □に　あてはまる　数《かず》を　書《か》きましょう。

① 

㋐は，もとの　大きさの　$\frac{1}{\square}$　の　大きさです。

㋐を　□　つ　あつめると　もとの　大きさに　なります。

② 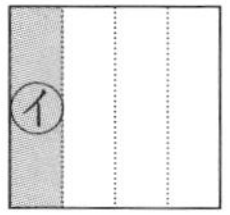

㋑は，もとの　大きさの　$\frac{1}{\square}$　の　大きさです。

㋑を　□　つ　あつめると　もとの　大きさに　なります。

ふりかえり
分数

名前

□1 色《いろ》の　ついた　ところ　の　大きさは　もとの　大きさの　何分《なんぶん》の一ですか。

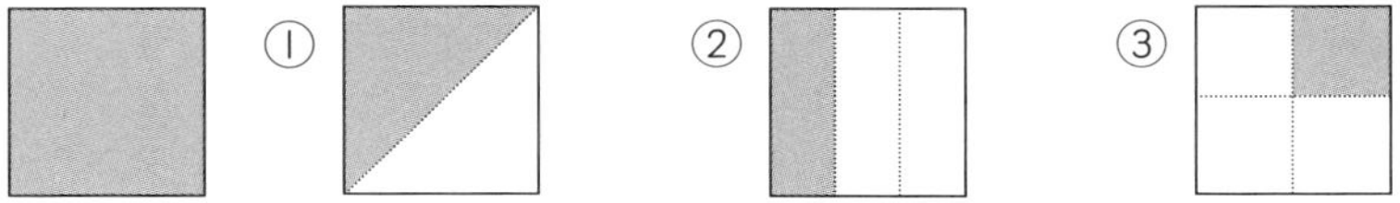

①（$\frac{1}{\square}$）　②（$\frac{1}{\square}$）　③（$\frac{1}{\square}$）

□2 つぎの　長《なが》さに　色を　ぬりましょう。

もとの長さ ……

① $\frac{1}{3}$

② $\frac{1}{4}$

③ $\frac{1}{2}$

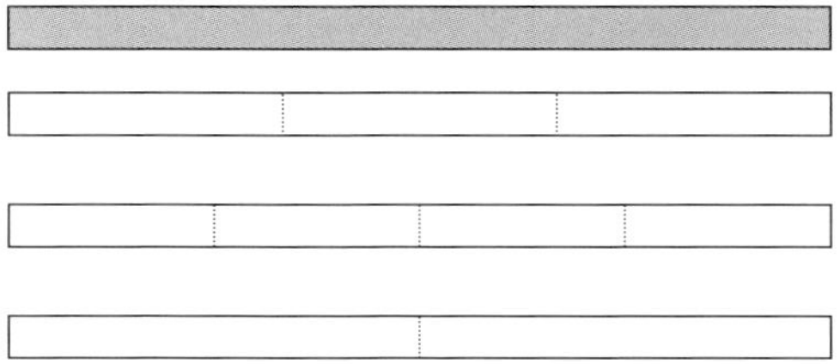

□3 □に　あてはまる　数《かず》を　書《か》きましょう。

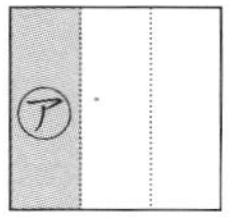

㋐は，もとの　大きさの　$\frac{1}{\square}$　の　大きさです。

㋐を　□　つ　あつめると　もとの　大きさに　なります。

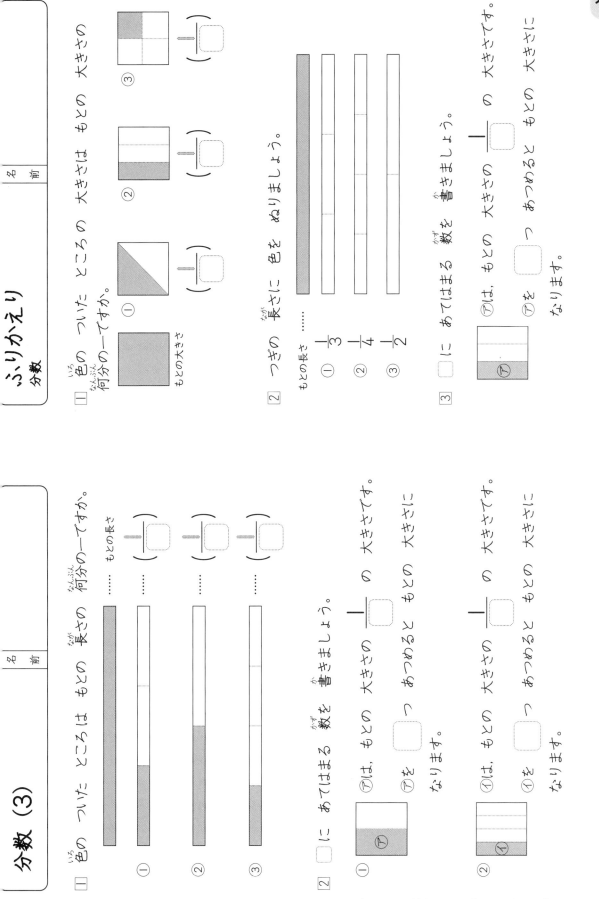

はこの 形 (1)

月　日

名前

1 下の はこの 形《かたち》を 見て，( )に あてはまる ことばを 書《か》きましょう。

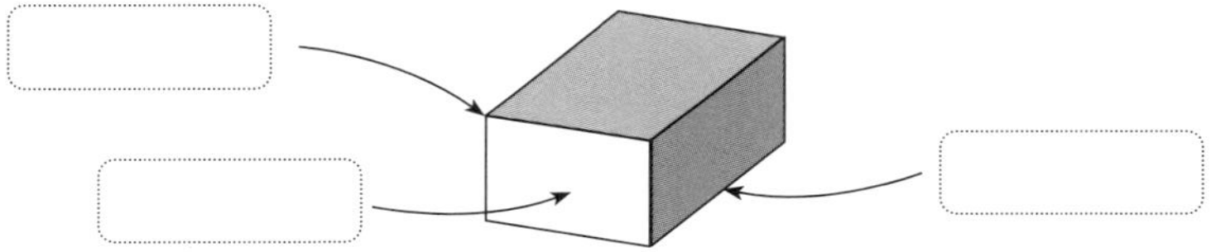

2 下の ㋐と ㋑の はこの 形を 見て 答《こた》えましょう。

㋐ 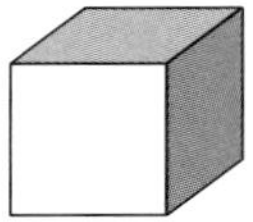

㋑ 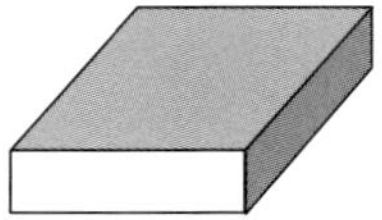

(1) 面《めん》は いくつ ありますか。

㋐　　　㋑

(2) へんは いくつ ありますか。

㋐　　　㋑

(3) ちょう点《てん》は いくつ ありますか。

㋐　　　㋑

(4) ㋐の 面と ㋑の 面は，それぞれ どんな 四角形《しかくけい》ですか。

㋐　　　㋑

はこの 形 (2)

月　日

名前

1 左の ①，②，③の 図《ず》を 組《く》み立てると，右の ㋐，㋑，㋒の どの はこに なりますか。線《せん》で むすびましょう。

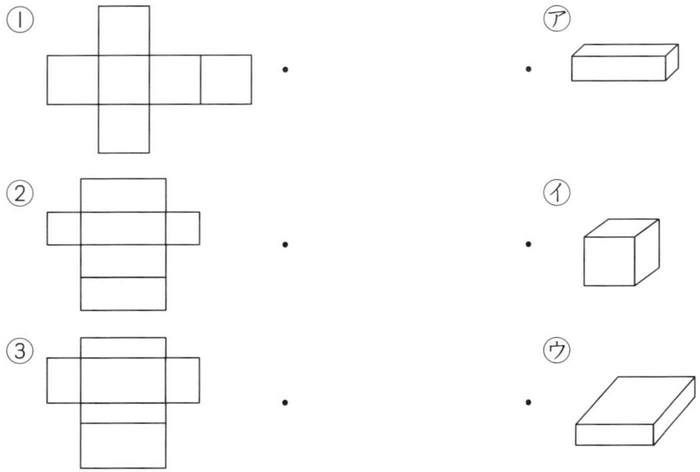

2 ひごと ねん土玉を つかって，下のような はこの 形《かたち》を 作《つく》ります。

① 何《なん》cmの ひごが 何本 いりますか。

ひごの 長《なが》さ	ひごの 本数《ほんすう》
cm	本
cm	本
cm	本

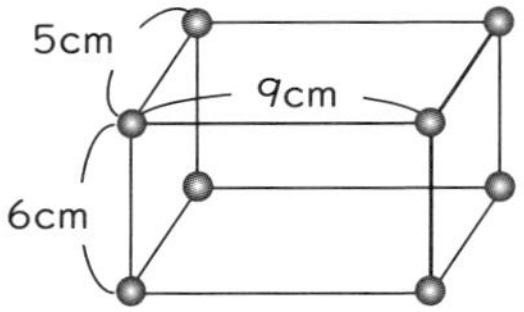

② ねん土玉は 何こ いりますか。

(141%に拡大してご使用ください。)

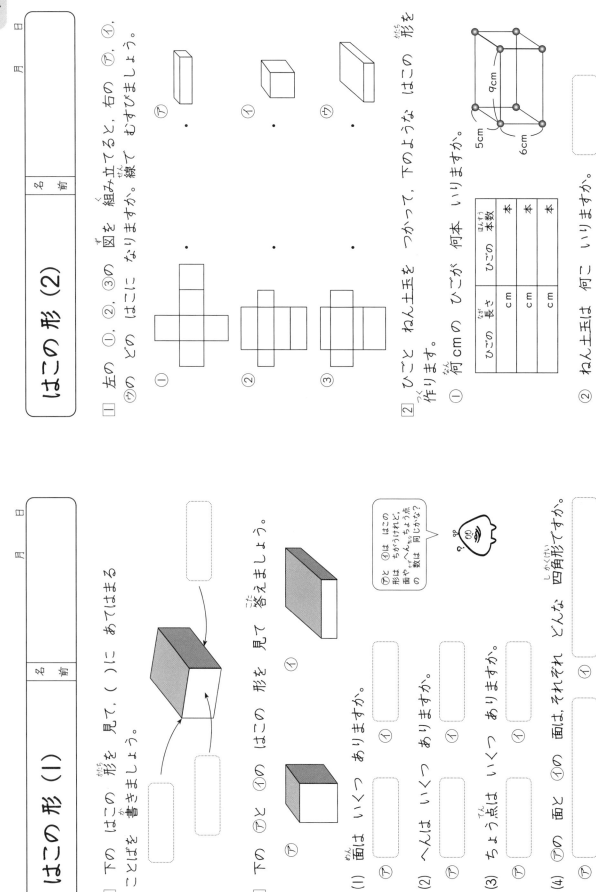

はこの 形 (3)

名前

1 ひごと ねん土玉を つかって，下の サイコロのような はこの 形《かたち》を 作《つく》ります。

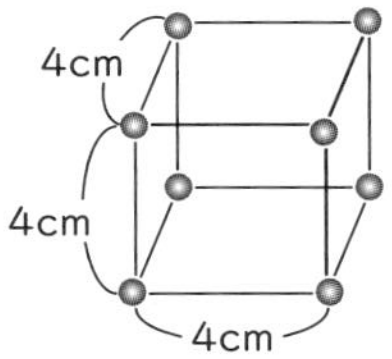

① ねん土玉は ぜんぶで 何《なん》こ いりますか。

② 4cmの ひごは ぜんぶで 何本 いりますか。

③ 面《めん》の 形は どんな 四角形《しかくけい》ですか。

2 下の ①と ②の それぞれの はこを ひらいた ときの 図《ず》が，㋐，㋑です。たりない 面を 1つずつ かきたして かんせいさせましょう。

①
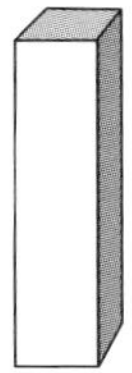

②
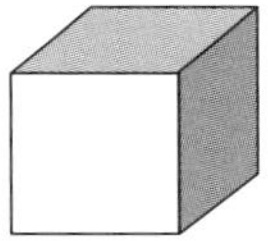

㋐
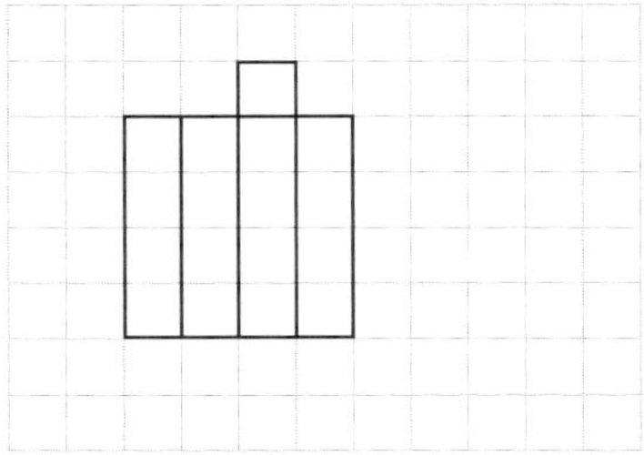

㋑
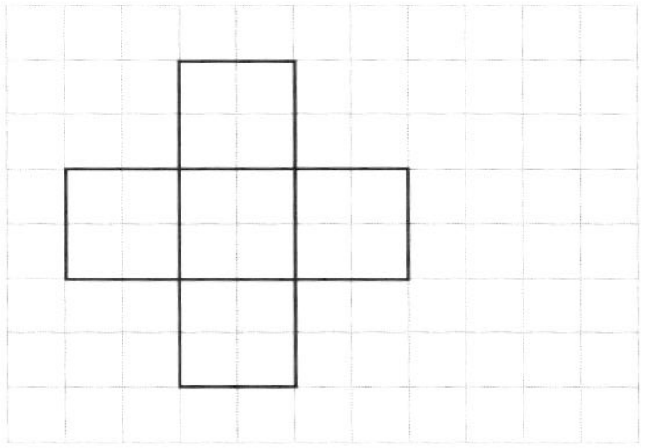

ふりかえり
はこの 形

名前

1 右の はこの 形《かたち》を 見て 答《こた》えましょう。

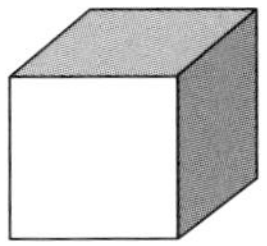

① 面《めん》の 形は どんな 四角形《しかくけい》ですか。

② 面，へん，ちょう点《てん》は それぞれ いくつ ありますか。

面 へん ちょう点

2 ひごと ねん土玉を つかって，下のような はこの 形を 作《つく》ります。

① 何《なん》cmの ひごが 何本 いりますか。

ひごの 長《なが》さ	ひごの 本数《ほんすう》
cm	本
cm	本
cm	本

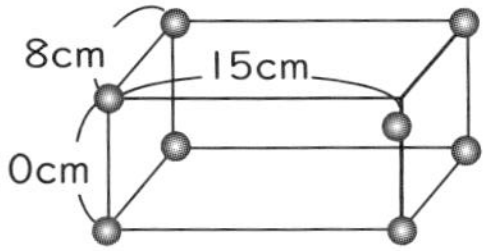

② ねん土玉は 何こ いりますか。（　　　）

やってみよう

サイコロは，右の 図《ず》のように おもてがわと うらがわの 数《かず》を あわせると 7に なるように 作ってあります。
サイコロを ㋐のように ひらいた とき，4，5，6は どこに なりますか。
㋐の 図の あいている ところに ● を 書《か》き入れましょう。

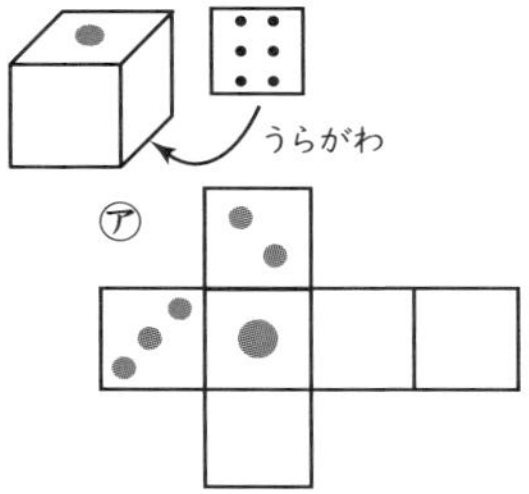

10分

月　日

はこの 形（テスト）

名前

【知識・技能】

1　下の　はこの　形《かたち》について　答《こた》えましょう。(5×3)

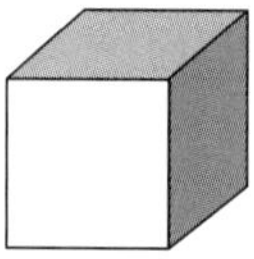

(1)　面《めん》は　いくつ　ありますか。　[　　]つ

(2)　へんは　何本《なんぼん》　ありますか。　[　　]本

(3)　ちょう点《てん》は　いくつ　ありますか。　[　　]つ

2　ひごと，ねん土玉を　つかって　下のような　はこの　形を　作《つく》ります。

(1)　ねん土玉は　何こ　入りますか。(5)　[　　]こ

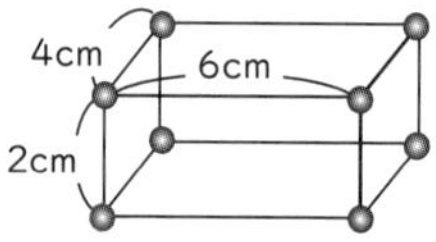

(2)　何cmの　ひごが　何本　いりますか。(10)

ひごの　長《なが》さ	ひごの　本数《ほんすう》
cm	本
cm	本
cm	本

3　ひごと，ねん土玉を　つかって　下のような　サイコロの　形を　作ります。(5×4)

(1)　ねん土玉は　何こ　入りますか。　[　　]こ

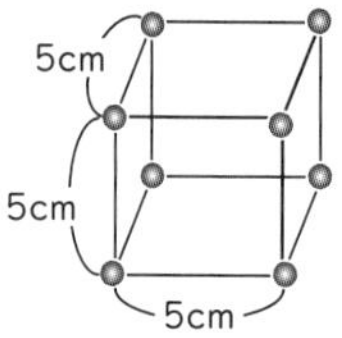

(2)　何cmの　ひごが　何本　いりますか。　[　　]cm [　　]本

(3)　面の形は　どんな　四角形《しかくけい》ですか。　[　　]

【思考・判断・表現】

4　つぎの　①～③を　組《く》み立てた　とき　下の　㋐～㋒の　どの　はこが　できるでしょうか。線《せん》で　むすびましょ

(10

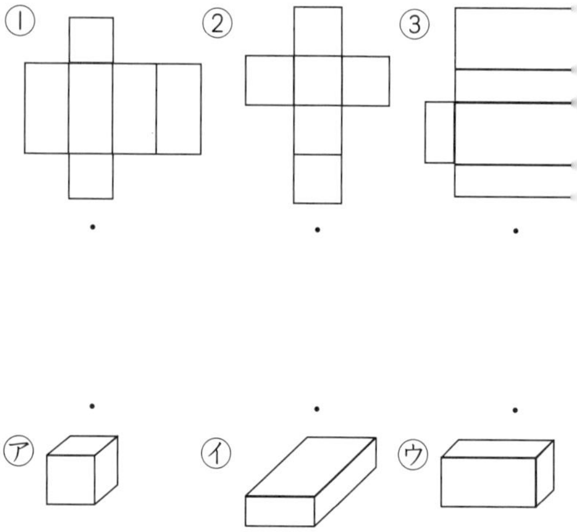

5　下の　①と　②の　はこを　ひらいた　ときの　図《ず》が　あ，いです。たりない　面を　１つずつ　かきたして　図を　かんせい　させましょう。(10×2)

①

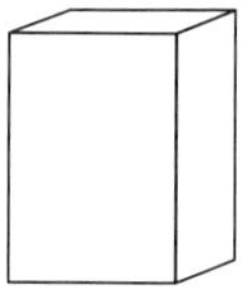

あ

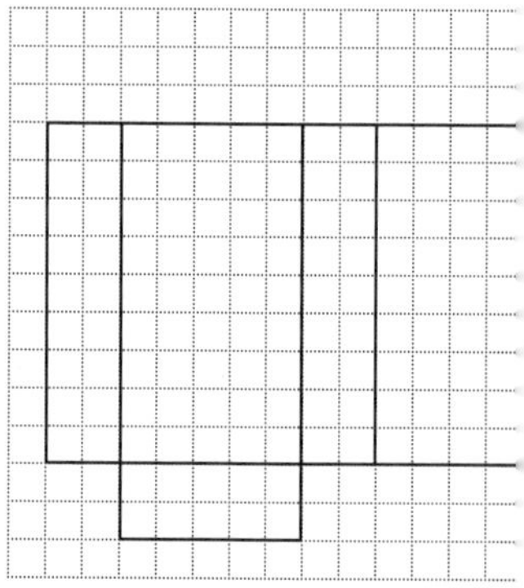

②

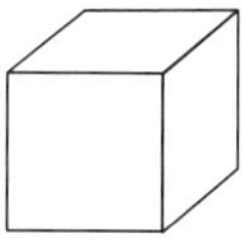

い

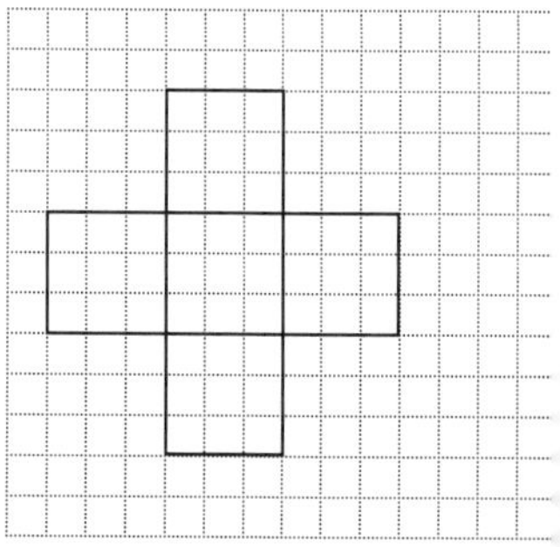

　（141％に拡大してご使用ください。）

なに算で とくのかな (1)

ステップ 1

名前

1 ドーナツの 入った はこが 4はこ あります。1はこには ドーナツが 8こずつ 入って います。
ドーナツは ぜんぶで 何《なん》こ ありますか。

しき

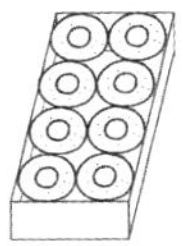

答え

2 おにぎりが 26こ あります。31人の 子どもに 1こずつ くばるには，何こ たりませんか。

しき

答え

3 赤い 毛糸《けいと》が 45m，白い 毛糸が 88mあります。
あわせて 何mありますか。

しき

答え

なに算で とくのかな (2)

ステップ 1

名前

1 あおいさんは 本を 53ページ 読《よ》みました。
けいたさんは，あおいさんより 17ページ 多《おお》く 読みました。けいたさんは 何ページ 読みましたか。

しき

答え

2 1まいの プリントに 計算《けいさん》もんだいが 6もん あります。
7まいでは 何《なん》もんに なりますか。

しき

答え

3 たいちさんは 8才《さい》です。お父《とう》さんは 37才です。
ちがいは 何才ですか。

しき

答え

5分

月　日

なに算で とくのかな (3)
ステップ1

名前

1 つくえの 上に コップが 9こ あります。1つの コップに 牛《ぎゅう》にゅうが 3dLずつ 入って います。牛にゅうは ぜんぶで 何《なん》dL ありますか。

しき

答え

2 まゆさんの しん長《ちょう》は 125cmです。妹《いもうと》の しん長は まゆさんより 18cm ひくいです。妹の しん長は 何cmですか。

しき

答え

3 キャラメルを 48こ もって います。お兄《にい》さんから 15こ もらいました。キャラメルは 何こに なりましたか。

しき

答え

4 3年生が 70人 います。そのうち 男の子は 36人です。女の子は 何人 いますか。

しき

答え

5 いちごが 5こずつ のって いる 大きな ケーキが 6こ あります。いちごは ぜんぶで 何こ ありますか。

しき

答え

月　日

なに算で とくのかな (4)
ステップ1

名前

1 たこやきが 41こ あります。19こ 食《た》べました。あと 何《なん》こ のこって いますか。

しき

答え

2 シュークリームは 1こ 85円です。プリンは，シュークリームより 25円 高《たか》いです。プリンは 何円ですか。

しき

答え

3 子どもが 8人 います。みんなで 2こずつ チョコレートを 食べると，チョコレートは ぜんぶで 何こ いりますか。

しき

答え

4 算数《さんすう》の テストで ゆうまさんは 96点《てん》，さやかさんは 89点でした。ゆうまさんと さやかさんの ちがいは 何点でしたか。

しき

答え

5 1週間《しゅうかん》は 7日です。3週間は 何日ですか。

しき

答え

(141%に拡大してご使用ください。)

なに算で とくのかな (5)

ステップ 2

名前

● もんだいを 図《ず》に あらわして 考《かんが》えて みましょう。

1 長《なが》いすに 子どもが 11人 すわって います。たつやさんは 右から 5ばんめです。たつやさんは 左から 何《なん》ばんめですか。

答え ＿＿＿＿＿＿

2 子どもが 1れつに ならんで 歩《ある》いて います。赤い ぼうしを かぶった 男の子は，前《まえ》から 3ばんめで，後《うし》ろから 13ばんめです。
子どもは ぜんぶで 何人 いますか。

答え ＿＿＿＿＿＿

3 教科書《きょうかしょ》が 10さつ かさねて つんで あります。国語《こくご》の 教科書は 上から 8ばんめです。
国語の 教科書は 下から 何ばんめですか。

答え ＿＿＿＿＿＿

4 おはじきが 32こ ならべて あります。赤い おはじきの 左には おはじきが 12こ あります。
赤い おはじきの 右には 何こ おはじきが ありますか。

答え ＿＿＿＿＿＿

5 1れつに ならんで 山のぼりを して います。ゆいさんの 前には 12人，後ろには 10人 います。
ぜんぶで 何人 いますか。

答え ＿＿＿＿＿＿

なに算で とくのかな (6)

ステップ 2

名前

● もんだいを 図《ず》に あらわして 考《かんが》えて みましょう。

1 本だなに 本が ならんで います。国語《こくご》じてんは 左から 2ばんめで，右から 19ばんめです。
本は ぜんぶで 何《なん》さつ ありますか。

答え ＿＿＿＿＿＿

2 いろんなミニカーを 1れつに ならべました。パトカーの 左には 7台《だい》，右には 17台の ミニカーが あります。
ミニカーは ぜんぶで 何台 ありますか。

答え ＿＿＿＿＿＿

3 つみ木が 14こ つんで あります。白い つみ木は 上から 6ばんめです。白い つみ木は 下から 何ばんめですか。

答え ＿＿＿＿＿＿

4 ゆう園地《えんち》の 入り口で 44人が 1れつに ならんで います。りょうたさんの 前《まえ》には 38人 います。
後《うし》ろには 何人 いますか。

答え ＿＿＿＿＿＿

5 24人が 1れつに ならんで います。りなさんは 前から 10ばんめです。りなさんは 後ろから 何ばんめですか。

答え ＿＿＿＿＿＿

10分

（141%に拡大してご使用ください。）

10分

月　日

なに算でとくのかな (7)
ステップ3

名前

● つぎの　もんだいを　1つの　しきに　して　ときましょう。

1 おさらに　ブルーベリーが　56こ　のって　います。
あんなさんが　14こ，弟《おとうと》が　8こ　食《た》べました。
ブルーベリーは　何《なん》こ　のこって　いますか。

しき

答《こた》え

2 ひろきさんは　カードを　38まい　もって　います。
お兄《にい》さんから　13まい，お姉《ねえ》さんから　9まい　もらいました。
カードは　ぜんぶで　何まいに　なりましたか。

しき

答え

3 バスに　25人　のって　います。つぎの　バスていで　6人
おりて，10人　のって　きました。
バスに　何人　のって　いますか。

しき

答え

4 80円　もって　います。お父《とう》さんから　50円　もらって
90円の　ジュースを　買《か》いました。
何円　のこって　いますか。

しき

答え

5 麦茶《むぎちゃ》が　水とうに　12dL，ペットボトルに　5dL，コップに
3dL入って　います。
麦茶は　ぜんぶで　何dL　ありますか。

しき

答え

月　日

なに算でとくのかな (8)
ステップ3

名前

● つぎの　もんだいを　1つの　しきに　して　ときましょう。

1 くりひろいを　しました。あかねさんは　32こ，お父《とう》さんは
47こ，弟《おとうと》は　16こ　ひろいました。
3人　あわせて　何《なん》こ　ひろいましたか。

しき

答《こた》え

2 はやとさんは，おり紙《がみ》で　つるを　34羽《わ》　おりました。
お姉《ねえ》さんは　はやとさんより　7羽　多《おお》く，妹《いもうと》は　お姉さんより
12羽　少《すく》なく　おりました。妹は　つるを　何羽　おりましたか。

しき

答え

3 ぜんぶで　135ページの　本が　あります。
きのうは　28ページ，今日《きょう》は　43ページ　読《よ》みました。
あと　何ページ　のこって　いますか。

しき

答え

4 ちゅう車場《しゃじょう》に　車が　63台《だい》　とまって　います。
15台　出て　いって，36台　入って　きました。
ちゅう車場の　車は　何台に　なりましたか。

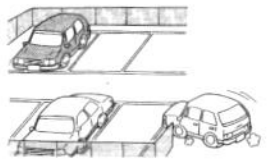

しき

答え

5 リボンが　96cm　あります。
めいさんに29cm，ひなさんに18cm　あげました。
のこりは　何cmですか

しき

答え

（141%に拡大してご使用ください。）

なに算で とくのかな (9)
ステップ４

名前

□1 １ふくろに ３まいずつ 入《はい》った クッキーが ７ふくろ ありま す。５まい 食《た》べました。
クッキーは 何《なん》まい のこって いますか。

しき

答《こた》え

□2 １まい ８円の シールを ６まい 買《か》いました。
50円 はらうと おつりは 何円ですか。

しき

答え

□3 １かご ５こ入りの みかんが ３かご，１かご ４こ入りの りんごが ４かご あります。
みかんと りんごでは どちらが 何こ 多《おお》いですか。

しき

答え

□4 たくとさんは，６こ入りの チョコレートの はこを ５はこと ７こ入りの ゼリーの はこ ８はこを 買いました。たくとさんは チョコレートと ゼリーを あわせて 何こ 買いましたか。

しき

答え

□5 １ふくろ ３こ入りの あめを ２ふくろずつ ４人の 子どもに くばります。
あめは ぜんぶで 何こ いりますか。

しき

答え

なに算で とくのかな (10)
ステップ４

名前

□1 ゆうなさんは，友《とも》だち ２人に ９まいずつ，なおきさんは，友だち ４人に ６まいずつ おり紙《がみ》を わたしました。
どちらが 何《なん》まい おり紙を 多《おお》く わたしましたか。

しき

答《こた》え

□2 パンが ２こずつ 入った はこを １人に ４はこずつ ７人に くばります。
パンは ぜんぶで 何こ いりますか。

しき

答え

□3 えんぴつが ６本ずつ 入った はこが ９はこと，ばらの えんぴつが ３本 あります。
えんぴつは ぜんぶで 何本 ありますか。

しき

答え

□4 テープが 74cm あります。 7cmずつ ８本 つかいました。
テープは あと 何cm のこって いますか。

しき

答え

□5 あつさ 3cmの 図《ず》かんを ５さつと 4cmの 図かんを ２さつ つみます。
高さは ぜんぶで 何cmに なりますか。

しき

答え

10分

月　日

なに算でとくのかな (11)
ステップ5

名前

● つぎの　しきに　なるような　もんだいを　作《つく》って，しきを　書《か》きましょう。また，答《こた》えを　もとめましょう。

(1)　100－(20＋15)

しき

答え

(2)　80－7×4

しき

答え

月　日

なに算でとくのかな (12)
ステップ5

名前

● つぎの　しきに　なるような　もんだいを　作《つく》って，しきを　書《か》きましょう。また，答《こた》えを　もとめましょう。

(1)　8×9－70

しき

答え

(2)　20＋4×5

しき

答え

なに算で とくのかな (13)
ステップ6

名前

● つぎの しきに なるような もんだいを 作《つく》って，しきを 書《か》きましょう。また，答《こた》えを もとめましょう。

(1) $8 \times 5 + 8 \times 3$

しき

答え

(2) $9 \times 6 - 3 \times 2$

しき

答え

なに算で とくのかな (14)
ステップ6

名前

● つぎの しきに なるような もんだいを 作《つく》って，しきを 書《か》きましょう。また，答《こた》えを もとめましょう。

(1) $2 \times 2 \times 2$

しき

答え

(2) $6 \times 5 \times 6$

しき

答え

10分

月　日

なに算で とくのかな（テスト）

名前

【知識・技能】

1 うんどう場《じょう》に 子どもが 52人 あそんでいます。そのうち 29人が 女の子です。
男の子は，何人《なんにん》ですか。(5×2)

しき

答《こた》え

2 ゆうきさんは 94cm とびました。あみさんは，ゆうきさんよりも 16cm 長《なが》かったです。あみさんは 何cm とんだのですか。(5×2)

しき

答え

3 1人の コップに 2dL ずつ ジュースを 入れます。8人います。
ジュースは，ぜんぶで 何dL あれば いいですか。(5×2)

しき

答え

4 ひかるさんは，67回《かい》 あやとびを しました。めいさんは，81回 とびました。ちがいは 何回でしたか。(5×2)

しき

答え

5 はるさんの クラスの 27人が，1れつに ならびました。はるさんの 前《まえ》には 8人います。はるさんの 後《うし》ろには 何人 いますか。(5×2)

しき

答え

【思考・判断・表現】

6 おたまじゃくしが 106ぴき いました。きのう 17ひきが カエルになり，今日《きょう》 26ぴきが カエルに なりました。まだ，おたまじゃくしで いるのは 何ひきですか。(5×2)

しき

答え

7 1まい 6円の おり紙《がみ》を 9まい 買《か》いました。100円を はらうと おつりは 何円ですか。(5×2)

しき

答え

8 バナナが 5本ずつで ふさに なったのが 7ふさと ばらの バナナが 8本あります。バナナは ぜんぶで 何本 ありますか。(5×2)

しき

答え

9 1本が 3mの テープを 2本ずつ 4人に くばります。テープは ぜんぶで 何m いりますか。(5×2)

しき

答え

10 つぎの しきに なるような もんだいを 書《か》きましょう。
また，答えも もとめましょう。(5×2)

しき $50 - 5 \times 8$

答え

　（141％に拡大してご使用ください。）

月　　日

プログラミング（1）

名前

● とうめいな　カードに　絵《え》が　かいてあります。
かさねると　どんな　絵に　なるか　考《かんが》えましょう。

(1) つぎの　3まいの　カードを　かさねて　できるのは，㋐，㋑，㋒の　どれですか。

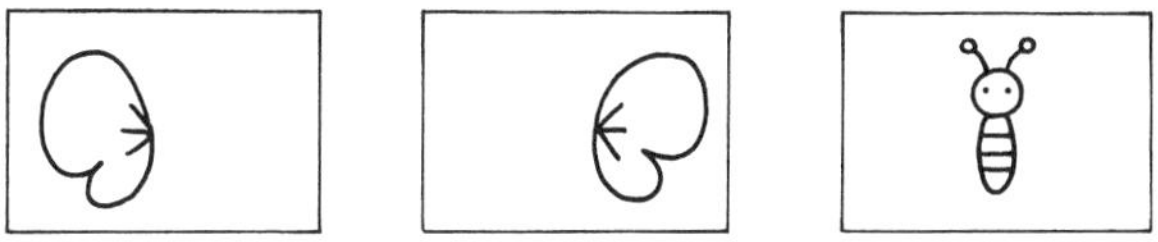

㋐

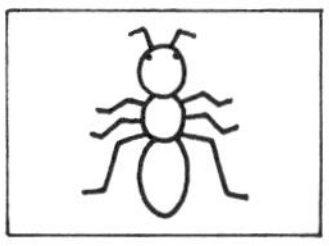

㋑

㋒

(2) つぎの　4まいの　カードを　かさねて　できるのは，㋐，㋑，㋒の　どれですか。

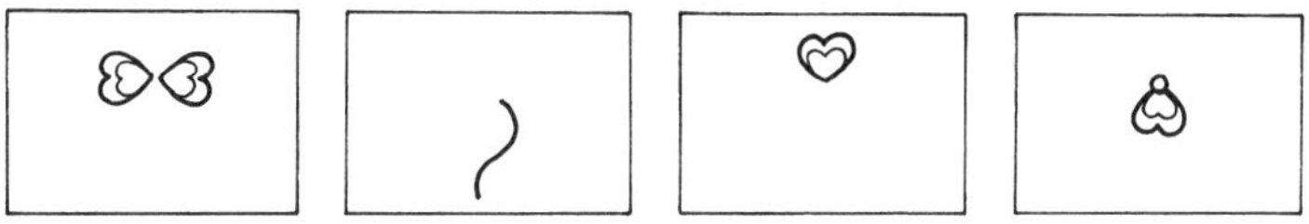

㋐

㋑

㋒

プログラミング (2)

名前

1 つぎの　しじを　出すと　どんな　絵《え》に　なりますか。
㋐～㋒の　中から　えらんで　記《き》ごうを　□に　書《か》きましょう。

(1)

上のだんの　右がわに　☆を　かく	
中のだんの　まん中に　●を　かく	
下のだんの　左がわに　★を　かく	

□

㋐

☆		
	●	
★		

㋑

		☆
	●	
☆		

㋒

		☆
	●	
★		

(2)

上のだんの　まん中に　○を　かく
中のだんの　左がわに　★を　かく
下のだんの　右がわに　☆を　かく

□

㋐

	○	
★		
	☆	

㋑

	●	
		★
☆		

㋒

	○	
★		
		☆

2 つぎの　しじに　したがって，右に　絵を　かきましょう。

上のだんの　右がわに　△を　かく
中のだんの　左がわに　●を　かく
下のだんの　左がわに　○を　かく

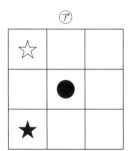

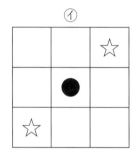

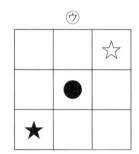

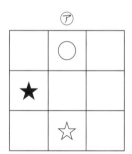

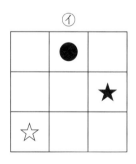

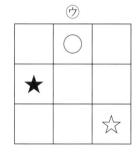

月　日

プログラミング (3)

名前

● たいきさんが　目《もく》てき地《ち》へ　行《い》けるように　しましょう。

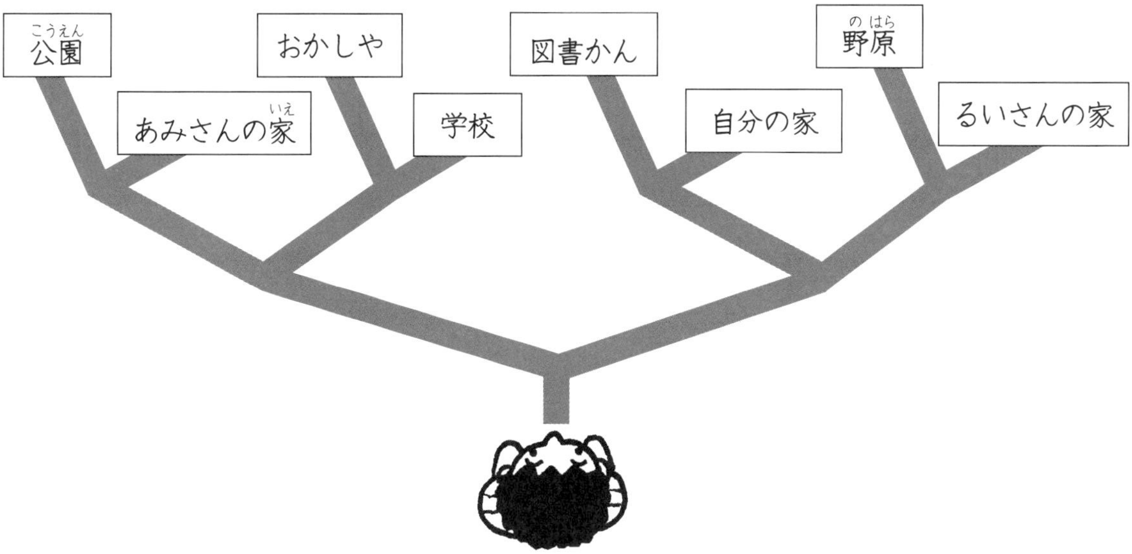

(1) つぎの　ところへ　行くには，わかれ道《みち》を　どのように　すすんだら　いいでしょうか。
□に　記《き》ごうを　書《か》きましょう。

① あみさんの　家

㋐ 右 → 右 → 右	㋑ 左 → 右 → 左
㋒ 左 → 左 → 右	㋓ 右 → 左 → 左

□

② 図書かん

㋐ 右 → 右 → 左	㋑ 右 → 右 → 左
㋒ 左 → 右 → 右	㋓ 右 → 左 → 左

□

(2) 「自分の家」へ　帰《かえ》るには，どうすすめば　いいでしょうか。
□の　中に　右か　左を　書きましょう。

□ ➡ □ ➡ □

月　日

プログラミング (4)

名前

● ロボットに　しじを　出して　うごかします。
ロボットには，つぎの　３つの　しじができます。

右を　むく ←→ 上から　見ると…

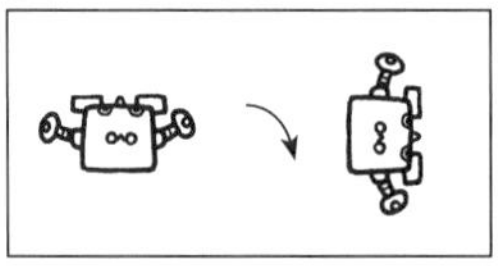

左を　むく ←→ 上から　見ると…

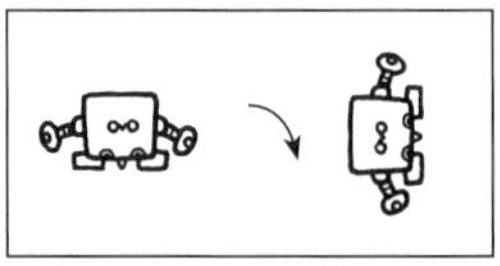

前《まえ》に　○歩《ほ》　すすむ ←→ 上から　見ると…

3 すすむと…

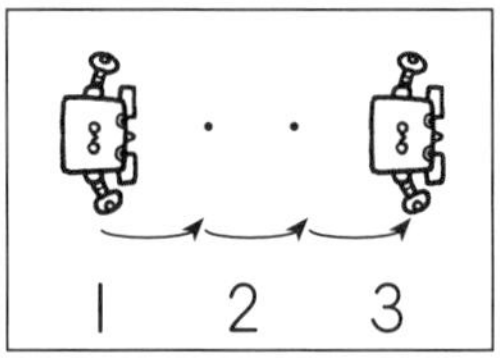

次の　ような　しじを　出して　うごかすと，
ロボットは　㋐～㋧の　どこに　いますか。

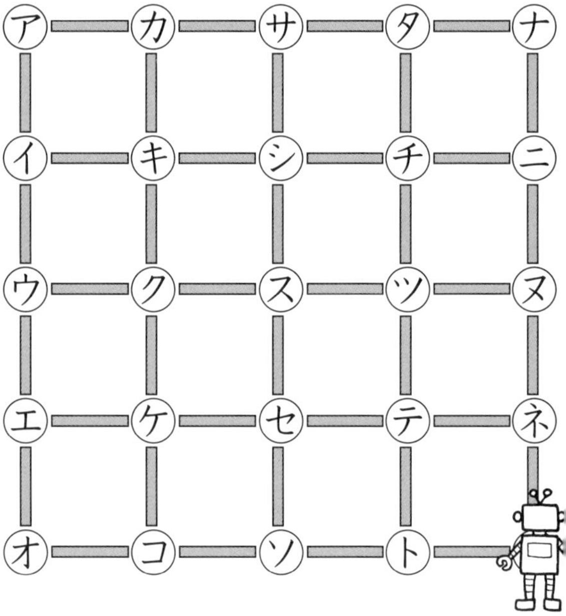

(1) ① 左を　むかせます。
② 前に　３すすませます。
③ 右を　むかせます。
④ 前に　４すすませます。

(2) ① 前に　２すすませます。
② 左を　むかせます。
③ 前に　４すすませます。
④ 左を　むかせます。
⑤ 前に　２すすませます。

(141％に拡大してご使用ください。)

月　　日

プログラミング（5）

名前

● くじを　ひいて，ロボットを　すすませます。
○が　出たら，１つ　前《まえ》に　すすみます。
▲が　出たら，右を　むきます。
■が　出たら，左を　むきます。

つぎのように　くじを　ひいたら
ロボットは　どこに　いますか。

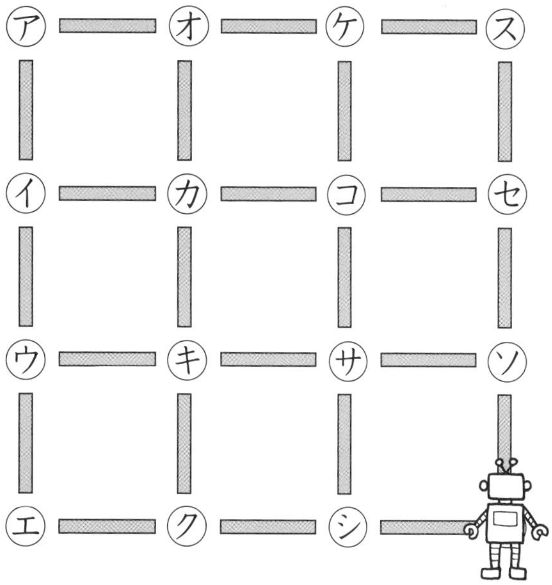

(1) ○ ■ ○ ▲ ○

(2) ■ ○ ▲ ○ ■ ○

(3) ■ ○ ○ ○ ▲ ○ ▲ ○

(4) ○ ○ ■ ○ ○ ▲ ○

（141%に拡大してご使用ください。）

月　日

プログラミング（6）

名前

● 1 から 6 の カードを ⬭の 中の しつもんに 「はい」「いいえ」で 答《こた》えて 白い はこか 赤い はこに 入れます。それぞれの はこに 入っている カードを 書《か》きましょう。

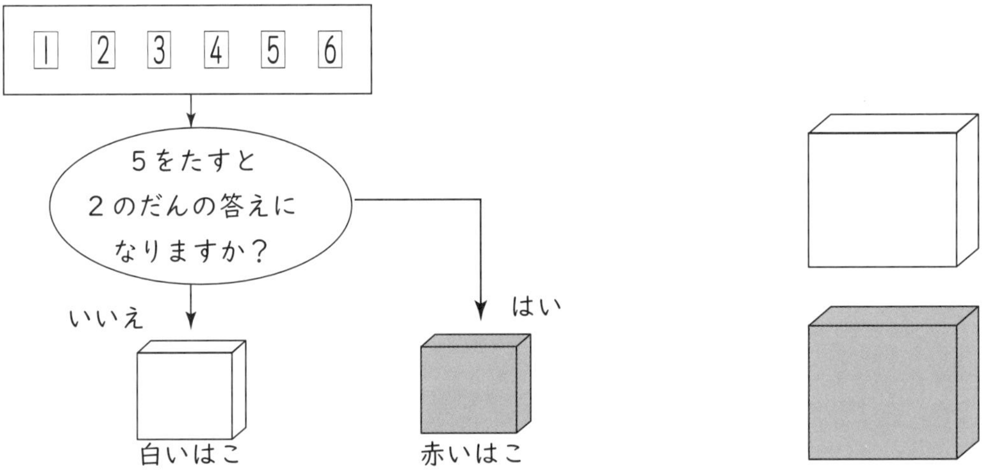

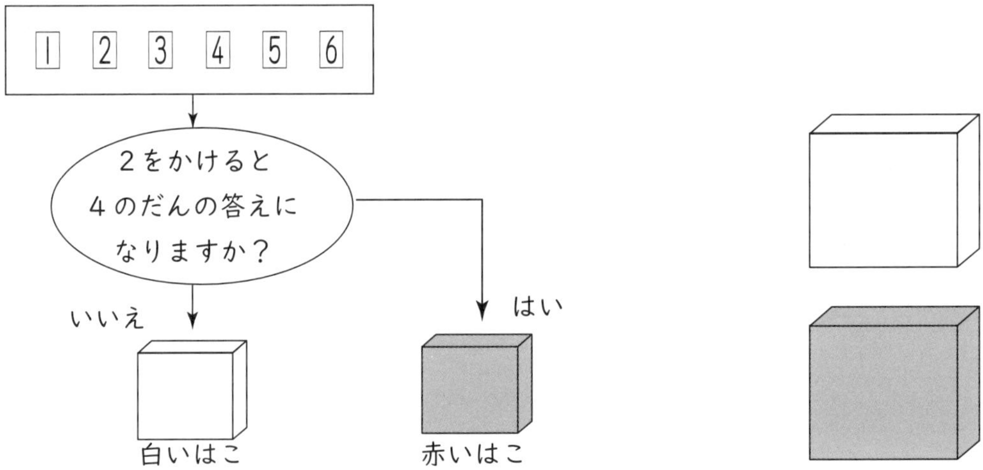

　（141％に拡大してご使用ください。）

月　　日

プログラミング（7）

名前

トランプの　カードを　ひいて，出た　マークで，左から　じゅんに　色《いろ》を　ぬります。
♥が　出たら，赤で　ぬります。♠が　出たら，黒《くろ》で　ぬります。
そのほかの　♦や　♣マークが　出た　場合《ばあい》は，色を　ぬらずに　右へ　1つ　うごきます。

つぎのように　カードを　ひいたら，どうなりますか。
色を　ぬってみましょう。

(1)　♥　♦　♠の　2回《かい》　くりかえし

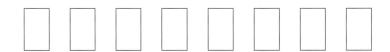

(2)　♣　♠　♦　♥の　2回　くりかえし

(3)　♠　♣　♦　♠　♥　♥　の　2回　くりかえし

（141%に拡大してご使用ください。）

月　日

プログラミング（8）

名前

● 右の　メモを　見て，0の　数字《すうじ》が　ある　ますは　白，1の　数字が　ある　ますは　黒《くろ》に　します。
どんな　字が　できるでしょうか。下の　ますに　色《いろ》を　ぬってみましょう。

(1)

メモ

0	0	0	0	0	0	0
0	1	1	1	1	1	0
0	0	0	1	0	0	0
0	1	0	1	1	1	0
0	1	0	1	0	0	0
1	1	1	1	1	1	1
0	0	0	0	0	0	0

できた字

(2)

メモ

0	0	0	1	0	0	0
0	0	1	0	0	0	0
0	1	1	1	1	1	0
0	1	0	0	0	1	0
0	1	1	1	1	1	0
0	1	0	0	0	1	0
0	1	1	1	1	1	0

できた字

(2)

メモ

0	0	0	1	0	0	0
0	0	0	1	0	0	0
0	0	0	1	1	1	0
0	0	0	1	0	0	0
0	0	0	1	0	0	0
1	1	1	1	1	1	1
0	0	0	0	0	0	0

できた字

　（141%に拡大してご使用ください。）

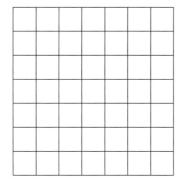

月　日

プログラミング (9)

名前

右の　メモを　見て，0の　数字《すうじ》が　ある　ますは　白，1の　数字が　ある　ますは　黒《くろ》に　します。
　つぎの　字を　作《つく》るためには　どのように　0と　1を　書《か》けば　いいでしょうか。
　下の　ますに　字を　書いて　それを　0と　1の　数字で　あらわしましょう。

(1)　一

メモ

(2)　田

メモ

(2)　山

メモ

（141%に拡大してご使用ください。）

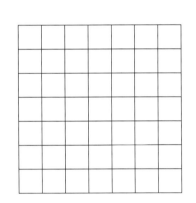

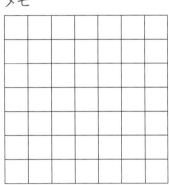

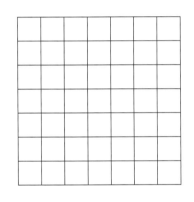

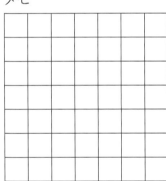

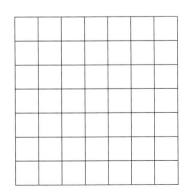

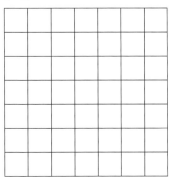

月　　日

めいろに チャレンジ (1)

たし算 ①

名前

● 答《こた》えの 大きい 方《ほう》を 通《とお》って，ゴールしましょう。
（通った 方の 答えを □ に 書《か》きましょう。）

(1)

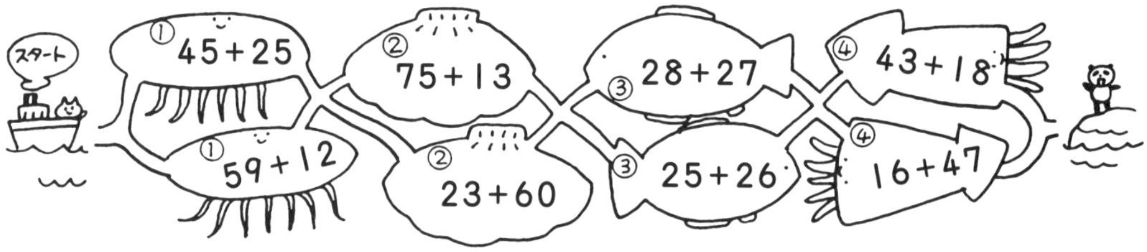

① □　② □　③ □　④ □

(2)

① □　② □　③ □　④ □

(3)

① □　② □　③ □　④ □

(4)

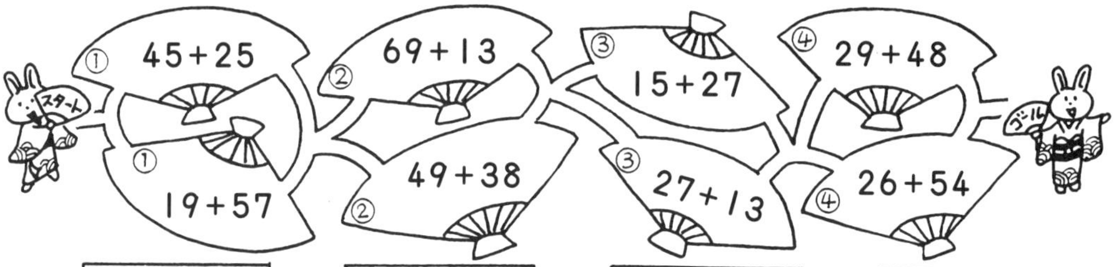

① □　② □　③ □　④ □

月　　日

めいろに チャレンジ (2)

たし算 ②

名前	

● 答《こた》えの 大きい 方《ほう》を 通《とお》って，ゴールしましょう。
（通った 方の 答えを □ に 書《か》きましょう。）

(1)

① □　② □　③ □　④ □

(2)

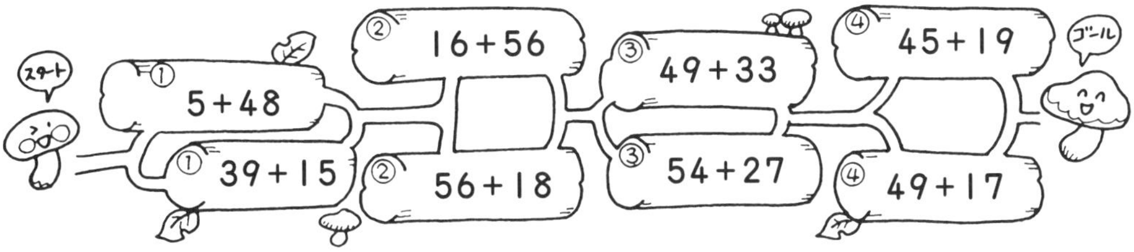

① □　② □　③ □　④ □

(3)

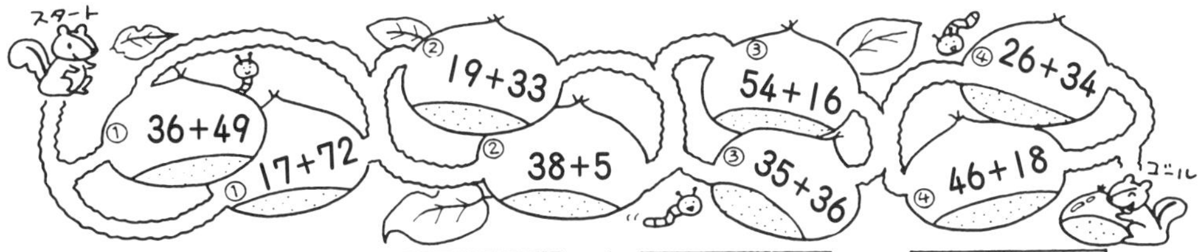

① □　② □　③ □　④ □

(4)

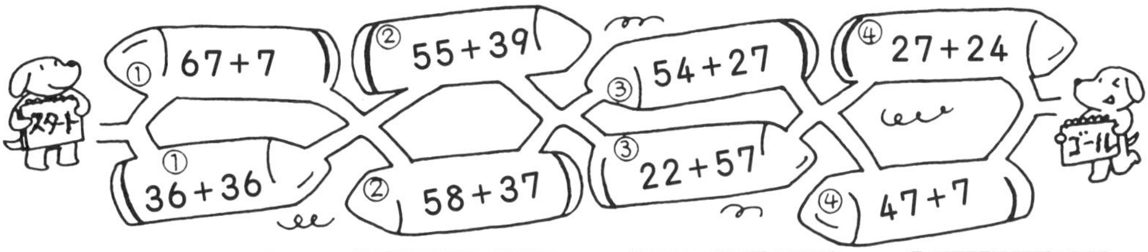

① □　② □　③ □　④ □

月　日

めいろに チャレンジ (3)

ひき算 ①

名前

答《こた》えの 大きい 方《ほう》を 通《とお》って，ゴールしましょう。
（通った 方の 答えを □ に 書《か》きましょう。）

(1)

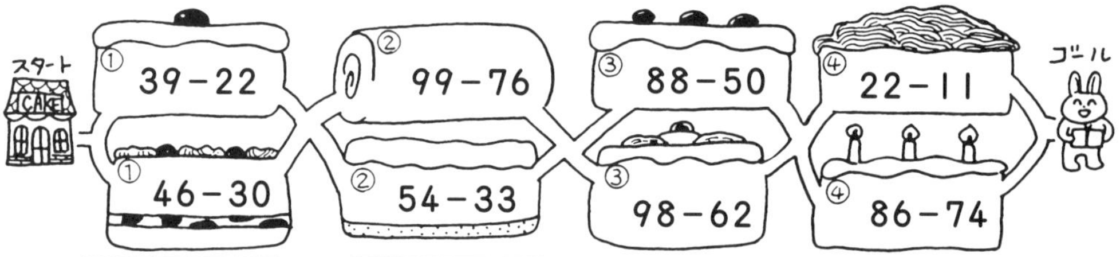

① □　② □　③ □　④ □

(2)

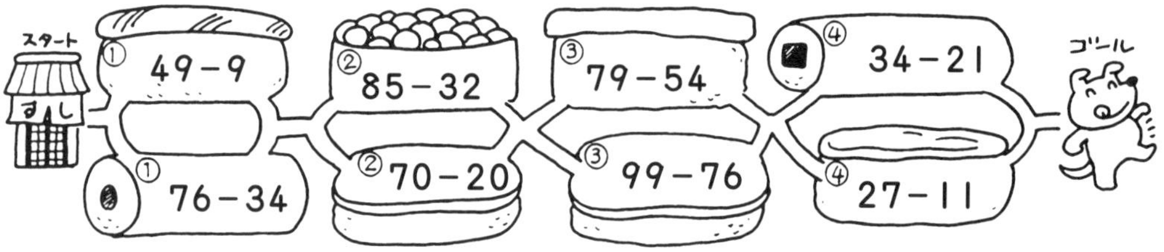

① □　② □　③ □　④ □

(3)

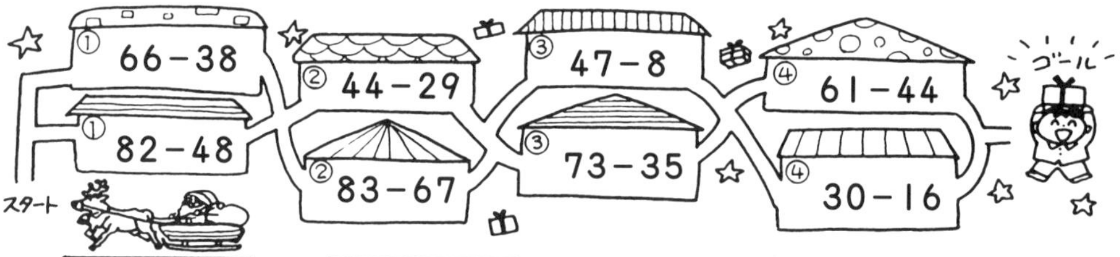

① □　② □　③ □　④ □

(4)

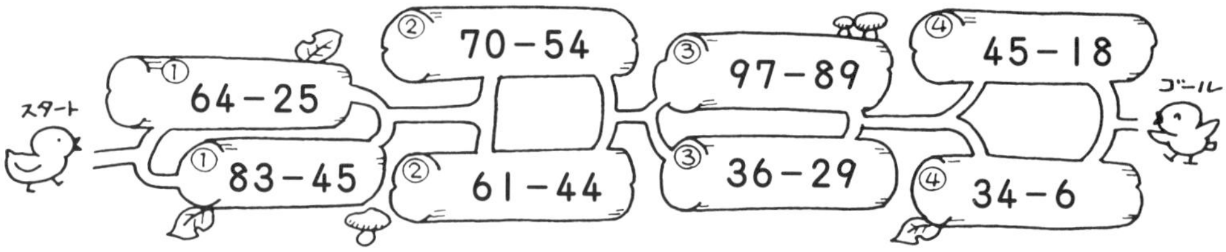

① □　② □　③ □　④ □

月　日

めいろに チャレンジ (4)

ひき算 ②

名前

● 答《こた》えの 大きい 方《ほう》を 通《とお》って，ゴールしましょう。
（通った 方の 答えを □ に 書《か》きましょう。）

(1)

① □　② □　③ □　④ □

(2)

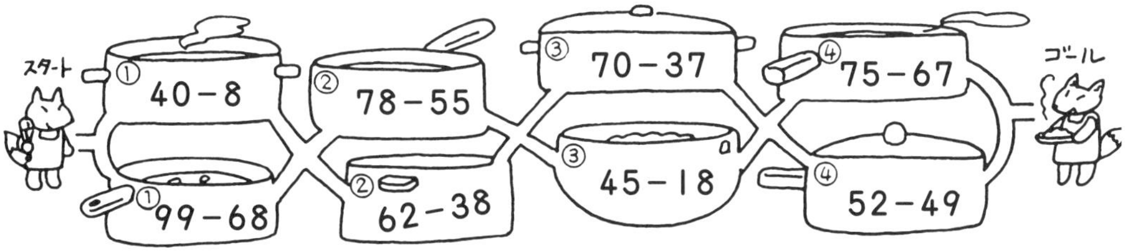

① □　② □　③ □　④ □

(3)

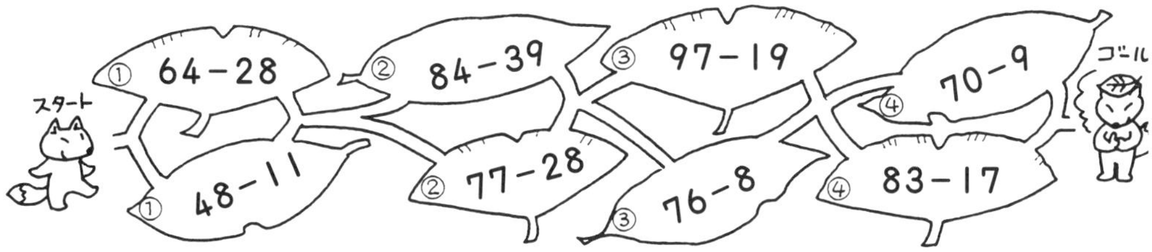

① □　② □　③ □　④ □

(4)

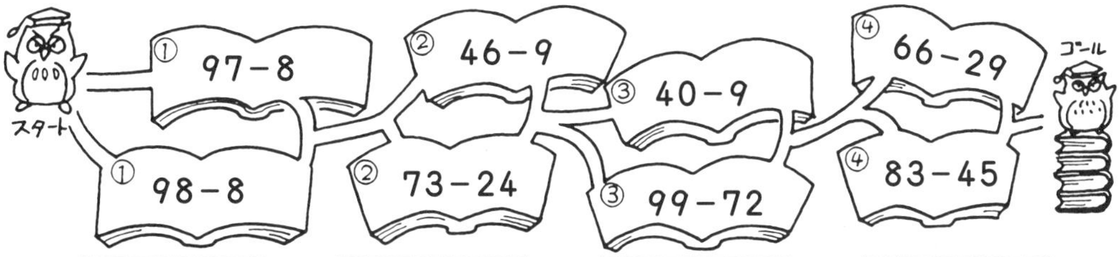

① □　② □　③ □　④ □

月　日

めいろに チャレンジ (5)
3けたになるたし算

名前

● 答《こた》えの 大きい 方《ほう》を 通《とお》って，ゴールしましょう。
（通った 方の 答えを □ に 書《か》きましょう。）

(1)

① □　② □　③ □　④ □

(2)

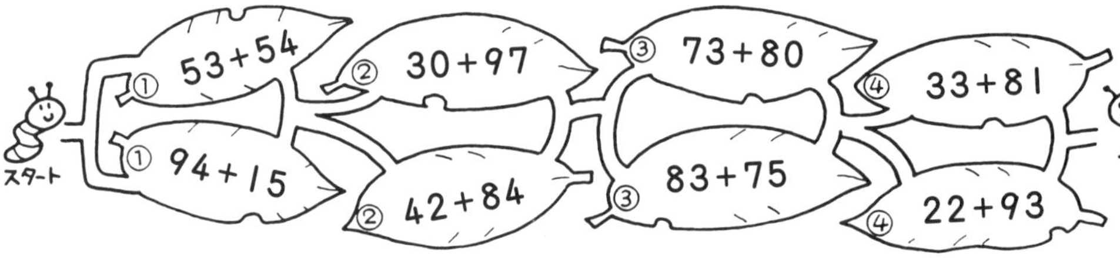

① □　② □　③ □　④ □

(3)

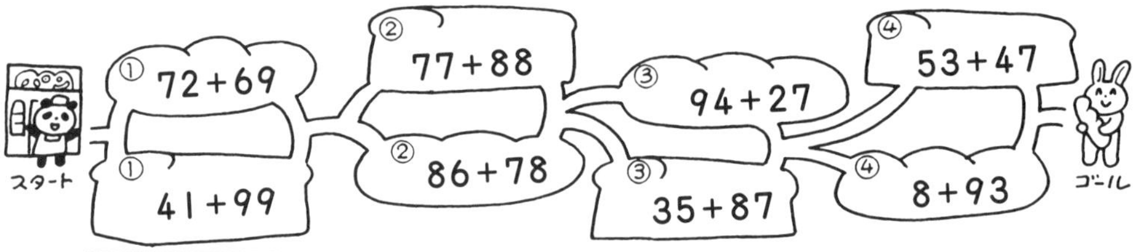

① □　② □　③ □　④ □

(4)

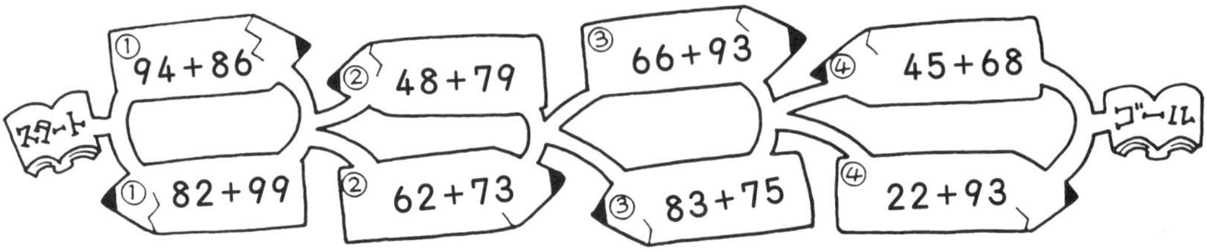

① □　② □　③ □　④ □

月　　日

めいろに チャレンジ (6)
3けたからのひき算

名前

● 答《こた》えの 大きい 方《ほう》を 通《とお》って，ゴールしましょう。
(通った 方の 答えを □ に 書《か》きましょう。)

(1)

① □　② □　③ □　④ □

(2)

① □　② □　③ □　④ □

(3)

① □　② □　③ □　④ □

(4)

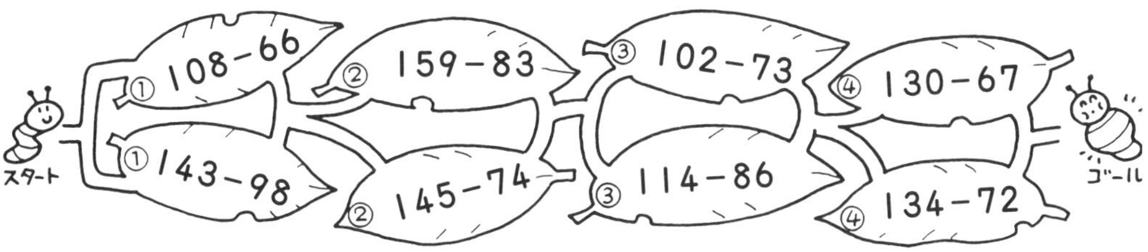

① □　② □　③ □　④ □

月　　日

めいろに チャレンジ (7)

3けたのたし算

名前	

● 答《こた》えの　大きい　方《ほう》を　通《とお》って，ゴールしましょう。
（通った　方の　答えを □ に　書《か》きましょう。）

(1)

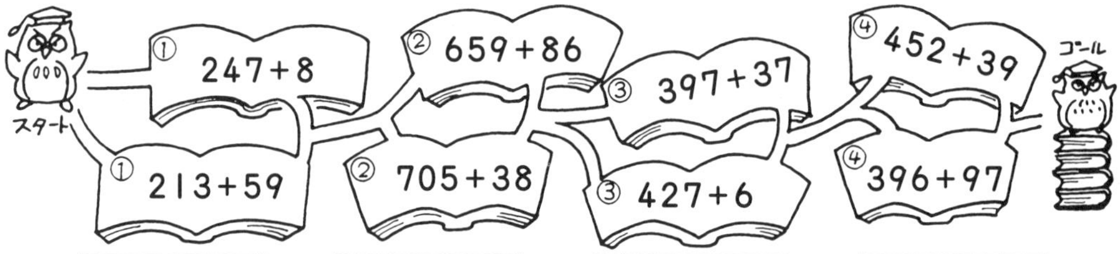

① □　② □　③ □　④ □

(2)

① □　② □　③ □　④ □

(3)

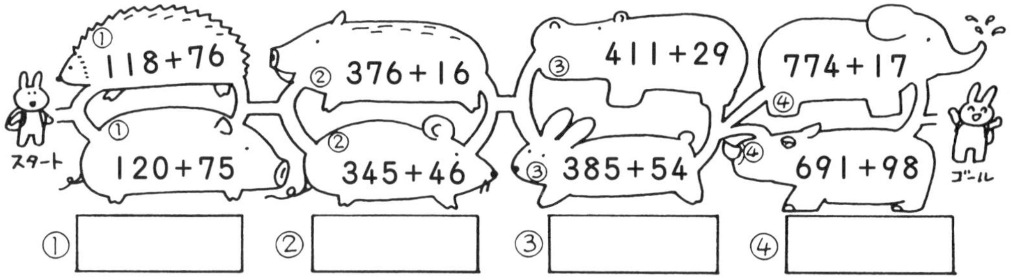

① □　② □　③ □　④ □

(4)

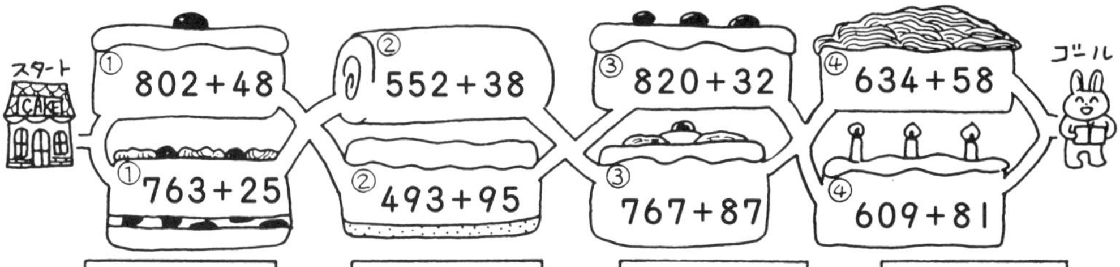

① □　② □　③ □　④ □

月　　日

めいろに チャレンジ (8)
3けたのひき算

名前

● 答《こた》えの 大きい 方《ほう》を 通《とお》って，ゴールしましょう。
（通った 方の 答えを □ に 書《か》きましょう。）

(1)

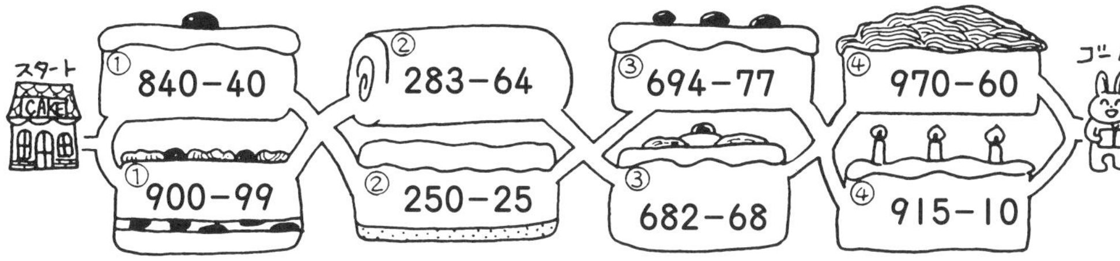

① □　② □　③ □　④ □

(2)

① □　② □　③ □　④ □

(3)

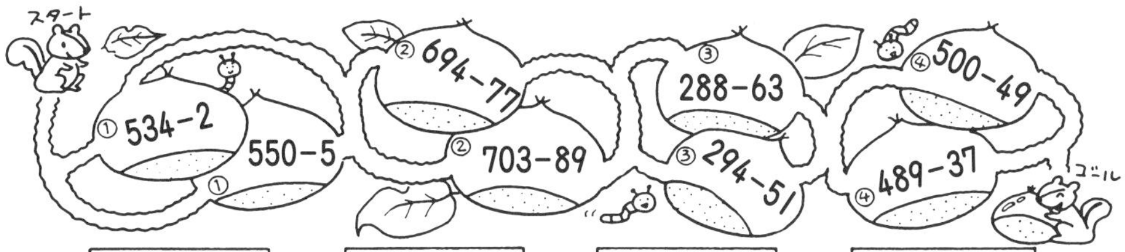

① □　② □　③ □　④ □

(4)

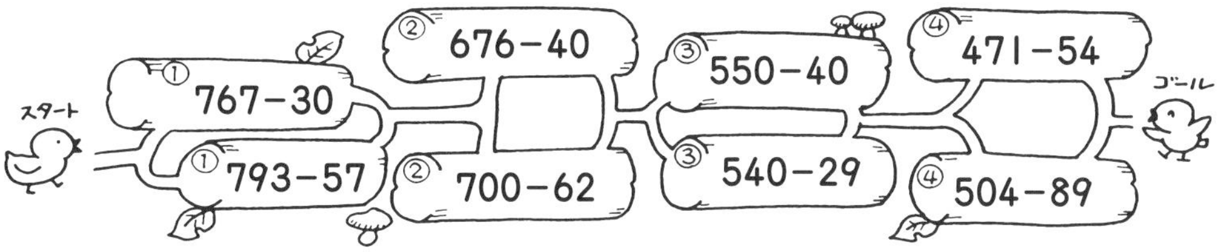

① □　② □　③ □　④ □

月　　日

めいろに チャレンジ (9)

かけ算 ①

名前

● 答《こた》えの 大きい 方《ほう》を 通《とお》って，ゴールしましょう。
(通った 方の 答えを □ に 書《か》きましょう。)

(1)

① □　② □　③ □　④ □

(2)

① □　② □　③ □　④ □

(3)

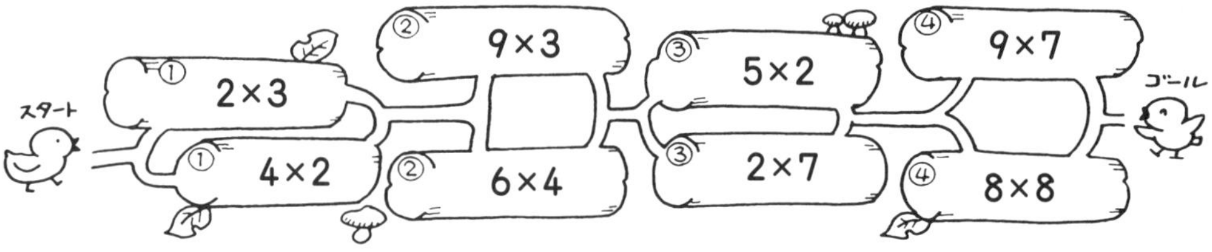

① □　② □　③ □　④ □

(4)

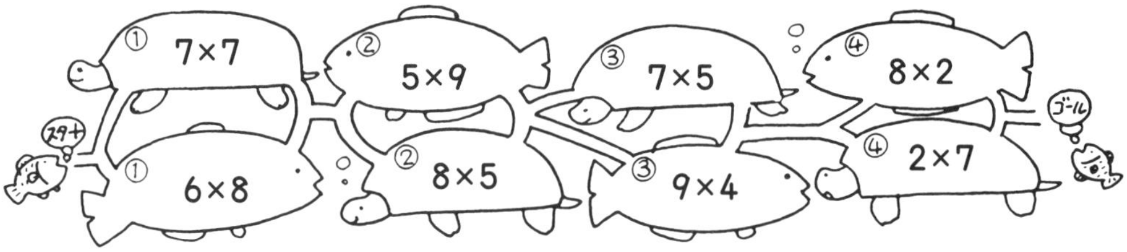

① □　② □　③ □　④ □

月　　日

めいろに チャレンジ (10)

かけ算 ②

名前

● 答《こた》えの 大きい 方《ほう》を 通《とお》って，ゴールしましょう。
（通った 方の 答えを □ に 書《か》きましょう。）

(1)

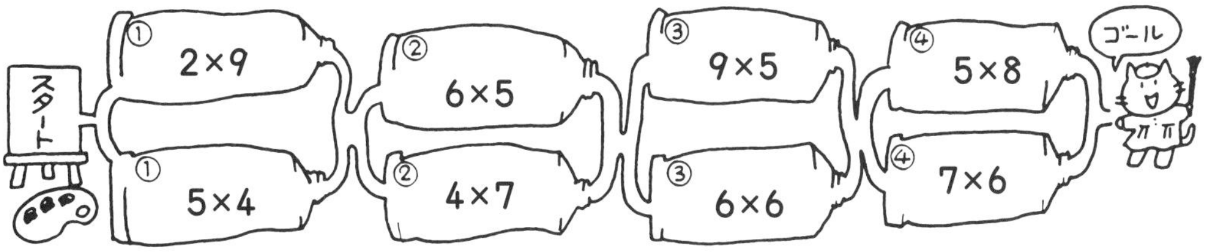

① □　② □　③ □　④ □

(2)

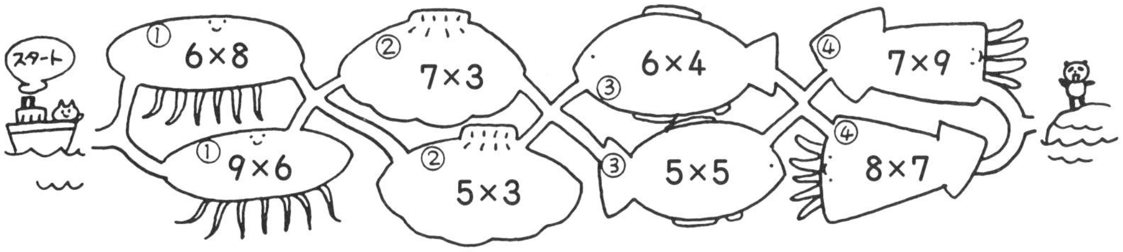

① □　② □　③ □　④ □

(3)

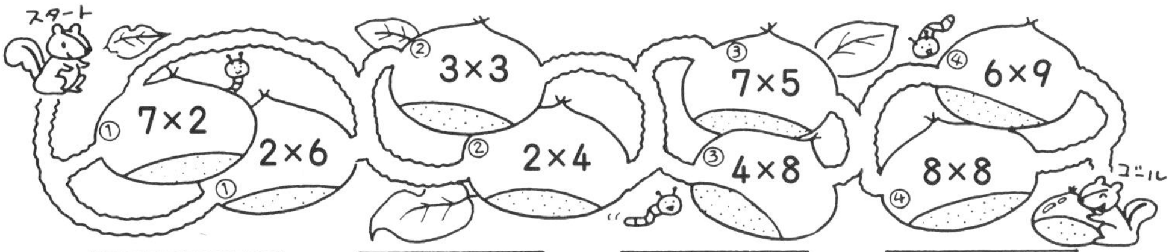

① □　② □　③ □　④ □

(4)

① □　② □　③ □　④ □

月　日

計算にチャレンジ (1)
10づくりゲーム

名前

● 10に なるように，あいて いる ところに 数字《すうじ》を 書《か》きましょう。

(1)

	3	4	1	3	3			1	1
3	3		2		6	1	3	5	
5	5	5		2		2	4	4	
	2		2	4		8		2	3
	4			1		1	0	3	0
5	2	3	4	4	3		3		
		4		2	4	2		2	1
3	2	1	1		2		2	4	
1	4		4	1	2		3	2	4
3		1		5		3	3		2

(2)

1		4	1	3	3	4			1
3	3	4			6		3		6
		5		2	1	2	4		
7	2	1	2			2		2	3
2	4	3		1		1			1
	2	3		4	3	2	3		
1		4		2		2		2	1
	2	1	1		2		2		
1	4			1	2		3	2	4
3		1			1	3	3		

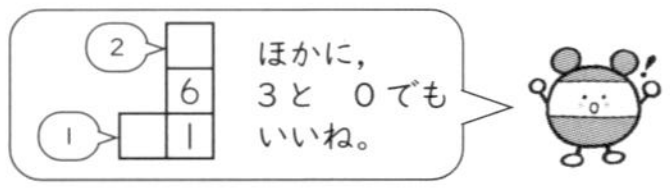

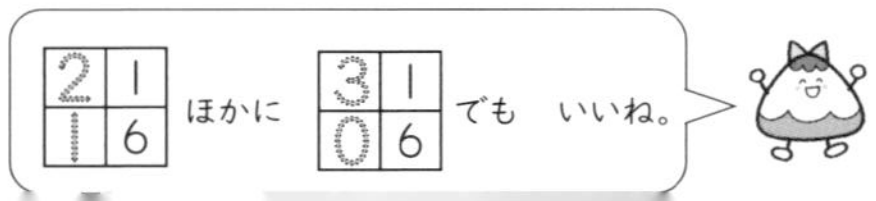

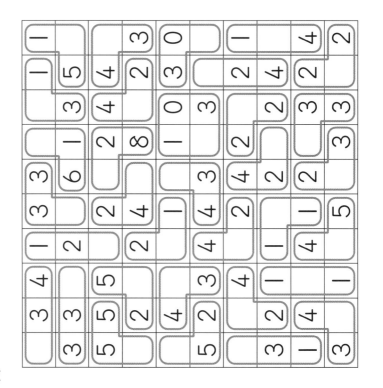

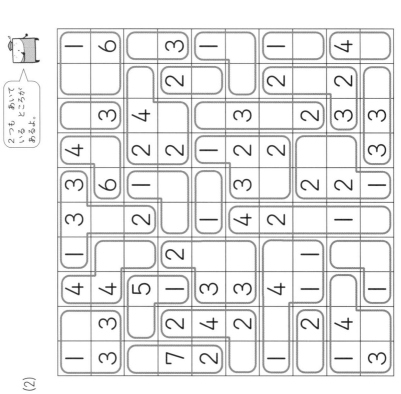

計算にチャレンジ (2)

11づくりゲーム

名前

● 11に なるように，あいて いる ところに 数字《すうじ》を 書《か》きましょう。

(1)

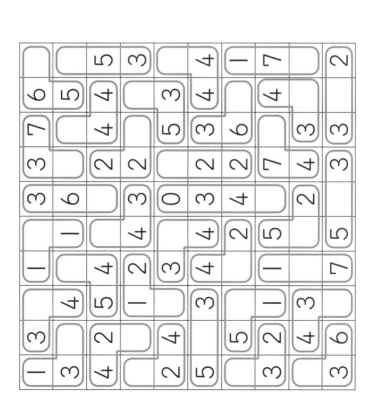

1	3		1		3	3	7	6	
3		4		1	6			5	
4	2	5	4			2	4	4	5
		1	2	4	3	2			3
2	4		3		0		5	3	
5		3	4	4	3	2	3	4	4
	5			2	4	2	6		1
3	2	1	1	5		7		4	7
	4	3			2	4	3		
3	6		7	5		3	3		2

(2)

1	3		1	3		4			1
3	3		2		6		3		6
4			4	2	1	2	4	4	
	2	1	2		3	2	8	2	
2				1		1		3	1
5	2	3	4	4		2	3	4	
1			9	2		2	6		1
	2	1		5		7	2		
1	4		4	1	2		3	2	
3		1		5		3		9	

月　日　名前

計算にチャレンジ (3)

12・13づくりゲーム

1　12に　なるように，あいて　いる　ところに　数字《すうじ》を　書《か》きましょう。

	3	4		3		4	7		
3	3		2		6		3	5	6
	7		4	2	1		4	4	5
7	2	1		4	3	2	8		3
2	4		3	0	9		5	3	
5		3		4		2	3		4
	5	4		2	4	2	6	2	
3	2		1	5	2			4	7
	4	8			2	4	3		4
3		1	7	5		3	3	9	

2　13に　なるように，あいて　いる　ところに　数字《すうじ》を　書《か》きましょう。

1		4	1	3	3		7	1	1
	3	4	2		6	1	3		
4	7			2		2	4	4	
7	2	1		4	3		8		3
		3		0	9	1		3	1
5	2	3	4		3		3	4	4
	5	4		2	4	2	6		
3			1	5		7	2	4	7
1	4	8			2	4			4
3		1	7	5		3	3	9	

（141％に拡大してご使用ください。）

計算にチャレンジ (4)

14・15づくりゲーム

名前

1 14に なるように，あいて いる ところに 数字《すうじ》を 書《か》きましょう。

1	3	4		3		4	7		
		4	2		6	1		5	6
4	7	5	4		1	2		4	5
7			2	4	3		8		3
2	4	3			0	1	6	3	
5			5	4	3		3	4	4
	5	4	9	2	4		6	2	
3			1	5	2	7		4	7
	4	8	4		2	4	3		4
3	6		7	5		3		9	

2 15に なるように，あいて いる ところに 数字《すうじ》を 書《か》きましょう。

	3	4		3		4	7		1
	3	4	2		6	1		5	6
4	7	5	4	2		2	4	4	5
7				4	3	0	8		
2	4		3		9		5	3	
5	2	3		4		2	3	4	4
	5	4	9	2	4		6		1
3			6			7		4	7
	4	8		1	2	4	3		4
3	6	1		5	1	3		9	

月　日

計算にチャレンジ (5)
5づくりゲーム

名前

● あわせて　5に　なるように，マスの　中の　数《かず》を　かこみましょう。(ただし，ななめには　つなげません。)

(1)

1	2	4	1	0	2
2	れい 3	2	2	1	1
4	0	5	1	2	1
1	3	0	1	1	2
1	1	1	1	1	1
2	2	1	2	3	2

10こより　たくさん
かこめるかな。

(2)

3	2	1	1	3	4
1	4	1	1	2	1
1	1	4	1	3	3
2	3	2	1	0	2
1	3	2	0	5	2
2	2	1	1	1	3

数字《すうじ》を　1つも
のこさず，
ぜんぶの　マスを
かこめたら
すごいね。

(3)

2	1	3	2	1	4
4	2	1	1	1	2
1	4	2	5	0	2
1	1	2	1	2	1
1	1	0	2	2	1
1	1	2	1	1	1

(4)

1	5	0	3	2	3
1	4	1	1	1	2
1	2	2	3	1	1
1	1	4	0	3	1
1	3	2	5	1	1
1	1	1	2	2	1

(141%に拡大してご使用ください。)

計算にチャレンジ（6）

6づくりゲーム

名前

● あわせて　6に　なるように，マスの　中の　数《かず》を　かこみましょう。（ただし，ななめには　つなげません。）

(1)

3	2	4	2	2	2
3	1	5	2	6	1
2	4	1	4	0	1
1	2	1	5	2	1
1	6	0	2	1	1
2	3	1	1	1	2

数字《すうじ》を　1つも　のこさず　かこめるかな。
10こより　たくさん　かこめると　すごいよ。

(2)

2	2	1	2	3	4
2	6	0	1	5	2
1	2	4	3	1	1
2	2	1	3	6	1
3	1	2	1	0	3
1	4	3	4	2	3

(3)

2	1	2	1	2	1
0	3	2	3	1	5
2	2	1	0	6	2
2	3	2	1	1	2
2	1	0	4	3	0
4	0	1	1	2	1

(4)

3	2	4	3	3	4
3	4	1	2	2	1
2	0	1	0	5	1
2	2	2	6	1	5
6	0	1	4	2	1
0	3	2	1	2	3

月　　日

計算にチャレンジ (7)
7づくりゲーム

名前

● あわせて　7に　なるように，マスの　中の　数《かず》を　かこみましょう。（ただし，ななめには　つなげません。）

(1)

4	1	2	1	2	2
2	4	7	6	0	3
1	1	0	1	1	4
2	5	1	3	2	3
3	4	0	7	2	0
2	3	2	5	4	1

(2)

2	2	1	3	2	2
3	4	6	4	3	2
1	1	1	0	1	4
5	2	1	7	0	1
2	1	3	1	1	6
1	2	2	1	5	1

(3)

2	1	1	3	1	2
1	2	2	1	2	1
3	3	7	0	1	1
4	1	1	3	4	1
1	2	1	3	0	2
7	0	2	1	1	2

(4)

3	2	2	7	0	1
2	1	2	1	1	4
0	7	1	6	1	1
2	3	1	0	2	5
2	1	4	1	1	0
5	1	1	2	1	3

（141%に拡大してご使用ください。）

計算にチャレンジ (8)
8づくりゲーム

名前

● あわせて　8に　なるように，マスの　中の　数《かず》を　かこみましょう。（ただし，ななめには　つなげません。）

(1)

4	5	3	1	2	2
4	0	8	5	2	2
2	6	2	2	4	2
1	2	3	2	7	1
5	3	3	2	1	4
1	2	1	1	5	4

(2)

1	3	2	7	1	0
6	1	1	2	1	8
2	3	4	1	5	2
5	4	1	4	2	2
1	2	3	1	3	2
2	1	5	7	1	0

(3)

8	0	5	1	2	2
6	1	2	4	0	0
1	0	8	1	5	2
4	2	1	3	0	1
1	1	7	5	3	4
2	6	2	2	1	3

(4)

5	1	6	2	6	1
2	2	2	2	2	1
7	6	4	1	5	1
1	1	1	1	0	2
4	0	7	1	8	4
1	3	1	1	1	3

月　日

計算にチャレンジ (9)
9づくりゲーム

名前

● あわせて　9に　なるように，マスの　中の　数《かず》を　かこみましょう。（ただし，ななめには　つなげません。）

(1)

6	4	2	3	3	3
2	3	5	2	2	7
1	0	9	2	0	5
4	2	7	3	3	1
3	2	6	0	3	2
9	0	1	1	1	1

(2)

5	2	3	6	5	2
2	3	1	0	2	2
4	1	9	1	7	6
5	4	0	8	1	2
1	8	1	2	0	9
1	0	7	2	2	3

(3)

5	9	0	3	3	3
4	1	8	5	2	2
3	4	3	4	2	2
2	5	1	2	2	2
1	1	1	3	1	9
1	1	4	8	1	0

(4)

3	4	5	3	3	3
2	3	0	9	2	2
1	7	2	1	8	5
1	1	1	1	1	5
4	4	7	2	5	2
3	2	1	1	2	2

（141％に拡大してご使用ください。）

計算にチャレンジ(10)
10づくりゲーム

名前

● あわせて　10に　なるように，マスの　中の　数《かず》を　かこみましょう。（ただし，ななめには　つなげません。）

20こより
たくさん
かこめるといいね。

1マスも
のこさず
かこめたら
すごいぞ!!

(1)

5	4	2	8	6	7	3	1	2	3	4	5
5	1	5	2	2	3	1	6	4	8	1	4
1	4	2	9	3	3	3	2	5	1	8	1
8	3	1	1	3	7	4	4	1	1	5	1
1	10	0	4	3	2	1	2	2	1	1	3
2	2	2	1	1	2	4	3	7	5	1	1
2	2	2	1	2	2	3	1	2	3	1	4
2	4	2	4	1	3	0	10	1	1	1	2

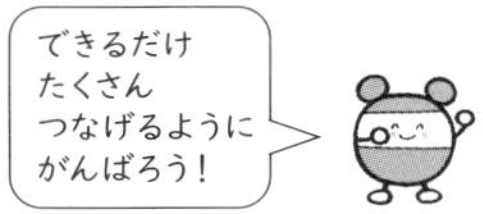
できるだけ
たくさん
つなげるように
がんばろう！

(2)

※ ぜんぶの　マスは　うまりません。

みほん

1	3	4	1	3	3	4	7	1	1
3	3	4	2	1	6	1	3	5	6
4	7	5	4	2	1	2	4	4	5
7	2	1	2	4	3	2	8	2	3
2	4	3	3	1	9	1	5	3	1
5	2	3	4	4	3	2	3	4	4
1	5	4	9	2	4	2	6	2	1
3	2	1	1	5	2	7	2	4	7
1	4	8	4	1	2	4	3	2	4
3	6	1	7	5	1	3	3	9	2

月　日

計算にチャレンジ（11）
11づくりゲーム

名前

● あわせて　11に　なるように，マスの　中の　数《かず》を　かこみましょう。（ただし，ななめには　つなげません。）

12こより
たくさん
かこめるとすごいよ。

1マスも
のこさず
かこめたら
すごいぞ!!

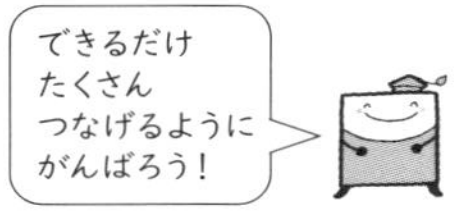
できるだけ
たくさん
つなげるように
がんばろう！

(1)

5	6	4	5	4	4	6	9	0	5	1	2
8	9	7	3	3	9	2	3	7	1	1	2
3	1	6	4	3	3	1	1	3	4	1	2
4	1	3	2	1	2	9	4	5	1	1	1
2	8	3	3	3	6	5	3	4	1	1	2
5	4	1	7	3	1	2	2	11	0	1	2
6	4	9	2	3	3	4	2	7	2	1	1
5	3	10	1	2	1	2	4	5	2	1	2

(2)

※ ぜんぶの　マスは　うまりません。

1	3	4	1	3	3	4	7	1	1
3	3	4	2	1	6	1	3	5	6
4	7	5	4	2	1	2	4	4	5
7	2	1	2	4	3	2	8	2	3
2	4	3	3	1	9	1	5	3	1
5	2	3	4	4	3	2	3	4	4
1	5	4	9	2	4	2	6	2	1
3	2	1	1	5	2	7	2	4	7
1	4	8	4	1	2	4	3	2	4
3	6	1	7	5	1	3	3	9	2

みほん

（141%に拡大してご使用ください。）

計算にチャレンジ（12）
12・13づくりゲーム

名前

1 あわせて　12に　なるように，マスの　中の　数《かず》を
かこみましょう。

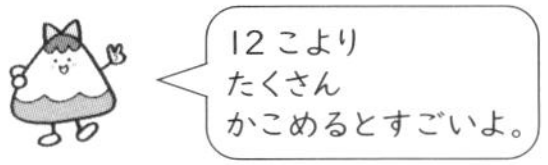
12こより
たくさん
かこめるとすごいよ。

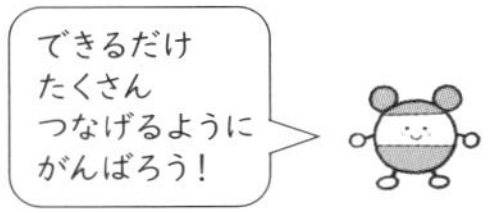
できるだけ
たくさん
つなげるように
がんばろう！

※ ぜんぶの　マスは　うまりません。

みほん

1	3	4	1	3	3	4	7	1	1
3	3	4	2	1	6	1	3	5	6
4	7	5	4	2	1	2	4	4	5
7	2	1	2	4	3	2	8	2	3
2	4	3	3	1	9	1	5	3	1
5	2	3	4	4	3	2	3	4	4
1	5	4	9	2	4	2	6	2	1
3	2	1	1	5	2	7	2	4	7
1	4	8	4	1	2	4	3	2	4
3	6	1	7	5	1	3	3	9	2

2 あわせて　13に　なるように，マスの　中の　数を
かこみましょう。

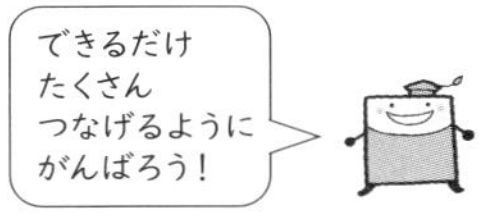
できるだけ
たくさん
つなげるように
がんばろう！

※ ぜんぶの　マスは　うまりません。

みほん

1	3	4	1	3	3	4	7	1	1
3	3	4	2	1	6	1	3	5	6
4	7	5	4	2	1	2	4	4	5
7	2	1	2	4	3	2	8	2	3
2	4	3	3	1	9	1	5	3	1
5	2	3	4	4	3	2	3	4	4
1	5	4	9	2	4	2	6	2	1
3	2	1	1	5	2	7	2	4	7
1	4	8	4	1	2	4	3	2	4
3	6	1	7	5	1	3	3	9	2

（141%に拡大してご使用ください。）

月　日

計算にチャレンジ（13）
14・15づくりゲーム

名前

1 あわせて 14に なるように，マスの 中の 数《かず》を かこみましょう。

12こより
たくさん
かこめるとすごいよ。

できるだけ
たくさん
つなげるように
がんばろう！

※ ぜんぶの マスは うまりません。

みほん

1	3	4	1	3	3	4	7	1	1
3	3	4	2	1	6	1	3	5	6
4	7	5	4	2	1	2	4	4	5
7	2	1	2	4	3	2	8	2	3
2	4	3	3	1	9	1	5	3	1
5	2	3	4	4	3	2	3	4	4
1	5	4	9	2	4	2	6	2	1
3	2	1	1	5	2	7	2	4	7
1	4	8	4	1	2	4	3	2	4
3	6	1	7	5	1	3	3	9	2

2 あわせて 15に なるように，マスの 中の 数を かこみましょう。

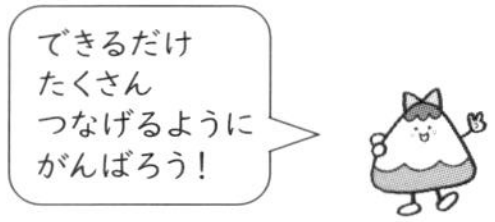
できるだけ
たくさん
つなげるように
がんばろう！

※ ぜんぶの マスは うまりません。

1	3	4	1	3	3	4	7	1	1
3	3	4	2	1	6	1	3	5	6
4	7	5	4	2	1	2	4	4	5
7	2	1	2	4	3	2	8	2	3
2	4	3	3	1	9	1	5	3	1
5	2	3	4	4	3	2	3	4	4
1	5	4	9	2	4	2	6	2	1
3	2	1	1	5	2	7	2	4	7
1	4	8	4	1	2	4	3	2	4
3	6	1	7	5	1	3	3	9	2

（141%に拡大してご使用ください。）

計算にチャレンジ（14）
16・17づくりゲーム

名前

1 あわせて　16に　なるように，マスの　中の　数《かず》を
かこみましょう。

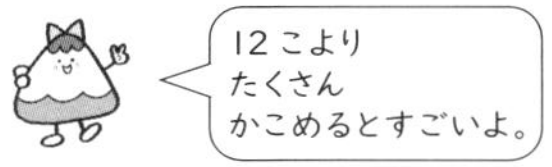
12こより
たくさん
かこめるとすごいよ。

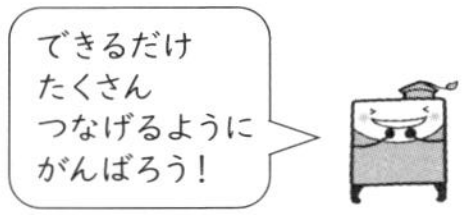
できるだけ
たくさん
つなげるように
がんばろう！

※ ぜんぶの　マスは　うまりません。

（みほん）

1	3	4	1	3	3	4	7	1	1
3	3	4	2	1	6	1	3	5	6
4	7	5	4	2	1	2	4	4	5
7	2	1	2	4	3	2	8	2	3
2	4	3	3	1	9	1	5	3	1
5	2	3	4	4	3	2	3	4	4
1	5	4	9	2	4	2	6	2	1
3	2	1	1	5	2	7	2	4	7
1	4	8	4	1	2	4	3	2	4
3	6	1	7	5	1	3	3	9	2

2 あわせて　17に　なるように，マスの　中の　数を
かこみましょう。

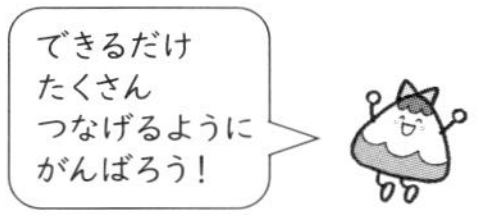
できるだけ
たくさん
つなげるように
がんばろう！

※ ぜんぶの　マスは　うまりません。

（みほん）

1	3	4	1	3	3	4	7	1	1
3	3	4	2	1	6	1	3	5	6
4	7	5	4	2	1	2	4	4	5
7	2	1	2	4	3	2	8	2	3
2	4	3	3	1	9	1	5	3	1
5	2	3	4	4	3	2	3	4	4
1	5	4	9	2	4	2	6	2	1
3	2	1	1	5	2	7	2	4	7
1	4	8	4	1	2	4	3	2	4
3	6	1	7	5	1	3	3	9	2

（141％に拡大してご使用ください。）

月　　日

計算にチャレンジ（15）

18・19づくりゲーム

名前

1　あわせて　18に　なるように，マスの　中の　数《かず》を　かこみましょう。

12こより
たくさん
かこめるとすごいよ。

できるだけ
たくさん
つなげるように
がんばろう！

※ ぜんぶの　マスは　うまりません。

（みほん）

1	3	4	1	3	3	4	7	1	1
3	3	4	2	1	6	1	3	5	6
4	7	5	4	2	1	2	4	4	5
7	2	1	2	4	3	2	8	2	3
2	4	3	3	1	9	1	5	3	1
5	2	3	4	4	3	2	3	4	4
1	5	4	9	2	4	2	6	2	1
3	2	1	1	5	2	7	2	4	7
1	4	8	4	1	2	4	3	2	4
3	6	1	7	5	1	3	3	9	2

2　あわせて　19に　なるように，マスの　中の　数を　かこみましょう。

できるだけ
たくさん
つなげるように
がんばろう！

※ ぜんぶの　マスは　うまりません。

（みほん）

1	3	4	1	3	3	4	7	1	1
3	3	4	2	1	6	1	3	5	6
4	7	5	4	2	1	2	4	4	5
7	2	1	2	4	3	2	8	2	3
2	4	3	3	1	9	1	5	3	1
5	2	3	4	4	3	2	3	4	4
1	5	4	9	2	4	2	6	2	1
3	2	1	1	5	2	7	2	4	7
1	4	8	4	1	2	4	3	2	4
3	6	1	7	5	1	3	3	9	2

（141%に拡大してご使用ください。）

計算にチャレンジ（16）
20・21づくりゲーム

名前

1　あわせて　20に　なるように，マスの　中の　数《かず》を かこみましょう。

12こより
たくさん
かこめるとすごいよ。

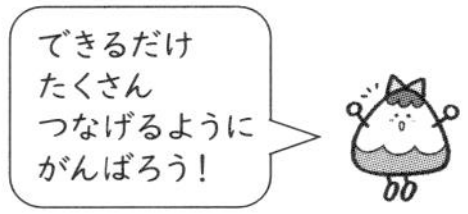
できるだけ
たくさん
つなげるように
がんばろう！

※ ぜんぶの　マスは　うまりません。

1	3	4	1	3	3	4	7	1	1
3	3	4	2	1	6	1	3	5	6
4	7	5	4	2	1	2	4	4	5
7	2	1	2	4	3	2	8	2	3
2	4	3	3	1	9	1	5	3	1
5	2	3	4	4	3	2	3	4	4
1	5	4	9	2	4	2	6	2	1
3	2	1	1	5	2	7	2	4	7
1	4	8	4	1	2	4	3	2	4
3	6	1	7	5	1	3	3	9	2

2　あわせて　21に　なるように，マスの　中の　数を かこみましょう。

※ ぜんぶの　マスは　うまりません。

1	3	4	1	3	3	4	7	1	1
3	3	4	2	1	6	1	3	5	6
4	7	5	4	2	1	2	4	4	5
7	2	1	2	4	3	2	8	2	3
2	4	3	3	1	9	1	5	3	1
5	2	3	4	4	3	2	3	4	4
1	5	4	9	2	4	2	6	2	1
3	2	1	1	5	2	7	2	4	7
1	4	8	4	1	2	4	3	2	4
3	6	1	7	5	1	3	3	9	2

月　日

計算にチャレンジ (17)

「くりあがったら，くりさがる」ゲーム

名前

● ＋を　書《か》いて　たしていき，答《こた》えが　10より　大きく　なったら，つぎの　数《かず》は　ひきましょう。
答えが　10より　小さく　なったら，つぎの　数は　たしましょう。さいごに　答えを　書きましょう。

(1)

〔れい〕 1＋3＋4＋7－4－8－4＋7－8＋1＝7
（とちゅうの答え：4　8　⑮　11　3　7　⑭　6）

＋を　書いて　たしていく。
10より　大きく　なったら　ひくよ。
10より　小さく　なったら　また　たすよ。
さいごの　答え

①	3	8	9	2	1	6	2	3	5	6	＝
②	4	7	5	8	2	6	2	4	4	9	＝
③	7	2	3	9	4	9	2	9	2	6	＝
④	2	4	3	5	1	9	7	5	3	1	＝
⑤	5	8	6	8	8	2	8	3	2	5	＝
⑥	9	5	6	9	5	4	5	6	9	8	＝
⑦	9	7	7	3	5	2	7	2	5	7	＝
⑧	1	4	8	7	1	7	6	8	2	6	＝
⑨	3	6	4	7	5	6	3	3	9	8	＝
⑩	8	3	4	7	5	9	4	7	8	1	＝

(2)

〔れい〕 1＋3＋4＋7－8－4＋4＋7－8＋3＝9
（とちゅうの答え：4　8　⑮　7　3　7　⑭　6）

①	6	8	2	3	2	6	1	3	5	6	＝
②	9	7	8	8	2	6	2	4	4	9	＝
③	6	2	9	9	4	9	2	9	2	6	＝
④	1	4	5	5	1	9	6	5	3	1	＝
⑤	5	8	8	8	8	3	8	3	4	5	＝
⑥	8	5	9	9	5	4	2	6	9	8	＝
⑦	7	7	1	1	5	2	7	2	4	7	＝
⑧	6	4	7	7	1	7	6	8	2	6	＝
⑨	8	6	7	7	5	1	3	3	9	8	＝
⑩	6	4	4	7	5	9	4	7	8	1	＝

(141%に拡大してご使用ください。)

月　　日

計算にチャレンジ（18）

名前	

● 10を　こえたら ⬭ で　かこみながら
すすみましょう。

・↑を　かきながら，できるだけ　たくさん ⬭ を
　つくって　すすみます。
・10を　こえたら ⬭ の　合計《ごうけい》を　かきます。
　（20を　こえては　いけません。）

スタート（れい）

みほん→（2行目）
みんなは　ここから　つづけてみよう。→（3行目）

1→	3→	4↓	1	3	3	4	7	1	1
3↓	←3	←4⑫	2	1	6	1	3	5	6
4⑩	7	5	4	2	1	2	4	4	5
7	2	1	2	4	3	2	8	2	3
2	4	3	3	1	9	1	5	3	1
5	2	3	4	4	3	2	3	4	4
1	5	4	9	2	4	2	6	2	1
3	2	1	1	5	2	7	2	4	7
1	4	8	4	1	2	4	3	2	4
3	6	1	7	5	1	3	3	9	2

月　日

計算にチャレンジ（19）
たし算①

名前

● 答《こた》えが ◯の 中の 数《かず》に なる たし算の しきを 右の ◯の 中の 数字《すうじ》を つかって つくりましょう。

つかった 数字に ×を つけよう。

(1)

12 + 11

23 + 0

□ + □ = 23

9 5 18 13 0 10 22 20 6 1 17 3 14（12, 23, 11, 0 に ×）

(2)

13 + 22

□ + □ = 35

27 12 20 8 23 22 15 13 1 21 33 16 14 19 30 5 0 35（22, 13 に ×）

(3)

□ + □ = 44

18 24 21 20 11 7 37 33 35 10 9 23 1 43 34 14 31 25 40 19 4 26

(4)

□ + □ = 58

21 11 30 50 34 58 46 12 40 55 18 54 3 24 52 6 0 8 28 47 4 37

（141%に拡大してご使用ください。）

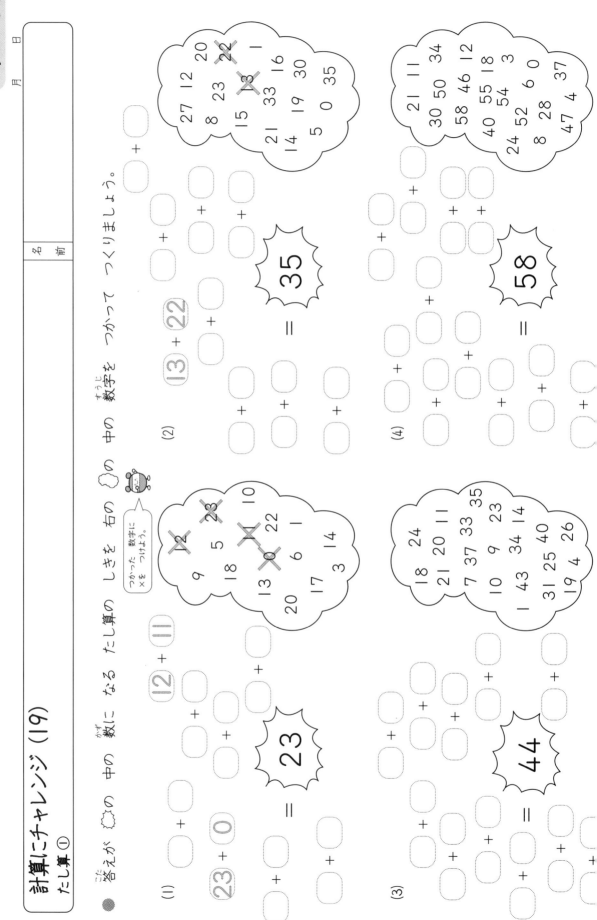

計算にチャレンジ (20)

たし算 ②

名前

● 答《こた》えが ◌の 中の 数《かず》に なる たし算の しきを 右の ◌の 中の 数字《すうじ》を つかって つくりましょう。

つかった 数字に ×を つけよう。

(1)

□ + □　□ + □　□ + □　□ + □　□ + □

□ + □　□ + □　□ + □　□ + □　□ + □

= 67

50　7　60　13　36　42　25　65　24　32　3　2　35　64　43　4　31　54　63　17

(2)

□ + □　□ + □　□ + □　□ + □　□ + □

□ + □　□ + □　□ + □　□ + □　□ + □

= 76

7　76　5　46　74　29　4　70　6　2　71　0　47　72　2　74　55　30　21　69

(3)

□ + □　□ + □　□ + □　□ + □　□ + □　□ + □

□ + □　□ + □　□ + □　□ + □　□ + □　□ + □

= 89

45　15　67　29　22　9　44　74　73　60　3　80　16　55　86　78　11　56　41　34　5　33　84　48

(4)

□ + □　□ + □　□ + □　□ + □　□ + □　□ + □

□ + □　□ + □　□ + □　□ + □　□ + □　□ + □

= 95

90　5　45　82　50　30　33　74　10　21　85　92　83　62　71　51　12　24　3　44　40　13　55　65

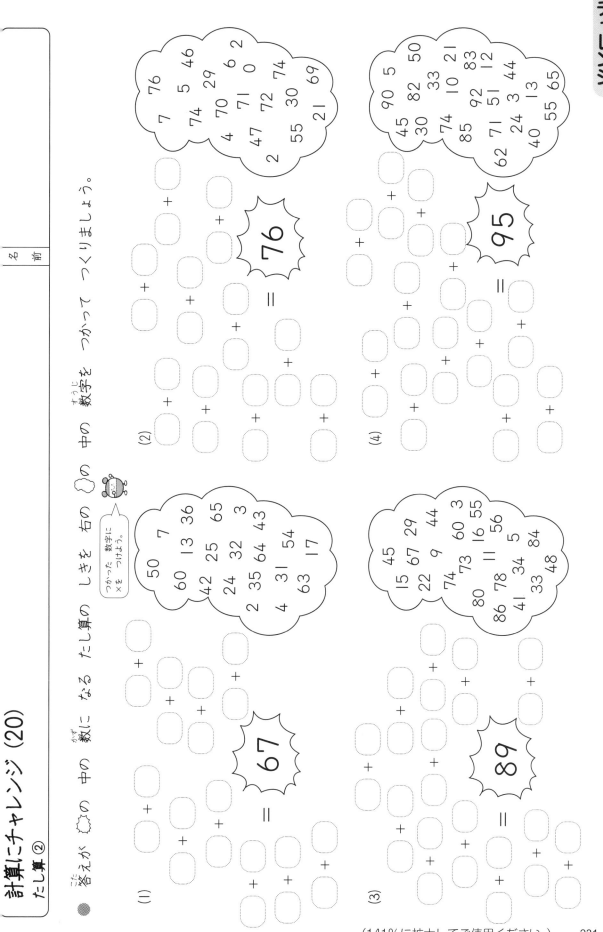

月　日

計算にチャレンジ (21)

たし算 ③

名前

● 答《こた》えが ◯の 中の 数《かず》に なる たし算の しきを 右の ◯の 中の 数字《すうじ》を つかって つくりましょう。

つかった 数字に ×を つけよう。

(1) = 28

15 11 0 5 14 21 16 26 13 22 2 20 25 7 6 10 18 12 8 14 28 23 3 17

(2) = 45

1 0 3 45 42 44 11 31 35 20 23 33 24 21 25 30 12 40 14 15 5 10 34 22

(3) = 37

11 27 36 1 10 16 26 13 21 5 12 2 14 32 34 25 30 17 23 35 7 3 20 24

(4) = 59

53 29 32 22 34 16 43 6 27 46 37 3 48 18 40 51 19 41 56 25 13 8 30 11

（141%に拡大してご使用ください。）

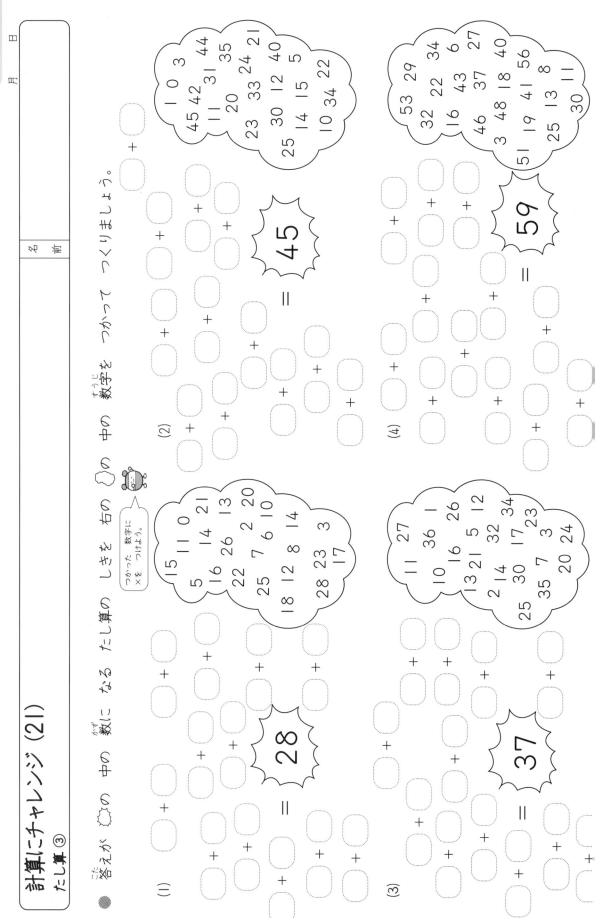

計算にチャレンジ (22)
たし算 ④

名前

● 答《こた》えが ☼の 中の 数《かず》に なる たし算の しきを 右の ☁の 中の 数字《すうじ》を つかって つくりましょう。

つかった 数字に ×を つけよう。

(1) □ + □ = 63

40 0 23 1 3 32 50 60 11 30 21 33 12 42 52 51 20 43 31 13 63 62 10 53

(2) □ + □ = 88

47 42 81 17 7 40 71 46 85 48 37 53 50 3 35 66 41 51 22 84 38 25 63 4

(3) □ + □ = 75

71 35 14 22 31 70 11 5 13 55 64 53 33 61 24 51 3 44 20 42 72 62 40 4

(4) □ + □ = 98

6 87 20 2 78 24 96 74 7 13 26 46 18 80 50 37 61 52 48 85 72 92 91 11

月　日

計算にチャレンジ (23)
ひき算 ①

名前

● 答《こた》えが ☼の 中の 数《かず》に なる たし算の しきを 右の ☁の 中の 数字《すうじ》を つかって つくりましょう。

つかった 数字に ×を つけよう。

(1) □－□ ＝ 50

90 98 86 7 53 85 57 60 66 18 68 35 77 27 1 51 16 50 3 10 48 0 36 40

(2) □－□ ＝ 41

91 88 45 30 50 99 63 4 72 10 89 59 23 31 46 48 5 71 64 18 47 22 58 51

(3) □－□ ＝ 4

35 59 15 20 42 16 68 12 10 6 38 77 46 17 64 42 39 55 73 13 19 24

(4) □－□ ＝ 63

93 99 23 4 89 2 69 78 15 86 65 75 36 74 12 11 18 95 30 67 32 81 26 6

計算にチャレンジ (24)
ひき算 ②

名前

● 答《こた》えが ◯の 中の 数《かず》に なる たし算の しきを 右の ◯の 中の 数字《すうじ》を つかって つくりましょう。

つかった 数字に ×を つけよう。

(1) □ − □ = 13

58 45 14 60 33 44 28 89 47 15 73 34 76 1 10 37 48 46 31 24 19 23 6 35

(2) □ − □ = 35

45 60 10 88 4 48 35 44 11 0 39 13 55 86 79 53 51 66 46 20 36 31 95 1

(3) □ − □ = 24

29 25 65 0 70 24 21 37 77 34 1 42 66 13 53 57 10 44 89 94 20 5 45 33

(4) □ − □ = 46

99 96 47 53 1 50 77 31 68 22 59 13 66 10 21 67 46 42 20 0 49 88 56 3

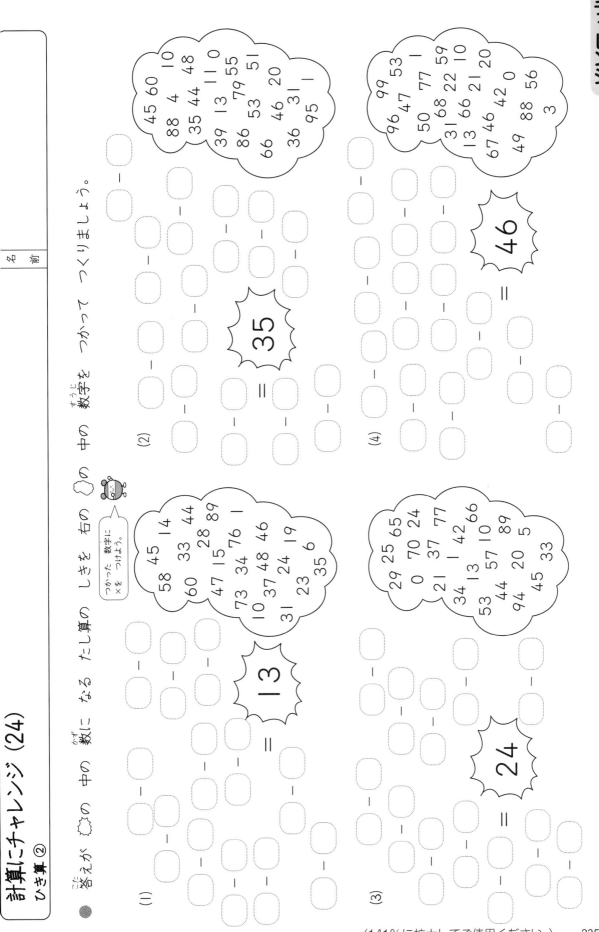

月　日

計算にチャレンジ (25)

ひき算 ③

名前

● 答《こた》えが 〔〕の 中の 数《かず》に なる たし算の しきを 右の 〔〕の 中の 数字《すうじ》を つかって つくりましょう。

(1)

□ − □ = 20 (12 blanks: □ − □)

30　1　70　83　64　31　11　40　10　60　100　20　5　21　0　79　99　75　63　90　44　55　25　80

(2)

□ − □ = 18 (12 blanks: □ − □)

100　1　56　67　40　85　22　38　82　79　54　36　97　28　10　48　42　23　30　60　5　15　33　19

(3)

□ − □ = 50 (12 blanks: □ − □)

38　23　74　100　57　68　46　39　88　50　96　82　66　51　7　73　53　16　3　32　18　1　24　89

(4)

□ − □ = 47 (12 blanks: □ − □)

60　49　77　13　30　51　88　1　41　33　62　2　100　4　70　80　15　23　34　48　53　43　81　90

(141%に拡大してご使用ください。)

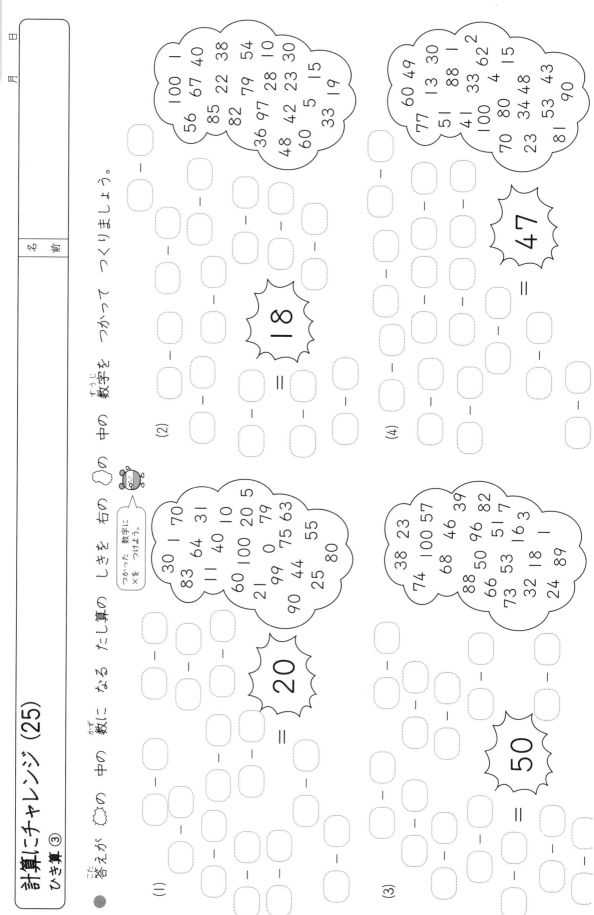

計算にチャレンジ (26)

かけ算 ① (2のだん)

名前

● 下の □ に 数字《すうじ》を 入れて，
九九の しきと 答《こた》えを かんせいさせましょう。

① 2×3=□	② 2×1=□	③ 2×5=□
④ 2×2=□	⑤ 2×8=□	⑥ 2×6=□
⑦ 2×7=□	⑧ 2×9=□	⑨ 2×4=□
⑩ 2×□=6	⑪ 2×□=2	⑫ 2×□=8
⑬ 2×□=10	⑭ 2×□=14	⑮ 2×□=16
⑯ 2×□=18	⑰ 2×□=4	⑱ 2×□=12

計算にチャレンジ (27)

かけ算 ② (3のだん)

名前

● 下の □ に 数字《すうじ》を 入れて，
九九の しきと 答《こた》えを かんせいさせましょう。

① 3×3=□	② 3×1=□	③ 3×5=□
④ 3×2=□	⑤ 3×7=□	⑥ 3×9=□
⑦ 3×8=□	⑧ 3×4=□	⑨ 3×6=□
⑩ 3×□=6	⑪ 3×□=15	⑫ 3×□=9
⑬ 3×□=21	⑭ 3×□=27	⑮ 3×□=3
⑯ 3×□=18	⑰ 3×□=24	⑱ 3×□=12

(141%に拡大してご使用ください。)

計算にチャレンジ (28)
かけ算 ③ (4のだん)

名前　　　　月　日

● 下の □ に 数字《すうじ》を 入れて，
九九の しきと 答《こた》えを かんせいさせましょう。

① 4×3=□　② 4×5=□　③ 4×1=□
④ 4×2=□　⑤ 4×7=□　⑥ 4×8=□
⑦ 4×4=□　⑧ 4×9=□　⑨ 4×6=□
⑩ 4×□=20　⑪ 4×□=28　⑫ 4×□=8
⑬ 4×□=36　⑭ 4×□=32　⑮ 4×□=16
⑯ 4×□=24　⑰ 4×□=4　⑱ 4×□=12

計算にチャレンジ (29)
かけ算 ④ (5のだん)

名前　　　　月　日

● 下の □ に 数字《すうじ》を 入れて，
九九の しきと 答《こた》えを かんせいさせましょう。

① 5×2=□　② 5×4=□　③ 5×3=□
④ 5×1=□　⑤ 5×6=□　⑥ 5×8=□
⑦ 5×7=□　⑧ 5×9=□　⑨ 5×5=□
⑩ 5×□=15　⑪ 5×□=35　⑫ 5×□=5
⑬ 5×□=10　⑭ 5×□=25　⑮ 5×□=30
⑯ 5×□=20　⑰ 5×□=45　⑱ 5×□=40

(141%に拡大してご使用ください。)

計算にチャレンジ（30）

名前

かけ算⑤（6のだん）

● 下の □ に 数字《すうじ》を 入れて，
九九の しきと 答《こた》えを かんせいさせましょう。

① 6×4=□	② 6×1=□	③ 6×3=□
④ 6×2=□	⑤ 6×8=□	⑥ 6×5=□
⑦ 6×7=□	⑧ 6×6=□	⑨ 6×9=□
⑩ 6×□=6	⑪ 6×□=36	⑫ 6×□=24
⑬ 6×□=42	⑭ 6×□=30	⑮ 6×□=54
⑯ 6×□=18	⑰ 6×□=48	⑱ 6×□=12

計算にチャレンジ（31）

名前

かけ算⑥（7のだん）

● 下の □ に 数字《すうじ》を 入れて，
九九の しきと 答《こた》えを かんせいさせましょう。

① 7×2=□	② 7×5=□	③ 7×3=□
④ 7×9=□	⑤ 7×1=□	⑥ 7×8=□
⑦ 7×6=□	⑧ 7×4=□	⑨ 7×7=□
⑩ 7×□=28	⑪ 7×□=7	⑫ 7×□=35
⑬ 7×□=49	⑭ 7×□=56	⑮ 7×□=21
⑯ 7×□=42	⑰ 7×□=14	⑱ 7×□=63

月　日

計算にチャレンジ (32)

かけ算 ⑦ (8のだん)

名前

● 下の □ に 数字《すうじ》を 入れて，
九九の しきと 答《こた》えを かんせいさせましょう。

① 8×2=□	② 8×5=□	③ 8×1=□
④ 8×4=□	⑤ 8×9=□	⑥ 8×6=□
⑦ 8×8=□	⑧ 8×3=□	⑨ 8×7=□
⑩ 8×□=24	⑪ 8×□=8	⑫ 8×□=32
⑬ 8×□=48	⑭ 8×□=56	⑮ 8×□=64
⑯ 8×□=40	⑰ 8×□=16	⑱ 8×□=72

月　日

計算にチャレンジ (33)

かけ算 ⑧ (9のだん)

名前

● 下の □ に 数字《すうじ》を 入れて，
九九の しきと 答《こた》えを かんせいさせましょう。

① 9×3=□	② 9×1=□	③ 9×4=□
④ 9×6=□	⑤ 9×2=□	⑥ 9×8=□
⑦ 9×9=□	⑧ 9×5=□	⑨ 9×7=□
⑩ 9×□=27	⑪ 9×□=36	⑫ 9×□=54
⑬ 9×□=81	⑭ 9×□=72	⑮ 9×□=18
⑯ 9×□=9	⑰ 9×□=45	⑱ 9×□=63

(141%に拡大してご使用ください。)

計算にチャレンジ (34)
かけ算 ⑨ (2・3・4・5のだん)

名前

● 下の □ に 数字《すうじ》を 入れて，
九九の しきと 答《こた》えを かんせいさせましょう。

① □×□=5　② □×□=2　③ □×□=3

④ □×□=10　⑤ □×□=30　⑥ □×□=8

⑦ □×□=18　⑧ □×□=12　⑨ □×□=45

⑩ □×□=28　⑪ □×□=21　⑫ □×□=24

⑬ □×□=40　⑭ □×□=36　⑮ □×□=16

⑯ □×□=18　⑰ □×□=35　⑱ □×□=9

計算にチャレンジ (35)
かけ算 ⑩ (6・7・8・9のだん)

名前

● 下の □ に 数字《すうじ》を 入れて，
九九の しきと 答《こた》えを かんせいさせましょう。

① □×□=6　② □×□=7　③ □×□=32

④ □×□=42　⑤ □×□=72　⑥ □×□=27

⑦ □×□=12　⑧ □×□=48　⑨ □×□=63

⑩ □×□=54　⑪ □×□=56　⑫ □×□=81

⑬ □×□=9　⑭ □×□=64　⑮ □×□=72

⑯ □×□=24　⑰ □×□=35　⑱ □×□=42

解答　児童に実施させる前に，必ず指導される方が問題を解いてください。本書の解答は，あくまでも１つの例です。

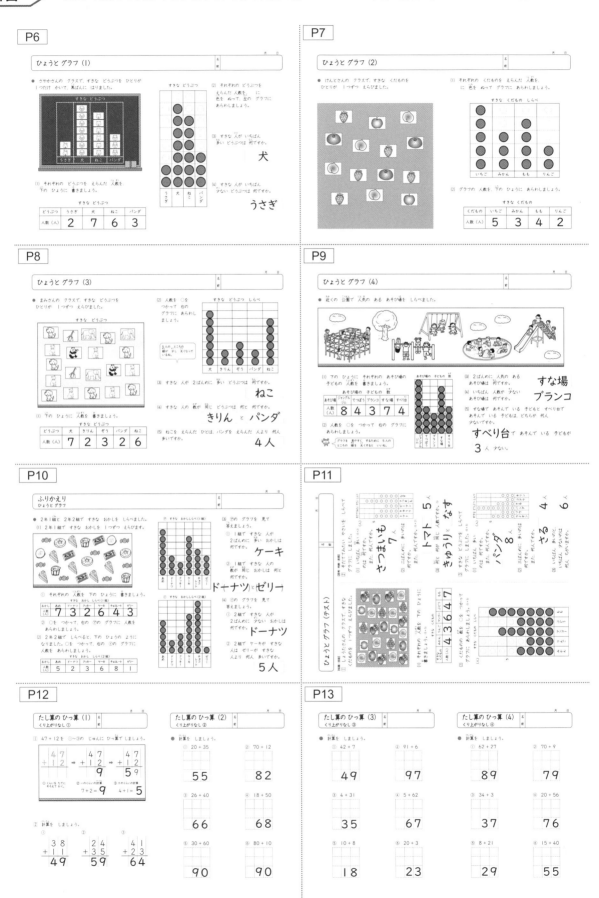

P6

ひょうと グラフ (1)

● さやかさんの クラスで，すきな どうぶつを ひとりが １つだけ かいて，黒ばんに はりました。

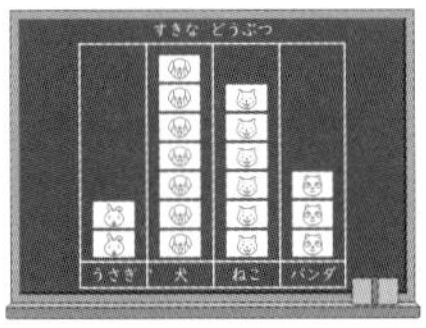

(1) それぞれの どうぶつを えらんだ 人数《にんずう》を，下《した》の ひょうに 書《か》きましょう。

すきな どうぶつ

どうぶつ	うさぎ	犬	ねこ	パンダ
人数（人）	2	7	6	3

(2) それぞれの どうぶつを えらんだ 人数を，○に 色を ぬって，左の グラフに あらわしましょう。

(3) すきな 人が いちばん 多い どうぶつは 何ですか。　犬

(4) すきな 人が いちばん 少ない どうぶつは 何ですか。　うさぎ

P7

ひょうと グラフ (2)

● けんとさんの クラスで，すきな くだものを ひとりが １つずつ えらびました。

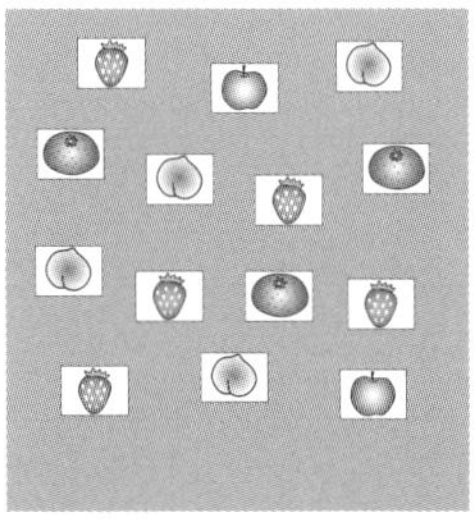

(1) それぞれの くだものを えらんだ 人数《にんずう》を，○に 色を ぬって グラフに あらわしましょう。

(2) グラフの 人数を，下の ひょうに あらわしましょう。

すきな くだもの

くだもの	いちご	みかん	もも	りんご
人数（人）	5	3	4	2

P8

ひょうと グラフ (3)

● まみさんの クラスで，すきな どうぶつを ひとりが １つずつ えらびました。

(1) 下《した》の ひょうに 人数《にんずう》を 書《か》きましょう。

すきな どうぶつ

どうぶつ	犬	きりん	ぞう	パンダ	ねこ
人数（人）	7	2	3	2	6

(2) 人数を ○を つかって 右の グラフに あらわしましょう。

(3) すきな 人が ２ばんめに 多い どうぶつは 何ですか。　ねこ

(4) すきな 人の 数が 同じ どうぶつは 何と 何ですか。　きりん と パンダ

(5) ねこを えらんだ ひとは，パンダを えらんだ 人より 何人 多いですか。　4人

P9

ひょうと グラフ (4)

● 近くの 公園で 人気の ある あそび場を しらべました。

(1) 下の ひょうに それぞれの あそび場の 子どもの 人数を 書きましょう。

あそび場の 子どもの 数

あそび場	ジャングルジム	てつぼう	ブランコ	すな場	すべり台
人数（人）	8	4	3	7	4

(2) 人数を ○を つかって 右の グラフに あらわしましょう。

(3) ２ばんめに 人気の ある あそび場は 何ですか。　すな場

(4) いちばん 人数が 少ない あそび場は 何ですか。　ブランコ

(5) すな場で あそんで いる 子どもと すべり台で あそんで いる 子どもは，どちらが 何人 少ないですか。　すべり台で あそんで いる 子どもが 3 人 少ない。

P10

ふりかえり ひょうと グラフ

● ２年１組と ２年２組で すきな おかしを しらべました。

(1) ２年１組で すきな おかしを １つずつ えらびます。

① それぞれの 人数を 下の ひょうに 書きましょう。

すきな おかしのしらべ（１組）

おかし	あめ	ドーナツ	クッキー	ケーキ	チョコレート	ゼリー
人数（人）	7	3	2	6	4	3

② ○を つかって，右の ㋐の グラフに 人数を あらわしましょう。

(2) ２年２組で しらべると，下の ひょうの ように なりました。○を つかって，右の ㋑の グラフに 人数を あらわしましょう。

すきな おかしのしらべ（２組）

おかし	あめ	ドーナツ	クッキー	ケーキ	チョコレート	ゼリー
人数（人）	5	2	3	6	8	1

(3) ㋐の グラフを 見て 答えましょう。

① １組で すきな 人が ２ばんめに 多い おかしは 何ですか。　ケーキ

② １組で すきな 人の 数が 同じ おかしは 何と 何ですか。　ドーナツ と ゼリー

(4) ㋑の グラフを 見て 答えましょう。

① ２組で すきな 人が ２ばんめに 少ない おかしは 何ですか。　ドーナツ

② ２組で ケーキが すきな 人は ゼリーが すきな 人より 何人 多いですか。　5人

P11

ひょうと グラフ（テスト）

1 しょうたさんの クラスで，すきな くだものを しらべました。

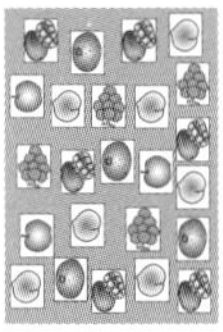

(1) それぞれの 人数を 下の ひょうに 書きましょう。

くだもの	りんご	みかん	マンゴー	ぶどう	もも
人数（人）	4	3	6	4	7

(2) くだものの 数を ○を つかって グラフに あらわしましょう。

2 そだててみたい やさいを しらべて グラフに しました。

(1) いちばん 多い のは 何ですか。また，何人ですか。　さつまいも　7人

(2) 二ばんめに 多いのは 何ですか。また，何人ですか。　トマト　5人

(3) 何と 何が 同じ 人数ですか。　きゅうり と なす

3 すきな どうぶつを しらべて グラフに しました。

(1) いちばん 多い のは 何ですか。また，何人ですか。　パンダ　8人

(2) 三ばんめに 多いのは 何ですか。また，何人ですか。　さる　4人

(3) いちばん 多いと いちばん 少ないのは 何人 ちがいますか。　6人

P12

たし算の ひっ算 (1) くり上がりなし①

1 47 + 12 を ①～③の じゅんに ひっ算で しましょう。

$$\begin{array}{r}47\\+\ 12\\\hline\end{array} \rightarrow \begin{array}{r}47\\+\ 12\\\hline 9\end{array} \rightarrow \begin{array}{r}47\\+\ 12\\\hline 59\end{array}$$

① くらいを たてに そろえて かく。　② 一のくらいの 計算 7 + 2 = 9　③ 十のくらいの 計算 4 + 1 = 5

2 計算《けいさん》を しましょう。

① $\begin{array}{r}38\\+\ 11\\\hline 49\end{array}$　② $\begin{array}{r}24\\+\ 35\\\hline 59\end{array}$　③ $\begin{array}{r}41\\+\ 23\\\hline 64\end{array}$

たし算の ひっ算 (2) くり上がりなし②

● 計算《けいさん》を しましょう。

① 20 + 35　55
② 70 + 12　82
③ 26 + 40　66
④ 18 + 50　68
⑤ 30 + 60　90
⑥ 80 + 10　90

P13

たし算の ひっ算 (3) くり上がりなし③

● 計算《けいさん》を しましょう。

① 42 + 7　49
② 91 + 6　97
③ 4 + 31　35
④ 5 + 62　67
⑤ 10 + 8　18
⑥ 20 + 3　23

たし算の ひっ算 (4) くり上がりなし④

● 計算《けいさん》を しましょう。

① 62 + 27　89
② 70 + 9　79
③ 34 + 3　37
④ 20 + 56　76
⑤ 8 + 21　29
⑥ 15 + 40　55

P14

たし算の ひっ算 (5) くり上がりあり ①

1 14＋27を ①〜③の じゅんに ひっ算で しましょう。

14＋27 → 1 → 41

① くらいを たてに そろえて かく。 ② 一のくらいの計算 4＋7＝11 ③ 十のくらいの計算 1＋1＋2＝4

2 計算を しましょう。

① 37＋26＝63 ② 42＋19＝61 ③ 58＋34＝92

たし算の ひっ算 (6) くり上がりあり ②

● 計算を しましょう。

① 24＋36　60	② 72＋18　90
③ 61＋19　80	④ 23＋37　60
⑤ 25＋15　40	⑥ 48＋32　80

P15

たし算の ひっ算 (7) くり上がりあり ③

● 計算を しましょう。

① 38＋9　47	② 26＋5　31
③ 4＋27　31	④ 3＋49　52
⑤ 6＋24　30	⑥ 15＋5　20

たし算の ひっ算 (8) くり上がりあり ④

● 計算を しましょう。

① 39＋6　45	② 28＋12　40
③ 25＋25　50	④ 67＋8　75
⑤ 9＋72　81	⑥ 45＋18　63

P16

たし算の ひっ算 (9) くり上がりあり ⑤

● 計算を しましょう。

① 18＋63　81	② 41＋9　50	③ 36＋36　72	④ 5＋26　31
⑤ 59＋7　66	⑥ 28＋8　36	⑦ 64＋28　92	⑧ 23＋37　60
⑨ 48＋16　64	⑩ 7＋33　40		

たし算の ひっ算 (10) くり上がりあり ⑥

● 計算を しましょう。

① 57＋6　63	② 77＋17　94	③ 8＋47　55	④ 34＋26　60
⑤ 25＋59　84	⑥ 59＋9　68	⑦ 28＋38　66	⑧ 24＋39　63
⑨ 8＋73　81	⑩ 15＋57　72		

P17

たし算の ひっ算 (11) くり上がりあり・なし ①

● 計算を しましょう。

① 91＋8　99	② 29＋58　87	③ 8＋84　92	④ 47＋39　86
⑤ 17＋27　44	⑥ 66＋6　72	⑦ 3＋17　20	⑧ 15＋16　31
⑨ 20＋20　40	⑩ 29＋29　58		

たし算の ひっ算 (12) くり上がりあり・なし ②

● 計算を しましょう。

① 73＋8　81	② 23＋23　46	③ 18＋17　35	④ 36＋47　83
⑤ 17＋55　72	⑥ 8＋21　29	⑦ 32＋48　80	⑧ 29＋37　66
⑨ 63＋27　90	⑩ 58＋16　74		

P18

たし算の ひっ算 (13) くり上がりあり・なし ③

● 計算を しましょう。

① 28＋18　46	② 3＋77　80	③ 51＋6　57	④ 19＋11　30
⑤ 44＋44　88	⑥ 37＋8　45	⑦ 28＋25　53	⑧ 19＋39　58
⑨ 49＋45　94	⑩ 5＋26　31		

たし算の ひっ算 (14) くり上がりあり・なし ④

● 計算を しましょう。

① 7＋33　40	② 56＋17　73	③ 44＋38　82	④ 22＋39　61
⑤ 82＋8　90	⑥ 34＋19　53	⑦ 34＋43　77	⑧ 5＋25　30
⑨ 82＋9　91	⑩ 2＋36　38		

P19

たし算の ひっ算 (15) たし算の きまり／まちがい みつけ

1 34＋47を ひっ算で しましょう。
また，たされる 数と たす 数を 入れかえて 計算《けいさん》して，答えを たしかめましょう。

34＋47＝81　47＋34＝81

2 答えが 同じに なる しきを 線で むすびましょう。

12+59	44+18
60+32	59+12
18+44	32+60

3 つぎの ひっ算の まちがいを 見つけて 正しく 計算しましょう。

① 66＋28＝84 → 66＋28＝94

② 5＋18＝68 → 5＋18＝23

たし算の ひっ算 (16) 文しょうだい ①

1 あかねさんの 家に みかんが 35こ あります。
となりの 家から 15こ もらいました。
みかんは あわせて いくつに なりましたか。

しき 35+15=50　答え 50こ

2 なおきさんの お兄さんは 14才です。
お父さんは お兄さんより 29才 年上です。
お父さんは 何才ですか。

しき 14+29=43　答え 43才

3 ほのかさんは 46円，りほさんは 28円 もって います。
あわせて いくらですか。

しき 46+28=74　答え 74円

4 家に えんぴつが 53本 あります。
37本 買いました。
ぜんぶで 何本に なりましたか。

しき 53+37=90　答え 90本

P20

たし算の ひっ算 (17) 文しょうだい ②

1 せつぶんの 日に，りょうこさんは 豆を 21こ，きよしさんは 69こ たべました。
2人 あわせて いくつ たべましたか。

しき 21+69=90　答え 90こ

2 まおさんは えんぴつを 43本 もって います。
妹は まおさんより 18本 多く もって います。
妹は えんぴつを 何本 もって いますか。

しき 43+18=61　答え 61本

3 教室に 子どもが 26人 いました。
そこに 7人 入って きました。
子どもは 何人に なりましたか。

しき 26+7=33　答え 33人

4 学校に 赤い チューリップが 35本 さいて います。
白い チューリップは 36本 さいています。
あわせて 何本 ありますか。

しき 35+36=71　答え 71本

たし算の ひっ算 (18) 文しょうだい ③

1 ちひろさんは 本を 37さつ もって いました。
たん生日に 本を 9さつ もらいました。
本は 何さつに なりましたか。

しき 37+9=46　答え 46さつ

2 電車に 65人 のって います。
えきで 28人 のって きました。
ぜんぶで 何人に なりましたか。

しき 65+28=93　答え 93人

3 体いくかんに 子どもが 37人 います。
校ていには 子どもが 48人 います。
あわせて 何人 いますか。

しき 37+48=85　答え 85人

4 あみさんは 本を 43ページ 読みました。まりやさんは あみさんより 39ページ 多く 読みました。
まりやさんは 何ページ 読みましたか。

しき 43+39=82　答え 82ページ

P21

ふりかえり たし算の ひっ算

1 計算を しましょう。

① 47＋3　50	② 18＋52　70	③ 51＋13　64
④ 25＋74　99	⑤ 36＋8　44	⑥ 21＋39　60
⑦ 4＋16　20	⑧ 9＋26　35	

2 計算《けいさん》を しなくても，答えが 同じに なることが わかる しきを 見つけて，線で むすびましょう。

25+16　73+9　68+44

9+73　44+68　16+25　12+27

3 みくさんは きのう けいさんを 46もん，きょうは 39もん ときました。
あわせて 何もん ときましたか。

しき 46+39=85　答え 85もん

4 お店に カードが 47まい あります。新しい カードが 18まい 入って きました。カードは ぜんぶで 何まいに なりましたか。

しき 47+18=65　答え 65まい

5 どうぶつえんに うさぎが 8ぴき います。ハムスターは うさぎより 22ひき 多いです。
ハムスターは 何びき いますか。

しき 8+22=30　答え 30ぴき

解答

児童に実施させる前に，必ず指導される方が問題を解いてください。本書の解答は，あくまでも１つの例です。

P22

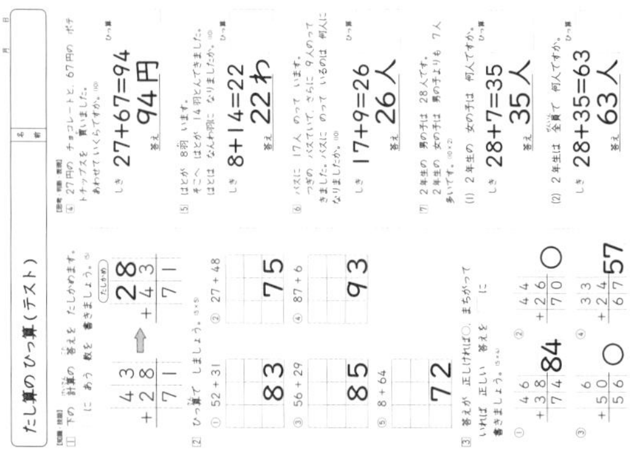

P23

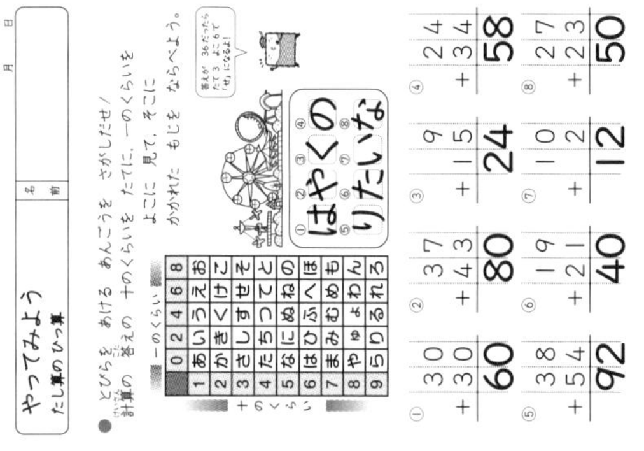

P24

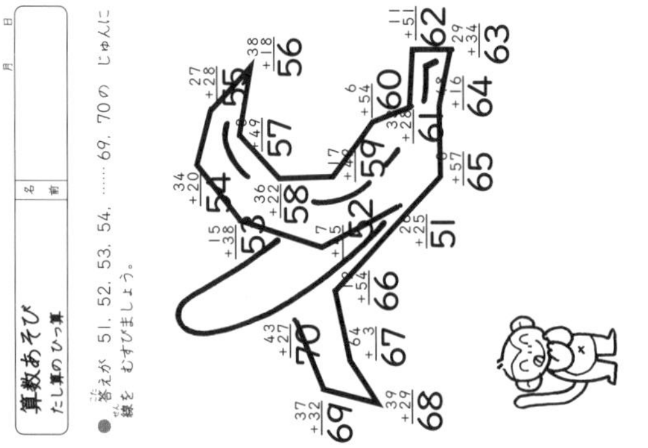

P25

ひき算の ひっ算（1）
くり下がりなし①

1 56－23を ①〜③の じゅんに ひっ算で しましょう。

56－23＝33
① くらいを たてに そろえて かく。
② 一のくらいの計算 6－3＝3
③ 十のくらいの計算 5－2＝3

2 計算《けいさん》を しましょう。

① 86－44＝42
② 97－13＝84
③ 75－21＝54

ひき算の ひっ算（2）
くり下がりなし②

● 計算《けいさん》を しましょう。

① 68－28＝40
② 39－19＝20
③ 56－50＝6
④ 23－20＝3
⑤ 40－10＝30
⑥ 90－70＝20

P26

ひき算の ひっ算（3）
くり下がりなし③

● 計算《けいさん》を しましょう。

① 47－3＝44
② 58－2＝56
③ 64－61＝3
④ 95－94＝1
⑤ 83－3＝80
⑥ 76－6＝70

ひき算の ひっ算（4）
くり下がりなし④

● 計算《けいさん》を しましょう。

① 92－11＝81
② 57－2＝55
③ 85－83＝2
④ 74－14＝60
⑤ 63－60＝3
⑥ 52－2＝50

P27

ひき算の ひっ算（5）
くり下がりあり①

1 43－27を ①〜③の じゅんに ひっ算で しましょう。

43－27＝16
① くらいを たてに そろえて かく。
② 一のくらいの計算 3から7は ひけない。十のくらいから 1くり下げる。 13－7＝6
③ 十のくらいの計算 1くり下げたので 3 3－2＝1

2 計算《けいさん》を しましょう。

① 56－18＝38
② 64－29＝35
③ 71－25＝46

ひき算の ひっ算（6）
くり下がりあり②

● 計算《けいさん》を しましょう。

① 60－14＝46
② 80－35＝45
③ 67－58＝9
④ 91－82＝9
⑤ 60－53＝7
⑥ 90－84＝6

P28

ひき算の ひっ算（7）
くり下がりあり③

● 計算《けいさん》を しましょう。

① 23－8＝15
② 57－9＝48
③ 40－1＝39
④ 60－5＝55
⑤ 34－26＝8
⑥ 78－69＝9

ひき算の ひっ算（8）
くり下がりあり④

● 計算《けいさん》を しましょう。

① 64－47＝17
② 82－8＝74
③ 30－19＝11
④ 56－47＝9
⑤ 80－72＝8
⑥ 30－1＝29

P29

ひき算の ひっ算（9）
くり下がりあり⑤

● 計算《けいさん》を しましょう。

① 65－59＝6
② 30－7＝23
③ 28－19＝9
④ 40－25＝15
⑤ 33－14＝19
⑥ 26－8＝18
⑦ 41－18＝23
⑧ 90－27＝63
⑨ 46－38＝8
⑩ 52－7＝45

ひき算の ひっ算（10）
くり下がりあり⑥

● 計算《けいさん》を しましょう。

① 81－33＝48
② 90－4＝86
③ 75－28＝47
④ 63－9＝54
⑤ 60－45＝15
⑥ 42－38＝4
⑦ 96－87＝9
⑧ 21－6＝15
⑨ 45－17＝28
⑩ 90－2＝88

（解答は，200～300%に拡大してお使い下さい。）

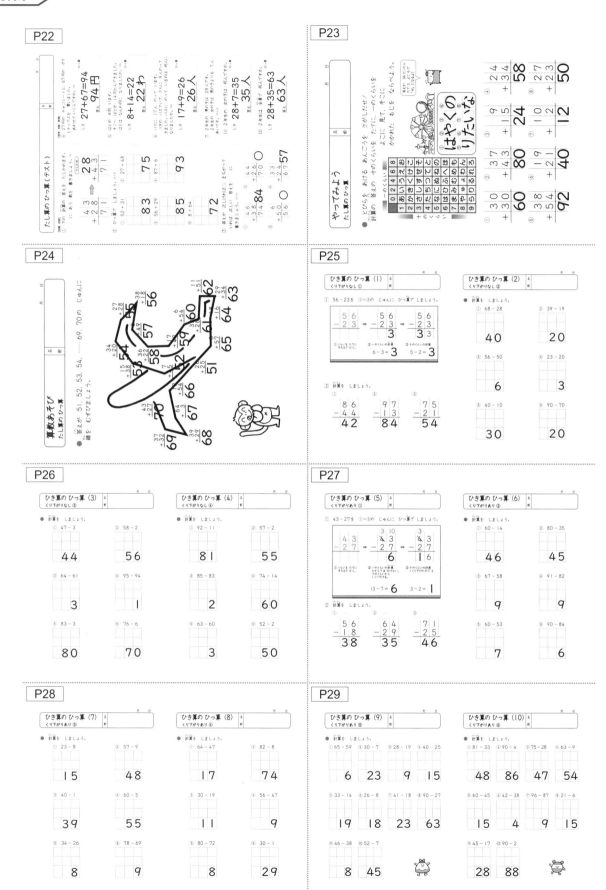

P30

ひき算のひっ算（11） くり下がりあり・なし①

● 計算《けいさん》を しましょう。

① 32－29　3　② 60－7　53　③ 45－14　31　④ 83－14　69
⑤ 60－8　52　⑥ 63－39　24　⑦ 50－35　15　⑧ 42－7　35
⑨ 91－62　29　⑩ 89－40　49

ひき算のひっ算（12） くり下がりあり・なし②

● 計算《けいさん》を しましょう。

① 76－67　9　② 50－14　36　③ 77－8　69　④ 40－12　28
⑤ 88－35　53　⑥ 92－18　74　⑦ 99－39　60　⑧ 34－15　19
⑨ 45－4　41　⑩ 90－34　56

P31

ひき算のひっ算（13） くり下がりあり・なし③

● 計算《けいさん》を しましょう。

① 54－36　18　② 72－27　45　③ 18－9　9　④ 80－3　77
⑤ 56－16　40　⑥ 42－19　23　⑦ 45－30　15　⑧ 83－47　36
⑨ 60－22　38　⑩ 31－17　14

ひき算のひっ算（14） くり下がりあり・なし④

● 計算《けいさん》を しましょう。

① 94－8　86　② 50－16　34　③ 40－5　35　④ 53－37　16
⑤ 89－29　60　⑥ 78－20　58　⑦ 96－7　89　⑧ 41－18　23
⑨ 63－48　15　⑩ 25－17　8

P32

ひき算のひっ算（15） ひき算のきまり

1 63－37を ひっ算で しましょう。また，答えを たしかめましょう。

ひかれる数 63，ひく数 －37，答え 26　→　26＋37＝63

2 ひっ算を しましょう。そして，答えの たしかめに なる しきを えらび 線で むすびましょう。

① 50－26＝24　② 23－8＝15　③ 44－19＝25

24＋26　25＋19　15＋8

ひき算のひっ算（16） 文しょうだい①

1 おにぎりが 51こ あります。かぞくで 18こ 食べました。のこりは 何こですか。
しき 51－18＝33　答え 33こ

2 教室に 男の子は 27人，女の子は 31人 います。どちらが 何人 多いですか。
しき 31－27＝4　答え 女の子が4人多い。

3 白い ねこと 黒い ねこが あわせて 33ひき います。黒い ねこは 17ひきです。白い ねこは 何びきですか。
しき 33－17＝16　答え 16ぴき

4 かずきさんの お父さんは 40才です。お兄さんは お父さんより 24才 年下です。お兄さんは 何才ですか。
しき 40－24＝16　答え 16才

P33

ひき算のひっ算（17） 文しょうだい②

1 りょうこさんは 82円 もって います。25円 つかいました。のこりは いくらですか。
しき 82－25＝57　答え 57円

2 チョコレートが 44こ，あめが 38こ あります。どちらが 何こ 多いですか。
しき 44－38＝6　答え チョコレートが6こ多い。

3 みきさんは 本を 68ページ 読みました。妹は みきさんより 29ページ 少なく 読みました。妹は 何ページ 読みましたか。
しき 68－29＝39　答え 39ページ

4 ラジオ体そうに 45人の 子どもが いました。そのうち 16人が 1回も 休まず 行きました。休んだことの ある 子どもは 何人ですか。
しき 45－16＝29　答え 29人

ひき算のひっ算（18） 文しょうだい③

1 にわに 花が 83本 ありました。26本が かれました。のこりは 何本ですか。
しき 83－26＝57　答え 57本

2 3年生は しゅくだいが 32ページ あります。2年生は それより 17ページ 少ないです。2年生の しゅくだいは 何ページですか。
しき 32－17＝15　答え 15ページ

3 ケーキやさんに いちごの ショートケーキが 11こ，タルトが 8こ あります。どちらが 何こ 多いですか。
しき 11－8＝3　答え ショートケーキが3こ多い。

4 オレンジジュースと りんごジュースが あわせて 51本 あります。オレンジジュースは 27本です。りんごジュースは 何本ですか。
しき 51－27＝24　答え 24本

P34

ふりかえり ひき算のひっ算

1 計算《けいさん》を しましょう。

① 53－28　25　② 60－14　46　③ 81－79　2
④ 44－23　21　⑤ 50－42　8　⑥ 97－8　89
⑦ 65－31　34　⑧ 70－6　64

2 上の ひき算の 答えの たしかめに なる，たし算の しきは どれですか。線で むすびましょう。

54－38　76－20　91－3
56＋20　13＋82　88＋3　16＋38

3 あやねさんの にわに 花が 46本 さいて います。げんかんの 花は にわの 花より 29本 少ないです。げんかんの 花は 何本ですか。
しき 46－29＝17　答え 17本

4 だいきさんは けしごむを 18こ もって います。弟は 21こ もって います。どちらが 何こ 多いですか。
しき 21－18＝3　答え 弟が3こ多い。

5 クッキーを 60まい 作りました。13まい 食べました。のこりは いくつですか。
しき 60－13＝47　答え 47まい

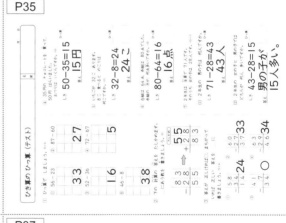

P35

ひき算のひっ算（テスト）

4 35円の チョコレートを 買って 50円 はらいました。おつりは いくらですか。
しき 50－35＝15　答え 15円

5 いちごが 32こ あります。8こ 食べると のこりは 何こですか。
しき 32－8＝24　答え 24こ

6 白組は 64点，赤組は 80点でした。どちらが 何点 多いですか。
しき 80－64＝16　答え 16点

7 2年生は 全部で 71人です。そのうち 女の子は 28人です。
(1) 2年生の 男の子は 何人ですか。
しき 71－28＝43　答え 43人
(2) 2年生の 女の子と 男の子は どちらが 何人 多いですか。
しき 43－28＝15　答え 男の子が15人多い。

P36

算数あそび ひき算のひっ算①

● ひき算を しましょう。答えを 下の □の あうところに 書きましょう。

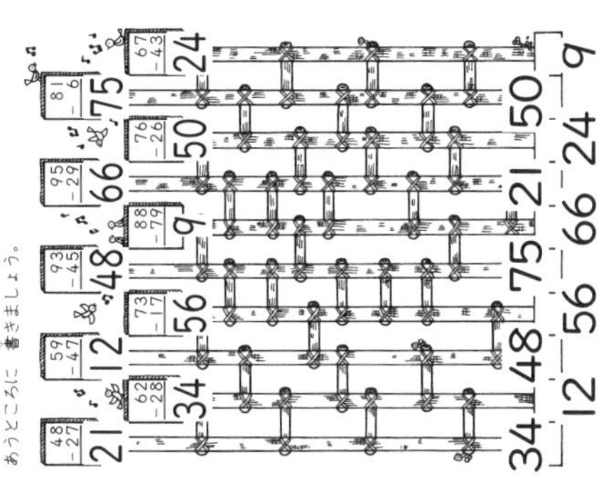

P37

算数あそび ひき算のひっ算②

● 答えの 小さい 方を 通って ゴールまで 行きましょう。

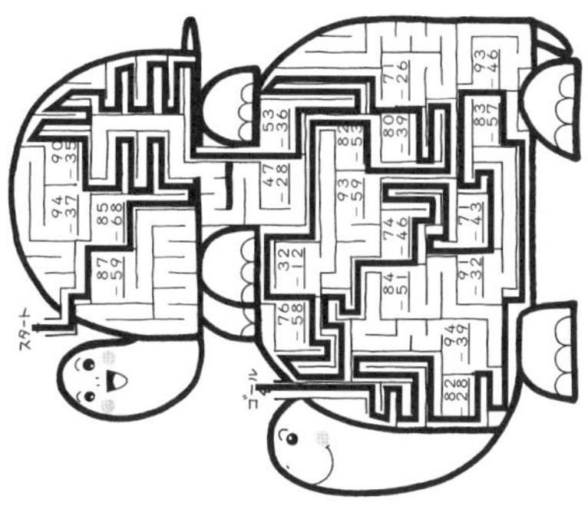

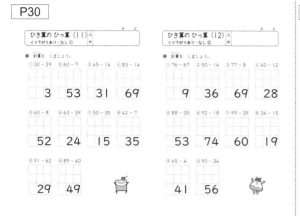

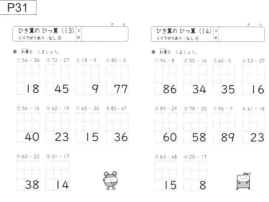

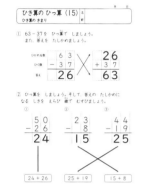

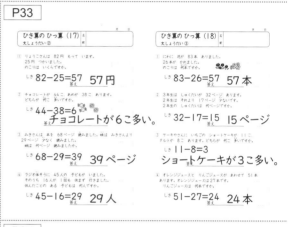

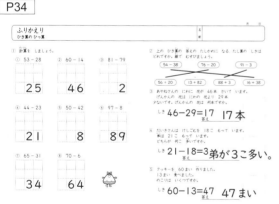

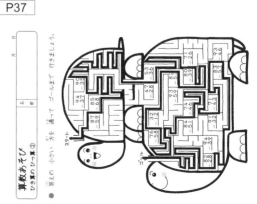

児童に実施させる前に，必ず指導される方が問題を解いてください。本書の解答は，あくまでも１つの例です。

P38

たし算とひき算のひっ算 (1) 文しょうだい① 名前 月 日

1 水そうに 金魚《きんぎょ》が 45ひき います。そのうち 7ひき すくうと，のこりは 何《なん》びきですか。

しき 45−7=38　答《こた》え 38ひき

2 赤い 風船《ふうせん》が 18こ，白い 風船が 23こ あります。風船は ぜんぶで 何こ ありますか。

しき 18+23=41　答え 41こ

3 あさりがりで かずきさんは 32こ とりました。お姉《ねえ》さんは かずきさんより 9こ 多《おお》くとりました。お姉さんは あさりを 何こ とりましたか。

しき 32+9=41　答え 41こ

たし算とひき算のひっ算 (2) 文しょうだい② 名前 月 日

1 ぶどうを 36つぶ 食《た》べると，のこりが 45つぶに なりました。ぶどうは，はじめに 何つぶ ありましたか。

しき 36+45=81　答え 81つぶ

2 玉入れを しました。赤組《あかぐみ》は 62こ 入れました。白組は 赤組より 25こ 少《すく》なく 入れました。白組は 何こ 入れましたか。

しき 62−25=37　答え 37こ

3 あめが 80こ あります。友《とも》だちに 35こ くばると，あめは 何こ のこりますか。

しき 80−35=45　答え 45こ

P39

たし算とひき算のひっ算 (3) 文しょうだい③ 名前 月 日

1 ちゅう車場《しゃじょう》に，車が 78台《だい》 とまって いました。そこへ 車が 何台《なんだい》か 入って きたので，車は ぜんぶで 92台に なりました。車は 何台 入って きましたか。

しき 92−78=14　答え 14台

2 赤い チューリップが 42本，黄色《きいろ》い チューリップが 39本 さいて います。チューリップは ぜんぶで 何本 さいて いますか。

しき 42+39=81　答え 81本

3 公園《こうえん》に 子どもが 63人 います。そのうち 男の子は 28人です。女の子は 何人ですか。

しき 63−28=35　答え 35人

たし算とひき算のひっ算 (4) 文しょうだい④ 名前 月 日

1 けいすけさんは クイズを 33もんして，9もん まちがえました。せいかいは 何《なん》もんでしたか。

しき 33−9=24　答え 24もん

2 おはじきを 27こ もって いました。おばあさんに 53こ もらいました。おはじきは 何こに なりましたか。

しき 27+53=80　答え 80こ

3 しょうたさんの 算数《さんすう》の テストは 79点《てん》でした。これは 国語《こくご》の テストより 16点 ひくいです。国語は 何点でしたか。

しき 79+16=95　答え 95点

P40

長さ (1) 名前 月 日

● 魚《さかな》の 大きさを くらべましょう。

(1) いちばん 線《せん》が 長《なが》いのは，どれですか。　㋒

(2) いちばん 線が みじかいのは，どれですか。　㋑

P41

長さ (2) 名前 月 日

1 どちらが どれだけ 長《なが》いでしょう。長い 方《ほう》の (　)に ○を 書きましょう。

① 色紙《いろがみ》の たてと よこ　たて (○)　よこ (　)

② ㋐の えんぴつと ㋑の えんぴつ　㋐ (　)　㋑ (○)

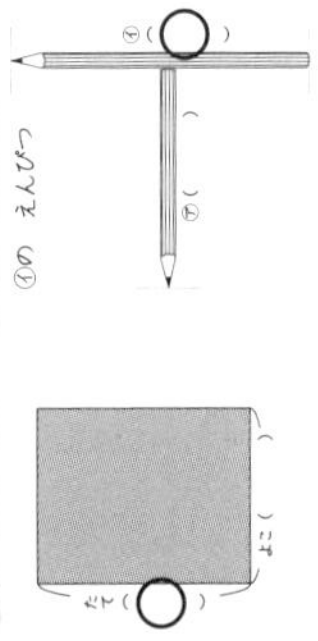

2 どちらが どれだけ 長いでしょう。(　)に あてはまる ことばや 数《かず》を 書きましょう。

㋐ のり　㋐ のりは，クリップ (3) こ分《ぶん》

㋑ えんぴつ　㋑ えんぴつは，クリップ (4) こ分

だから，(㋑えんぴつ) の 方が クリップ (1) こ分 長い。

P42

長さ (3) 名前 月 日

長《なが》さを はかる たんいに センチメートルが あります。**1センチメートル** は **1cm** と 書《か》きます。　1cm

1 cmを 書く れんしゅうを しましょう。

1cm 2cm 3cm 4cm 5cm

2 1ますが 1cmの 工作用紙《こうさくようし》で 長さを はかりましょう。

① (7 cm)

② (9 cm)

3 ものさしで 長さを はかりましょう。

① (10cm)

② (6cm)

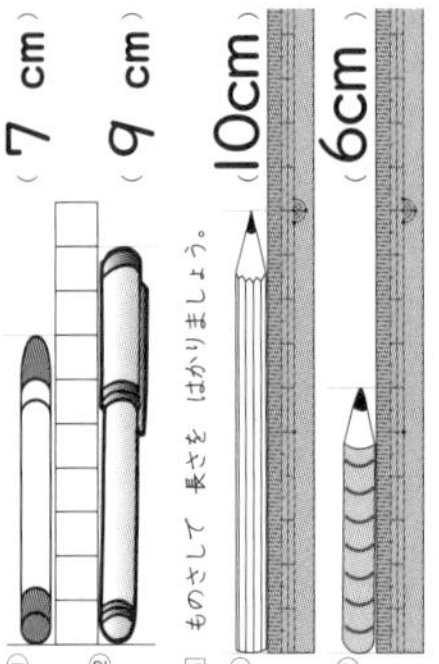

P43

長さ (4) 名前 月 日

1 左の はしから ㋐，㋑，㋒までの 長さは それぞれ 何cmですか。

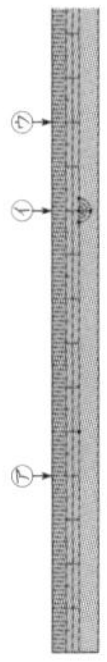

㋐ (4 cm)

㋑ (10 cm)

㋒ (12 cm)

2 ものさしで つぎの 長さの 線《せん》を ひきましょう。

① 3cm ・

② 9cm ・

③ 12cm ・

略

P44

長さ (5) 名前 月 日

● ありが 歩《ある》いた 長《なが》さを しらべます。

(1) ㋐〜㋓の ありが 歩いた 長さを はかりましょう。

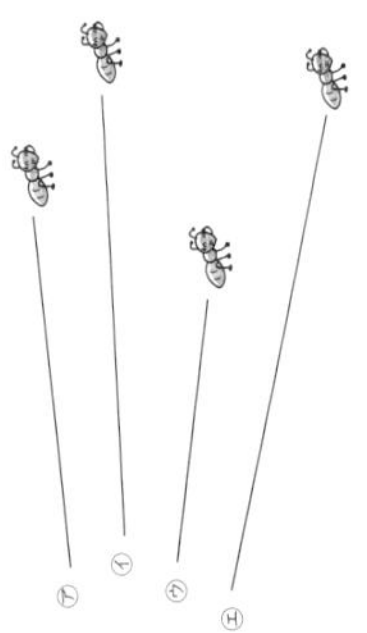

㋐ (8 cm)　㋑ (10 cm)

㋒ (6 cm)　㋓ (11 cm)

(2) いちばん 長く 歩いた ありは どの ありですか。　㋓

P45

長さ (6) 名前 月 日

1cmを 同《おな》じ 長さに 10に 分《わ》けた 1こ分《ぶん》の 長さを **1ミリメートル** といいます。1cm = 10mm　1mm

3 mmを 書く れんしゅうを しましょう。

1mm 2mm 3mm 4mm

2 つぎの ものの 長さは どれだけでしょうか。

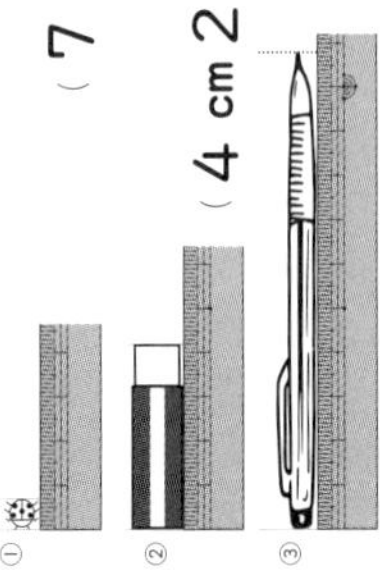

① (7 mm)

② (4 cm 2 mm)

③ (10 cm 8 mm)

（解答は，200～300%に拡大してお使い下さい。）

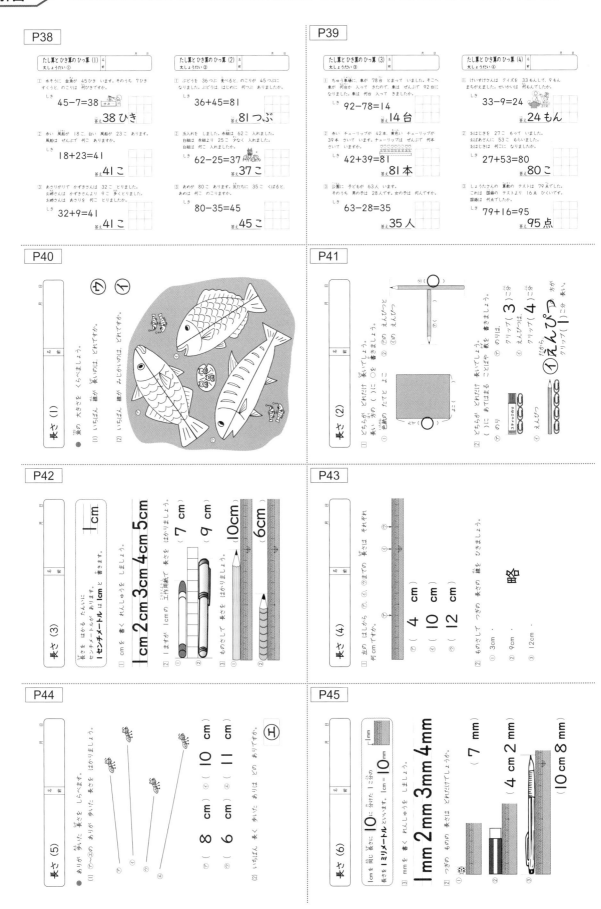

指導される方の作られた解答をもとに，本書の解答例を参考に児童の多様な考えに寄り添って○つけをお願いします。

解答

P46

長さ (7)

1 つぎの 長さを ものさしで はかりましょう。

① (8 mm)　② (4 cm 5 mm)

2 つぎの 長さを ものさしで はかりましょう。

㋐ 6 cm 7 mm　㋑ 8 cm 2 mm

3 つぎの 長さの 線を ひきましょう。

① 9cm 3mm　② 2cm 6mm

略

P47

長さ (8)

1 ( )に あてはまる 数を 書きましょう。

① 4cm 7mm = (47) mm

② 3cm = (30) mm

③ 10cm 9mm = (109) mm

④ 80mm = (8) cm

⑤ 15mm = (1) cm (5) mm

2 かたつむりから 花までの ㋐と ㋑の 道の 長さを はかって くらべましょう。

① ㋑の 道の 長さは 何cmですか。

5 cm + 2 cm = 7 cm

② ㋐と ㋑の 道の 長さの ちがいは 何cmですか。

しき 7cm−6cm=1cm

答え 1cm

P48

長さ (9)

1 計算を しましょう。

① 5cm 2mm + 3cm 3mm = 8cm5mm

② 2cm 8mm + 6cm = 8cm8mm

③ 3cm 1mm + 7mm = 3cm8mm

④ 4cm + 2cm 9mm = 6cm9mm

2 計算を しましょう。

① 7cm 6mm − 2cm 5mm = 5cm1mm

② 8cm 4mm − 5cm = 3cm4mm

③ 4cm 9mm − 6mm = 4cm3mm

④ 9cm 8mm − 6cm 8mm = 3cm

P49

長さ (10)

1 計算を しましょう。

① 3cm 9mm + 2cm 4mm = 6cm3mm

② 5cm 5mm + 1cm 6mm = 7cm1mm

③ 7cm 4mm + 8mm = 8cm2mm

長さの 計算は ひっ算でも できるよ。

cm	mm
3	9
+ 2	4
6	3

2 計算を しましょう。

① 5cm 3mm − 2cm 6mm = 2cm7mm

② 9cm − 3cm 4mm = 5cm6mm

③ 8cm 2mm − 6mm = 7cm6mm

P50

長さ (11)

1 計算を しましょう。

① 4cm 3mm + 5mm = 4cm8mm

② 3cm 8mm + 4cm 1mm = 7cm9mm

③ 5cm + 2cm 7mm = 7cm7mm

④ 1cm 5mm + 7cm = 8cm5mm

2 計算を しましょう。

① 5cm 6mm − 3cm = 2cm6mm

② 9cm 7mm − 6cm 5mm = 3cm2mm

③ 8cm 4mm − 2cm 3mm = 6cm1mm

④ 6cm 8mm − 4mm = 6cm4mm

P51

長さ (12)

1 計算を しましょう。

① 5cm 6mm + 8mm = 6cm4mm

② 2cm 9mm + 4cm 5mm = 7cm4mm

③ 4cm 4mm + 3cm 7mm = 8cm1mm

2 計算を しましょう。

① 7cm 6mm − 9mm = 6cm7mm

② 6cm − 4cm 8mm = 1cm2mm

③ 5cm 2mm − 2cm 5mm = 2cm7mm

P52

ふりかえり 長さ①

1 ものさしで 長さを はかりましょう。

㋐ (9cm)　㋑ (3cm)

㋒ (8mm)　㋓ (12cm4mm)

2 左の はしから ㋐, ㋑, ㋒, ㋓, ㋔, ㋕までの 長さは，それぞれ どれだけですか。

㋐ (6mm)　㋑ (3cm5mm)

㋒ (7cm)　㋓ (8cm8mm)

㋔ (10cm3mm)　㋕ (13cm1mm)

3 ものさしで つぎの 長さの 線を ひきましょう。

① 4cm　② 9mm　③ 6cm 5mm　④ 10cm 2mm　⑤ 8cm 7mm

略

4 ㋐〜㋓の 長さを しらべます。

(1) ものさしで 長さを はかりましょう。

㋐ 8cm5mm　㋑ (9cm)

㋒ 5cm3mm　㋓ (4cm2mm)

(2) いちばん 長い ものは どれですか。　㋑

(3) いちばん みじかい ものは どれですか。　㋓

P53

ふりかえり 長さ②

1 ものさしで ㋐〜㋔の 長さが それぞれ 何cm何mmか はかって ( )に 書きましょう。また，何mmかを　に 書きましょう。

㋐ (4cm)　40 mm

㋑ 2cm5mm　25 mm

㋒ 7cm3mm　73 mm

㋓ 9cm1mm　91 mm

㋔ 1cm4mm　14 mm

2 計算を しましょう。

① 5cm 6mm + 8mm = 6cm4mm

② 2cm 9mm + 4cm 5mm = 7cm4mm

③ 4cm 4mm + 3cm 7mm = 8cm1mm

④ 5cm 6mm − 8mm = 4cm8mm

⑤ 4cm 5mm − 2cm 9mm = 1cm6mm

⑥ 4cm 4mm − 3cm 7mm = 7mm

3 ㋐の 線と，㋑の 線を くらべると，どちらが どれだけ 長いですか。

㋐ 4cm3mm+2cm5mm=6cm8mm

㋑ 5cm4mm

6cm8mm−5cm4mm=1cm4mm

答え ㋐が 1cm4mm 長い。

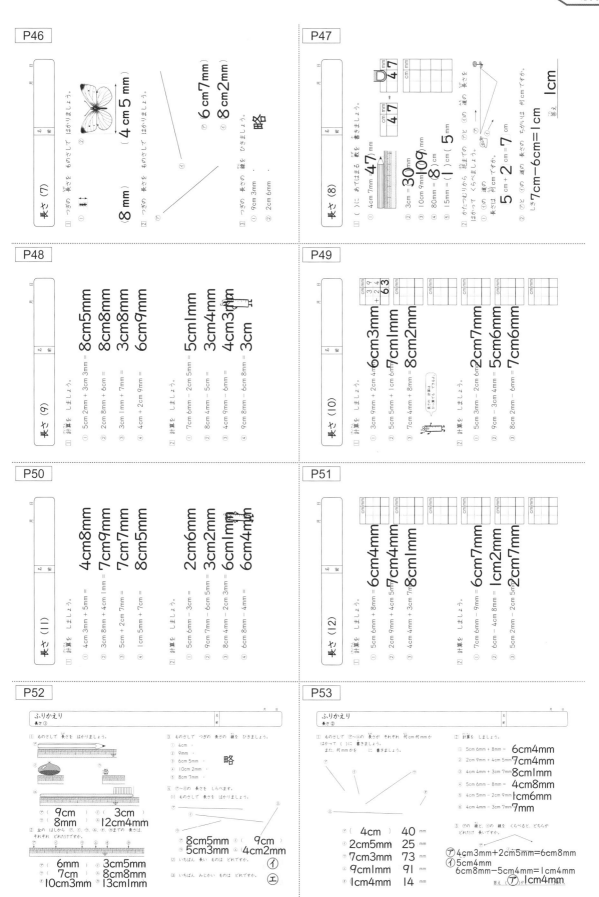

解答

児童に実施させる前に，必ず指導される方が問題を解いてください。本書の解答は，あくまでも1つの例です。

P54

長さ（テスト）

1 長さに ついて □に あてはまる 数を 書きましょう。
(1) 1mmは，1cmを 10 に分けた 1つ分の 長さです。
(2) 1cmの10こ分の長さは 10 cmです。

2 ふさわしい 長さの たんいを □に 書きましょう。
(1) はがきの横の長さ　10 cm
(2) 教科書のあつさ　14 mm

3 ㋐，㋑の 長さを □に 書きましょう。
㋐ 5cm3mm　㋑ 10cm6mm

4 つぎの 長さの 直線を 丨から かきましょう。
(1) 4cm
(2) 7cm 7mm

5 □に あてはまる 数を 書きましょう。
(1) 30mm＝3 cm
(2) 12cm 7mm＝127 mm

6 つぎの 2本の テープを 見て 答えましょう。
(1) 2本の テープの ちがいは 何cmですか。
しき 5cm−3cm＝2cm　答え 2cm
(2) 2本の テープを つなぐと 何cmですか。
しき 3cm+5cm＝8cm　答え 8cm

7 ありが ㋐から ㋑まで 線の 上を 歩いて 行きました。どれだけ 歩きましたか。
しき 6cm+4cm6mm＝10cm6mm　答え 10cm6mm

8 チョウと テントウムシの 長さの ちがいは 何cmですか。
しき 3cm7mm−7mm＝3cm　答え 3cm

9 赤えんぴつは 9cm 6mmです。
しき 10cm9mm−9cm6mm＝1cm3mm
青えんぴつの方が 1cm3mm 長い。

P55

算数あそび　長さ

● 1cm，2cm，4cm，5cm，6cm，11cmの ・と・の 間が ところを 線で むすびましょう。

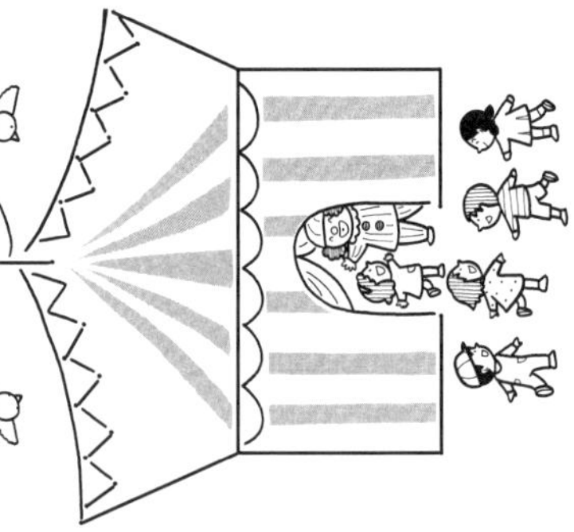

P56

1000までの 数 (1)

● 魚は ぜんぶで 何びき いますか。

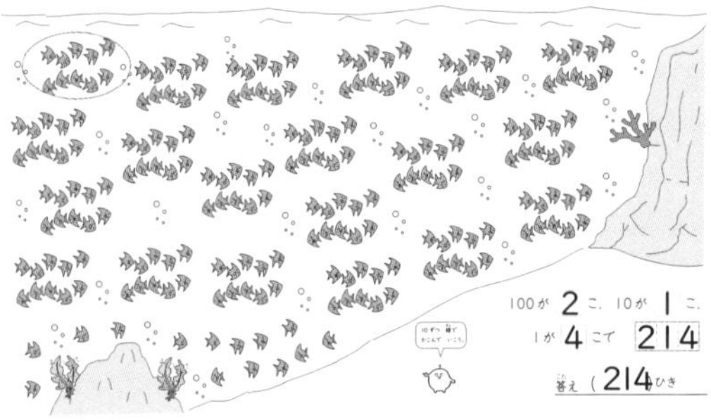

100が 2 こ，10が 1 こ，1が 4 こで 214

答え（214ひき）

P57

1000までの 数 (2)

● ▦は ぜんぶで 何こ ありますか。

①

	百のくらい	十のくらい	一のくらい
漢字	二百	三十	八
数字	2	3	8

②

	百のくらい	十のくらい	一のくらい
漢字	二百	四十	
数字	2	4	0

③

	百のくらい	十のくらい	一のくらい
漢字	三百		二
数字	3	0	2

1000までの 数 (3)

1 数字で 書きましょう。
① 四百五十七　457
② 八百六十　860
③ 五百一　501
④ 九百　900

2 □に あてはまる 数を 書きましょう。
① 100を 3こ，10を 8こ，1を 5こ あわせた 数は，385 です。
② 100を 7こ，1を 4こ あわせた 数は 704 です。
③ 890は，100を 8 こ，10を 9 こ あわせた 数です。
④ 百のくらいが 6，十のくらいが 1，一のくらいが 2の 数は，612 です。

P58

1000までの 数 (4)

1 □に 答えを 書きましょう。
① 10を 14こ あつめた 数は いくつですか。　140
② 10を 28こ あつめた 数は いくつですか。　280

2 □に 答えを 書きましょう。
① 230は 10を 何こ あつめた 数ですか。　23 こ
② 440は 10を 何こ あつめた 数ですか。　44 こ

1000までの 数 (5)

1 □に あてはまる 数を 書きましょう。
① 340　350　360　370　380
② 590　600　610　620　630

2 □に あてはまる 数を 書きましょう。
① 433　446　465（数直線 430　440　450　460）
② 888　904　912（数直線 880　890　900　910）

P59

1000までの 数 (6)

1 下の 数の 線を 見て，□に あてはまる 数を 書きましょう。
① 100を 10 こ あつめた 数を 千と いい，1000と 書きます。
② 1000は，10を 100 こ あつめた 数です。
③ 1000より 200 小さい 数は 800 です。
④ 900は あと 100 で 1000に なります。
⑤ 600より 400 大きい 数は 1000 です。
⑥ 1000より 1 小さい 数は 999 です。

2 つぎの 数を（れい）の ように 下の 数の線に ↑で 書き入れましょう。
［れい］180　㋐320　㋑650　㋒790
（数直線 0　100　200　300　400　500　600　700　800　900　1000）
（れい）↑　㋐　㋑　㋒

1000までの 数 (7)

1 どちらの 数が 大きいですか。＞か，＜を つかって あらわしましょう。
① 295 ＜ 312
② 411 ＞ 408
③ 807 ＞ 798

2 どちらの 数が 大きいですか。＞か，＜を つかって あらわしましょう。
① 336 ＞ 328　② 507 ＞ 498
③ 949 ＞ 946　④ 999 ＜ 1000

3 3けたの 数を かいた カードが あります。数が 大きい 方に ○を つけましょう。
① 199　206（○）
② 74　333（○）
③ 56　965（○）
（数直線 990　995　1000）

P60

1000までの 数 (8)

1 かれんさんと たつやさんは おかしを 買いに 行きました。
チョコレート 90円　グミ 70円　ガム 30円
(1) かれんさんは チョコレートと ガムを 買いました。あわせて いくらですか。
しき 90+30＝120　答え 120円
(2) たつやさんは 130円 もっています。グミを 買うと，いくら のこりますか。
しき 130−70＝60　答え 60円

2 おり紙が 700まい ありました。そのうち 300まい つかうと，のこりは 何まいに なりますか。
しき 700−300＝400　答え 400まい

1000までの 数 (9)

1 計算を しましょう。
① 80＋60＝140　② 300＋200＝500
③ 400＋90＝490　④ 150−70＝80
⑤ 600−400＝200　⑥ 580−80＝500

2 □に あてはまる ＞，＜を 書きましょう。
① 30＋60 ＞ 80　② 70＋40 ＜ 120
③ 140−60 ＞ 70　④ 1000−300 ＞ 80

P61

ふりかえり　1000までの 数

1 （ ）に 数字で 書きましょう。
① 九百十三（913）　② 百三十（130）
③ 六百五（605）　④ 百一（101）
⑤ 五百七十三（573）

2 □に あてはまる 数を 書きましょう。
① 100を 6こ，10を 9こ あわせた 数は 690 です。
② 305は，100を 3 こ，1を 5 こ あわせた 数です。
③ 740は，10を 74 こ あつめた 数です。
④ 百のくらいが 5，十のくらいが 8，一のくらいが 2の 数は 582 です。
⑤ 10を 100こ あつめた 数は 1000 です。
⑥ 999は，あと 1 で 1000に なります。

3 □に あてはまる ＞，＜を 書きましょう。
① 798 ＞ 789　② 110 ＞ 101
③ 453 ＜ 455　④ 899 ＜ 901

4 数の線を 見て □に あてはまる 数を 書きましょう。
①（数直線 870　880　890　900　910　920　930）　889　901　929
②（数直線 700　800　900　1000）　740　910　990

5 つぎの 計算を しましょう。
① 80＋70＝150　② 700＋100＝800
③ 440−40＝400　④ 600−300＝300

6 さくらさんは，150円を もって 買いものに 行きました。
シュークリーム 80円　キャンディー 40円　ジュース 90円
① キャンディーと ジュースを 買うと 何円に なりますか。
しき 40+90＝130　答え 130円
② シュークリームを 買うと 何円 のこりますか。
しき 150−80＝70　答え 70円

　（解答は，200～300%に拡大してお使い下さい。）

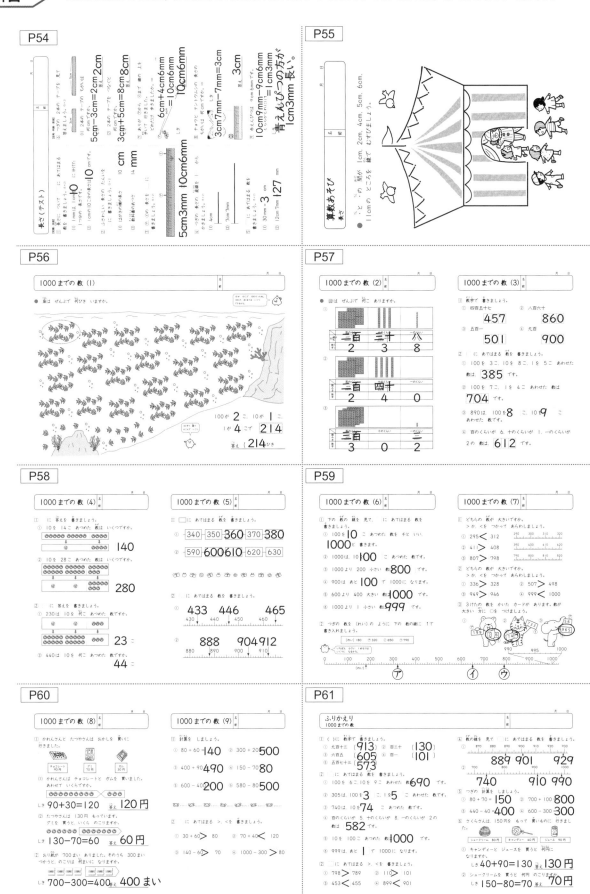

P62

1000までの 数（テスト）

1 (1) 379 (2) 201

2 (1) 760 (2) 508 (3) 119 (4) 1000

3 (1) 789 ＜ 791 (2) 301 ＞ 299

4 698　724

5 (1) 42 (2) 690

6 しき 400＋100＝500　答え 500回

7 しき 1000－800＝200　答え 200円

8 (1) 7, 8, 9 (2) 3, 2, 1, 0

9 900　800　87

P63

算数あそび　1000までの 数

● 0から 10, 20, 30…と 1000まで じゅんばんに 線《せん》で つなぎましょう。

P64

かさ (1)

1 水《みず》が 多《おお》く 入っている 方《ほう》に ○を つけましょう。

㋐ (　)　㋑ (○)

2 水は どちらに どれだけ 多く 入っていますか。( )に あてはまる 数《かず》を 書《か》きましょう。

㋐ 10ぱい　㋑ (4)はい

㋐の 方が (6)ぱい分 多い。

かさ (2)

かさを あらわす たんいに リットルが あります。1リットルは 1Lと 書きます。

1 Lを 書く れんしゅうを しましょう。

1L 2L 3L 4L 5L 6L

2 つぎの 入れものに 入る 水の かさを 書きましょう。

① 1Lの 3つ分　3 L

② 1Lの 2つ分　2 L

③ 6 L

④ 1 L

P65

かさ (3)

1デシリットルは 1Lを 同じ かさに 10に 分けた 1こ分の かさです。1デシリットルは 1dLと 書きます。　1L＝10dL

1 dLを 書く れんしゅうを しましょう。

1dL 2dL 3dL 4dL 5dL

2 つぎの 入れものに 入る 水の かさを 書きましょう。

① 2 dL

② 4 dL

③ 10 dL

④ 7 dL

かさ (4)

1 つぎの 入れものに 入る 水の かさを 書きましょう。

① 1 L 5 dL

② 4 L 3 dL

③ 5 L 6 dL

④ 3 L 2 dL

P66

かさ (5)

● つぎの 入れものに 入る 水の かさを ㋐, ㋑の あらわし方《かた》で 書きましょう。

① ㋐ 2 L　㋑ 20 dL

② ㋐ 1 L 5 dL　㋑ 15 dL

③ ㋐ 3 L 3 dL　㋑ 33 dL

④ ㋐ 1 L 4 dL　㋑ 14 dL

⑤ ㋐ 5 L 9 dL　㋑ 59 dL

かさ (6)

1 ジュースが びんに 1L 5dL, 紙《かみ》パックに 2dL 入っています。

① ジュースは あわせて どれだけに なりますか。

しき 1 L 5 dL ＋ 2 dL＝ 1 L 7 dL　答え 1L7dL

② かさの ちがいは どれだけですか。

しき 1 L 5 dL － 2 dL＝ 1 L 3 dL　答え 1L3dL

2 計算《けいさん》を しましょう。

① 4L3dL＋6dL＝ 4L9dL

② 2L＋1L5dL＝ 3L5dL

③ 5L8dL－7dL＝ 5L1dL

④ 3L4dL－2L＝ 1L4dL

P67

かさ (7)

dLより 少ない かさを あらわす たんいに ミリリットルが あります。1ミリリットルは 1mLと 書きます。

1L＝1000mL　1dL＝100 mL

1 mLを 書く れんしゅうを しましょう。

1mL 2mL 3mL 4mL 5mL

2 に あてはまる 数を 書きましょう。

① 3L＝3000mL

② 5L＝5000mL

③ 6L＝6000mL

④ 4L＝4000mL

⑤ 2000mL＝ 2 L

⑥ 8000mL＝ 8 L

かさ (8)

1L＝1000mL　1dL＝100 mL

1 に あてはまる 数を 書きましょう。

① 2dL＝200mL　② 8dL＝800mL

③ 7dL＝700mL　④ 3dL＝300mL

⑤ 500mL＝ 5 dL　⑥ 600mL＝ 6 dL

⑦ 400mL＝ 4 dL　⑧ 900mL＝ 9 dL

2 に あてはまる 数を 書きましょう。

① 1L7dL＝1700 mL

② 3L4dL＝3400 mL

P68

かさ (9)

1 に あてはまる たんい（L, dL, mL）を 書きましょう。

① 牛《ぎゅう》にゅうパックの かさ …… 5dL

② ペットボトルの かさ …… 500mL

③ おふろに 入る 水の かさ …… 160 L

④ ジュースの 大きな パックの かさ …… 1000mL

2 かさの 大きい 方に ○を しましょう。

① 700mL　2L（○は 700mL）

② (○) 2dL×6　600mL

③ ((3L) 400mL)

④ (8dL (900mL))

⑤ (5L (60dL))

かさ (10)

1 計算を しましょう。

① 2L7dL＋4dL＝ 4L1dL

② 3L4dL＋3L6dL＝ 7L

③ 4L3dL－3L7dL＝ 6dL

④ 1L－5dL＝ 5dL

2 やかんに お茶《ちゃ》が 2L3dL 入っています。水とうには 8dL 入っています。あわせると どれだけに なりますか。

しき 2L3dL＋8dL＝3L1dL　答え 3L1dL

3 牛にゅうが 1L あります。朝《あさ》, 2dL のみました。のこりは 何dL ですか。

しき 1L－2dL＝8dL　答え 8dL

P69

ふりかえり　かさ

1 つぎの 水の かさを ㋐, ㋑の あらわし方で 書きましょう。

① ㋐ 2 L　㋑ 20 dL

② 12 dL

③ ㋐ 1 L 2 dL（②）

㋐ 1 L 5 dL　㋑ 15 dL（③）

2 計算を しましょう。

① 2L3dL＋4dL　2L7dL

② 3L＋1L9dL　4L9dL

③ 1L8dL－5dL　1L3dL

④ 4L6dL－4L　6dL

⑤ 5L7dL－7dL　5L

3 に あてはまる 数を 書きましょう。

① 1L＝1000mL　② 3L＝3000mL

③ 2000mL＝ 2 L　④ 4000mL＝ 4 L

4 に あてはまる たんい（L, dL, mL）を 書きましょう。

① バケツに 入る 水の かさ …… 6 L

② 目ぐすりの 入れものの かさ …… 15 mL

③ コップに 入る 水の かさ …… 2 dL

5 かさの 大きい 方に ○を しましょう。

① (15dL (2L))　② ((4L) 3000mL)

6 ㋐の すいとうには 1L, ㋑の ペットボトルには 1L 5dLの 水が 入ります。㋐ ㋑の 2つの 入れものには それぞれ いっぱいに 水が 入っています。

① 水は あわせて どれだけ ありますか。

1L＋1L5dL＝2L5dL　答え 2L5dL

② 2つの 入れものに 入る 水の かさの ちがいは どれだけですか。

1L5dL－1L＝5dL　答え 5dL

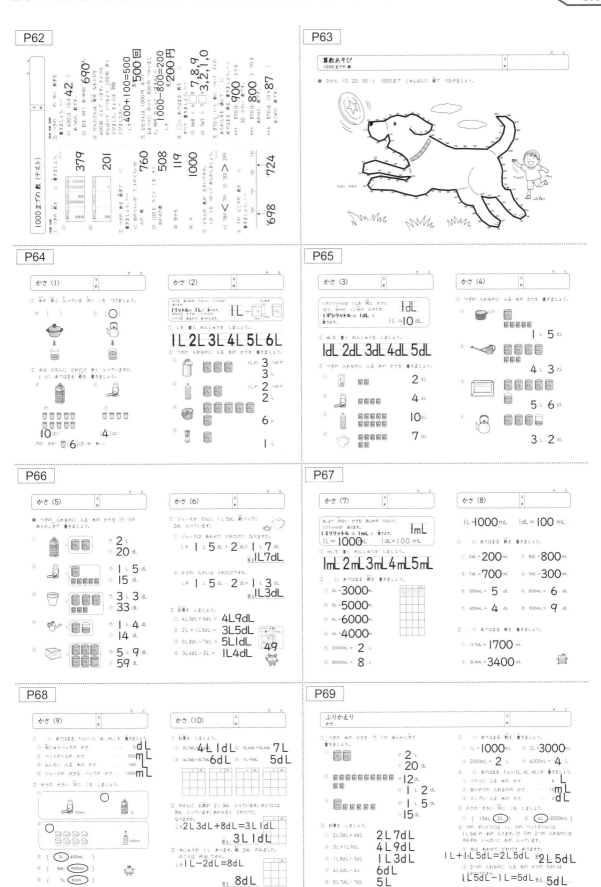

解答　児童に実施させる前に，必ず指導される方が問題を解いてください。本書の解答は，あくまでも１つの例です。

P70

P71

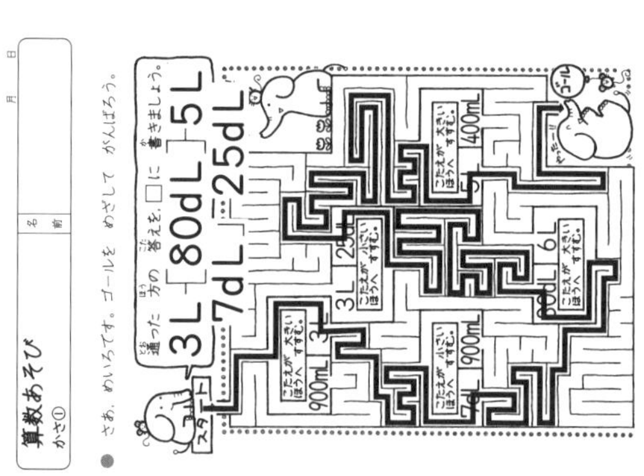

P72

P73

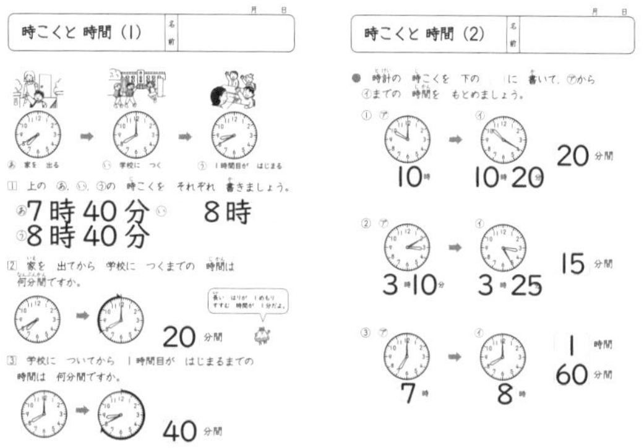

P74

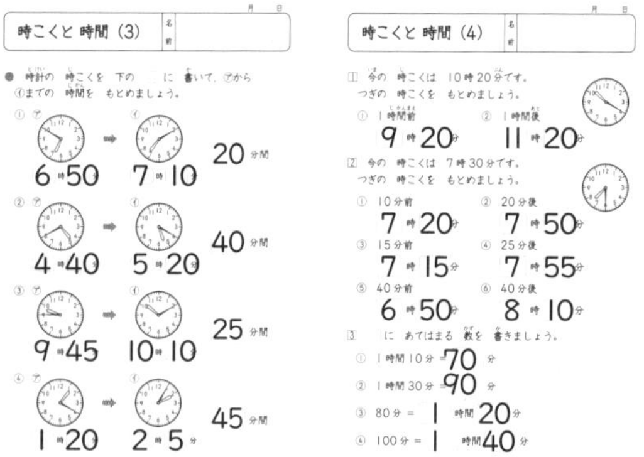

P75

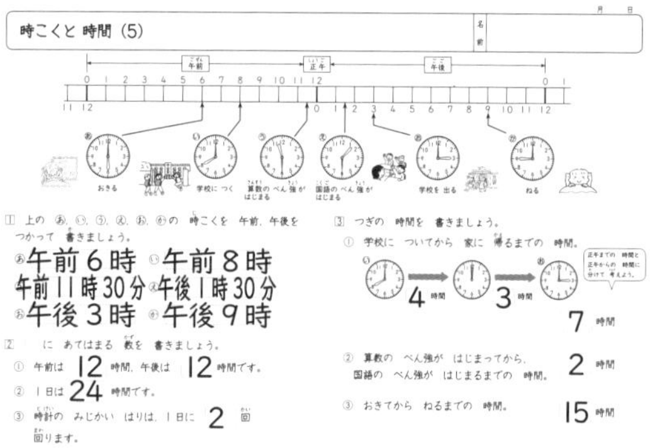

P76

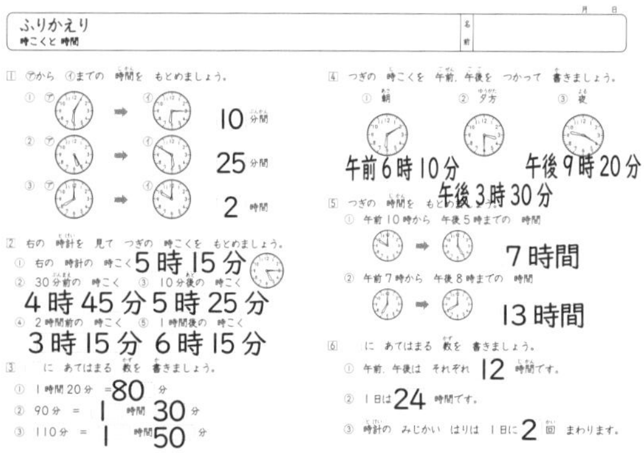

P77

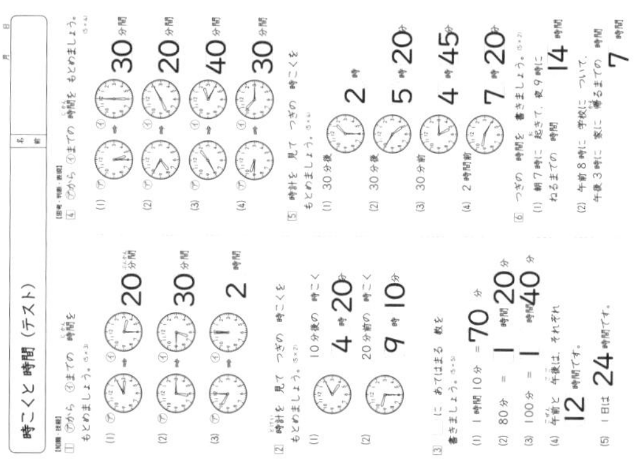

　（解答は，200～300%に拡大してお使い下さい。）

P78

算数あそび
時こくと 時間

月 日　名前

● たからさがしに 出かけよう！
絵を 見て，時計《とけい》の 時こくを （ ）に，時間を □ に 書《か》きましょう。

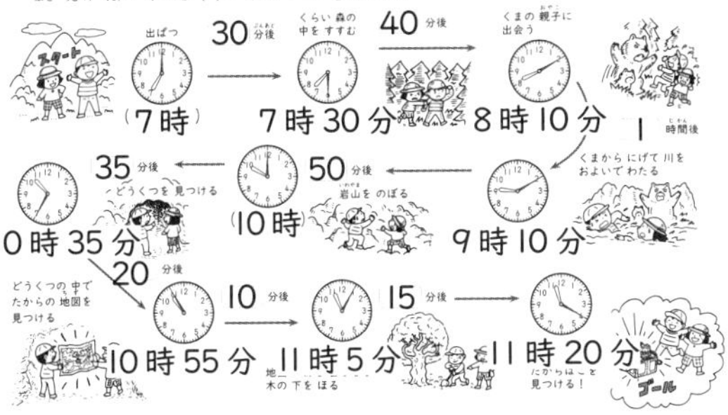

P79

計算の くふう (1)

月 日　名前

1 みかんは ぜんぶで 何《なん》こ ありますか。
□に あてはまる 数《かず》を 書きましょう。

㋐ 木に なっている みかんと おちている みかんを 先に 計算《けいさん》する。
(12+13)+7=25　25+7=32

㋑ おちている みかんと かごに 入っている みかんを 先に 計算する。
12+(13+7)=12　12+20=32

たす じゅんじょを かえても 答えは 同じだね。

2 ( )の 中を 先に 計算して 答《こた》えを 出しましょう。
① 54 + (2 + 8) =64
② 35 + (17 + 3) =55
③ 27 + (6 + 34) =67
④ 48 + (14 + 26) =88
⑤ 43 + (19 + 11) =73

計算の くふう (2)

月 日　名前

1 くふうして 計算《けいさん》しましょう。
① 36 + 3 + 7　36+(3+7)=46
② 11 + 24 + 16　11+(24+16)=51
③ 25 + 23 + 15　(25+15)+23=63
④ 8 + 54 + 22　(8+22)+54=84
⑤ 21 + 36 + 19　(21+19)+36=76

2 みわさんは シールを 23まい，お姉《ねえ》さんは 32まい，妹《いもうと》は 18まい もって います。
3人 あわせて シールは 何まい もって いますか。
（計算が かんたんに なるように （ ）を つかった 1つの しきに あらわしましょう。）
しき 23+(32+18)=73
答え 73まい

3 校ていに 2年生が 27人と 1年生が 25人 います。
そこへ 3年生が 15人 きました。
全部で 何人に なりましたか。
（計算が かんたんに なるように （ ）を つかった 1つの しきに あらわしましょう。）
しき 27+(25+15)=67
答え 67人

P80

計算のくふう（テスト）

月 日　名前

【知識・技能】
1 どんぐりは ぜんぶで 何こに なりますか。□に あてはまる 数を 書きましょう。(5×3)
ともやさんは どんぐりを 16こ ひろいました。お母さんから 17こ もらいました。つぎに，お姉さんから 3こ もらいました。
ともやさんの どんぐりは 何こに なりましたか。
(1) ともやさんが ひろった こ数と お母さんに もらった こ数を 先に 計算しましょう。
(16+17)+3=36
(2) お母さんと お姉さんに もらった こ数を 先に 計算しましょう。
16+(17+3)=36
答え 36こ

2 ( )の 中を 先に 計算して 答えを 出しましょう。(5×7)
(1) 28 + (8 + 2)　38
(2) 65 + (7 + 3)　75
(3) 59 + (4 + 6)　69
(4) 37 + (16 + 4)　57
(5) 66 + (18 + 2)　86
(6) 58 + (15 + 5)　78
(7) 69 + (7 + 23)　99

【思考・判断・表現】
3 バスに はじめ 17人 のって いました。つぎの バスていで 6人 のって きました。また つぎの バスていで 4人 のって きました。(10×2)
(1) あとから バスに のって きたのは あわせて 何人ですか。
しき 6+4=10　答え 10人
(2) バスに のって いるのは ぜんぶで 何人ですか。
17+(6+4)=27　答え 27人

4 ひろばに 18羽 ハトが いました。そこへ 3羽 とんで きました。そのあと 7羽 とんで きました。(10×2)
(1) あとから とんで きた はとは 合わせて 何羽ですか。
しき 3+7=10　答え 10羽
(2) ひろばに いる はとは ぜんぶで 何羽ですか。
18+(3+7)=28　答え 28羽

5 カードを 36まい もっていました。あたらしく 7まい 買いました。お兄さんから 13まい もらいました。カードは 何まいに なりましたか。(10)
36+(7+13)=56　答え 56まい

P81

算数あそび
計算のくふう②

月 日　名前

● 3つの 数の うち，あわせて 20に なる 2つの 数を 見つけて，◯で かこみましょう。また，3つの 数の たしざんの 答えを 下の □ に 書きましょう。

① 38　② 33　③ 39　④ 36　⑤ 37　⑥ 35

算数あそび
計算のくふう②

月 日　名前

● 3つの 数の うち，あわせて 30に なる 2つの 数を 見つけて，◯で かこみましょう。また，3つの 数の たしざんの 答えを 下の □ に 書きましょう。

① 47　② 48　③ 42　④ 46　⑤ 43　⑥ 45

P82

3けたになるたし算のひっ算 (1)
くり上がり１回①

月 日　名前

● 計算を しましょう。
① 47 + 91 = 138
② 20 + 83 = 103
③ 56 + 60 = 116
④ 37 + 72 = 109
⑤ 41 + 85 = 126
⑥ 80 + 39 = 119

3けたになるたし算のひっ算 (2)
くり上がり１回②

月 日　名前

● 計算を しましょう。
① 76 + 43　119
② 21 + 85　106
③ 90 + 62　152
④ 64 + 75　139
⑤ 15 + 92　107
⑥ 84 + 40　124

P83

3けたになるたし算のひっ算 (3)
くり上がり１回③

月 日　名前

● 計算を しましょう。
① 16 + 90　106
② 63 + 44　107
③ 75 + 74　149
④ 89 + 20　109
⑤ 62 + 91　153
⑥ 41 + 77　118
⑦ 66 + 61　127
⑧ 52 + 66　118
⑨ 92 + 96　188
⑩ 35 + 74　109

3けたになるたし算のひっ算 (4)
くり上がり１回④

月 日　名前

● 計算を しましょう。
① 73 + 82　155
② 82 + 37　119
③ 92 + 43　135
④ 74 + 91　165
⑤ 56 + 53　109
⑥ 28 + 91　119
⑦ 83 + 55　138
⑧ 94 + 32　126
⑨ 41 + 81　122
⑩ 84 + 84　168

P84

3けたになるたし算のひっ算 (5)
くり上がり２回①

月 日　名前

● 計算を しましょう。
① 36 + 94 = 130
② 48 + 75 = 123
③ 52 + 69 = 121
④ 18 + 87 = 105
⑤ 34 + 76 = 110
⑥ 23 + 98 = 121

3けたになるたし算のひっ算 (6)
くり上がり２回②

月 日　名前

● 計算を しましょう。
① 83 + 17　100
② 24 + 79　103
③ 56 + 65　121
④ 38 + 92　130
⑤ 12 + 99　111
⑥ 79 + 68　147

P85

3けたになるたし算のひっ算 (7)
くり上がり２回③

月 日　名前

● 計算を しましょう。
① 87 + 65　152
② 36 + 74　110
③ 78 + 63　141
④ 42 + 58　100
⑤ 96 + 16　112
⑥ 55 + 75　130
⑦ 91 + 29　120
⑧ 34 + 86　120
⑨ 46 + 68　114
⑩ 73 + 97　170

3けたになるたし算のひっ算 (8)
くり上がり２回④

月 日　名前

● 計算を しましょう。
① 99 + 99　198
② 16 + 94　110
③ 84 + 77　161
④ 87 + 17　104
⑤ 39 + 64　103
⑥ 29 + 82　111
⑦ 53 + 59　112
⑧ 93 + 38　131
⑨ 87 + 48　135
⑩ 69 + 88　157

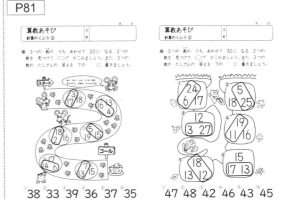

児童に実施させる前に，必ず指導される方が問題を解いてください。本書の解答は，あくまでも１つの例です。

P86

3けたになるたし算のひっ算 (9)　くり上がり２回⑤　月　日　名前

● 計算《けいさん》を しましょう。

① 3 + 98 = 101　② 91 + 9 = 100　③ 7 + 93 = 100　④ 97 + 5 = 102
⑤ 7 + 96 = 103　⑥ 99 + 1 = 100　⑦ 7 + 94 = 101　⑧ 92 + 8 = 100
⑨ 95 + 8 = 103　⑩ 95 + 6 = 101

3けたになるたし算のひっ算 (10)　くり上がり２回⑥　月　日　名前

● 計算《けいさん》を しましょう。

① 4 + 97 = 101　② 5 + 98 = 103　③ 2 + 99 = 101　④ 94 + 8 = 102
⑤ 96 + 8 = 104　⑥ 9 + 98 = 107　⑦ 93 + 8 = 101　⑧ 9 + 99 = 108
⑨ 98 + 2 = 100　⑩ 9 + 95 = 104

P87

3けたになるたし算のひっ算 (11)　くり上がり２回⑦　月　日　名前

● 計算《けいさん》を しましょう。

① 92 + 68 = 160　② 56 + 56 = 112　③ 74 + 86 = 160　④ 21 + 79 = 100
⑤ 87 + 86 = 173　⑥ 13 + 89 = 102　⑦ 53 + 47 = 100　⑧ 68 + 55 = 123
⑨ 5 + 98 = 103　⑩ 84 + 67 = 151

3けたになるたし算のひっ算 (12)　くり上がり２回⑧　月　日　名前

● 計算《けいさん》を しましょう。

① 51 + 89 = 140　② 45 + 67 = 112　③ 79 + 65 = 144　④ 95 + 59 = 154
⑤ 74 + 37 = 111　⑥ 82 + 28 = 110　⑦ 96 + 17 = 113　⑧ 68 + 67 = 135
⑨ 98 + 9 = 107　⑩ 76 + 79 = 155

P88

3けたになるたし算のひっ算 (13)　くり上がり２回⑨　月　日　名前

● 計算《けいさん》を しましょう。

① 57 + 98 = 155　② 57 + 55 = 112　③ 49 + 79 = 128　④ 93 + 68 = 161
⑤ 28 + 79 = 107　⑥ 78 + 34 = 112　⑦ 89 + 82 = 171　⑧ 19 + 86 = 105
⑨ 96 + 8 = 104　⑩ 36 + 85 = 121

3けたになるたし算のひっ算 (14)　くり上がり２回⑩　月　日　名前

● 計算《けいさん》を しましょう。

① 67 + 99 = 166　② 68 + 38 = 106　③ 88 + 43 = 131　④ 58 + 79 = 137
⑤ 45 + 95 = 140　⑥ 83 + 97 = 180　⑦ 7 + 97 = 104　⑧ 78 + 99 = 177
⑨ 58 + 47 = 105　⑩ 84 + 59 = 143

P89

3けたになるたし算のひっ算 (15)　くり上がり１回・２回①　月　日　名前

● 計算《けいさん》を しましょう。

① 16 + 86 = 102　② 93 + 57 = 150　③ 25 + 84 = 109　④ 42 + 59 = 101
⑤ 92 + 9 = 101　⑥ 64 + 66 = 130　⑦ 85 + 29 = 114　⑧ 45 + 65 = 110
⑨ 77 + 87 = 164　⑩ 36 + 71 = 107

3けたになるたし算のひっ算 (16)　くり上がり１回・２回②　月　日　名前

● 計算《けいさん》を しましょう。

① 67 + 36 = 103　② 8 + 97 = 105　③ 39 + 97 = 136　④ 78 + 68 = 146
⑤ 46 + 73 = 119　⑥ 83 + 18 = 101　⑦ 38 + 74 = 112　⑧ 18 + 91 = 109
⑨ 85 + 46 = 131　⑩ 56 + 58 = 114

P90

3けたになるたし算のひっ算 (17)　くり上がり１回・２回③　月　日　名前

● 計算《けいさん》を しましょう。

① 99 + 88 = 187　② 56 + 62 = 118　③ 46 + 79 = 125　④ 59 + 59 = 118
⑤ 69 + 59 = 128　⑥ 37 + 83 = 120　⑦ 29 + 72 = 101　⑧ 49 + 60 = 109
⑨ 25 + 95 = 120　⑩ 95 + 6 = 101

3けたになるたし算のひっ算 (18)　くり上がり１回・２回④　月　日　名前

● 計算《けいさん》を しましょう。

① 69 + 81 = 150　② 56 + 76 = 132　③ 30 + 72 = 102　④ 95 + 67 = 162
⑤ 7 + 96 = 103　⑥ 14 + 99 = 113　⑦ 28 + 89 = 117　⑧ 62 + 48 = 110
⑨ 95 + 78 = 173　⑩ 13 + 92 = 105

P91

ふりかえり　3けたになるたし算のひっ算　月　日　名前

● 計算《けいさん》を しましょう。

① 91 + 9 = 100　② 51 + 89 = 140　③ 86 + 88 = 174　④ 35 + 81 = 116　⑤ 55 + 97 = 152　⑥ 7 + 96 = 103　⑦ 83 + 79 = 162
⑧ 44 + 86 = 130　⑨ 64 + 45 = 109　⑩ 79 + 57 = 136　⑪ 3 + 98 = 101　⑫ 48 + 93 = 141　⑬ 37 + 97 = 134　⑭ 72 + 73 = 145
⑮ 78 + 74 = 152　⑯ 69 + 95 = 164　⑰ 37 + 64 = 101　⑱ 96 + 52 = 148　⑲ 97 + 98 = 195　⑳ 85 + 98 = 183

P92

算数あそび　3けたになるたし算のひっ算①　月　日　名前

● ①〜⑤の たし算《ざん》をして，答《こた》えの 大きい 方《ほう》へ すすみましょう

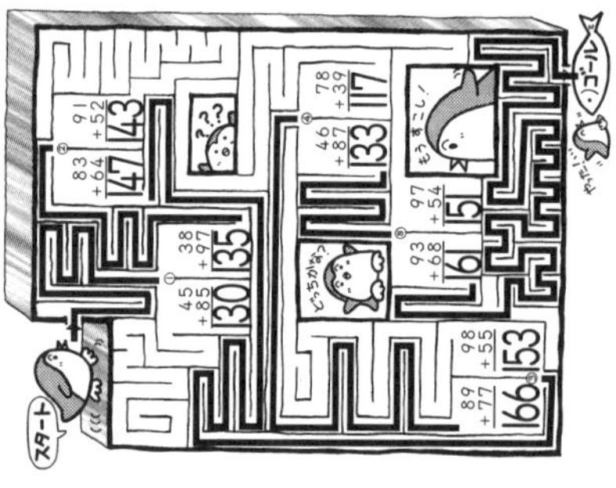

P93

算数あそび　3けたになるたし算のひっ算②　月　日　名前

● ①〜⑤の たし算《ざん》をして，答《こた》えの 小さい 方《ほう》へ すすみましょう

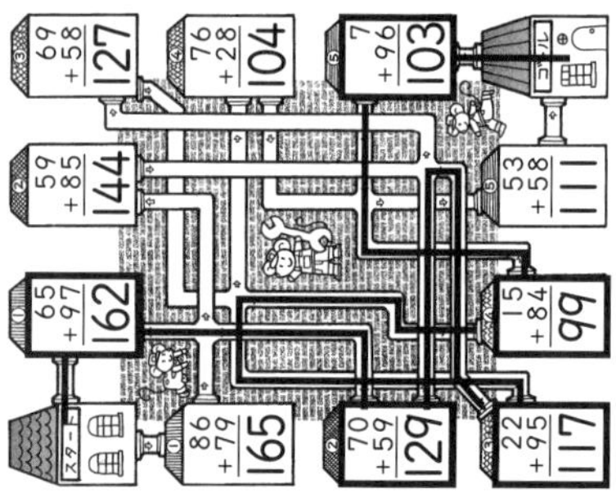

　（解答は，200 〜 300%に拡大してお使い下さい。）

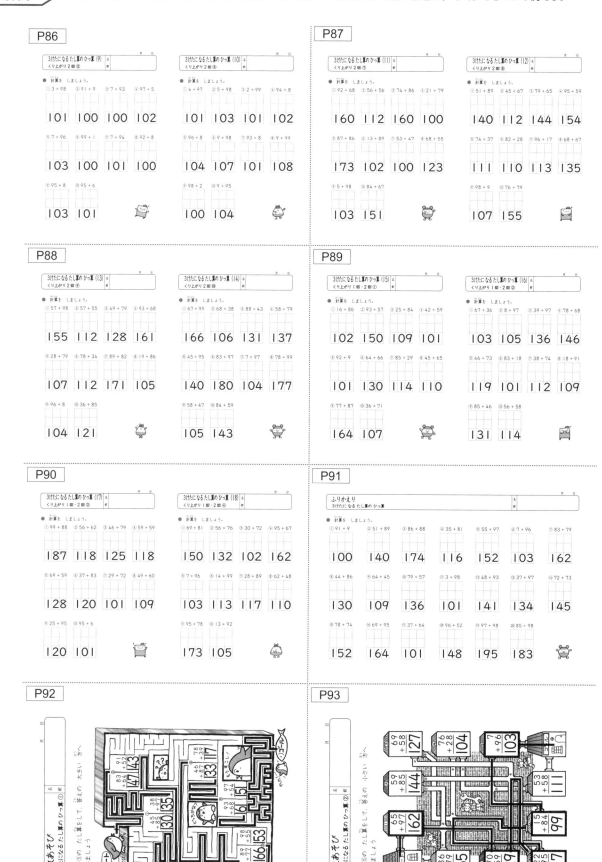

P94

100いくつからのひき算のひっ算 (1)
くり下がり１回①　月　日　名前

● 計算《けいさん》を しましょう。

① 115 − 61 = 54　② 163 − 93 = 70
③ 147 − 52 = 95　④ 129 − 48 = 81
⑤ 136 − 75 = 61　⑥ 184 − 94 = 90

100いくつからのひき算のひっ算 (2)
くり下がり１回②　月　日　名前

● 計算《けいさん》を しましょう。

① 175 − 92 = 83　② 123 − 61 = 62
③ 118 − 38 = 80　④ 137 − 45 = 92
⑤ 144 − 92 = 52　⑥ 166 − 81 = 85

P95

100いくつからのひき算のひっ算 (3)
くり下がり１回③　月　日　名前

● 計算《けいさん》を しましょう。

① 139 − 59 = 80　② 117 − 46 = 71　③ 124 − 72 = 52　④ 156 − 61 = 95
⑤ 121 − 31 = 90　⑥ 144 − 83 = 61　⑦ 138 − 65 = 73　⑧ 179 − 87 = 92
⑨ 153 − 82 = 71　⑩ 117 − 94 = 23

100いくつからのひき算のひっ算 (4)
くり下がり１回④　月　日　名前

● 計算《けいさん》を しましょう。

① 118 − 74 = 44　② 157 − 96 = 61　③ 126 − 50 = 76　④ 164 − 71 = 93
⑤ 128 − 98 = 30　⑥ 134 − 80 = 54　⑦ 113 − 82 = 31　⑧ 155 − 73 = 82
⑨ 139 − 97 = 42　⑩ 145 − 62 = 83

P96

100いくつからのひき算のひっ算 (5)
くり下がり２回①　月　日　名前

● 計算《けいさん》を しましょう。

① 160 − 77 = 83　② 141 − 55 = 86
③ 135 − 38 = 97　④ 117 − 38 = 79
⑤ 123 − 78 = 45　⑥ 102 − 54 = 48

100いくつからのひき算のひっ算 (6)
くり下がり２回②　月　日　名前

● 計算《けいさん》を しましょう。

① 103 − 94 = 9　② 190 − 98 = 92
③ 166 − 88 = 78　④ 125 − 66 = 59
⑤ 131 − 53 = 78　⑥ 142 − 49 = 93

P97

100いくつからのひき算のひっ算 (7)
くり下がり２回③　月　日　名前

● 計算《けいさん》を しましょう。

① 111 − 29 = 82　② 184 − 86 = 98　③ 117 − 79 = 38　④ 122 − 26 = 96
⑤ 136 − 97 = 39　⑥ 171 − 86 = 85　⑦ 143 − 65 = 78　⑧ 164 − 67 = 97
⑨ 170 − 94 = 76　⑩ 123 − 47 = 76

100いくつからのひき算のひっ算 (8)
くり下がり２回④　月　日　名前

● 計算《けいさん》を しましょう。

① 111 − 22 = 89　② 130 − 46 = 84　③ 156 − 79 = 77　④ 132 − 78 = 54
⑤ 182 − 97 = 85　⑥ 140 − 82 = 58　⑦ 174 − 79 = 95　⑧ 127 − 88 = 39
⑨ 163 − 79 = 84　⑩ 118 − 49 = 69

P98

100いくつからのひき算のひっ算 (9)
くり下がり２回⑤　月　日　名前

● 計算《けいさん》を しましょう。

① 106 − 18 = 88　② 103 − 47 = 56
③ 100 − 65 = 35　④ 101 − 22 = 79
⑤ 105 − 99 = 6　⑥ 100 − 34 = 66

100いくつからのひき算のひっ算 (10)
くり下がり２回⑥　月　日　名前

● 計算《けいさん》を しましょう。

① 102 − 3 = 99　② 100 − 5 = 95
③ 104 − 6 = 98　④ 107 − 8 = 99
⑤ 108 − 9 = 99　⑥ 100 − 7 = 93

P99

100いくつからのひき算のひっ算 (11)
くり下がり２回⑦　月　日　名前

● 計算《けいさん》を しましょう。

① 101 − 8 = 93　② 100 − 92 = 8　③ 103 − 8 = 95　④ 107 − 38 = 69
⑤ 104 − 25 = 79　⑥ 108 − 19 = 89　⑦ 102 − 46 = 56　⑧ 100 − 7 = 93
⑨ 105 − 9 = 96　⑩ 106 − 97 = 9

100いくつからのひき算のひっ算 (12)
くり下がり２回⑧　月　日　名前

● 計算《けいさん》を しましょう。

① 104 − 6 = 98　② 107 − 18 = 89　③ 100 − 33 = 67　④ 102 − 3 = 99
⑤ 102 − 9 = 93　⑥ 103 − 25 = 78　⑦ 106 − 59 = 47　⑧ 105 − 66 = 39
⑨ 100 − 8 = 92　⑩ 101 − 5 = 96

P100

100いくつからのひき算のひっ算 (13)
くり下がり１回・２回①　月　日　名前

● 計算《けいさん》を しましょう。

① 132 − 57 = 75　② 189 − 91 = 98　③ 105 − 9 = 96　④ 190 − 92 = 98
⑤ 132 − 61 = 71　⑥ 183 − 89 = 94　⑦ 111 − 95 = 16　⑧ 167 − 79 = 88
⑨ 105 − 17 = 88　⑩ 101 − 83 = 18

100いくつからのひき算のひっ算 (14)
くり下がり１回・２回②　月　日　名前

● 計算《けいさん》を しましょう。

① 130 − 87 = 43　② 125 − 99 = 26　③ 112 − 81 = 31　④ 105 − 69 = 36
⑤ 103 − 26 = 77　⑥ 160 − 95 = 65　⑦ 104 − 35 = 69　⑧ 165 − 71 = 94
⑨ 142 − 96 = 46　⑩ 100 − 92 = 8

P101

100いくつからのひき算のひっ算 (15)
くり下がり１回・２回③　月　日　名前

● 計算《けいさん》を しましょう。

① 108 − 89 = 19　② 144 − 57 = 87　③ 107 − 69 = 38　④ 127 − 38 = 89
⑤ 102 − 4 = 98　⑥ 152 − 53 = 99　⑦ 118 − 75 = 43　⑧ 181 − 92 = 89
⑨ 113 − 87 = 26　⑩ 129 − 45 = 84

100いくつからのひき算のひっ算 (16)
くり下がり１回・２回④　月　日　名前

● 計算《けいさん》を しましょう。

① 168 − 70 = 98　② 104 − 75 = 29　③ 154 − 69 = 85　④ 123 − 55 = 68
⑤ 170 − 72 = 98　⑥ 100 − 8 = 92　⑦ 171 − 99 = 72　⑧ 144 − 54 = 90
⑨ 111 − 63 = 48　⑩ 150 − 96 = 54

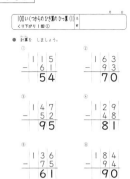

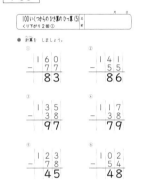

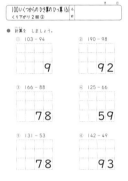

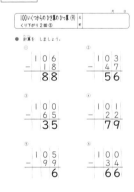

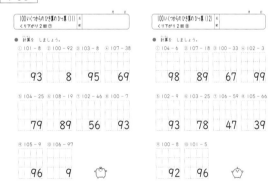

解答

児童に実施させる前に，必ず指導される方が問題を解いてください。本書の解答は，あくまでも１つの例です。

P102

ふりかえり
100いくつからのひき算のひっ算

● 計算をしましょう。

① 144 − 66 = 78　② 154 − 79 = 75　③ 105 − 9 = 96　④ 112 − 44 = 68　⑤ 161 − 66 = 95　⑥ 141 − 42 = 99　⑦ 128 − 82 = 46

⑧ 106 − 87 = 19　⑨ 183 − 90 = 93　⑩ 110 − 73 = 37　⑪ 157 − 88 = 69　⑫ 125 − 38 = 87　⑬ 102 − 6 = 96　⑭ 130 − 87 = 43

⑮ 133 − 57 = 76　⑯ 103 − 94 = 9　⑰ 123 − 84 = 39　⑱ 182 − 88 = 94　⑲ 154 − 61 = 93　⑳ 178 − 89 = 89

P103

算数あそび
100いくつからのひき算のひっ算①

● 答えの大きい方へすすみましょう。通った方の答えを□に書きましょう。

76　88　62　87　99

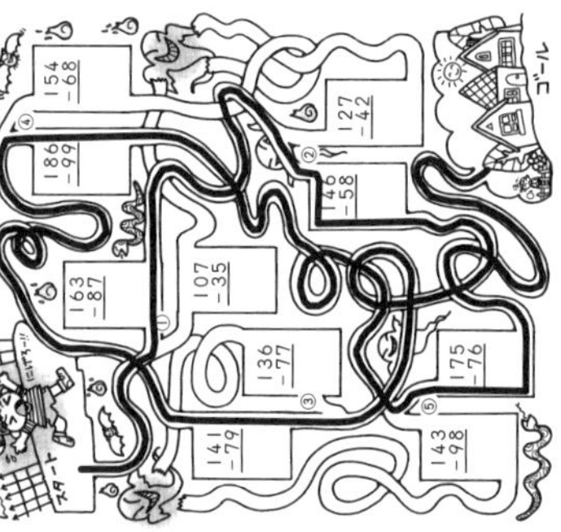

P104

算数あそび
100いくつからのひき算のひっ算②

● 答えの小さい方へすすみましょう。

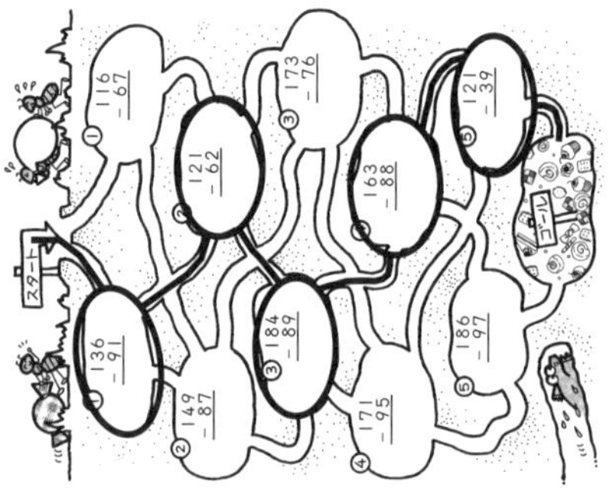

P105

たし算とひき算のひっ算 (1)
文しょうだい①

1 とおるさんは，きのう 78ページ，今日は 112ページ 本を読みました。今日は きのうより 何ページ 多く読みましたか。
112−78=34　答え 34ページ

2 まなさんは 貝がらを 84こ，妹は 57こ もって います。あわせて いくつですか。
84+57=141　答え 141こ

3 チョコレートは 1こ 64円で，クッキーは チョコレートより 58円 高いです。クッキーはいくらですか。
64+58=122　答え 122円

4 はやとさんは 150円 もって いました。82円シールを 1まい 買いました。のこりは いくらですか。
150−82=68　答え 68円

たし算とひき算のひっ算 (2)
文しょうだい②

1 電車に 132人 のって います。そのうち すわって いるのは 63人です。立って いる 人は 何人ですか。
132−63=69　答え 69人

2 ホールに 人が 95人 いました。68人 入って きました。何人に なりましたか。
95+68=163　答え 163人

3 アイスキャンディーは 144円で，ラムネは アイスキャンディーより 86円 やすいです。ラムネは いくらですか。
144−86=58　答え 58円

4 くつばこに うんどうぐつが 73足，うわばきが 102足 入って います。うわばきは うんどうぐつより 何足 多いですか。
102−73=29　答え 29足

P106

3けたになるたし算のひっ算
100いくつからのひき算のひっ算 (テスト)

1 ひっ算で しましょう。
① 84 + 93 = 177　② 8 + 96 = 104　③ 74 + 36 = 110　④ 75 + 67 = 142　⑤ 96 + 78 = 174

2 ひっ算で しましょう。
① 126 − 53 = 73　② 167 − 69 = 98　③ 102 − 36 = 66　④ 105 − 98 = 7　⑤ 104 − 8 = 96

3 85円の えんぴつと，90円の けしゴムを 買いました。だい金は いくらになりますか。
しき 85+90=175　答え 175円

4 おり紙を 102まい もって います。48まい つかいました。何まい のこっていますか。
しき 102−48=54　答え 54まい

5 164ページの 本を 読みます。77ページ 読みました。読んでいないのは 何ページですか。
しき 164−77=87　答え 87ページ

6 2年生の 男の子は 49人です。女の子は 58人です。
(1) 2年生は みんなで 何人ですか。
しき 49+58=107　答え 107人
(2) 1年生は 98人です。2年生は 1年生より 何人 多いですか。
しき 107−98=9　答え 9人

P107

大きい数のひっ算 (1)
たし算①

1 427 + 64を ひっ算で しましょう。

① くらいを たてに そろえて 書く。
② 一のくらいから じゅんに 計算する。
一のくらいの計算 7 + 4 = 11
十のくらいの計算 1 + 2 + 6 = 9
百のくらいは 4

2 ひっ算で しましょう。
① 245 + 18 = 263　② 9 + 607 = 616　③ 703 + 7 = 710
④ 508 + 63 = 571　⑤ 39 + 816 = 855

大きい数のひっ算 (2)
たし算②

● ひっ算で しましょう。
① 618 + 44 = 662　② 7 + 509 = 516
③ 432 + 15 = 447　④ 222 + 68 = 290
⑤ 38 + 101 = 139　⑥ 83 + 909 = 992

P108

大きい数のひっ算 (3)
ひき算①

1 271 − 38を ひっ算で しましょう。

① くらいを たてに そろえて 書く。
② 一のくらいから じゅんに 計算する。
一のくらいの計算 1から8はひけない。十のくらいから1くり下げる。 11 − 8 = 3
十のくらいの計算 一くり下げたので 6 − 3 = 3
百のくらいは 2

2 ひっ算で しましょう。
① 365 − 26 = 339　② 712 − 5 = 707　③ 327 − 9 = 318
④ 680 − 74 = 606　⑤ 544 − 6 = 538

大きい数のひっ算 (4)
ひき算②

● ひっ算で しましょう。
① 182 − 54 = 128　② 689 − 23 = 666
③ 773 − 44 = 729　④ 334 − 19 = 315
⑤ 982 − 81 = 901　⑥ 123 − 5 = 118

P109

大きい数のひっ算 (5)
たし算③

● ひっ算で しましょう。
① 104 + 84 = 188　② 28 + 305 = 333　③ 447 + 25 = 472
④ 901 + 9 = 910　⑤ 612 + 30 = 642　⑥ 555 + 7 = 562
⑦ 516 + 24 = 540　⑧ 38 + 128 = 166　⑨ 9 + 462 = 471
⑩ 730 + 64 = 794

大きい数のひっ算 (6)
ひき算③

● ひっ算で しましょう。
① 181 − 34 = 147　② 279 − 69 = 210　③ 180 − 25 = 155
④ 987 − 65 = 922　⑤ 223 − 19 = 204　⑥ 356 − 28 = 328
⑦ 634 − 9 = 625　⑧ 844 − 20 = 824　⑨ 721 − 6 = 715
⑩ 653 − 15 = 638

(解答は，200～300%に拡大してお使い下さい。)

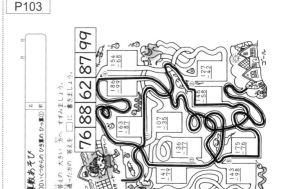

指導される方の作られた解答をもとに，本書の解答例を参考に児童の多様な考えに寄り添って○つけをお願いします。 **解答**

P110

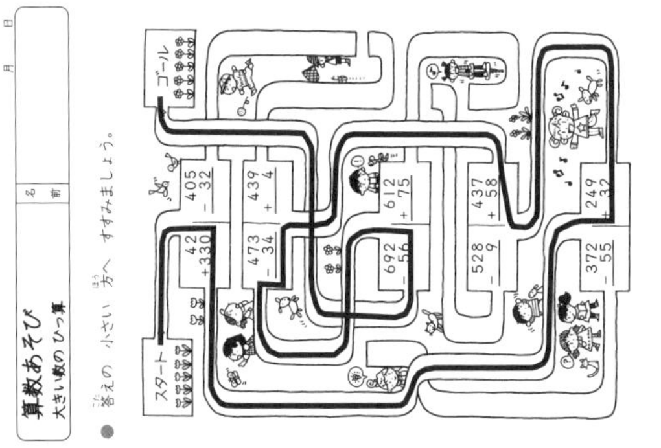

P111

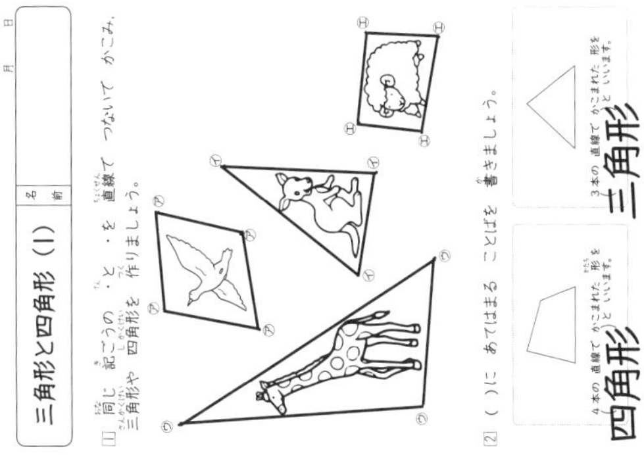

P112

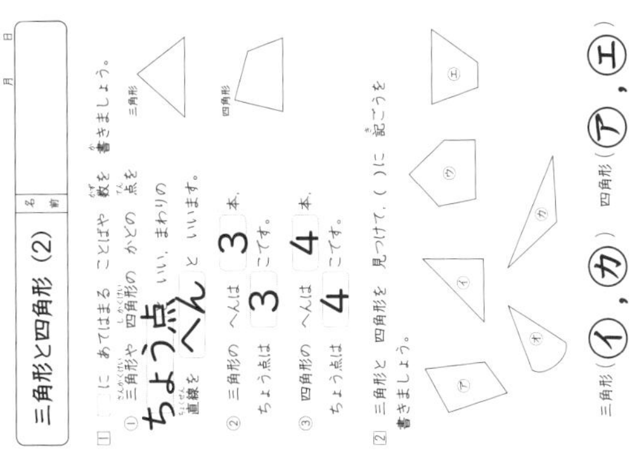

P113

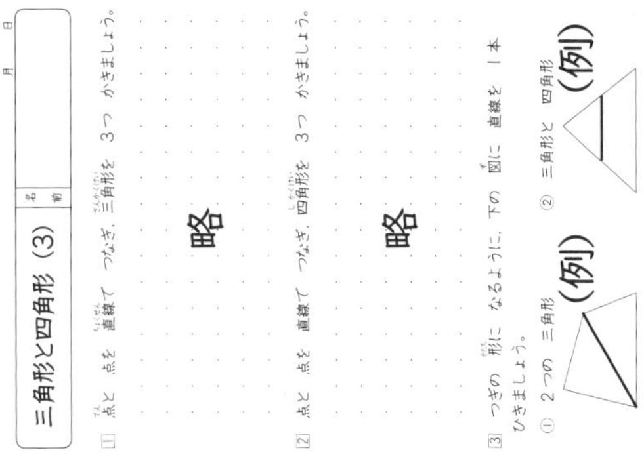

P114

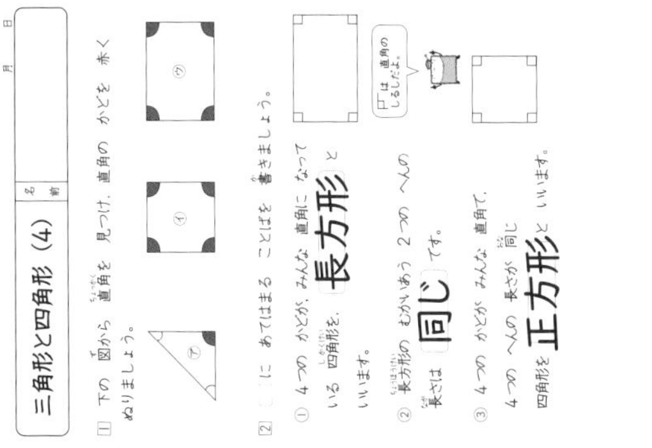

P115

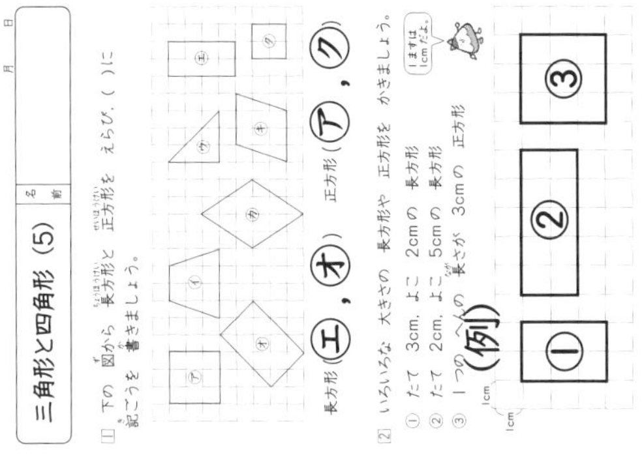

P116

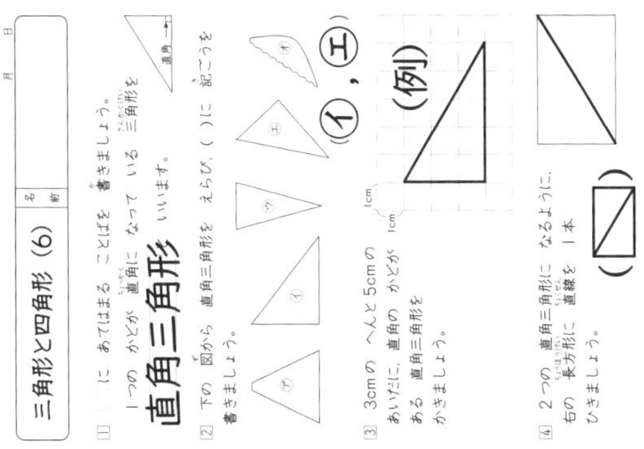

P117

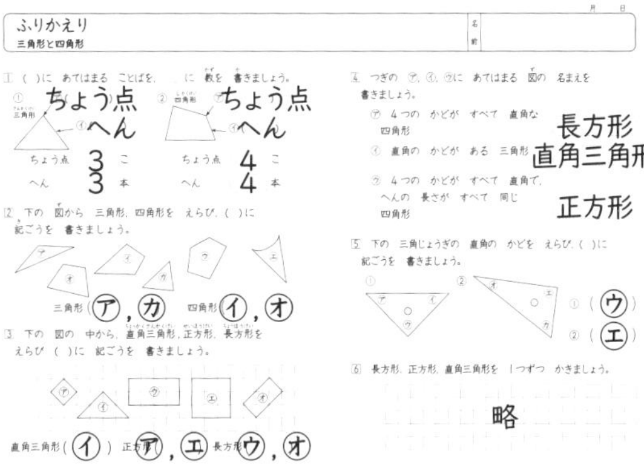

児童に実施させる前に，必ず指導される方が問題を解いてください。本書の解答は，あくまでも１つの例です。

P118

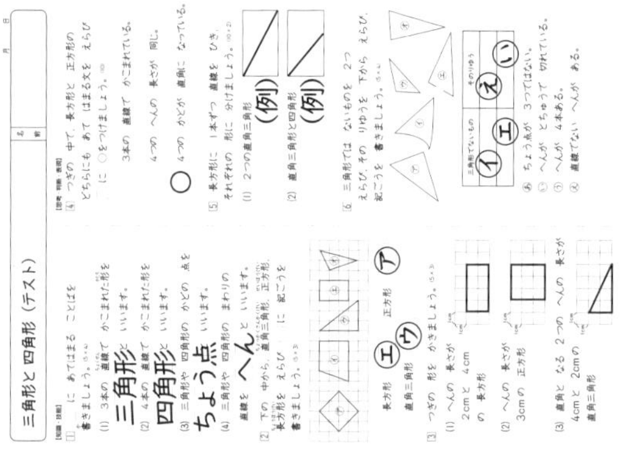

P119

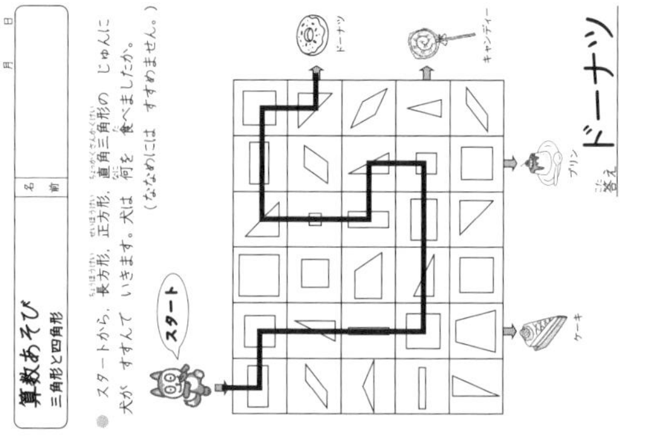

P120

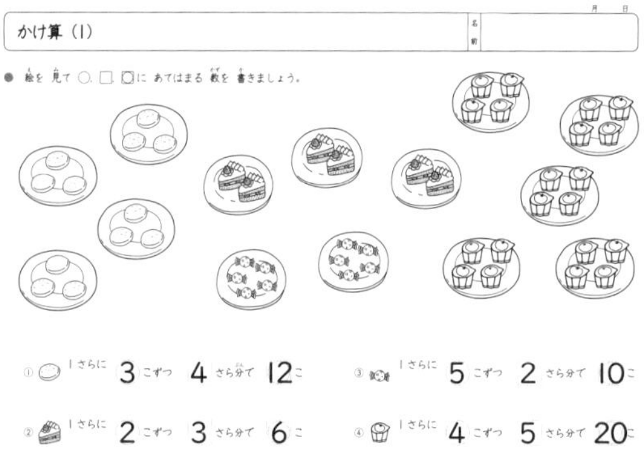

P121

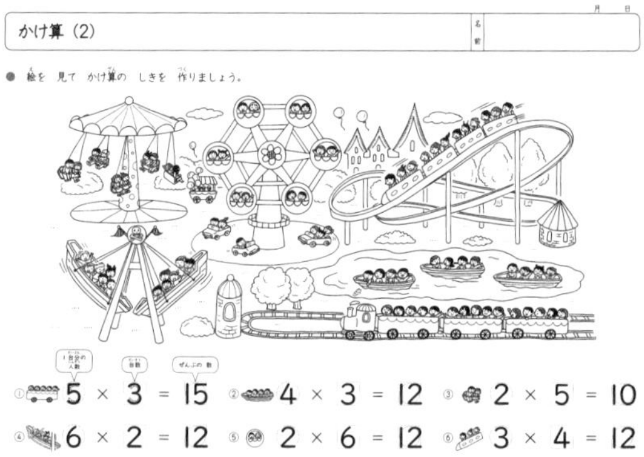

P122

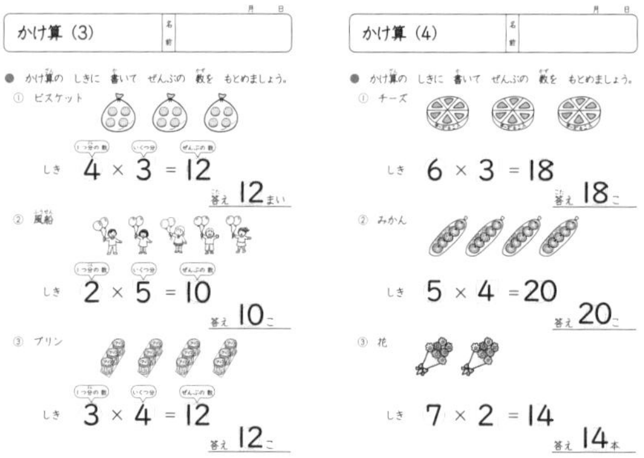

P123

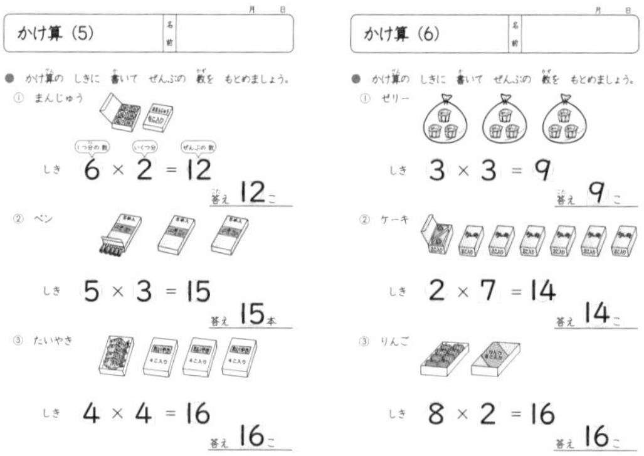

P124

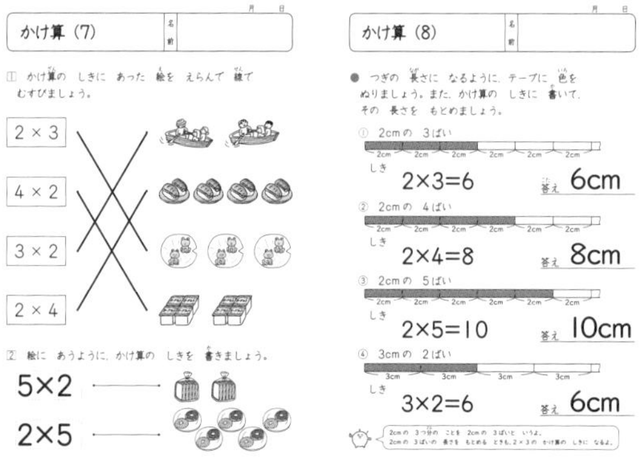

P125

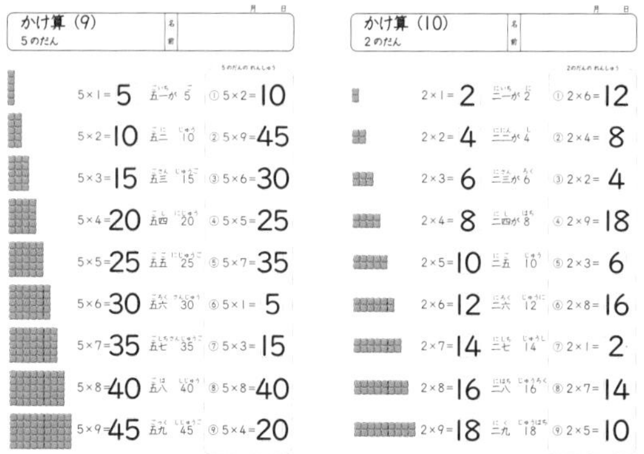

（解答は，200～300%に拡大してお使い下さい。）

P126

かけ算（11）
3のだん

3のだんの れんしゅう

3×1＝3	三一が3	① 3×3＝9
3×2＝6	三二が6	② 3×6＝18
3×3＝9	三三が9	③ 3×8＝24
3×4＝12	三四12	④ 3×9＝27
3×5＝15	三五15	⑤ 3×1＝3
3×6＝18	三六18	⑥ 3×5＝15
3×7＝21	三七21	⑦ 3×7＝21
3×8＝24	三八24	⑧ 3×4＝12
3×9＝27	三九27	⑨ 3×8＝24

かけ算（12）
4のだん

4のだんの れんしゅう

4×1＝4	四一が4	① 4×8＝32
4×2＝8	四二が8	② 4×4＝16
4×3＝12	四三12	③ 4×6＝24
4×4＝16	四四16	④ 4×2＝8
4×5＝20	四五20	⑤ 4×5＝20
4×6＝24	四六24	⑥ 4×9＝36
4×7＝28	四七28	⑦ 4×7＝28
4×8＝32	四八32	⑧ 4×1＝4
4×9＝36	四九36	⑨ 4×3＝12

P127

かけ算（13）
2のだん～5のだん①

① 3×9＝27 ② 4×1＝4 ③ 2×7＝14
④ 3×5＝15 ⑤ 4×8＝32 ⑥ 3×2＝6
⑦ 2×6＝12 ⑧ 4×4＝16 ⑨ 5×6＝30
⑩ 2×4＝8 ⑪ 3×7＝21 ⑫ 5×1＝5
⑬ 4×9＝36 ⑭ 3×3＝9 ⑮ 5×9＝45
⑯ 4×3＝12 ⑰ 2×3＝6 ⑱ 4×6＝24
⑲ 3×6＝18 ⑳ 5×2＝10

かけ算（14）
2のだん～5のだん②

① 2×5＝10 ② 3×1＝3 ③ 5×4＝20
④ 4×7＝28 ⑤ 3×4＝12 ⑥ 2×9＝18
⑦ 4×8＝32 ⑧ 3×7＝21 ⑨ 5×5＝25
⑩ 4×2＝8 ⑪ 2×8＝16 ⑫ 5×9＝45
⑬ 2×2＝4 ⑭ 3×9＝27 ⑮ 2×1＝2
⑯ 2×3＝6 ⑰ 2×1＝2 ⑱ 4×5＝20
⑲ 3×8＝24 ⑳ 5×7＝35

P128

ふりかえり
かけ算① 2のだん～5のだん

① 3×6＝18 ② 5×2＝10 ③ 3×3＝9
④ 2×4＝8 ⑤ 4×1＝4 ⑥ 5×6＝30
⑦ 4×5＝20 ⑧ 3×8＝24 ⑨ 2×7＝14
⑩ 5×8＝40 ⑪ 2×1＝2 ⑫ 4×2＝8
⑬ 2×9＝18 ⑭ 4×6＝24 ⑮ 5×3＝15
⑯ 4×7＝28 ⑰ 5×9＝45 ⑱ 2×6＝12
⑲ 3×5＝15 ⑳ 4×3＝12 ㉑ 3×2＝6
㉒ 2×2＝4 ㉓ 5×4＝20 ㉔ 2×5＝10
㉕ 3×9＝27 ㉖ 2×8＝16 ㉗ 3×1＝3
㉘ 5×5＝25 ㉙ 3×4＝12 ㉚ 2×3＝6
㉛ 4×9＝36 ㉜ 5×7＝35 ㉝ 4×8＝32
㉞ 5×1＝5 ㉟ 4×4＝16 ㊱ 3×7＝21

ふりかえり
かけ算② 2のだん～5のだん

① 2×5＝10 ② 3×4＝12 ③ 4×3＝12
④ 5×9＝45 ⑤ 4×8＝32 ⑥ 2×1＝2
⑦ 3×3＝9 ⑧ 2×9＝18 ⑨ 5×5＝25
⑩ 4×1＝4 ⑪ 3×7＝21 ⑫ 2×6＝12
⑬ 5×3＝15 ⑭ 4×4＝16 ⑮ 3×2＝6
⑯ 4×7＝28 ⑰ 3×5＝15 ⑱ 5×7＝35
⑲ 3×8＝24 ⑳ 5×2＝10 ㉑ 4×9＝36
㉒ 2×2＝4 ㉓ 4×5＝20 ㉔ 2×4＝8
㉕ 5×6＝30 ㉖ 2×8＝16 ㉗ 5×1＝5
㉘ 3×9＝27 ㉙ 5×4＝20 ㉚ 4×6＝24
㉛ 2×7＝14 ㉜ 3×1＝3 ㉝ 2×3＝6
㉞ 4×2＝8 ㉟ 5×8＝40 ㊱ 3×6＝18

P129

かけ算（15）
6のだん

6のだんの れんしゅう

6×1＝6	六一が6	① 6×5＝30
6×2＝12	六二12	② 6×9＝54
6×3＝18	六三18	③ 6×1＝6
6×4＝24	六四24	④ 6×6＝36
6×5＝30	六五30	⑤ 6×3＝18
6×6＝36	六六36	⑥ 6×7＝42
6×7＝42	六七42	⑦ 6×8＝48
6×8＝48	六八48	⑧ 6×4＝24
6×9＝54	六九54	⑨ 6×2＝12

かけ算（16）
7のだん

7のだんの れんしゅう

7×1＝7	七一が7	① 7×4＝28
7×2＝14	七二14	② 7×6＝42
7×3＝21	七三21	③ 7×2＝14
7×4＝28	七四28	④ 7×7＝49
7×5＝35	七五35	⑤ 7×5＝35
7×6＝42	七六42	⑥ 7×1＝7
7×7＝49	七七49	⑦ 7×8＝56
7×8＝56	七八56	⑧ 7×3＝21
7×9＝63	七九63	⑨ 7×9＝63

P130

かけ算（17）
8のだん

8のだんの れんしゅう

8×1＝8	八一が8	① 8×5＝40
8×2＝16	八二16	② 8×3＝24
8×3＝24	八三24	③ 8×6＝48
8×4＝32	八四32	④ 8×4＝32
8×5＝40	八五40	⑤ 8×2＝16
8×6＝48	八六48	⑥ 8×9＝72
8×7＝56	八七56	⑦ 8×7＝56
8×8＝64	八八64	⑧ 8×1＝8
8×9＝72	八九72	⑨ 8×8＝64

かけ算（18）
9のだん

9のだんの れんしゅう

9×1＝9	九一が9	① 9×9＝81
9×2＝18	九二18	② 9×2＝18
9×3＝27	九三27	③ 9×4＝36
9×4＝36	九四36	④ 9×7＝63
9×5＝45	九五45	⑤ 9×5＝45
9×6＝54	九六54	⑥ 9×3＝27
9×7＝63	九七63	⑦ 9×8＝72
9×8＝72	九八72	⑧ 9×1＝9
9×9＝81	九九81	⑨ 9×6＝54

P131

かけ算（19）
1のだん

1のだんの れんしゅう

1×1＝1	一一が1	① 1×8＝8
1×2＝2	一二が2	② 1×2＝2
1×3＝3	一三が3	③ 1×4＝4
1×4＝4	一四が4	④ 1×9＝9
1×5＝5	一五が5	⑤ 1×3＝3
1×6＝6	一六が6	⑥ 1×6＝6
1×7＝7	一七が7	⑦ 1×1＝1
1×8＝8	一八が8	⑧ 1×7＝7
1×9＝9	一九が9	⑨ 1×5＝5

かけ算（20）
6のだん～9のだん①

① 8×8＝64 ② 7×2＝14 ③ 6×7＝42
④ 9×5＝45 ⑤ 8×4＝32 ⑥ 7×7＝49
⑦ 6×9＝54 ⑧ 9×3＝27 ⑨ 8×6＝48
⑩ 7×4＝28 ⑪ 6×6＝36 ⑫ 9×4＝36
⑬ 7×8＝56 ⑭ 6×5＝30 ⑮ 9×9＝81
⑯ 7×3＝21 ⑰ 8×9＝72 ⑱ 6×3＝18
⑲ 9×7＝63 ⑳ 8×2＝16

P132

かけ算（21）
6のだん～9のだん②

① 6×5＝30 ② 8×8＝64 ③ 6×4＝24
④ 9×1＝9 ⑤ 6×9＝54 ⑥ 8×2＝16
⑦ 7×6＝42 ⑧ 8×3＝24 ⑨ 9×9＝81
⑩ 8×5＝40 ⑪ 9×4＝36 ⑫ 7×3＝21
⑬ 6×8＝48 ⑭ 7×2＝14 ⑮ 9×8＝72
⑯ 7×7＝49 ⑰ 9×3＝27 ⑱ 7×9＝63
⑲ 6×1＝6 ⑳ 8×7＝56

かけ算（22）
6のだん～9のだん③

① 7×7＝49 ② 8×1＝8 ③ 7×4＝28
④ 6×2＝12 ⑤ 7×8＝56 ⑥ 8×6＝48
⑦ 9×4＝36 ⑧ 6×6＝36 ⑨ 9×7＝63
⑩ 7×5＝35 ⑪ 9×2＝18 ⑫ 8×4＝32
⑬ 9×6＝54 ⑭ 6×4＝24 ⑮ 6×3＝18
⑯ 8×9＝72 ⑰ 7×1＝7 ⑱ 9×5＝45
⑲ 6×7＝42 ⑳ 8×3＝24

P133

かけ算（23）
6のだん～9のだん④

① 9×7＝63 ② 8×5＝40 ③ 7×1＝7
④ 6×5＝30 ⑤ 9×4＝36 ⑥ 8×9＝72
⑦ 6×2＝12 ⑧ 7×8＝56 ⑨ 9×9＝81
⑩ 7×3＝21 ⑪ 6×9＝54 ⑫ 8×7＝56
⑬ 6×6＝36 ⑭ 7×9＝63 ⑮ 8×2＝16
⑯ 7×5＝35 ⑰ 6×3＝18 ⑱ 8×3＝24
⑲ 6×7＝42 ⑳ 9×6＝54 ㉑ 7×7＝49
㉒ 9×5＝45 ㉓ 6×4＝24 ㉔ 8×1＝8
㉕ 9×3＝27 ㉖ 7×4＝28 ㉗ 8×6＝48
㉘ 7×2＝14 ㉙ 8×4＝32 ㉚ 9×1＝9
㉛ 7×6＝42 ㉜ 9×8＝72 ㉝ 6×1＝6
㉞ 8×8＝64 ㉟ 9×2＝18 ㊱ 6×8＝48

かけ算（24）
6のだん～9のだん⑤

① 8×6＝48 ② 6×3＝18 ③ 9×7＝63
④ 6×6＝36 ⑤ 8×7＝56 ⑥ 9×1＝9
⑦ 8×3＝24 ⑧ 7×5＝35 ⑨ 8×5＝40
⑩ 7×9＝63 ⑪ 6×1＝6 ⑫ 9×4＝36
⑬ 9×8＝72 ⑭ 9×6＝54 ⑮ 6×8＝48
⑯ 7×4＝28 ⑰ 8×4＝32 ⑱ 7×2＝14
⑲ 6×2＝12 ⑳ 7×7＝49 ㉑ 6×4＝24
㉒ 9×5＝45 ㉓ 6×9＝54 ㉔ 8×2＝16
㉕ 7×1＝7 ㉖ 8×1＝8 ㉗ 9×3＝27
㉘ 8×8＝64 ㉙ 6×5＝30 ㉚ 7×6＝42
㉛ 9×2＝18 ㉜ 7×3＝21 ㉝ 8×9＝72
㉞ 6×7＝42 ㉟ 9×9＝81 ㊱ 7×8＝56

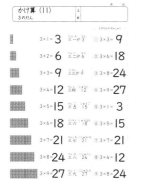

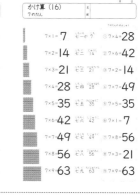

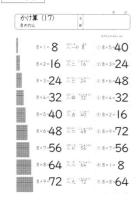

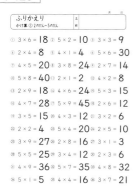

児童に実施させる前に，必ず指導される方が問題を解いてください。本書の解答は，あくまでも1つの例です。

P134

かけ算（25） 1のだん～9のだん ①

名前　月　日

① 8×8＝64 ② 2×4＝8 ③ 3×5＝15
④ 4×9＝36 ⑤ 6×9＝54 ⑥ 4×5＝20
⑦ 3×3＝9 ⑧ 5×2＝10 ⑨ 9×7＝63
⑩ 2×6＝12 ⑪ 1×9＝9 ⑫ 6×7＝42
⑬ 3×8＝24 ⑭ 5×6＝30 ⑮ 8×4＝32
⑯ 3×5＝15 ⑰ 6×3＝18 ⑱ 4×1＝4
⑲ 9×3＝27 ⑳ 7×5＝35 ㉑ 9×8＝72
㉒ 7×4＝28 ㉓ 9×2＝18 ㉔ 5×8＝40
㉕ 1×2＝2

かけ算（26） 1のだん～9のだん ②

名前　月　日

① 6×4＝24 ② 5×7＝35 ③ 2×8＝16
④ 7×7＝49 ⑤ 1×4＝4 ⑥ 4×8＝32
⑦ 9×5＝45 ⑧ 3×4＝12 ⑨ 9×6＝54
⑩ 2×3＝6 ⑪ 4×6＝24 ⑫ 8×1＝8
⑬ 6×6＝36 ⑭ 7×8＝56 ⑮ 1×1＝1
⑯ 9×9＝81 ⑰ 5×3＝15 ⑱ 7×9＝63
⑲ 6×7＝42 ⑳ 3×6＝18 ㉑ 8×9＝72
㉒ 3×7＝21 ㉓ 8×6＝48 ㉔ 2×9＝18
㉕ 6×8＝48

P135

かけ算（27） 1のだん～9のだん ③

名前　月　日

① 5×8＝40 ② 7×6＝42 ③ 3×3＝9
④ 6×1＝6 ⑤ 2×9＝18 ⑥ 5×7＝35
⑦ 3×9＝27 ⑧ 1×2＝2 ⑨ 9×5＝45
⑩ 1×7＝7 ⑪ 4×2＝8 ⑫ 3×8＝24
⑬ 1×4＝4 ⑭ 8×2＝16 ⑮ 5×5＝25
⑯ 9×4＝36 ⑰ 8×8＝64 ⑱ 4×5＝20
⑲ 1×1＝1 ⑳ 6×5＝30 ㉑ 7×3＝21
㉒ 5×1＝5 ㉓ 8×4＝32 ㉔ 2×5＝10
㉕ 4×3＝12 ㉖ 9×9＝81 ㉗ 8×3＝24
㉘ 3×6＝18 ㉙ 8×9＝72 ㉚ 3×1＝3
㉛ 2×2＝4 ㉜ 5×9＝45 ㉝ 7×1＝7
㉞ 2×3＝6 ㉟ 1×5＝5 ㊱ 7×2＝14
㊲ 9×1＝9 ㊳ 5×2＝10 ㊴ 6×9＝54
㊵ 2×4＝8 ㊶ 7×9＝63 ㊷ 4×4＝16
㊸ 3×2＝6 ㊹ 8×6＝48 ㊺ 6×2＝12

かけ算（28） 1のだん～9のだん ④

名前　月　日

① 2×6＝12 ② 9×3＝27 ③ 8×1＝8
④ 9×2＝18 ⑤ 8×8＝64 ⑥ 2×7＝14
⑦ 8×3＝24 ⑧ 9×6＝54 ⑨ 4×1＝4
⑩ 4×7＝28 ⑪ 4×6＝24 ⑫ 3×7＝21
⑬ 8×9＝72 ⑭ 3×4＝12 ⑮ 6×3＝18
⑯ 7×4＝28 ⑰ 9×5＝45 ⑱ 1×6＝6
⑲ 9×7＝63 ⑳ 6×4＝24 ㉑ 7×8＝56
㉒ 1×3＝3 ㉓ 8×7＝56 ㉔ 4×7＝28
㉕ 2×1＝2 ㉖ 5×6＝30 ㉗ 4×8＝32
㉘ 5×4＝20 ㉙ 6×6＝36 ㉚ 4×9＝36
㉛ 6×8＝48 ㉜ 1×9＝9 ㉝ 8×5＝40
㉞ 7×6＝42 ㉟ 5×3＝15 ㊱ 5×9＝45
㊲ 9×4＝36 ㊳ 7×2＝14 ㊴ 9×8＝72
㊵ 3×5＝15 ㊶ 6×7＝42 ㊷ 8×2＝16
㊸ 5×7＝35 ㊹ 6×9＝54 ㊺ 2×8＝16

P136

ふりかえり かけ算 1のだん～9のだん

名前　月　日

① 5×5＝25 ② 1×3＝3 ③ 5×9＝45 ④ 6×6＝36
⑤ 2×4＝8 ⑥ 5×3＝15 ⑦ 7×7＝49 ⑧ 4×9＝36
⑨ 2×5＝10 ⑩ 9×4＝36 ⑪ 1×7＝7 ⑫ 8×5＝40
⑬ 4×2＝8 ⑭ 5×1＝5 ⑮ 8×6＝48 ⑯ 7×9＝63
⑰ 3×4＝12 ⑱ 9×5＝45 ⑲ 4×4＝16 ⑳ 6×2＝12
㉑ 3×8＝24 ㉒ 9×2＝18 ㉓ 7×3＝21 ㉔ 1×2＝2
㉕ 4×3＝12 ㉖ 6×1＝6 ㉗ 2×3＝6 ㉘ 6×8＝48
㉙ 5×2＝10 ㉚ 8×1＝8 ㉛ 3×7＝21 ㉜ 1×1＝1
㉝ 3×9＝27 ㉞ 2×2＝4 ㉟ 9×6＝54 ㊱ 2×6＝12
㊲ 1×8＝8 ㊳ 9×8＝72 ㊴ 6×3＝18 ㊵ 4×1＝4
㊶ 8×3＝24 ㊷ 2×1＝2 ㊸ 3×3＝9 ㊹ 9×8＝72
㊺ 7×4＝28 ㊻ 9×2＝18 ㊼ 4×6＝24 ㊽ 2×8＝16
㊾ 4×7＝28 ㊿ 3×1＝3 (51) 8×2＝16 (52) 9×1＝9
(53) 4×5＝20 (54) 7×2＝14 (55) 5×6＝30 (56) 1×4＝4
(57) 6×7＝42 (58) 8×8＝64 (59) 3×1＝3 (60) 9×9＝81
(61) 7×5＝35 (62) 4×8＝32 (63) 6×5＝30 (64) 9×3＝27
(65) 5×8＝40 (66) 1×6＝6 (67) 7×8＝56 (68) 2×9＝18
(69) 7×1＝7 (70) 7×6＝42 (71) 5×4＝20 (72) 7×6＝42
(73) 1×5＝5 (74) 8×4＝32 (75) 3×6＝18 (76) 2×7＝14
(77) 6×9＝54 (78) 3×2＝6 (79) 8×7＝56 (80) 1×9＝9
(81) 8×9＝72

もん／81

ふりかえり かけ算 1のだん～9のだん

名前　月　日

① 9×4＝36 ② 3×9＝27 ③ 8×8＝64 ④ 3×5＝15
⑤ 6×8＝48 ⑥ 7×3＝21 ⑦ 1×4＝4 ⑧ 9×6＝54
⑨ 4×5＝20 ⑩ 9×2＝18 ⑪ 4×3＝12 ⑫ 7×7＝49
⑬ 1×9＝9 ⑭ 8×3＝24 ⑮ 6×6＝36 ⑯ 2×1＝2
⑰ 4×8＝32 ⑱ 7×1＝7 ⑲ 5×2＝10 ⑳ 3×6＝18
㉑ 9×9＝81 ㉒ 2×3＝6 ㉓ 5×6＝30 ㉔ 9×8＝72
㉕ 1×8＝8 ㉖ 7×5＝35 ㉗ 5×9＝45 ㉘ 3×3＝9
㉙ 9×1＝9 ㉚ 8×5＝40 ㉛ 6×4＝24 ㉜ 1×2＝2
㉝ 7×8＝56 ㉞ 2×6＝12 ㉟ 1×1＝1 ㊱ 2×9＝18
㊲ 4×7＝28 ㊳ 2×9＝18 ㊴ 5×8＝40 ㊵ 3×7＝21
㊶ 6×9＝54 ㊷ 2×8＝16 ㊸ 4×1＝4 ㊹ 5×5＝25
㊺ 8×2＝16 ㊻ 9×5＝45 ㊼ 7×2＝14 ㊽ 6×5＝30
㊾ 5×9＝45 ㊿ 1×5＝5 (51) 4×9＝36 (52) 6×7＝42
(53) 5×4＝20 (54) 1×7＝7 (55) 8×9＝72 (56) 4×2＝8
(57) 7×9＝63 (58) 2×4＝8 (59) 6×1＝6 (60) 2×7＝14
(61) 9×3＝27 (62) 8×7＝56 (63) 5×1＝5 (64) 3×2＝6
(65) 7×4＝28 (66) 8×6＝48 (67) 5×3＝15 (68) 1×6＝6
(69) 4×4＝16 (70) 6×2＝12 (71) 3×8＝24 (72) 2×5＝10
(73) 4×6＝24 (74) 5×7＝35 (75) 8×4＝32 (76) 1×3＝3
(77) 7×6＝42 (78) 3×1＝3 (79) 9×7＝63 (80) 8×1＝8
(81) 6×3＝18

もん／81

P137

ふりかえり かけ算 1のだん～9のだん

名前　月　日

① 8×7＝56 ② 3×3＝9 ③ 5×6＝30 ④ 2×7＝14
⑤ 9×6＝54 ⑥ 3×4＝12 ⑦ 7×6＝42 ⑧ 5×1＝5
⑨ 4×3＝12 ⑩ 1×8＝8 ⑪ 5×4＝20 ⑫ 6×1＝6
⑬ 7×3＝21 ⑭ 3×8＝24 ⑮ 9×2＝18 ⑯ 1×8＝8
⑰ 6×7＝42 ⑱ 2×4＝8 ⑲ 1×5＝5 ⑳ 8×3＝24
㉑ 4×9＝36 ㉒ 5×7＝35 ㉓ 3×6＝18 ㉔ 7×9＝63
㉕ 1×4＝4 ㉖ 2×8＝16 ㉗ 3×5＝15 ㉘ 8×1＝8
㉙ 4×4＝16 ㉚ 9×8＝72 ㉛ 5×3＝15 ㉜ 2×9＝18
㉝ 3×1＝3 ㉞ 9×5＝45 ㉟ 2×3＝6 ㊱ 6×6＝36
㊲ 8×9＝72 ㊳ 6×5＝30 ㊴ 8×4＝32 ㊵ 1×1＝1
㊶ 4×5＝20 ㊷ 9×1＝9 ㊸ 7×8＝56 ㊹ 5×2＝10
㊺ 9×9＝81 ㊻ 4×2＝8 ㊼ 1×6＝6 ㊽ 3×7＝21
㊾ 6×2＝12 ㊿ 1×7＝7 (51) 8×5＝40 (52) 2×6＝12
(53) 9×4＝36 (54) 2×2＝4 (55) 6×9＝54 (56) 7×2＝14
(57) 1×9＝9 (58) 4×7＝28 (59) 5×9＝45 (60) 1×3＝3
(61) 7×7＝49 (62) 5×8＝40 (63) 2×5＝10 (64) 8×6＝48
(65) 1×2＝2 (66) 6×8＝48 (67) 7×5＝35 (68) 9×3＝27
(69) 2×1＝2 (70) 5×5＝25 (71) 4×1＝4 (72) 9×7＝63
(73) 8×2＝16 (74) 6×4＝24 (75) 7×1＝7 (76) 3×9＝27
(77) 7×4＝28 (78) 3×2＝6 (79) 4×8＝32 (80) 6×3＝18
(81) 4×6＝24

もん／81

ふりかえり かけ算 1のだん～9のだん

名前　月　日

① 7×5＝35 ② 1×5＝5 ③ 5×8＝40 ④ 3×2＝6
⑤ 4×1＝4 ⑥ 7×3＝21 ⑦ 2×3＝6 ⑧ 1×7＝7
⑨ 3×8＝24 ⑩ 6×7＝42 ⑪ 7×9＝63 ⑫ 9×9＝81
⑬ 8×7＝56 ⑭ 8×5＝40 ⑮ 4×6＝24 ⑯ 5×4＝20
⑰ 5×5＝25 ⑱ 2×4＝8 ⑲ 9×2＝18 ⑳ 8×8＝64
㉑ 1×2＝2 ㉒ 3×3＝9 ㉓ 7×4＝28 ㉔ 2×6＝12
㉕ 9×4＝36 ㉖ 5×2＝10 ㉗ 3×7＝21 ㉘ 7×1＝7
㉙ 2×7＝14 ㉚ 8×6＝48 ㉛ 8×1＝8 ㉜ 6×8＝48
㉝ 4×8＝32 ㉞ 4×3＝12 ㉟ 6×6＝36 ㊱ 4×2＝8
㊲ 6×3＝18 ㊳ 6×1＝6 ㊴ 1×1＝1 ㊵ 9×1＝9
㊶ 9×6＝54 ㊷ 7×7＝49 ㊸ 8×9＝72 ㊹ 6×5＝30
㊺ 7×2＝14 ㊻ 2×9＝18 ㊼ 5×6＝30 ㊽ 3×4＝12
㊾ 4×5＝20 ㊿ 1×8＝8 (51) 9×7＝63 (52) 5×1＝5
(53) 2×1＝2 (54) 6×4＝24 (55) 2×8＝16 (56) 4×7＝28
(57) 6×9＝54 (58) 8×2＝16 (59) 9×3＝27 (60) 1×6＝6
(61) 1×3＝3 (62) 3×6＝18 (63) 7×6＝42 (64) 8×3＝24
(65) 7×8＝56 (66) 9×5＝45 (67) 6×2＝12 (68) 2×2＝4
(69) 3×5＝15 (70) 5×3＝15 (71) 3×1＝3 (72) 9×8＝72
(73) 5×9＝45 (74) 4×4＝16 (75) 1×4＝4 (76) 5×7＝35
(77) 8×4＝32 (78) 1×9＝9 (79) 4×9＝36 (80) 3×9＝27
(81) 2×5＝10

もん／81

P138

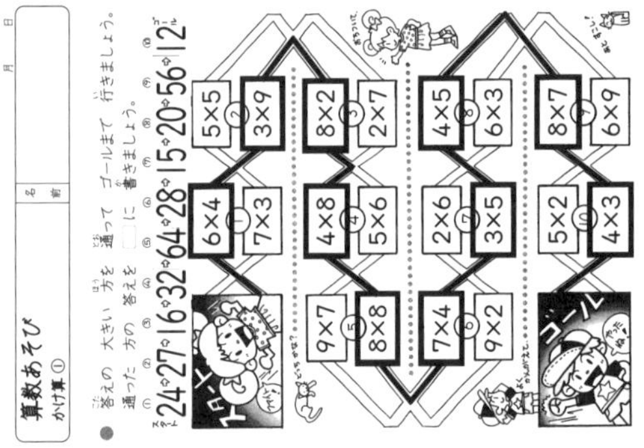

P139

算数あそび かけ算②（2・3・4・5の だん）

名前　月　日

● 九九を して，スタートから ゴールまで 行《い》きましょう。

(1) 答《こた》えの 正しい じゅんに 線《せん》を つなぎましょう。

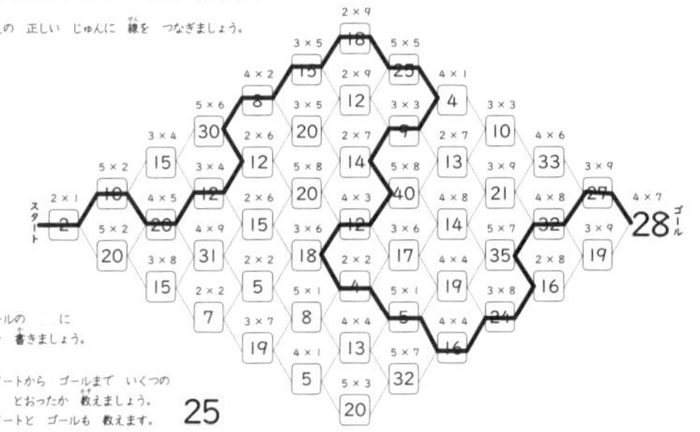

(2) ゴールの □に 答えを 書《か》きましょう。

(3) スタートから ゴールまで いくつの □を とおったか 数《かぞ》えましょう。スタートと ゴールも 数えます。　25

P140

算数あそび かけ算③（6・7・8・9の だん）

名前　月　日

● 九九を して，スタートから ゴールまで 行きましょう。

(1) 答えの 正しい じゅんに 線を つなぎましょう。

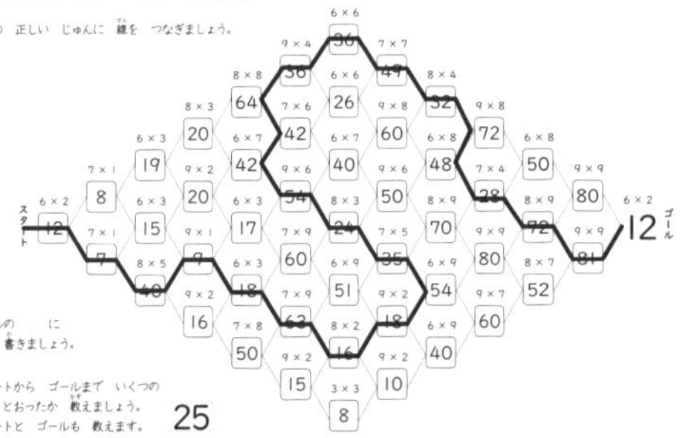

(2) ゴールの □に 答えを 書きましょう。

(3) スタートから ゴールまで いくつの □を とおったか 数えましょう。スタートと ゴールも 数えます。　25

P141

かけ算（29） 文しょうだい①

名前　月　日

① 1ふくろに パンが 4こずつ 入《はい》って います。5ふくろでは パンは ぜんぶで 何《なん》こ ありますか。

しき 4（1つ分の数）×5（いくつ分）＝20（ぜんぶの数）

答え 20こ

② 1はこに りんごが 9こずつ 入って います。4はこでは，りんごは ぜんぶで 何こ ありますか。

しき 9（1つ分の数）×4（いくつ分）＝36（ぜんぶの数）

答え 36こ

③ 1さらに ビスケットが 5まいずつ のって います。7さらでは，ビスケットは ぜんぶで 何まい ありますか。

しき 5（1つ分の数）×7（いくつ分）＝35（ぜんぶの数）

答え 35まい

かけ算（30） 文しょうだい②

名前　月　日

① 1つの 水そうに 金魚《きんぎょ》が 3びきずつ います。4つの すいそうでは 金魚は ぜんぶで 何びき いますか。

しき 3×4＝12

答え 12ひき

② テープを ひとりに 8cmずつ くばります。4人分《にんぶん》では，テープは 何cmに なりますか。

しき 8×4＝32

答え 32cm

③ 1週間《しゅうかん》は 7日です。3週間では 何日に なりますか。

しき 7×3＝21

答え 21日

（解答は，200～300%に拡大してお使い下さい。）

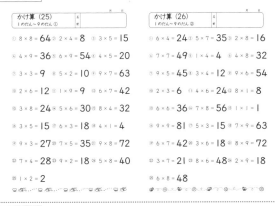

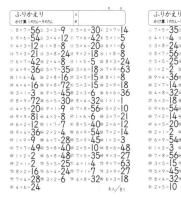

P142

【5分】

かけ算（31） 文しょうだい③　名前　月　日

① 1パック 2こ入りの ヨーグルトが 9パック あります。ヨーグルトは，ぜんぶで 何こ ありますか。
しき 2×9=18　答え 18こ

② 1ふくろに じゃがいもが 6こずつ 入って います。8ふくろでは，じゃがいもは ぜんぶで 何こ ありますか。
しき 6×8=48　答え 48こ

③ チューリップを 8本ずつ たばにして 花たばを つくります。花たばを 5たば つくると，チューリップは ぜんぶで 何本 いりますか。
しき 8×5=40　答え 40本

④ 1さらに ぎょうざが 7こ のって います。4さらでは，ぎょうざは 何こ ありますか。
しき 7×4=28　答え 28こ

⑤ トマトが 1かごに 5こずつ 入って います。3かごでは，トマトは ぜんぶで 何こ ありますか。
しき 5×3=15　答え 15こ

かけ算（32） 文しょうだい④　名前　月　日

① 1まい 9円の 色紙を 8まい 買います。ぜんぶで 何円に なりますか。
しき 9×8=72　答え 72円

② 1つの ベンチに 5人ずつ すわることが できます。6つの ベンチでは，何人 すわることが できますか。
しき 5×6=30　答え 30人

③ 学校の まわりを 毎日 4しゅう 走って います。6日間 つづけると，ぜんぶで 何しゅう 走りますか。
しき 4×6=24　答え 24しゅう

④ 1さつの あつさが 3cmの 図かんが あります。6さつ かさねると，あつさは 何cmに なりますか。
しき 3×6=18　答え 18cm

⑤ ペットボトルに ジュースが 6dLずつ 入って います。ペットボトル 7本では，ジュースは 何dLに なりますか。
しき 6×7=42　答え 42dL

P143

【5分】

かけ算（33） 文しょうだい⑤　名前　月　日

① チーズの はこが 5はこ あります。チーズは 1はこに 6こずつ 入って います。チーズは，ぜんぶで 何こ ありますか。
しき 6×5=30　答え 30こ

② おべんとうを 5人分 つくります。1人分の おにぎりは 2こです。おにぎりは，ぜんぶで 何こ いりますか。
しき 2×5=10　答え 10こ

③ 子どもが 8人 います。1人に チョコレートを 3こずつ くばります。チョコレートは，ぜんぶで 何こ いりますか。
しき 3×8=24　答え 24こ

④ 車が 4台 あります。1台に 5人ずつ のると，ぜんぶで 何人 のれますか。
しき 5×4=20　答え 20人

⑤ 花たばが 5たば あります。1たばには 花が 7本ずつ たばに なって います。花は，ぜんぶで 何本 ありますか。
しき 7×5=35　答え 35本

かけ算（34） 文しょうだい⑥　名前　月　日

① おもちゃの 自どう車を 3台 作ります。1台に タイヤを 4こずつ つけます。タイヤは，ぜんぶで 何こ いりますか。
しき 4×3=12　答え 12こ

② あめを 9こ 買います。あめは 1こ 6円です。ぜんぶで 何円に なりますか。
しき 6×9=54　答え 54円

③ 長いすが 8きゃく あります。1きゃくに 4にんずつ すわると，ぜんぶで 何人 すわれますか。
しき 4×8=32　答え 32人

④ おり紙を 9人に くばります。1人に 7まいずつ くばるには，おり紙は 何まい いりますか。
しき 7×9=63　答え 63まい

⑤ くしだんごが 4本 あります。どの くしにも だんごが 3こずつ さして あります。だんごは，ぜんぶで 何こ ありますか。
しき 3×4=12　答え 12こ

P144

【5分】

かけ算（35） 文しょうだい⑦　名前　月　日

① 4人のりの ボートが 7そう あります。ぜんぶで 何人 のれますか。
しき 4×7=28　答え 28人

② おさらが 8まい あります。おさら 1まいに ドーナツを 6こずつ のせます。ドーナツは，ぜんぶで 何こ いりますか。
しき 6×8=48　答え 48こ

③ 9cmの テープの 3ばいの 長さは 何cmですか。
9cm
しき 9×3=27　答え 27cm

④ 9この 花びんに，バラの 花を 5本ずつ 入れます。バラの 花は，ぜんぶで 何本 いりますか。
しき 5×9=45　答え 45本

⑤ 6こ入りの ケーキの はこが 4はこ あります。ケーキは，ぜんぶで 何こ ありますか。
しき 6×4=24　答え 24こ

かけ算（36） 文しょうだい⑧　名前　月　日

① 1パックに 魚が 2ひきずつ 入って います。7パックでは，魚は ぜんぶで 何びきに なりますか。
しき 2×7=14　答え 14ひき

② 1こ 7円の あめ玉を 6こ 買いました。ぜんぶで 何円に なりますか。
しき 7×6=42　答え 42円

③ かきを 5人に くばります。1人3こずつ くばると，かきは ぜんぶで 何こ いりますか。
しき 3×5=15　答え 15こ

④ れいなさんは おりづるを 6羽 作ります。お姉さんは れいなさんの 2ばいの 数の おりづるを 作りました。お姉さんは おりづるを 何羽 作りましたか。
しき 6×2=12　答え 12羽

⑤ きゅうりの ふくろが 8ふくろ あります。1ふくろに きゅうりは 5本 入って います。きゅうりは，ぜんぶで 何本 ありますか。
しき 5×8=40　答え 40本

P145

【5分】

かけ算（37） 文しょうだい⑨　名前　月　日

① 1こ 5円の チョコレートを 6こと，1こ 7円の あめ玉を 3こ 買いました。ぜんぶで 何円に なりますか。
しき 5×6=30
7×3=21
30+21=51　答え 51円

② 1はこ 6本入りの えんぴつが 4はこと，8本入りの えんぴつが 2はこ あります。えんぴつは，ぜんぶで 何本 ありますか。
しき 6×4=24
8×2=16
24+16=40　答え 40本

③ やかんの お茶を 3本の 水とうに 4dLずつ，4つの コップに 2dLずつ 入れると すべて なくなりました。やかんの お茶は，はじめに 何dL ありましたか。
しき 4×3=12
2×4=8
12+8=20　答え 20dL

④ ビスケットを 7人に 6まいずつ くばると，5まい あまります。ビスケットは 何まい ありますか。
しき 6×7=42
42+5=47　答え 47まい

⑤ ミニトマトの たねを うえきばちに うえて いきました。7はちに 5こずつ うえて，1つの はちだけ 4こに なりました。ミニトマトの たねは ぜんぶで 何こ ありましたか。
しき 5×7=35
35+4=39　答え 39こ

かけ算（38） 文しょうだい⑩　名前　月　日

① リボンが 80cm あります。8cmずつ 7本に 切って 分けると，のこりは 何cmに なりますか。
しき 8×7=56
80−56=24　答え 24cm

② おり紙が 50まい あります。6人に 7まいずつ くばると，おり紙は 何まい あまりますか。
しき 7×6=42
50−42=8　答え 8まい

③ 1こ 9円の ガムを 8こ 買って，100円 はらいました。おつりは 何円ですか。
しき 9×8=72
100−72=28　答え 28円

④ 1ふくろ 6こ入りの みかんを 3ふくろ 買って，みんなで 9こ 食べました。みかんは 何こ のこって いますか。
しき 6×3=18
18−9=9　答え 9こ

⑤ おまんじゅうを 5はこ 買って きました。1はこに 8こずつ 入って いました。33人に 1こずつ くばると，おまんじゅうは 何こ のこりますか。
しき 8×5=40
40−33=7　答え 7こ

P146

【5分】

かけ算（39） もんだいづくり①　名前　月　日

① 絵を 見て かけ算に なる もんだいを つくりましょう。また，しきを 書いて 答えも もとめましょう。

もんだい
1ふくろに りんごが 3 こずつ 入って います。
4 ふくろでは，ぜんぶで 何こに なりますか。

しき 3×4=12　答え 12こ

② 「ケーキ」と 「はこ」と いう ことばを つかって，4×5の しきに なる もんだいを つくりましょう。また 答えも もとめましょう。

(例) 1はこに ケーキが 4こずつ 入って います。5はこでは，ケーキは ぜんぶで 何こ ありますか。

しき 4×5=20　答え 20こ

かけ算（40） もんだいづくり②　名前　月　日

① □に 数を 入れて，次の しきに なる もんだいを つくりましょう。また，しきを 書いて 答えも もとめましょう。

(例) もんだい① 「7×5」
1つの 水とうに 7 dLずつ お茶を 入れます。5 本の 水とうに 入れると，お茶は ぜんぶで 何dL いりますか。
しき 7×5=35　答え 35dL

(例) もんだい② 「9×6」
シールを 6 まい 買いました。シールは 1まい 9 円です。ぜんぶで 何円に なりますか。
しき 9×6=54　答え 54円

(例) 1ふくろに みかんが 4こずつ 入って います。5ふくろでは，みかんは ぜんぶで 何こ ありますか。

しき 4×5=20　答え 20こ

P147

【10分】

ふりかえり かけ算 1のだん〜9のだん　名前　月　日

① かけ算を しましょう。

① 3×4=12	② 2×7=14	③ 1×3=3	④ 1×6=6
⑤ 4×9=36	⑥ 8×4=32	⑦ 6×3=18	⑧ 4×2=8
⑨ 1×5=5	⑩ 3×1=3	⑪ 8×1=8	⑫ 7×9=63
⑬ 8×7=56	⑭ 7×6=42	⑮ 4×4=16	⑯ 2×4=8
⑰ 9×3=27	⑱ 6×2=12	⑲ 1×7=7	⑳ 7×4=28
㉑ 5×7=35	㉒ 5×1=5	㉓ 9×7=63	㉔ 8×6=48
㉕ 4×6=24	㉖ 1×1=1	㉗ 3×2=6	㉘ 5×3=15
㉙ 2×5=10	㉚ 2×9=18	㉛ 6×1=6	㉜ 8×9=72
㉝ 3×8=24	㉞ 4×7=28	㉟ 4×1=4	㊱ 5×6=30
㊲ 6×5=30	㊳ 5×4=20	㊴ 5×5=25	㊵ 9×8=72
㊶ 6×6=36	㊷ 6×7=42	㊸ 9×5=45	㊹ 2×8=16
㊺ 8×3=24	㊻ 8×2=16	㊼ 2×2=4	㊽ 6×9=54
㊾ 4×8=32	㊿ 1×9=9	51 3×6=18	52 3×7=21
53 1×2=2	54 7×1=7	55 8×5=40	56 5×8=40
57 7×8=56	58 6×4=24	59 9×1=9	60 2×3=6
61 5×9=45	62 3×3=9	63 1×8=8	64 6×8=48
65 2×6=12	66 7×5=35	67 7×3=21	68 3×5=15
69 7×2=14	70 7×7=49	71 8×8=64	72 9×6=54
73 2×1=2	74 3×9=27	75 1×4=4	76 4×5=20
77 9×4=36	78 4×3=12	79 9×2=18	80 9×9=81
81 5×2=10			

② 1ふさ 3本ずつの バナナが 6ふさ あります。バナナは，ぜんぶで 何本 ありますか。
しき 3×6=18　答え 18本

③ 車が 3台 あります。1台に 5人ずつ のると，ぜんぶで 何人 のれますか。
しき 5×3=15　答え 15人

④ 1まい 7円の 色紙を 9まい 買って，100円 はらいました。おつりは 何円ですか。
しき 7×9=63
100−63=37　答え 37円

⑤ 「ドーナツ」と 「はこ」と いう ことばを つかって，8×6の しきに なる もんだいを つくりましょう。

(例) 1はこに ドーナツが 8こずつ 入って います。6はこでは，ドーナツは ぜんぶで 何こ ありますか。

P148

かけ算（テスト①）　名前　月　日

① 絵を 見て，しきを 書いて ぜんぶの 数を もとめましょう。(5×6)
(1) しき 5 × 4 = 20　答え 20こ
(2) しき 3 × 5 = 15　答え 15こ
(3) しき 5 × 3 = 15　答え 15本

② (1)〜(4)の 絵に あう しきを 線で つなぎましょう。(5×4)
(1) ケーキ　(2) カエル　(3) トンボの はね　(4) チューリップ
4×3　3×2　3×5　2×4

③ 1ふくろに あめが 2こずつ 入って います。5ふくろでは，あめは ぜんぶで 何こですか。(5×2)
しき 2×5=10　答え 10こ

④ 1つの 水そうに メダカが 5ひき います。その 水そうが 6つあると メダカは ぜんぶで 何びきに なりますか。(5×2)
しき 5×6=30　答え 30ぴき

⑤ 1パックに なっとうが 3こずつ 入って います。それが 4パック あります。なっとうは，ぜんぶで 何こ ありますか。(5×2)
しき 3×4=12　答え 12こ

⑥ ボートに 人が 4人ずつ のります。ボートは 6そう あります。何人 のることが できますか。(5×2)
しき 4×6=24　答え 24人

⑦ 1さつの あつさが 5cmの じてんが あります。その 本を 9さつ つむと どれだけの 高さに なりますか。(5×2)
しき 5×9=45　答え 45cm

P149

かけ算（テスト②）　名前　月　日

【知識・技能】
① つぎの 計算《けいさん》を しましょう。(1×50)

① 3×2 6	② 2×4 8
③ 5×3 15	④ 9×3 27
⑤ 6×6 36	⑥ 4×3 12
⑦ 3×8 24	⑧ 5×6 30
⑨ 8×9 72	⑩ 4×9 36
⑪ 6×3 18	⑫ 9×4 36
⑬ 9×6 54	⑭ 2×5 10
⑮ 7×3 21	⑯ 5×8 40
⑰ 6×9 54	⑱ 8×3 24
⑲ 5×4 20	⑳ 7×1 7
㉑ 4×6 24	㉒ 7×8 56
㉓ 9×5 45	㉔ 6×7 42
㉕ 1×9 9	㉖ 6×8 48
㉗ 8×5 40	㉘ 9×7 63
㉙ 2×8 16	㉚ 8×6 48
㉛ 8×7 56	㉜ 6×4 24
㉝ 7×7 49	㉞ 4×8 32
㉟ 9×8 72	㊱ 5×9 45
㊲ 4×7 28	㊳ 3×5 15
㊴ 5×5 25	㊵ 7×4 28
㊶ 8×8 64	㊷ 7×6 42
㊸ 6×5 30	㊹ 5×7 35
㊺ 4×4 16	㊻ 9×9 81
㊼ 6×1 6	㊽ 7×9 63
㊾ 3×7 21	㊿ 8×2 16

【思考・判断・表現】
② 7本ずつで 花たばに します。花たばを 5つ 作ります。花は，何本《なんぼん》あれば いいですか。(5×2)
しき 7×5=35　答え 35本

③ 6日間 毎日 うんどう場を 8しゅう 走りました。ぜんぶで 何しゅう 走った ことに なりますか。(5×2)
しき 8×6=48　答え 48しゅう

④ 8cmの 4倍の 長さは 何cmですか。(5×2)
しき 8×4=32　答え 32cm

⑤ えんぴつが 1はこに 6本ずつ 入って いるはこが 5はこ あります。はこに 入って いない えんぴつが 5本 あります。えんぴつは ぜんぶで 何本ありますか。(5×2)
しき 6×5=30
30+5=35　答え 35本

⑥ 1まいが 9円の 色画用紙を 5まい 買って 50円を はらいました。おつりは いくらに なりますか。(5×2)
しき 9×5=45
50−45=5　答え 5円

解答　児童に実施させる前に，必ず指導される方が問題を解いてください。本書の解答は，あくまでも１つの例です。

P150

算数あそび　かけ算①

● スタートから　ゴールまで　答えの　小さい　方を通って　すすみましょう。通った　ところに　色をぬりましょう。

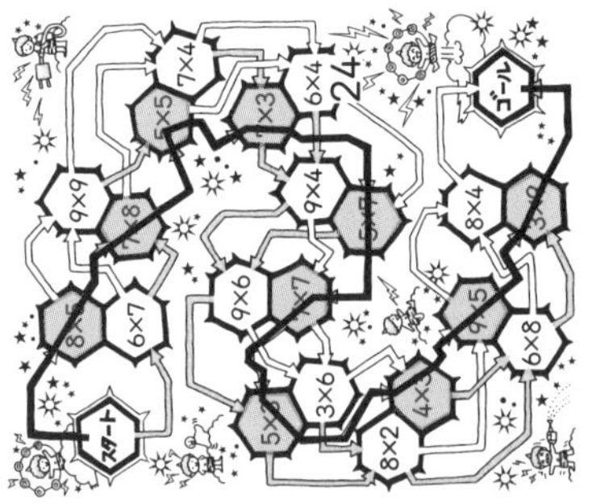

P151

算数あそび②

● かにが　かきの木を　そだてました。答えが　16，18，24，30，42の　かきを　食べられる　かきに　色を　ぬりましょう。

P152

九九の ひょうと きまり (1)

1 つぎの　九九の　ひょうを　見て，答えましょう。

	1	2	3	4	5	6	7	8	9
1		2					7		
2					10				
3			9						
4				24					
5	5			20					
6								48	
7		14							63
8				32				64	
9									81

① 九九の　ひょうの　あいている　ところに　答えを書いて　ひょうを　かんせいさせましょう。
② 答えが　12の　ところに　赤色を　ぬりましょう。
③ 答えが　25の　ところに　青色を　ぬりましょう。
④ 答えが　36の　ところに　○を　つけましょう。
⑤ 答えが　42の　ところに　△を　つけましょう。
略

2 □に　あてはまる　数や　ことばを　書きましょう。
① 6のだんでは，かける数が　1ふえると　答えは　6　ふえます。
② かけ算では，かける数と　かけられる数　を入れかえて　計算しても　答えは　同じです。

3 □に　あてはまる　数を　書きましょう。
① 5×6＝6×5　② 4×8＝4×7＋4
③ 9×7＝9×6＋9　④ 3×5＝3×4　＋3

4 つぎの　答えに　なる　九九を　□に　ぜんぶ書きましょう。
① 6　1×6　6×1　2×3　3×2
② 18　2×9　9×2　3×6　6×3

5 2のだんの　答えと　6のだんの　答えを　たすと，何の　だんの　答えになりますか。
8　の　だん

P153

九九の ひょうと きまり (2)

● はこの　中の　クッキーは　ぜんぶで　何こ　ありますか。
かけ算を　つかって，くふうして　もとめましょう。
また，もとめ方を　図を　つかって　せつめいしましょう。

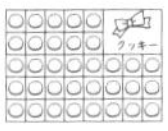

しき　(例) 5×5＝25
3×3＝9
25＋9＝34
答え　34こ

もとめ方
略

九九の ひょうと きまり (3)

● つぎの　九九の　ひょうを　見て　答えましょう。

10　48　77　10　60　99

① あ，いに　入る　数は　どんな　しきで　もとめられますか。
あ（2×11）　い（11×2）
② あに　入る　数を　書きましょう。（22）
③ いに　入る　数を　書きましょう。（22）
④ 上の　ひょうの　⑦～⑨に　あてはまる　数を　書きましょう。

P154

九九の ひょうと きまり (4)

● はこの　中の　クッキーは　ぜんぶで　何こ　ありますか。
九九を　つかって，くふうして　もとめましょう。
2通り考えて，もとめ方を　せつめいしましょう。

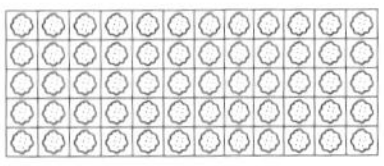

もとめ方①
略
(例)
6×5＝30
30＋30＝60　答え　60こ

もとめ方②
略
(例)
9×5＝45
3×5＝15
45＋15＝60　答え　60こ

P155

九九の ひょうと きまり (5)

● 4のだんと　同じように，九九の　答えの，一のくらいの　数字を　直線で　つないでみましょう。（0から　はじめて　0に　もどります。）

4×1＝4
4×2＝8
4×3＝12
4×4＝16
4×5＝20
4×6＝24
4×7＝28
4×8＝32
4×9＝36

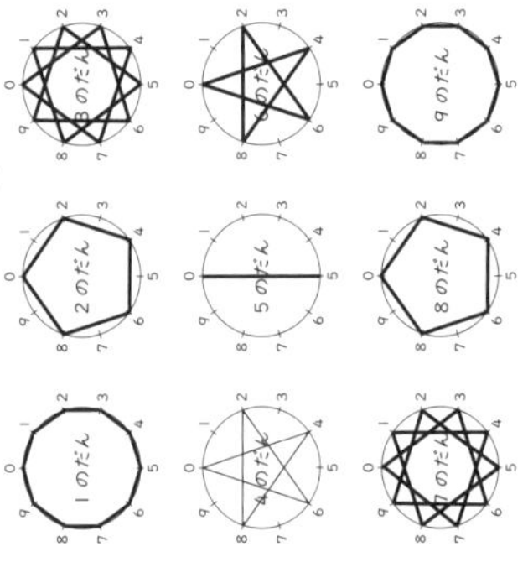

P156

九九の ひょうと きまり (テスト)

1 つぎの　答えに　なる　かけ算　九九を　すべて　書きましょう。
(1) 6　6×1　1×6　2×3　3×2
(2) 16　2×8　8×2　4×4
(3) 24　3×8　8×3　4×6　6×4

2 □に　あてはまる　数や　ことばを　書きましょう。
(1) 4×6＝6×4
(2) 7×8＝8×7
(3) かけ算では　かける数と　かけられる数を　入れかえて　計算しても　答えは　同じです。

3 □に　あてはまる　数を　書きましょう。
(1) 5×6＝5×5＋5
(2) 7×8＝7×7＋7

4 下の　表は　九九ひょうの　一ぶぶんです。⑦，⑦に　あてはまる　数を　書きましょう。

30	36	42
35	42	⑦
⑦	48	56

⑦ 49　⑦ 40

5 はこの　中の　クッキーは　ぜんぶで　何こ　あるかを　考えました。絵と　考えかたが　あう　しきを　えらんで　線で　むすびましょう。

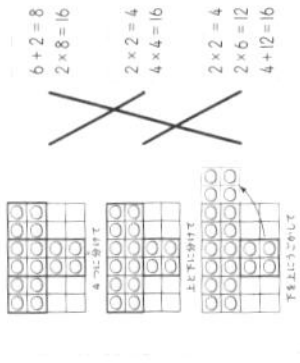

6 はこの　中の　チョコレートの　こ数を　線で　分けて　もとめます。分けかたに　あう　しきを　書きましょう。

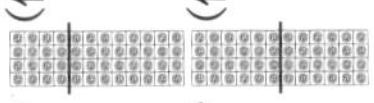

(1) しき　(例) 4×4＝16
8×4＝32
16＋32＝48　答え　48こ
(2) しき　(例) 6×4＝24
24×2＝48　答え　48こ

P157

1000より大きい数 (1)

● 1円玉は　何まい　ありますか。

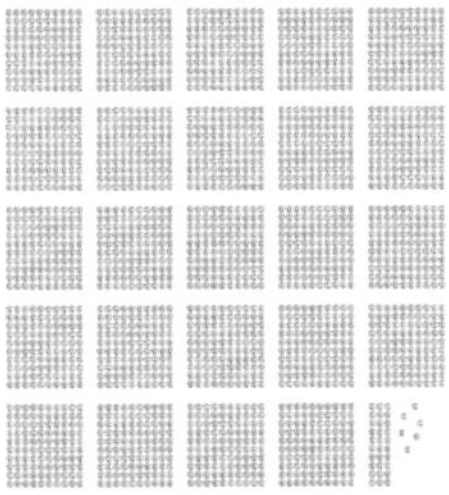

1000が 2 こ，100が 4 こ，10が 3 こ，1が 6 こで，2436 まい

1000より大きい数 (2)

● つぎの　数を　□に　書きましょう。

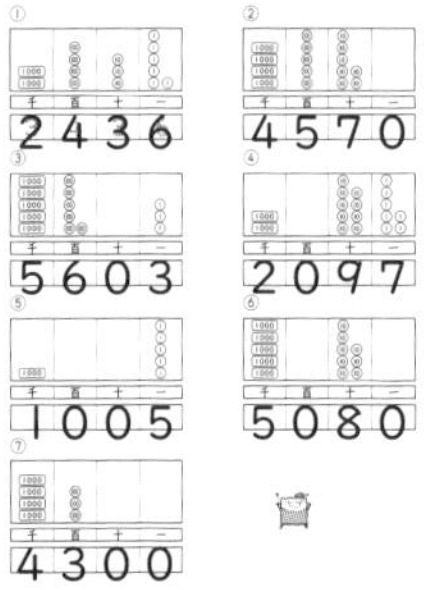

① 2436　② 4570　③ 5603　④ 2097　⑤ 1005　⑥ 5080　⑦ 4300

　（解答は，200～300%に拡大してお使い下さい。）

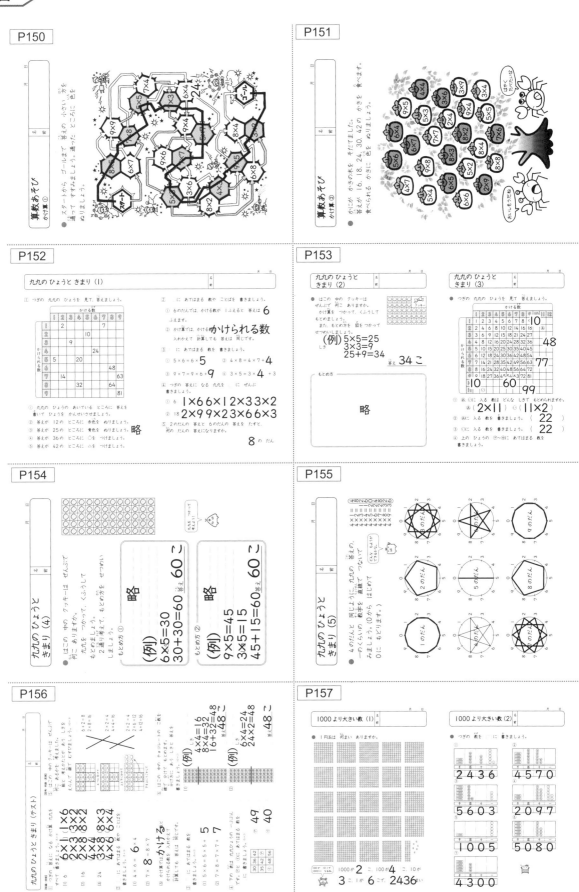

P158

1000より大きい数(3)

1 数字で 書きましょう。
① 千三百五十八 1358　② 七千二十九 7029
③ 六千百十 6110　④ 四千七 4007

2 □に あてはまる 数を 書きましょう。
① 1000を 5こ，100を 9こ，10を 2こ，1を 3こ あわせた 数は 5923 です。
② 1000を 8こ，10を7こ あわせた 数は 8070 です。
③ 2604は，1000を 2 こ，100を 6 こ，1を 4 こ あわせた 数です。
④ 千のくらいが 1，百のくらいが 0，十のくらいが 5，一のくらいが 8の 数は 1058 です。

1000より大きい数(4)

1 □に 答えを 書きましょう。
① 100を 13こ あつめた 数は いくつですか。 1300
② 100を 28こ あつめた 数は いくつですか。 2800

2 □に 答えを 書きましょう。
① 1400は 100を 何こ あつめた 数ですか。 14 こ
② 4200は 100を 何こ あつめた 数ですか。 42 こ

P159

1000より大きい数(5)

1 数字で 書きましょう。
① 二千百九十五 2195　② 九千六百七 9607
③ 八千十四 8014　④ 三千九百 3900
⑤ 五千六 5006

2 □に あてはまる 数を 書きましょう。
① 1000を 7こ，100を 2こ，10を 4こ，1を 5こ あわせた 数は 7245 です。
② 1000を 8こ，1を 3こ あわせた 数は 8003 です。
③ 2413は，1000を 2 こ，100を 4 こ，10を 1 こ，1を 3 こ あわせた 数です。
④ 6028は，1000を 6 こ，10を 2 こ，1を 8 こ あわせた 数です。
⑤ 千のくらいが 3，百のくらいが 0，十のくらいが 7，一のくらいが 0の 数は 3070 です。
⑥ 千のくらいが 7，百のくらいが 6，十のくらいが 0，一のくらいが 0の 数は 7600 です。

1000より大きい数(6)

1 100を 17こ あつめた 数は いくつですか。
100が 17こ〈100が 10こ 1000／100が 7こ → 700〉1700

2 □に あてはまる 数を 書きましょう。
① 100を 29こ あつめた 数は 2900 です。
② 100を 46こ あつめた 数は 4600 です。

3 2500は 100を 何こ あつめた 数ですか。
2500〈2000 → 100が 20こ／500 → 100が 5こ〉100が 25 こ

4 □に あてはまる 数を 書きましょう。
① 3800は 100を 38 こ あつめた 数です。
② 2100は 100を 21 こ あつめた 数です。

P160

1000より大きい数(7)

1 まなさんは 900円の ふでばこと 400円の ペンセットを 買いました あわせて 何円ですか。
900+400=1300　答え 1300円

2 しょうごさんは 1000円 もって います。300円の おかしを 買うと 何円 のこりますか。
1000−300=700　答え 700円

3 計算を しましょう。
① 800＋200＝1000　② 500＋800＝1300
③ 2000＋700＝2700　④ 1000－600＝400
⑤ 1400－800＝600　⑥ 4300－300＝4000

4 □に あてはまる ＞，＜を 書きましょう。
① 800＋700 ＞ 1400　② 600＋500 ＜ 1200
③ 1000－300 ＜ 800　④ 1600－900 ＞ 600

1000より大きい数(8)

1 □に あてはまる ＞，＜を 書きましょう。
① 4060 ＞ 3980　② 6254 ＞ 6249
③ 8890 ＜ 8980　④ 3418 ＞ 3416
⑤ 2430 ＞ 2340　⑥ 7900 ＜ 8100
⑦ 7310 ＞ 7031　⑧ 5908 ＜ 5980

2 □に 入る 数を ぜんぶ 書きましょう。
① 7570 ＜ 75□0　（8，9）順不同
② 2396 ＞ 2□96　（2，1，0）順不同

3 小さい 数から じゅんに （ ）に 書きましょう。
5460　5046　4065　4650
4065 ＜ 4650 ＜ 5046 ＜ 5460

P161

1000より大きい数(9)

1 下の 数の線を 見て，□に あてはまる 数を 書きましょう。
① 1000を 10 こ あつめた 数を 一万といい，10000 と 書きます。
② 10000は，100を 100 こ あつめた 数です。
③ 10000より 1000 小さい 数は 9000 です。
④ 10000より 1 小さい 数は 9999 です。
⑤ 9990より 10 大きい 数は 10000 です。

2 つぎの 数を（れい）の ように 下の 数の線に ↑で 書き入れましょう。
（れい）2600　㋐ 3400　㋑ 4200　㋒ 5900　㋓ 7800　㋔ 9500

1000より大きい数(10)

1 （ ）に 1めもりの 数を 書いて，□に あてはまる 数を 書きましょう。
① （10） 3950 3990 4080
② （100） 4100 4900 5500
③ （100） 8000 8800 9900

2 □に あてはまる 数を 書きましょう。
① 9995 9996 9997 9998 9999 10000
② 7500 7600 7700 7800 7900 8000
③ 10000 9000 8000 7000 6000 5000

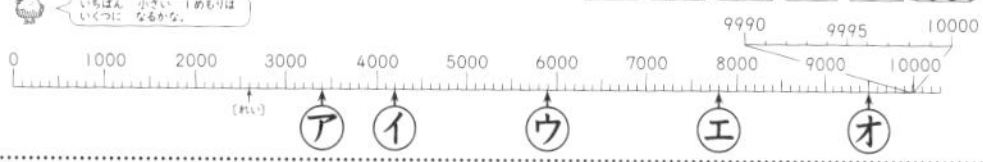

P162

ふりかえり 1000より大きい数①

1 つぎの 数を □に 書きましょう。
① 4666　② 2407
③ 3005　④ 5090

2 □に あてはまる 数を 書きましょう。
① 1000を 7こ，100を 6こ，1を 8こ あわせた 数は 7608 です。
② 4932は，1000を 4 こ，100を 9 こ，10を 3 こ，1を 2 こ あわせた 数です。

3 数字で 書きましょう。
① 六千八 6008　② 千十四 1014　③ 七千百 7100

4 □に あてはまる 数を 書きましょう。
① 100を 7こ あつめた 数は 700 です。
② 2900は，100を 29 こ あつめた 数です。

5 下の 数の線を 見て □に あてはまる 数を 書きましょう。
① 10000は，1000を 10 こ あつめた 数です。
② 9000より 1000 大きい 数は 10000 です。
③ 10000より 1 小さい 数は 9999 です。
④ 10000より 10 小さい 数は 9990 です。

6 つぎの 数を（れい）の ように 下の 数の線に ↑で 書き入れましょう。
（れい）2500　㋐ 3300　㋑ 4100　㋒ 6700　㋓ 7900

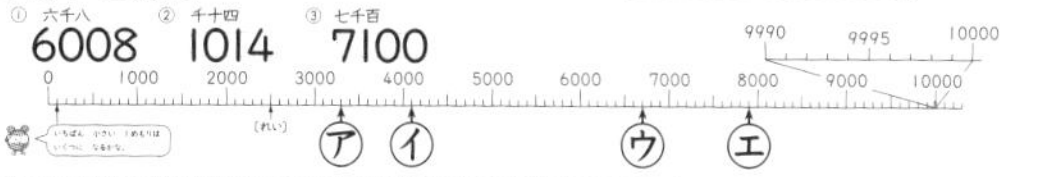

P163

ふりかえり 1000より大きい数②

1 □に あてはまる 数を 書きましょう。
① 3950 3990 4040 4090
② 8100 8800 9400 9900

2 □に あてはまる ＞，＜を 書きましょう。
① 3410 ＞ 3401　② 2990 ＞ 2909
③ 5076 ＜ 5167　④ 9989 ＜ 9998

3 つぎの 計算を しましょう。
① 700＋300＝1000　② 800＋600＝1400
③ 1000－400＝600　④ 3500－500＝3000

4 □に あてはまる ＞，＜を 書きましょう。
① 600＋500 ＜ 1200　② 200＋700 ＞ 800
③ 1000－800 ＞ 100　④ 1800－800 ＞ 900

5 くだものやさんで 800円の メロンと 400円の ももを 買いました。あわせて 何円ですか。
しき 800+400=1200　答え 1200円

6 かのんさんは 700円 もって います。お兄さんは かのんさんより 600円 多く もって います。お兄さんは 何円 もって いますか。
しき 700+600=1300　答え 1300円

7 クレヨンは 1000円で，色えんぴつは 600円です。どちらが 何円 高いですか。
しき 1000−600=400
クレヨンの方が 400円高い

8 白ぶどうは 700円です。赤ぶどうは 白ぶどうより 300円 やすく 売って います。赤ぶどうは 何円ですか。
しき 700−300=400　答え 400円

P164

1000より大きい数（テスト）

1 つぎの 数を □に 書きましょう。
(1) 2157　(2) 6304

2 つぎの 数を 数字で 書きましょう。
(1) 1000を 7こ，10を 6こ あわせた 数 7060
(2) 千のくらいが 9，百のくらいが 8，十のくらいと 一のくらいが 0の 数 9800
(3) 千三百十六 1316
(4) 五千五 5005

3 つぎの □の 中に 数を 書きましょう。
(1) 2500は，100を 25 こ
(2) 1000を 10こ あつめると 10000 です。

4 えみさんは，600円の ペンセットと 800円の 絵のぐセットを 買いました。あわせて 何円ですか。
しき 600+800=1400　1400円

5 どちらの 数が 大きいですか。＜か ＞を つかって あらわしましょう。
(1) 6510 ＞ 6051　(2) 7989 ＜ 7990

6 1の ところの 数を □に 書きましょう。
7000　9900

7 あてはまる 数を □に 書きましょう。
(1) 10000よりも 1 小さい数は 9999 です。
(2) 10000は 100を 100 こ あつめた 数です。

8 □に あてはまる 数を すべて 書きましょう。
(1) 4□3 ＜ 4，5，6，7，8，9
(2) 6，5，4，3，2，1，0

9 9900と いう 数に ついて 2人の あらわし方を 読んで □に 数を 書きましょう。
9900は 10000 よりも 100 小さい 数
9900は 9000 と 900を あわせた 数

P165

算数あそび 1000より大きい数①

● 数の 大きい 方へ すすみましょう。（数字に なおして 考えましょう。）

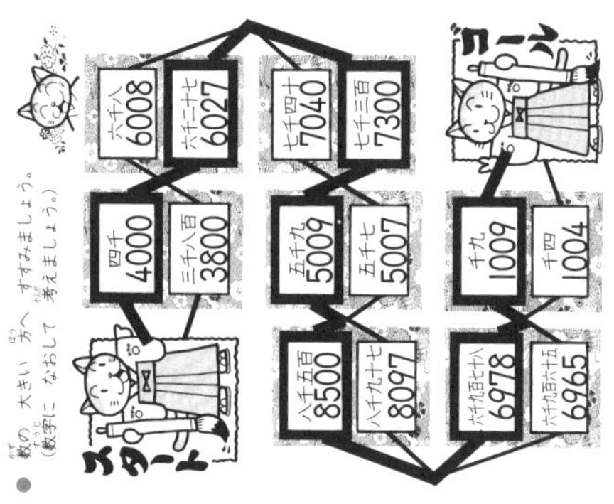

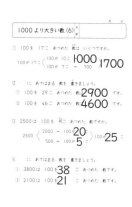

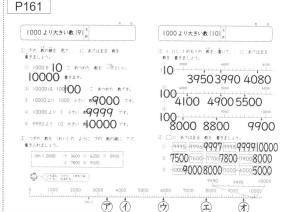

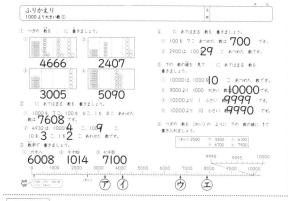

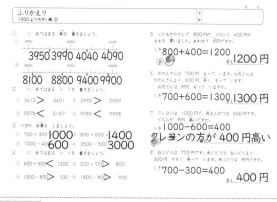

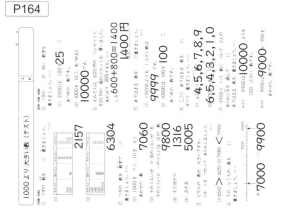

解答

児童に実施させる前に，必ず指導される方が問題を解いてください。本書の解答は，あくまでも１つの例です。

P166

算数あそび　1000より大きい数②

● 数《かず》の 大きい 方《ほう》へ すすんで ゴールへ 行きましょう。

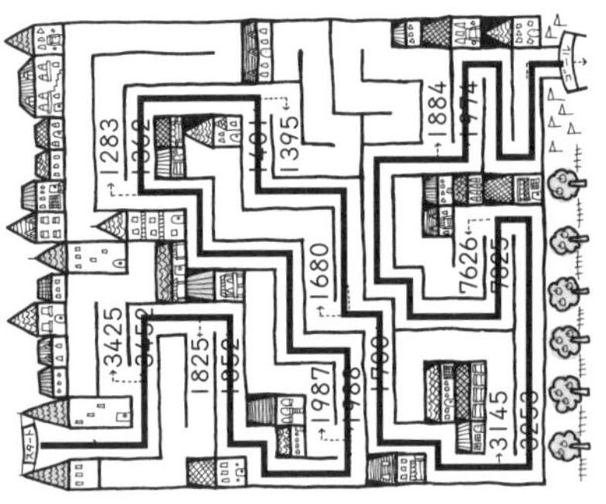

P167

長いものの 長さ (1)

1 1mものさしの 目もりを 読《よ》んで，□に あてはまる 数《かず》を 書《か》きましょう。

① 10cm　② 25cm　③ 40cm　④ 65cm　⑤ 90cm

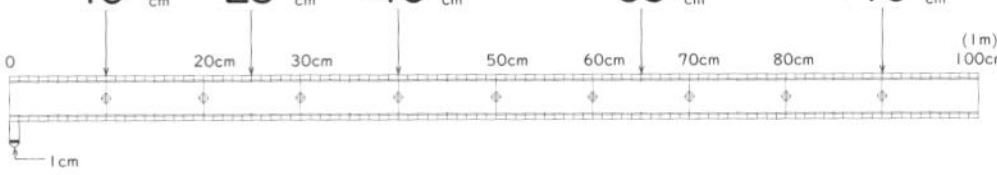

1m＝100cm

2 れんしゅう しましょう。

1m 2m 3m 4m 5m 6m 7m 8m 9m

P168

長いものの 長さ (2)

● □に あてはまる 数《かず》を 書《か》きましょう。

① 1m ＝ 100cm
② 4m25cm ＝ 425cm
③ 1m10cm ＝ 110cm
④ 1m6cm ＝ 106cm
⑤ 3m2cm ＝ 302cm
⑥ 2m9cm ＝ 209cm

長いものの 長さ (3)

● □に あてはまる 数《かず》を 書《か》きましょう。

① 236cm ＝ 2m 36cm
② 547cm ＝ 5m 47cm
③ 130cm ＝ 1m 30cm
④ 220cm ＝ 2m 20cm
⑤ 301cm ＝ 3m 1cm
⑥ 404cm ＝ 4m 4cm

P169

長いものの 長さ (4)

1 本だなと ランドセルラックの 高《たか》さを くらべましょう。

① 本だなと ランドセルラックの 高さの ちがいは 何《なん》cmですか。

しき 1m10cm − 1m ＝ 10cm　答え 10cm

② 本だなの 上に 高さ 15cmの はこを のせると，あわせた 高さは 何m何cmですか。

しき 1m10cm ＋ 15cm ＝ 1m25cm　答え 1m25cm

2 計算《けいさん》を しましょう。

① 1m20cm ＋ 3m70cm　4m90cm
② 4m30cm ＋ 50cm　4m80cm
③ 2m50cm − 1m20cm　1m30cm
④ 3m40cm − 2m　1m40cm
⑤ 1m − 80cm　20cm

P170

長いものの 長さ (5)　チャレンジ①

1 下のような はこが あります。たての 長さと，よこの 長さと，高さを たして，1mを こえるのは どちらですか。

答え ㋐

2 うさぎ，ねこ，カンガルーが，ジャンプをして，とんだ 高さを くらべました。

(1) ねこと カンガルーの とんだ 高さは，それぞれ 何m何cmですか。□に 書きましょう。

ねこ 1m80cm　カンガルー 3m60cm

(2) とんだ 高さが 高い じゅんに □に 名前を 書きましょう。

カンガルー→うさぎ→ねこ

長いものの 長さ (6)　チャレンジ②

1 5700mmを mや cmで あらわしましょう。

5700mm ＝ 570cm
5700mm ＝ 5m70cm

2 □に あてはまる 数を 書きましょう。

① 1m ＝ 100cm
② 1m ＝ 1000mm
③ 3m ＝ 3000mm

3 □に あてはまる 長さの たんい（m，cm，mm）を 書きましょう。

① えんぴつの 長さ …… 16cm
② ノートの あつさ …… 5mm
③ プールの たての 長さ …… 25m

P171

ふりかえり　長いものの 長さ

1 1mものさしの 目もりを 読んで，□に あてはまる 数を 書きましょう。

① 5cm　② 15cm　③ 30cm　④ 55cm　⑤ 70cm　⑥ 80cm　⑦ 95cm

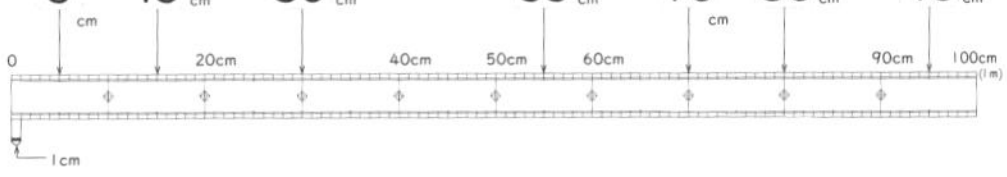

2 □に あてはまる 数を 書きましょう。

① 1m ＝ 100cm
② 2m60cm ＝ 260cm
③ 3m7cm ＝ 307cm
④ 148cm ＝ 1m48cm
⑤ 350cm ＝ 3m50cm
⑥ 409cm ＝ 4m9cm

3 計算を しましょう。

① 2m20cm ＋ 3m40cm　5m60cm
② 1m80cm ＋ 10cm　1m90cm
③ 50cm ＋ 30cm　80cm
④ 4m40cm − 1m30cm　3m10cm
⑤ 3m60cm − 1m　2m60cm
⑥ 1m − 10cm　90cm

P172

長いものの 長さ (テスト)

1 テープの 長さを しらべます。㋐，㋑，㋒の 長さを 書きましょう。

㋐ 60cm　㋑ 95cm　㋒ 1m10cm

2 ふさわしい 長さの たんいを 書きましょう。

(1) プールの たての 長さ …… 25m
(2) 国語の 教科書の あつさ …… mm
(3) えんぴつの 長さ …… 18cm

3 □に あう 数を 書きましょう。

(1) 1m ＝ 100cm
(2) 125cm ＝ 1m25cm

4 つぎの 計算を しましょう。

(1) 1m20cm ＋ 35cm　1m55cm
(2) 1m − 20cm　80cm

5 つぎの 2本の テープを つなぎます。長さは どれだけに なりますか。

しき 1m＋80cm＝1m80cm　答え 1m80cm（180cm）

6 るいさんは，立ちはばとびで 1m25cm とびました。

しき 1m25cm−18cm＝1m7cm　答え 1m7cm（107cm）

7 わたしの せの 高さは 1m40cmです。60cmの 台の 上に 上がると どれだけの 高さに なりますか。

しき 1m40cm＋60cm＝2m　答え 2m（200cm）

8 本ばこの たての 長さと ……の ちがいは どれだけですか。

しき 1m82cm−65cm＝1m17cm　答え 1m17cm

P173

算数あそび　長い長さ

● さるが，スタートから ゴールまで すすみます。

(1) ㋐，㋑，㋒の 道《みち》の それぞれの 長さを □に 書きましょう。

㋐ 7m30cm　㋑ 7m　㋒ 6m70cm

(2) ゴールまで いちばん 近《ちか》いのは ㋐，㋑，㋒の うち どの 道ですか。記《き》ごうを □に 書きましょう。

㋒

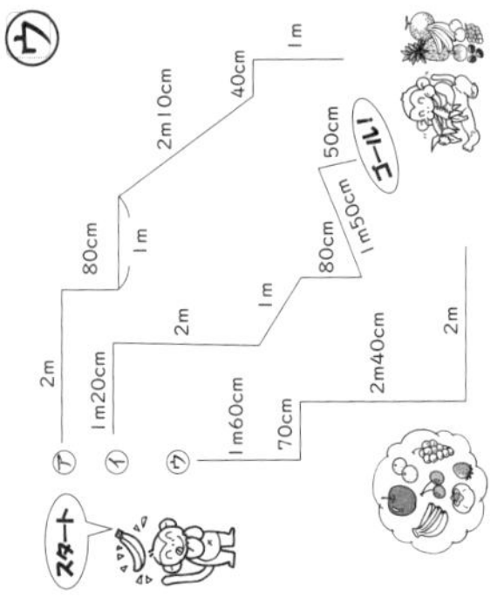

（解答は，200～300%に拡大してお使い下さい。）

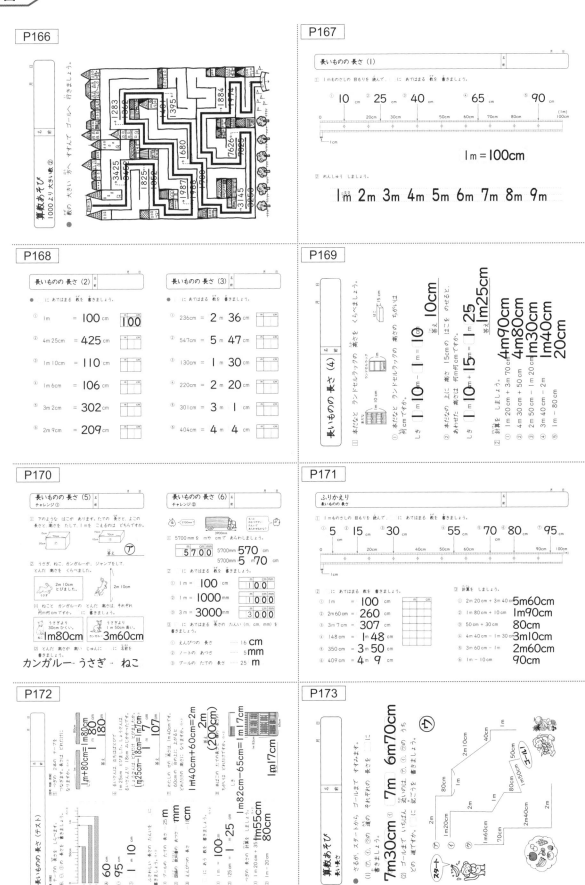

指導される方の作られた解答をもとに，本書の解答例を参考に児童の多様な考えに寄り添って○つけをお願いします。

P174

図を 使って 考えよう (1)

月　日　名前

● わからない 数を □と して 図に あらわして，答えを もとめましょう。

1 クッキーが 28まい あります。
何まいか やいたので，ぜんぶで 80まいに なりました。
何まい やきましたか。

はじめ 28まい　やいた(□)まい　ぜんぶで 80まい

しき 80−28=52　答え 52まい

やいた 数は わからないから，□で あらわそう。

2 バスに 17人 のって います。つぎの バスていで 何人か のって きたので，ぜんぶで 33人に なりました。
何人 のって きましたか。

はじめ(17)人　のって(□)人　ぜんぶで 33人

しき 33−17=16　答え 16人

3 公園で 子どもが 25人 あそんでいます。あとから 何人か 来たので ぜんぶで 39人に なりました。
あとから 何人 来ましたか。

はじめ(25)人　あとから(□)人　ぜんぶで 39人

しき 39−25=14　答え 14人

図を 使って 考えよう (2)

月　日　名前

● わからない 数を □と して 図に あらわして，答えを もとめましょう。

1 みかんが 何こか あります。
35こ 買って きたので，ぜんぶで 62こに なりました。
はじめに みかんは 何こ ありましたか。

はじめ(□)こ　35こ　ぜんぶで 62こ

しき 62−35=27　答え 27こ

2 ちゅう車場に 車が 何台か とまって います。あとから 12台 入って きたので，ぜんぶで 51台に なりました。
はじめに 車は 何台 とまって いましたか。

はじめ(□)台　(12)台　ぜんぶで(51)台

しき 51−12=39　答え 39台

3 池に カモが 何羽か いました。9羽 とんで きたので，ぜんぶで 32羽に なりました。
はじめに カモは 何羽 とんで いましたか。

はじめ(□)羽　とんで(9)羽　ぜんぶで 32羽

しき 32−9=23　答え 23羽

P175

図を 使って 考えよう (3)

月　日　名前

● わからない 数を □と して 図に あらわして，答えを もとめましょう。

1 色紙が 58まい あります。
何まいか つかったので のこりが 39まいに なりました。
何まい つかいましたか。

はじめ 58まい　つかった(□)まい　のこり 39まい

しき 58−39=19　答え 19まい

2 ジュースが 73本 あります。
何本か くばったので のこりが 18本に なりました。
何本 くばりましたか。

はじめ 73本　くばった(□)本　(18)本

しき 73−18=55　答え 55本

3 おこづかいを 90円 もっています。
クッキーを 1まい 買ったので のこりが 15円になりました。
クッキーは いくらでしたか。

はじめ 90円　買った(□)円　のこり(15)円

しき 90−15=75　答え 75円

図を 使って 考えよう (4)

月　日　名前

● わからない 数を □と して 図に あらわして，答えを もとめましょう。

1 いちごが 何こか ありました。
18こ 食べたので のこりが 25こに なりました。
いちごは 何こ ありましたか。

はじめ(□)こ　食べた(18)こ　のこり 25こ

しき 18+25=43　答え 43こ

2 公園に すずめが 何羽か います。
13羽 とんで いったので のこりが 37羽に なりました。
はじめに すずめは 何羽 いましたか。

はじめ(□)羽　とんでいった(13)羽　のこり(37)羽

しき 13+37=50　答え 50羽

3 リボンが 何mか あります。
22m つかったので のこりが 45mに なりました。
はじめに リボンは 何m ありましたか。

はじめ(□)m　つかった 22m　のこり 45m

しき 22+45=60　答え 67m

P176

図を 使って 考えよう (5)

月　日　名前

● わからない 数を □と して 図に あらわして，答えを もとめましょう。

1 りんごが 34こ あります。何こか もらったので，ぜんぶで 42こに なりました。何こ もらいましたか。

34　□　42

しき 42−34=8　答え 8こ

2 おこづかいを もって 買いものに 行きました。97円の チョコレートを 買ったので，のこりが 53円に なりました。おこづかいを いくら もって 行きましたか。

□　97　53

しき 97+53=150　答え 150円

3 テープが 86cm あります。
何cmか つかったので，のこりが 29cm に なりました。何cm つかいましたか。

86　□　29

しき 86−29=57　答え 57cm

4 シールを 何まいか もって いました。
お姉さんから 38まい もらったので，ぜんぶで 64まいに なりました。はじめに シールを 何まい もって いましたか。

□　38　64

しき 64−38=26　答え 26まい

図を 使って 考えよう (6)

月　日　名前

● わからない 数を □と して 図に あらわして，答えを もとめましょう。

1 うんどう場で 子どもが おにごっこを しています。あとから 7人 きたので，ぜんぶで 21人に なりました。はじめに 子どもは 何人 いましたか。

□　7　21

しき 21−7=14　答え 14人

2 カードが 49まい あります。何まいか 買って きたので，ぜんぶで 68まいに なりました。カードを 何まい 買いましたか。

49　□　68

しき 68−49=19　答え 19まい

3 いちごが 何こか おさらに 入って います。12こ 食べたので，のこりが 38こに なりました。いちごは，はじめに 何こ ありましたか。

□　12　38

しき 12+38=50　答え 50こ

4 ぜんぶで 135ページの 本が あります。
何ページか 読んだので，のこりは 59ページに なりました。本を 何ページ 読みましたか。

135　□　59

しき 135−59=76　答え 76ページ

P177

ふりかえり　図を 使って 考えよう

月　日　名前

● わからない 数を □と して 図に あらわして，答えを もとめましょう。

1 電車に 47人 のって います。
つぎの えきで 何人か のって きたので，みんなで 71人に なりました。何人 のって きましたか。

47　□　71

しき 71−47=24　答え 24人

2 さいふに いくらか 入って います。
お母さんに 55円 もらったので 180円に なりました。はじめに いくら 入って いましたか。

□　55　180

しき 180−55=125　答え 125円

3 公園に すずめが 何羽か います。5羽 とんで いったので のこりが 39羽に なりました。はじめに すずめは 何羽 いましたか。

□　5　39

しき 5+39=44　答え 44羽

4 風船が 42こ あります。何人かに くばったので，のこりが 17こに なりました。
風船を 何こ くばりましたか。

42　□　17

しき 42−17=25　答え 25こ

5 レストランに おきゃくさんが 何人か います。あとから 16人 来たので，みんなで 62人に なりました。はじめに おきゃくさんは 何人 いましたか。

□　16　62

しき 62−16=46　答え 46人

6 水そうに 金魚が 33ひき います。
何びきか もらったので ぜんぶで 48ひきに なりました。何びき もらいましたか。

33　□　48

しき 48−33=15　答え 15ひき

7 はり金が 54m あります。工作で 何mか つかったので，のこりが 36mに なりました。何m つかいましたか。

54　□　36

しき 54−36=18　答え 18m

8 たまごが 何こか ありました。6こ つかったので のこりが 28こに なりました。はじめに たまごは 何こ ありましたか。

□　6　28

しき 6+28=34　答え 34こ

P178

図を 使って 考えよう（テスト）

月　日　名前

【知識・技能】
1 つぎの 文を 読んで，図の に あてはまる 数 または □を 書きましょう。(10×5)

(1) 公園に 14人の 子どもが あそんで いました。□人 きたので ぜんぶで 23人に なりました。

14人　□人　23人

(2) バスに □人 のって います。つぎの バスていで 7人 のって きたので バスに のって いる 人は ぜんぶで 26人に なりました。

□人　7人　26人

(3) ミニトマトが 32こ なって いました。□こ とったので のこりは 17こに なりました。

32こ　□こ　17こ

(4) □円 もって いました。100円の ジュースを 買ったので のこりは 50円に なりました。

□円　100円　50円

(5) ここなさんの クラスは ぜんぶで 31人です。男の子は 15人で，女の子は □人です。

31人　15人　□人

【思考・判断・表現】
2 おり紙を 36まい もって いました。ひかりさんから 何まいか もらったので 43まいに なりました。ひかりさんから もらった おり紙は 何まいですか。(5×2)

36まい　□まい　43まい

しき 43−36=7　答え 7まい

3 花が あります。18人に 1本ずつ わたしたので のこりが 5本に なりました。はじめに 花は 何本 ありましたか。(5×2)

□本　18本　5本

しき 18+5=23　答え 23本

4 に あてはまる 数や □を 入れてから しきと 答えを 書きましょう。(5×6)

(1) 池に アヒルが たくさん います。そこへ 6羽 やって 来たので，32羽に なりました。はじめに 池に いた アヒルは 何羽ですか。

□羽　6羽　32羽

しき 32−6=26　答え 26わ

(2) 公園に 50人 いました。5時に なったので 何人か 帰ったので 14人に なりました。帰った 人は 何人ですか。

50人　□人　14人

しき 50−14=36　答え 36人

P179

算数あそび　図を 使って 考えよう

月　日　名前

1 ことばの たし算 ひき算を しましょう。

① コーヒー　牛にゅう　コーヒー牛乳

② 赤えんぴつ　赤　えんぴつ

③ 当番　そうじ　そうじ当番

に 入る ことばは 何かな？

2 数字の たし算 ひき算を しましょう。

① 14　25　39

② 17　20　37

③ 50　20　70

たし算 ひき算 どちらで といたら いいか わかるかな。

P180

分数 (1)

月　日　名前

1 色の ついた ところが $\frac{1}{2}$の 大きさに なって いるのは どれですか。( )に ○を つけましょう。

もとの大きさ　㋐( )　㋑( )　㋒(○)

2 色の ついた ところが $\frac{1}{4}$の 長さに なって いるのは どれですか。( )に ○を つけましょう。

もとの長さ
㋐( )
㋑( )
㋒(○)

3 色の ついた ところが $\frac{1}{3}$の 大きさに なって いるのは どれですか。( )に ○を つけましょう。

もとの大きさ　㋐( )　㋑(○)　㋒( )

分数 (2)

月　日　名前

1 色の ついた ところの 大きさは もとの 大きさの 何分の一ですか。

もとの大きさ
① ($\frac{1}{3}$)　② ($\frac{1}{2}$)　③ ($\frac{1}{4}$)
④ ($\frac{1}{2}$)　⑤ ($\frac{1}{4}$)　⑥ ($\frac{1}{3}$)

2 つぎの 大きさに 線を ひいて，色を ぬりましょう。

① $\frac{1}{2}$の 大きさ　② $\frac{1}{4}$の 大きさ　③ $\frac{1}{3}$の 大きさ

P181

分数 (3)

月　日　名前

1 色の ついた ところは もとの 長さの 何分の一ですか。

もとの長さ
① ($\frac{1}{3}$)
② ($\frac{1}{2}$)
③ ($\frac{1}{4}$)

2 に あてはまる 数を 書きましょう。

① ㋐は，もとの 大きさの $\frac{1}{2}$ の 大きさです。
㋐を 2つ あつめると もとの 大きさに なります。

② ㋑は，もとの 大きさの $\frac{1}{4}$ の 大きさです。
㋑を 4つ あつめると もとの 大きさに なります。

ふりかえり　分数

月　日　名前

1 色の ついた ところの 大きさは もとの 大きさの 何分の一ですか。

もとの大きさ　① ($\frac{1}{2}$)　② ($\frac{1}{3}$)　③ ($\frac{1}{4}$)

2 つぎの 長さに 色を ぬりましょう。

もとの長さ
① $\frac{1}{3}$
② $\frac{1}{4}$
③ $\frac{1}{2}$

3 に あてはまる 数を 書きましょう。

㋐は，もとの 大きさの $\frac{1}{3}$ の 大きさです。
㋐を 3つ あつめると もとの 大きさに なります。

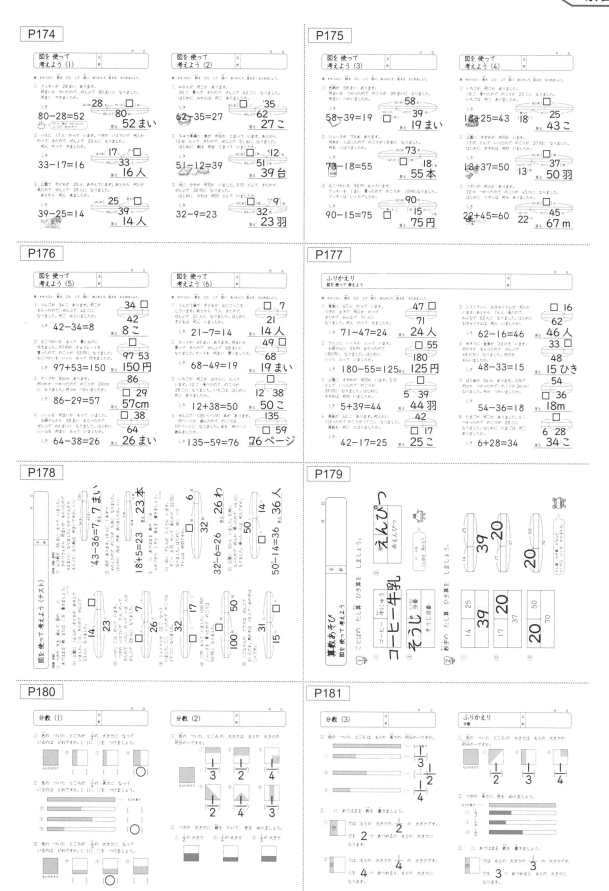

解答

児童に実施させる前に，必ず指導される方が問題を解いてください。本書の解答は，あくまでも１つの例です。

P182

はこの 形 (1)　名前　月　日

1 下の はこの 形《かたち》を 見て，( )に あてはまる ことばを 書《か》きましょう。

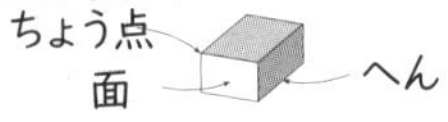

2 下の ㋐と ㋑の はこの 形を 見て 答《こた》えましょう。

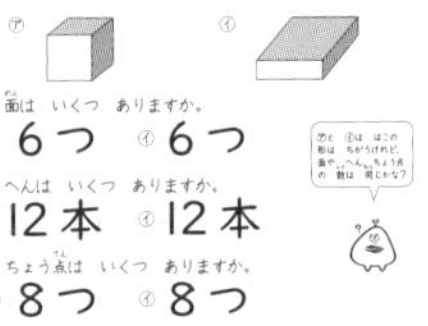

(1) 面《めん》は いくつ ありますか。
㋐ 6つ　㋑ 6つ

(2) へんは いくつ ありますか。
㋐ 12本　㋑ 12本

(3) ちょう点《てん》は いくつ ありますか。
㋐ 8つ　㋑ 8つ

(4) ㋐の 面と ㋑の 面は，それぞれ どんな 四角形《しかくけい》ですか。
㋐ 正方形　㋑ 長方形

はこの 形 (2)　名前　月　日

1 左の ①，②，③の 図《ず》を 組《く》み立てると，右の ㋐，㋑，㋒の どの はこに なりますか。線《せん》で むすびましょう。

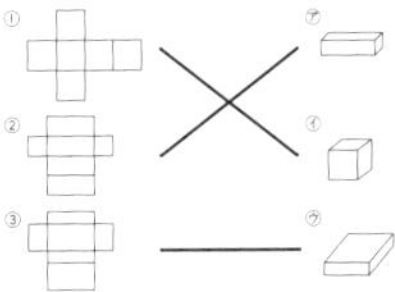

2 ひごと ねん土玉を つかって，下のような はこの 形《かたち》を 作《つく》ります。

① 何《なん》cmの ひごが 何本 いりますか。

ひごの 長《なが》さ	ひごの 本数《ほんすう》
5 cm	4 本
6 cm	4 本
9 cm	4 本

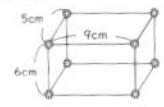

② ねん土玉は 何こ いりますか。　8こ

P183

はこの 形 (3)　名前　月　日

1 ひごと ねん土玉を つかって，下の サイコロのような はこの 形《かたち》を 作《つく》ります。

① ねん土玉は ぜんぶで 何《なん》こ いりますか。　8こ

② 4cmの ひごは ぜんぶで 何本 いりますか。　12本

③ 面《めん》の 形は どんな 四角形《しかくけい》ですか。　正方形

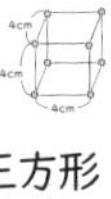

2 下の ①と ②の それぞれの はこを ひらいた ときの 図《ず》が，㋐，㋑です。たりない 面を １つずつ かきたして かんせいさせましょう。

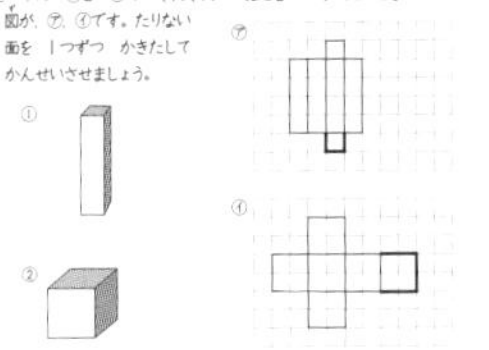

ふりかえり はこの 形　名前　月　日

1 右の はこの 形《かたち》を 見て 答《こた》えましょう。

① 面《めん》の 形は どんな 四角形《しかくけい》ですか。　正方形

② 面，へん，ちょう点《てん》は それぞれ いくつ ありますか。
面 6つ　へん 12本　ちょう点 8つ

2 ひごと ねん土玉を つかって，下のような はこの 形を 作《つく》ります。

① 何《なん》cmの ひごが 何本 いりますか。

ひごの 長《なが》さ	ひごの 本数《ほんすう》
8 cm	4 本
10 cm	4 本
15 cm	4 本

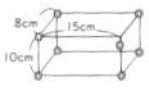

② ねん土玉は 何こ いりますか。（ 8こ ）

やってみよう

サイコロは，右の 図《ず》のように おもてと うらがわの 数《かず》を あわせると 7に 作ってあります。
サイコロを ㋐のように ひらいた 4，5，6は どこに なりますか。㋐の 図の あいている ところに 書《か》き入れましょう。

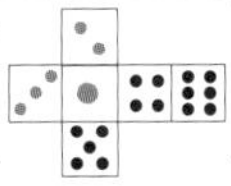

P184

はこの 形（テスト）　名前　月　日

【知識・技能】

1 下の はこの 形《かたち》について 答《こた》えましょう。(5×3)

(1) 面《めん》は いくつ ありますか。　6つ

(2) へんは 何本《なんぼん》 ありますか。　12本

(3) ちょう点《てん》は いくつ ありますか。　8つ

2 ひごと，ねん土玉を つかって 下のような はこの 形を 作《つく》ります。

(1) ねん土玉は 何こ 入りますか。(5)　8こ

(2) 何cmの ひごが 何本 いりますか。(10)

ひごの 長《なが》さ	ひごの 本数《ほんすう》
6 cm	4 本
4 cm	4 本
2 cm	4 本

3 ひごと，ねん土玉を つかって 下のような サイコロの 形を 作ります。(5×4)

(1) ねん土玉は 何こ 入りますか。　8こ

(2) 何cmの ひごが 何本 いりますか。　5cm 12本

(3) 面の形は どんな 四角形《しかくけい》ですか。　正方形

【思考・判断・表現】

4 つぎの ①～③を 組《く》み立てた とき，下の ㋐～㋒の どの はこが できるでしょうか。線《せん》で むすびましょう。(10×3)

5 下の ①と ②の はこを ひらいた ときの 図《ず》が あ，いです。たりない 面を １つずつ かきたして 図を かんせい させましょう。(10×2)

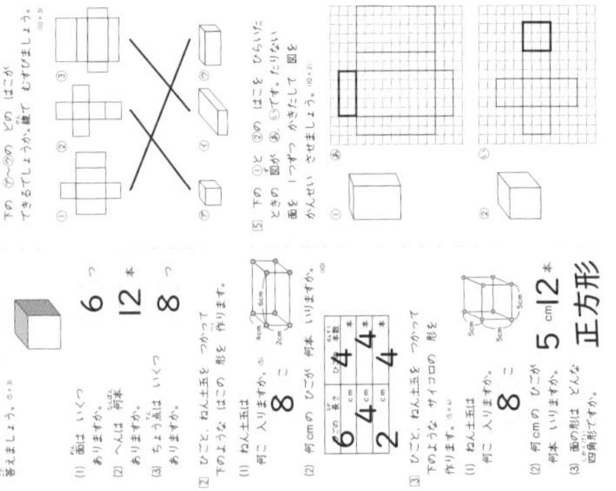

P185

なに算で とくのかな (1) ステップ1　名前　月　日

1 ドーナツの 入った はこが 4はこ あります。１はこには ドーナツが 8こずつ 入って います。ドーナツは ぜんぶで 何こ ありますか。
しき 8×4=32　答え 32こ

2 おにぎりが 26こ あります。31人の 子どもに １こずつ くばるには，何こ たりませんか。
しき 31−26=5　答え 5こ

3 赤い 毛糸《けいと》が 45m，白い 毛糸が 88mあります。あわせて 何mありますか。
しき 45+88=133　答え 133m

なに算で とくのかな (2) ステップ1　名前　月　日

1 あおいさんは 本を 53ページ 読《よ》みました。けいたさんは，あおいさんより 17ページ 多《おお》く 読みました。けいたさんは 何ページ 読みましたか。
しき 53+17=70　答え 70ページ

2 １まいの プリントに 計算《けいさん》もんだいが 6もん あります。7まいでは 何もんに なりますか。
しき 6×7=42　答え 42もん

3 たいちさんは 8才です。お父さんは 37才です。ちがいは 何才ですか。
しき 37−8=29　答え 29才

P186

なに算で とくのかな (3) ステップ1　名前　月　日

1 つくえの 上に コップが 9こ あります。１つの コップに 牛にゅうが 3dLずつ 入って います。牛にゅうは ぜんぶで 何dL ありますか。
しき 3×9=27　答え 27dL

2 まゆさんの しん長《ちょう》は 125cmです。妹の しん長は まゆさんより 18cm ひくいです。妹の しん長は 何cmですか。
しき 125−18=107　答え 107cm

3 キャラメルを 48こ もって います。お兄さんから 15こ もらいました。キャラメルは 何こに なりましたか。
しき 48+15=63　答え 63こ

4 3年生が 70人 います。そのうち 男の子は 36人です。女の子は 何人 いますか。
しき 70−36=34　答え 34人

5 いちごが 5こずつ のって いる 大きな ケーキが 6こ あります。いちごは ぜんぶで 何こ ありますか。
しき 5×6=30　答え 30こ

なに算で とくのかな (4) ステップ1　名前　月　日

1 たこやきが 41こ あります。19こ 食《た》べました。あと 何こ のこって いますか。
しき 41−19=22　答え 22こ

2 シュークリームは １こ 85円です。プリンは，シュークリームより 25円 高《たか》いです。プリンは 何円ですか。
しき 85+25=110　答え 110円

3 子どもが 8人 います。みんなで 2こずつ チョコレートを 食べると，チョコレートは ぜんぶで 何こ いりますか。
しき 2×8=16　答え 16こ

4 算数の テストで ゆうまさんは 96点，さやかさんは 89点でした。ゆうまさんと さやかさんの ちがいは 何点でしたか。
しき 96−89=7　答え 7点

5 １週間《しゅうかん》は 7日です。3週間は 何日ですか。
しき 7×3=21　答え 21日

P187

なに算で とくのかな (5) ステップ2　名前　月　日

● もんだいを 図《ず》に あらわして 考《かんが》えて みましょう。

1 長いすに 子どもが 11人 すわって います。たつやさんは 右から 5ばんめです。たつやさんは 左から 何ばんめですか。
答え 7ばんめ

2 子どもが １れつに ならんで 歩《ある》いて います。赤い ぼうしを かぶった 男の子は 前から 3ばんめで，後ろから 13ばんめです。子どもは ぜんぶで 何人 いますか。
答え 15人

3 教科書《きょうかしょ》が 10さつ かさねて つんで あります。国語の 教科書は 上から 8ばんめです。国語の 教科書は 下から 何ばんめですか。
答え 3ばんめ

4 おはじきが 32こ ならべて あります。赤い おはじきの 左には おはじきが 12こ あります。赤い おはじきの 右には 何こ おはじきが ありますか。
答え 19こ

5 １れつに ならんで 山のぼりを して います。ゆいさんの 前には 12人，後ろには 10人 います。ぜんぶで 何人 いますか。
答え 23人

なに算で とくのかな (6) ステップ2　名前　月　日

● もんだいを 図《ず》に あらわして 考《かんが》えて みましょう。

1 本だなに 本が ならんで います。国語じてんは 左から 2ばんめで，右から 19ばんめです。本は ぜんぶで 何さつ ありますか。
答え 20さつ

2 いろんなミニカーを １れつに ならべました。パトカーの 左には 7台，右には 17台の ミニカーが あります。ミニカーは ぜんぶで 何台 ありますか。
答え 25台

3 つみ木が 14こ つんで あります。白い つみ木は 上から 6ばんめです。白い つみ木は 下から 何ばんめですか。
答え 9ばんめ

4 ゆう園地《えんち》の 入り口で 44人が １れつに ならんで います。りょうたさんの 前には 38人 います。後ろには 何人 いますか。
答え 5人

5 24人が １れつに ならんで います。りなさんは 前から 10ばんめです。りなさんは 後ろから 何ばんめですか。
答え 15ばんめ

P188

なに算で とくのかな (7) ステップ3　名前　月　日

● つぎの もんだいを １つの しきに して ときましょう。

1 おさらに ブルーベリーが 56こ のって います。あんなさんが 14こ，弟が 8こ 食べました。ブルーベリーは 何こ のこって いますか。
しき 56−(14+8)=34
(56−14−8=34)　答え 34こ

2 ひろきさんは カードを 38まい もって います。お兄さんから 13まい，お姉さんから 9まい もらいました。カードは ぜんぶで 何まいに なりましたか。
しき 38+13+9=60　答え 60まい

3 バスに 25人 のって います。つぎの バスていで 6人 おりて，10人 のって きました。バスに 何人 のって いますか。
しき 25−6+10=29　答え 29人

4 80円 もって います。お父さんから 50円 もらって 90円の ジュースを 買いました。何円 のこって いますか。
しき 80+50−90=40　答え 40円

5 麦茶が 水とうに 12dL，ペットボトルに 5dL，コップに 3dL入って います。麦茶は ぜんぶで 何dL ありますか。
しき 12+5+3=20　答え 20dL

なに算で とくのかな (8) ステップ3　名前　月　日

● つぎの もんだいを １つの しきに して ときましょう。

1 くりひろいを しました。あかねさんは 32こ，お父さんは 47こ，妹は 16こ ひろいました。3人 あわせて 何こ ひろいましたか。
しき 32+47+16=95　答え 95こ

2 はやとさんは，おり紙で つるを 34羽 おりました。お姉さんは はやとさんより 7羽 多く，妹は お姉さんより 12羽 少なく おりました。妹は つるを 何羽 おりましたか。
しき 34+7−12=29　答え 29羽

3 ぜんぶで 135ページの 本が あります。きのうは 28ページ，今日は 43ページ 読みました。あと 何ページ のこって いますか。
しき 135−(28+43)=64
(135−28−43=64)　答え 64ページ

4 ちゅう車場に 車が 63台 とまって います。15台 出て いって，36台 入って きました。ちゅう車場の 車は 何台に なりましたか。
しき 63−15+36=84　答え 84台

5 リボンが 96cm あります。めいさんに 29cm，ひなさんに 18cm あげました。のこりは 何cmですか。
しき 96−(29+18)=49
(96−29−18=49)　答え 49cm

P189

なに算で とくのかな (9) ステップ4　名前　月　日

1 １ふくろに 3まいずつ 入った クッキーが 7ふくろ あります。5まい 食べました。クッキーは 何まい のこって いますか。
しき 3×7=21
21−5=16　答え 16まい

2 １まい 8円の シールを 6まい 買いました。50円 はらうと おつりは 何円ですか。
しき 8×6=48
50−48=2　答え 2円

3 １かご 5こ入りの みかんが 3かご，１かご 4こ入りの りんごが 4かご あります。みかんと りんごの どちらが 何こ 多いですか。
しき 5×3=15
4×4=16
16−15=1　りんごが１こ多い

4 たくとさんは，6こ入りの チョコレートの はこを 5はこと 7こ入りの チョコレートの はこを 8はこを 買いました。たくとさんは チョコレートを あわせて 何こ 買いましたか。
しき 6×5=30
7×8=56
30+56=86　答え 86こ

5 １ふくろ 3こ入りの あめを 2ふくろずつ 4人の 子どもに くばります。あめは ぜんぶで 何こ いりますか。
しき 3×2=6
6×4=24　答え 24こ

なに算で とくのかな (10) ステップ4　名前　月　日

1 ゆうなさんは，友だち 2人に 9まいずつ，なおきさんは 友だち 4人に 6まいずつ おり紙を くばりました。どちらが 何まい 多く くばりましたか。
しき 9×2=18
6×4=24
24−18=6　答え なおきさんが 6まい多い

2 パンが 2こずつ 入った はこを １人に 4はこずつ 7人に くばります。パンは ぜんぶで 何こ いりますか。
しき 2×4=8
8×7=56　答え 56こ

3 えんぴつが 6本ずつ 入った はこが 9はこと，ばらの えんぴつが 3本 あります。えんぴつは ぜんぶで 何本 ありますか。
しき 6×9=54
54+3=57　答え 57本

4 テープが 74cm あります。7cmずつ 8本 つかいました。テープは あと 何cm のこって いますか。
しき 7×8=56
74−56=18　答え 18cm

5 あつさ 3cmの 図かんを 5さつと 4cmの 図かんを 2さつ つみます。高さは 何cmに なりますか。
しき 3×5=15
4×2=8
15+8=23　答え 23cm

（解答は，200～300%に拡大してお使い下さい。）

P190

【10分】 月 日

なに算でとくのかな (11) ステップ5 名前

● つぎの しきに なるような もんだいを 作《つく》って，しきを 書《か》きましょう。また，答《こた》えを もとめましょう。

(1) 100 − (20 + 15)

略

しき

答え

(2) 80 − 7 × 4

略

しき

答え

なに算でとくのかな (12) ステップ5 名前

● つぎの しきに なるような もんだいを 作《つく》って，しきを 書《か》きましょう。また，答《こた》えを もとめましょう。

(1) 8 × 9 − 70

略

しき

答え

(2) 20 + 4 × 5

略

しき

答え

P191

【10分】 月 日

なに算でとくのかな (13) ステップ6 名前

● つぎの しきに なるような もんだいを 作《つく》って，しきを 書《か》きましょう。また，答《こた》えを もとめましょう。

(1) 8 × 5 + 8 × 3

略

しき

答え

(2) 9 × 6 − 3 × 2

略

しき

答え

なに算でとくのかな (14) ステップ6 名前

● つぎの しきに なるような もんだいを 作《つく》って，しきを 書《か》きましょう。また，答《こた》えを もとめましょう。

(1) 2 × 2 × 2

略

しき

答え

(2) 6 × 5 × 6

略

しき

答え

P192

P193

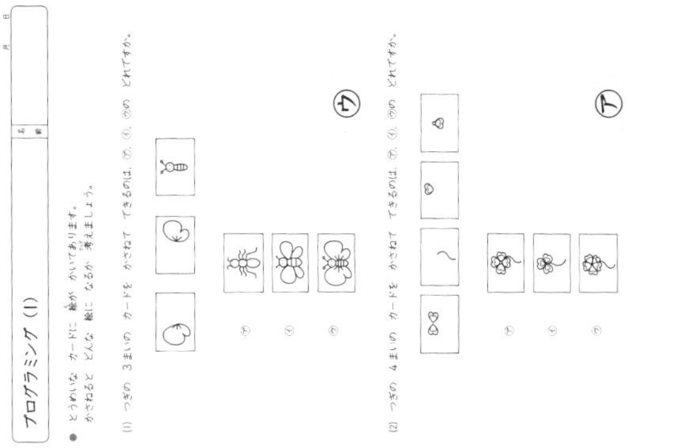

P194

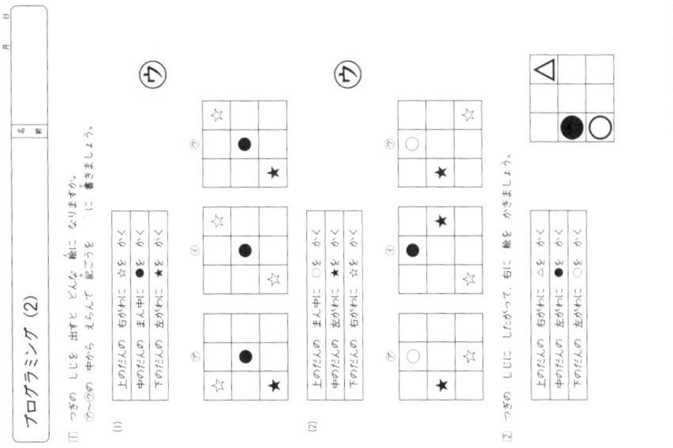

P195

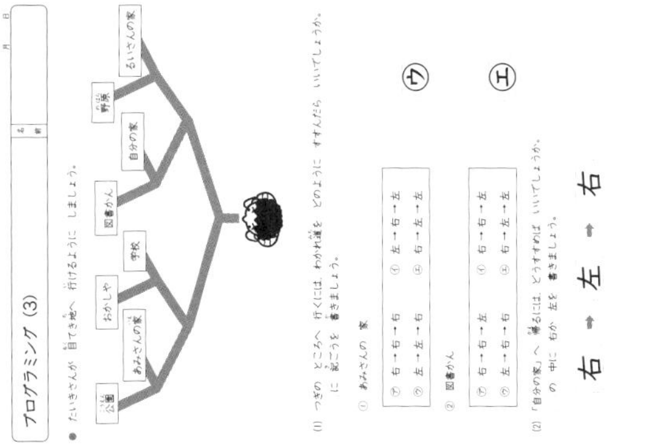

P196

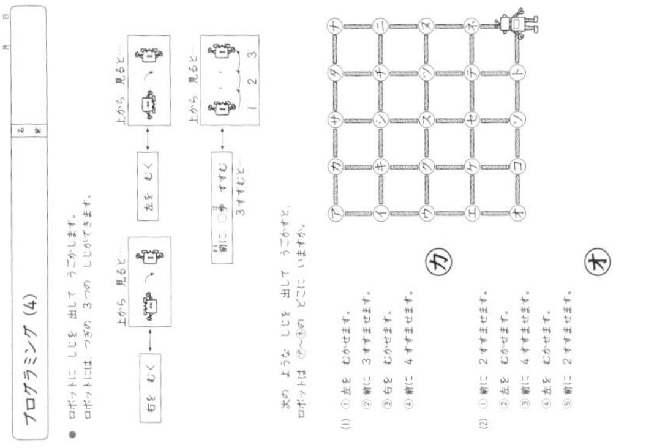

P197

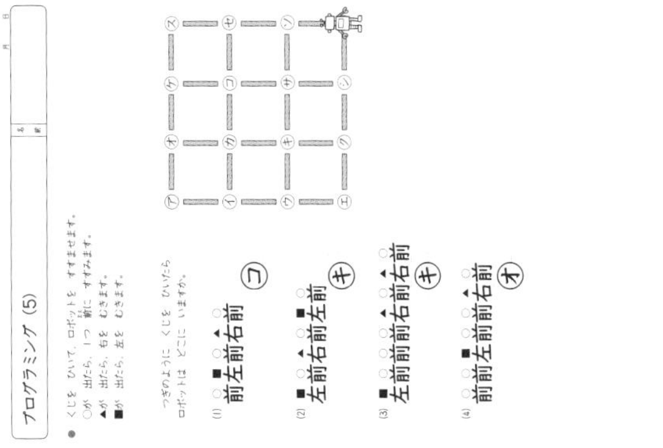

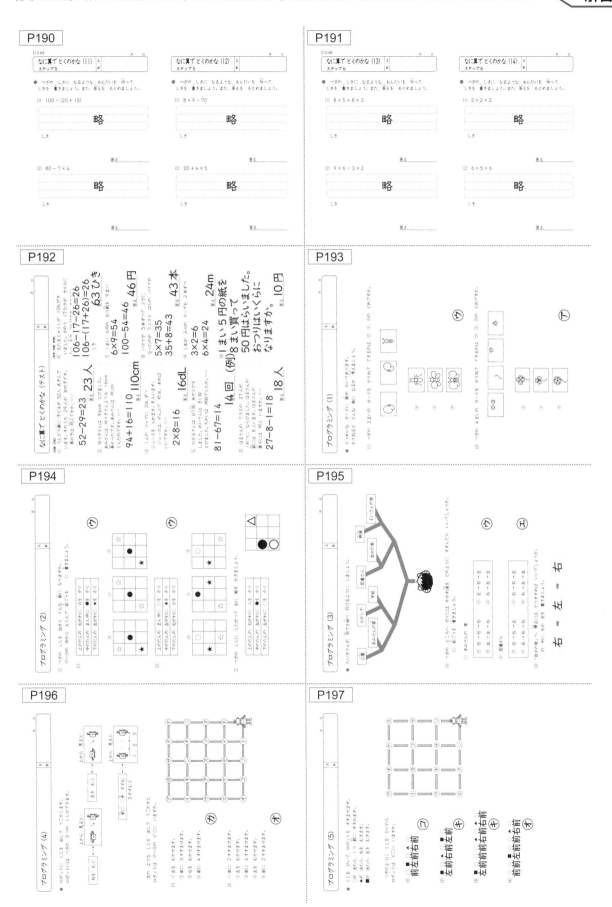

児童に実施させる前に，必ず指導される方が問題を解いてください。本書の解答は，あくまでも１つの例です。

P198

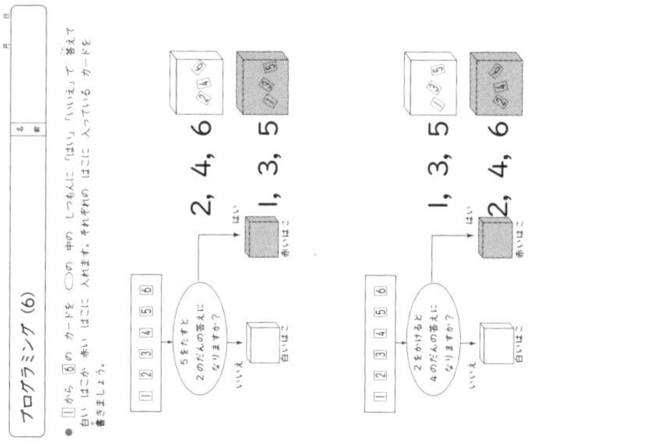

P199

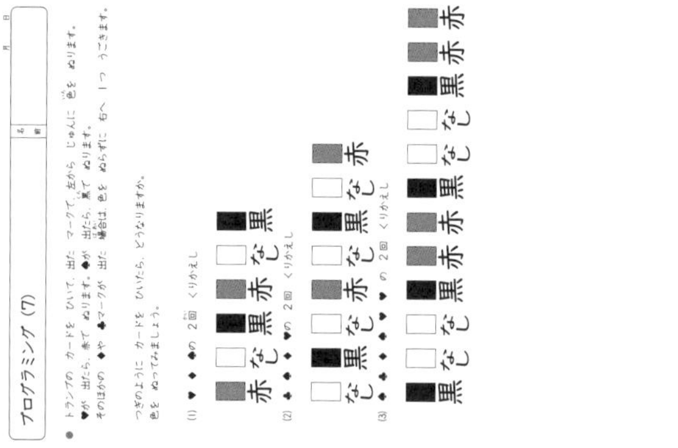

P200

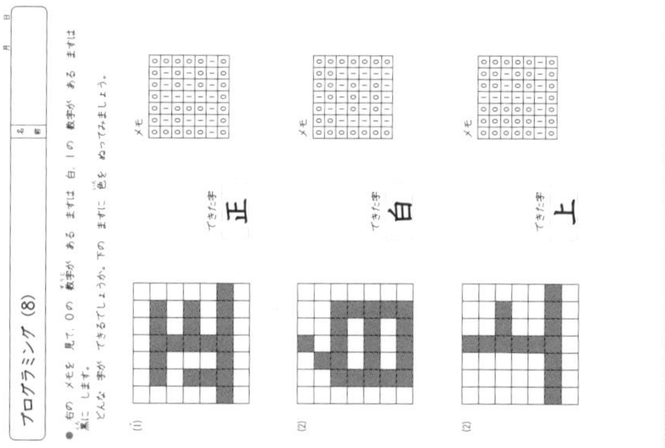

P201

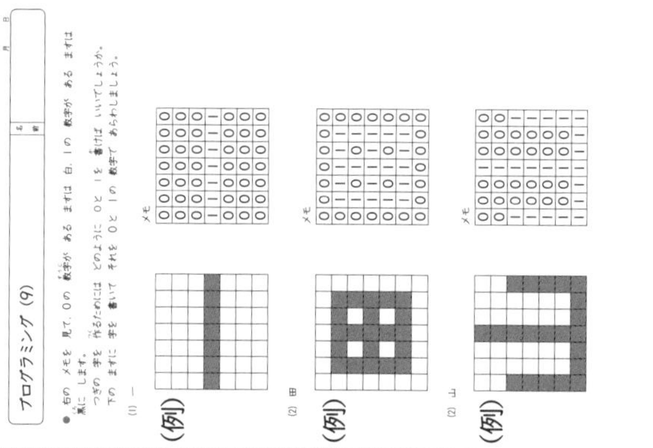

P202

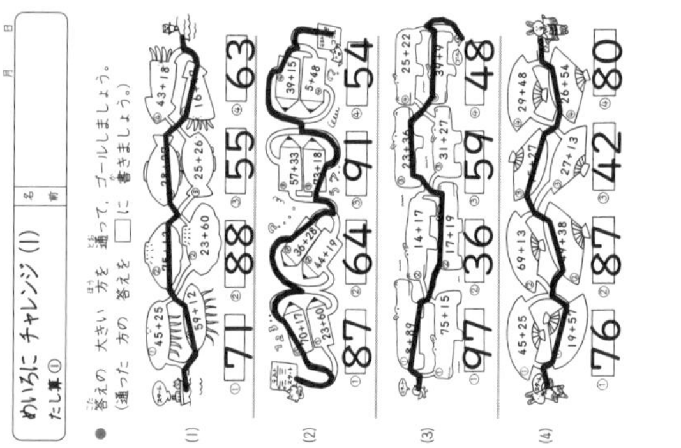

P203

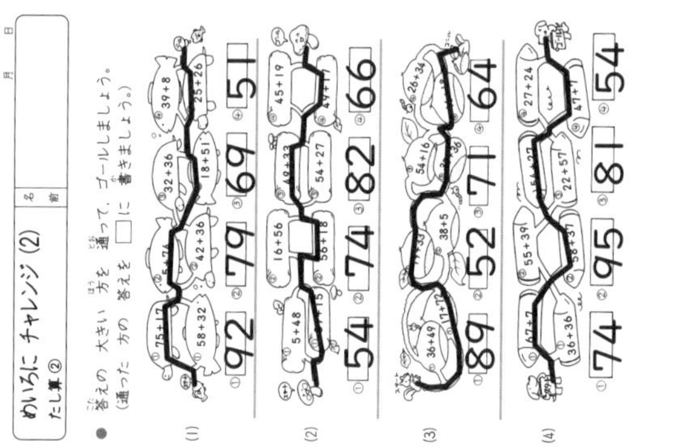

P204

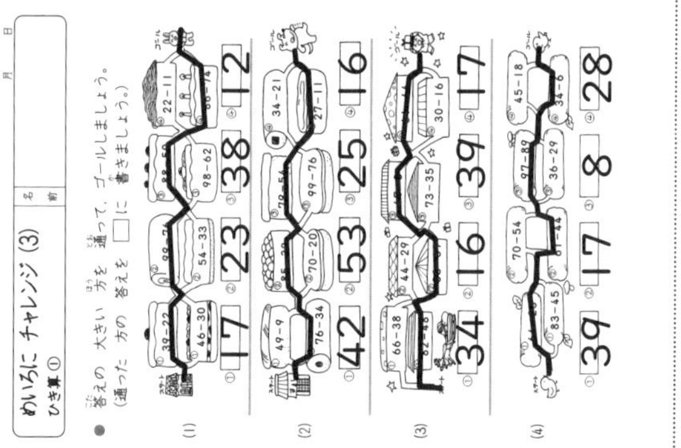

P205

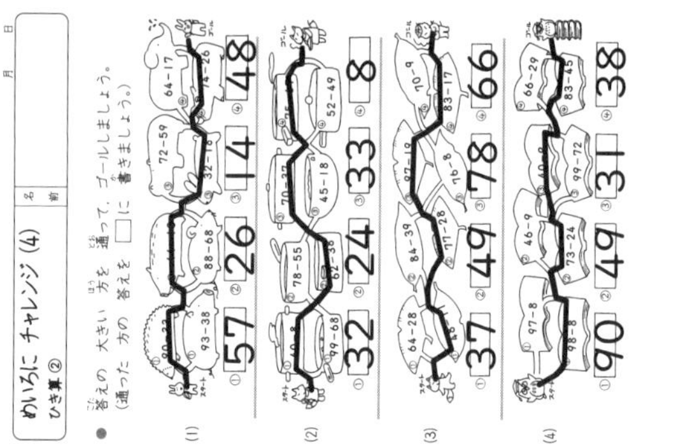

（解答は，200 ～ 300%に拡大してお使い下さい。）

指導される方の作られた解答をもとに，本書の解答例を参考に児童の多様な考えに寄り添って○つけをお願いします。

解答

P206

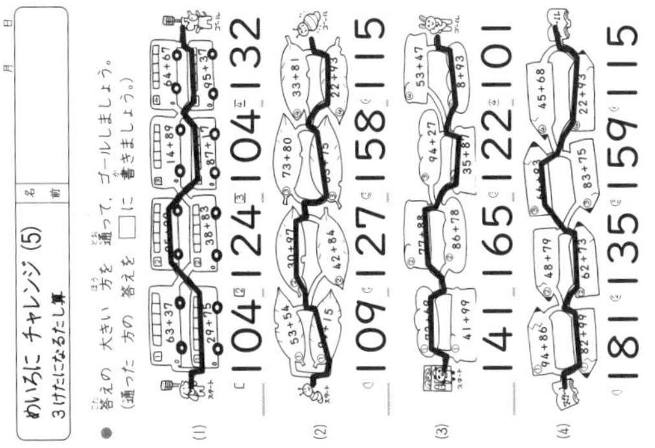

P207

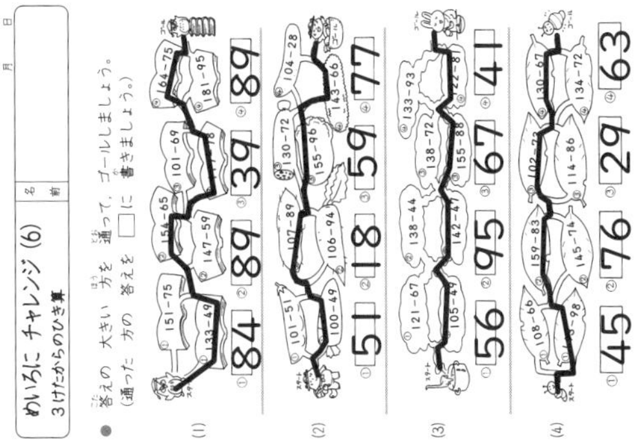

P208

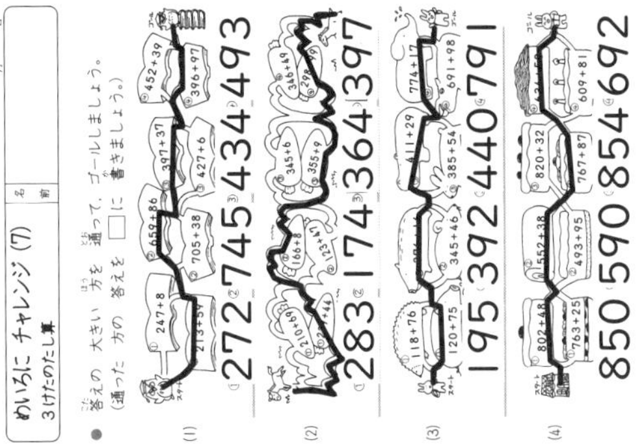

P209

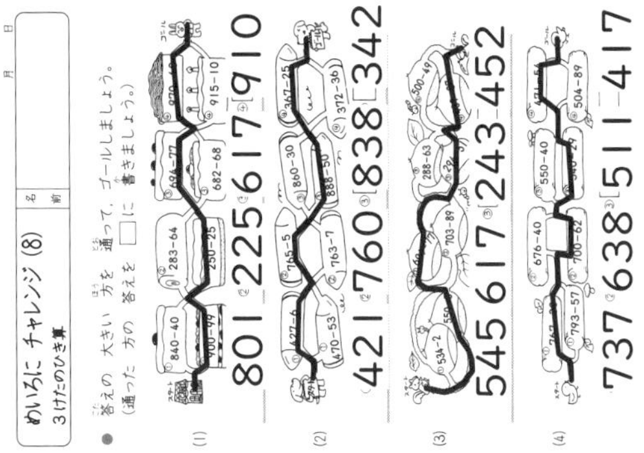

P210

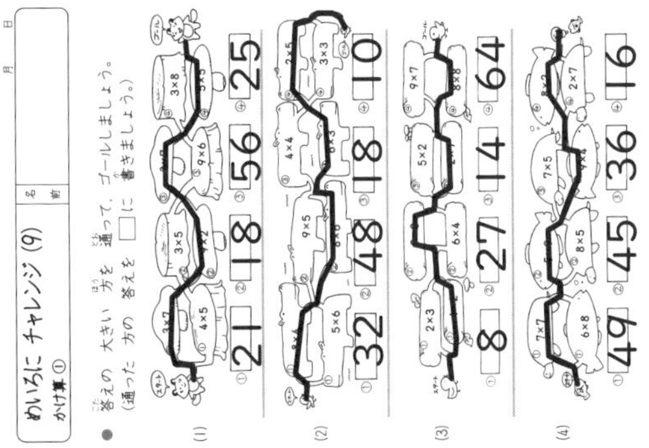

P211

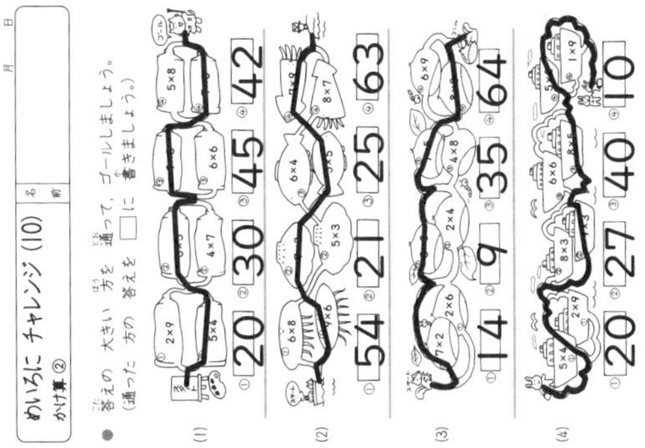

P212

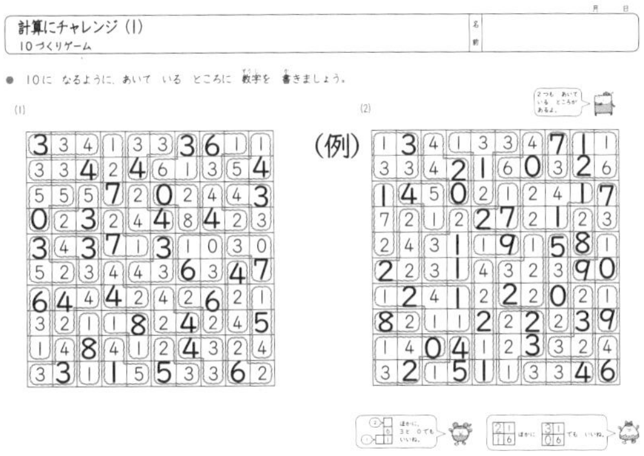

P213

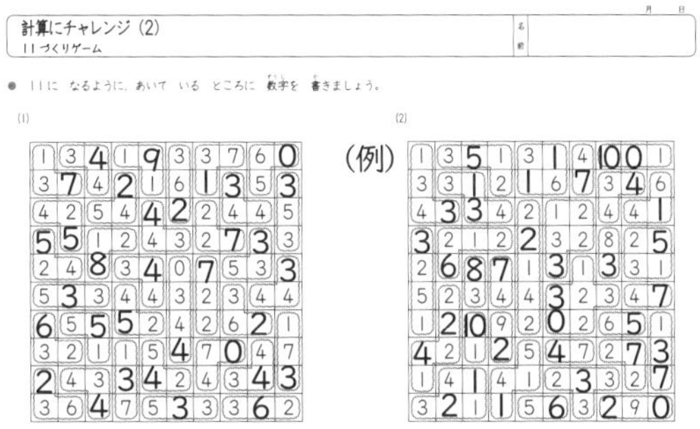

解答

児童に実施させる前に，必ず指導される方が問題を解いてください。本書の解答は，あくまでも１つの例です。

P214

計算にチャレンジ (3)
12・13づくりゲーム
名前　月　日

① 12に なるように，あいて いる ところに 数字《すうじ》を 書《か》きましょう。

② 13に なるように，あいて いる ところに 数字《すうじ》を 書《か》きましょう。

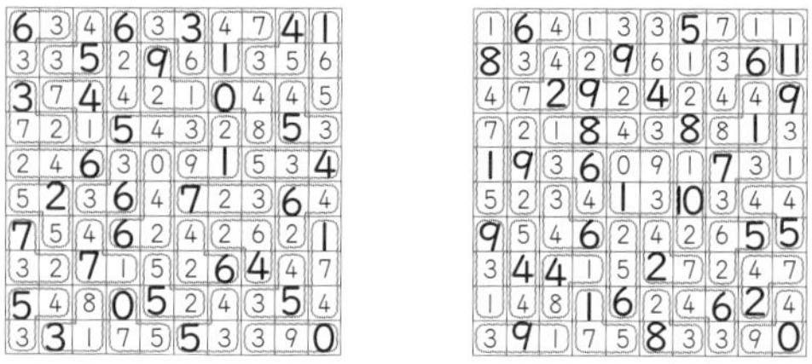

P215

計算にチャレンジ (4)
14・15づくりゲーム
名前　月　日

① 14に なるように，あいて いる ところに 数字《すうじ》を 書《か》きましょう。

② 15に なるように，あいて いる ところに 数字《すうじ》を 書《か》きましょう。

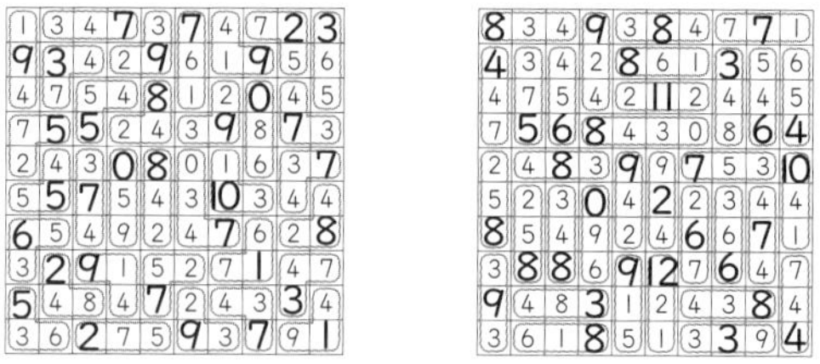

P216

計算にチャレンジ (5)
5づくりゲーム
名前　月　日

● あわせて 5に なるように，マスの 中の 数《かず》を かこみましょう。（ただし，ななめには つなげません。）

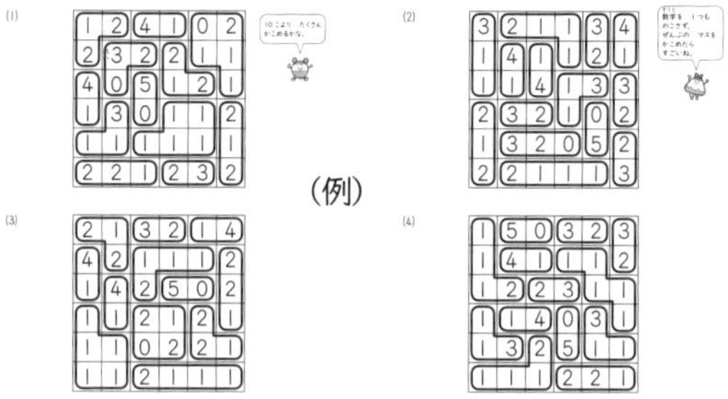

P217

計算にチャレンジ (6)
6づくりゲーム
名前　月　日

● あわせて 6に なるように，マスの 中の 数《かず》を かこみましょう。（ただし，ななめには つなげません。）

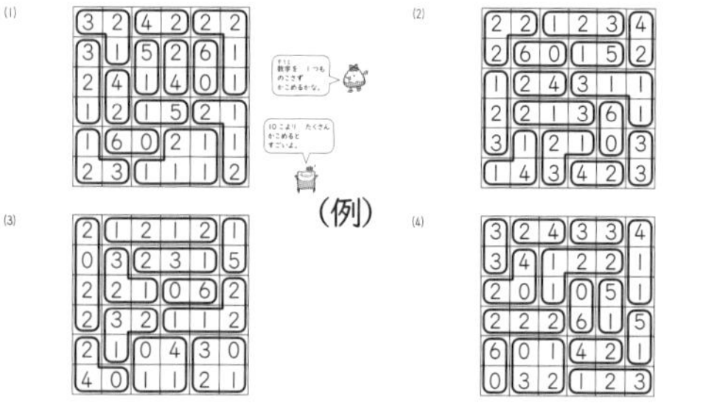

P218

計算にチャレンジ (7)
7づくりゲーム
名前　月　日

● あわせて 7に なるように，マスの 中の 数《かず》を かこみましょう。（ただし，ななめには つなげません。）

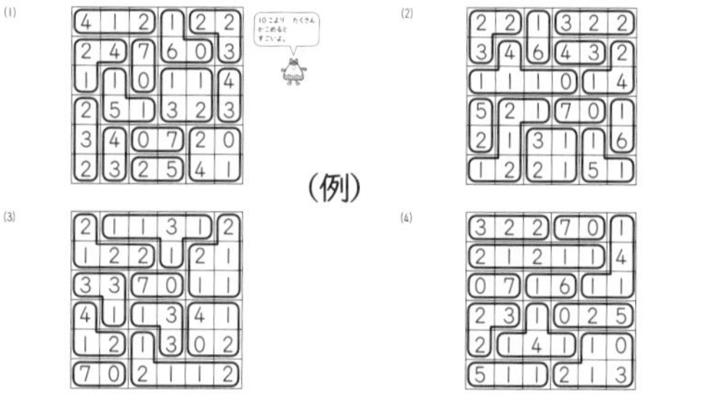

P219

計算にチャレンジ (8)
8づくりゲーム
名前　月　日

● あわせて 8に なるように，マスの 中の 数《かず》を かこみましょう。（ただし，ななめには つなげません。）

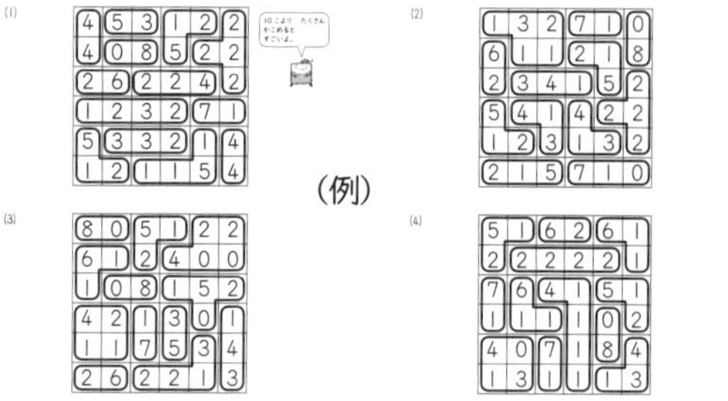

P220

計算にチャレンジ (9)
9づくりゲーム
名前　月　日

● あわせて 9に なるように，マスの 中の 数《かず》を かこみましょう。（ただし，ななめには つなげません。）

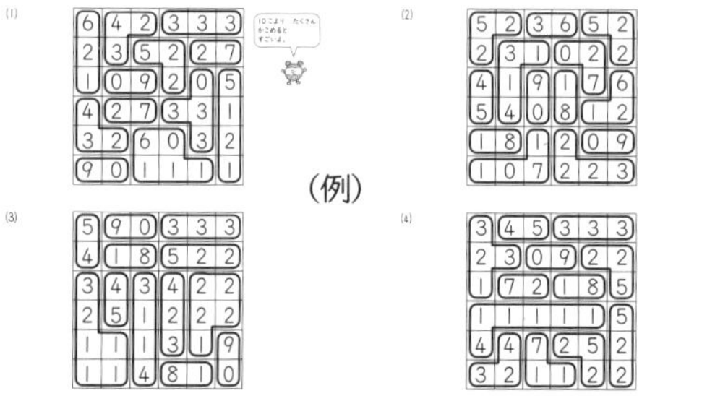

P221

計算にチャレンジ (10)
10づくりゲーム
名前　月　日

● あわせて 10に なるように，マスの 中の 数《かず》を かこみましょう。（ただし，ななめには つなげません。）

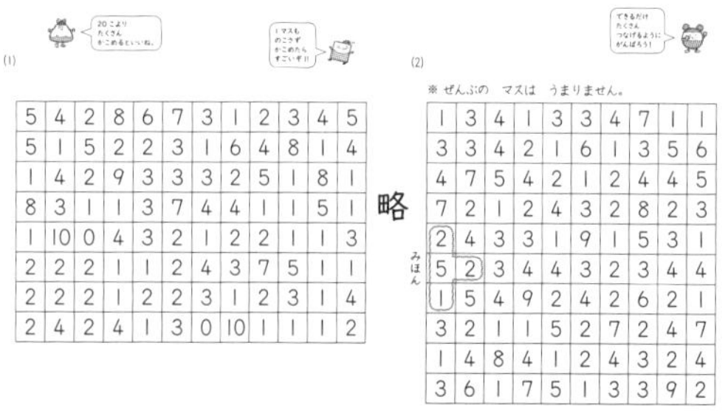

（解答は，200～300%に拡大してお使い下さい。）

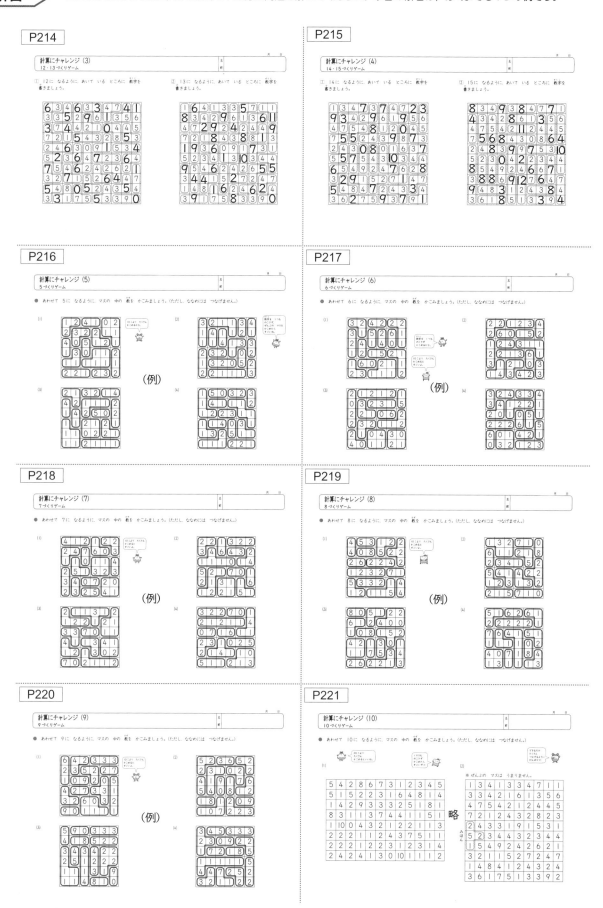

P222

計算にチャレンジ (11) 11づくりゲーム　月　日　名前

● あわせて　11に　なるように、マスの　中の　数《かず》を　かこみましょう。(ただし、ななめには　つなげません。)

12こより たくさん かこめるとすごいよ。
1マスも のこさず かこめたら すごいぞ!!
できるだけ たくさん つなげるように がんばろう!

(1)

5	6	4	5	4	4	6	9	0	5	1	2
8	9	7	3	3	9	2	3	7	1	1	2
3	1	6	4	3	3	1	1	3	4	1	2
4	1	3	2	1	2	9	4	5	1	1	1
2	8	3	3	3	6	5	3	4	1	1	2
5	4	1	7	3	1	2	2	11	0	1	2
6	4	9	2	3	3	4	2	7	2	1	1
5	3	10	1	2	1	2	4	5	2	1	2

略

(2)

※ ぜんぶの　マスは　うまりません。

みほん

1	3	4	1	3	3	4	7	1	1
3	3	4	2	1	6	1	3	5	6
4	7	5	4	2	1	2	4	4	5
7	2	1	2	4	3	2	8	2	3
2	4	3	3	1	9	1	5	3	1
5	2	3	4	4	3	2	3	4	4
1	5	4	9	2	4	2	6	2	1
3	2	1	1	5	2	7	2	4	7
1	4	8	4	1	2	4	3	2	4
3	6	1	7	5	1	3	3	9	2

P223

計算にチャレンジ (12) 12・13づくりゲーム　月　日　名前

1 あわせて　12に　なるように、マスの　中の　数《かず》を　かこみましょう。

2 あわせて　13に　なるように、マスの　中の　数を　かこみましょう。

12こより たくさん かこめるとすごいよ。
できるだけ たくさん つなげるように がんばろう!

※ ぜんぶの　マスは　うまりません。

1 みほん

1	3	4	1	3	3	4	7	1	1
3	3	4	2	1	6	1	3	5	6
4	7	5	4	2	1	2	4	4	5
7	2	1	2	4	3	2	8	2	3
2	4	3	3	1	9	1	5	3	1
5	2	3	4	4	3	2	3	4	4
1	5	4	9	2	4	2	6	2	1
3	2	1	1	5	2	7	2	4	7
1	4	8	4	1	2	4	3	2	4
3	6	1	7	5	1	3	3	9	2

略

2 みほん

1	3	4	1	3	3	4	7	1	1
3	3	4	2	1	6	1	3	5	6
4	7	5	4	2	1	2	4	4	5
7	2	1	2	4	3	2	8	2	3
2	4	3	3	1	9	1	5	3	1
5	2	3	4	4	3	2	3	4	4
1	5	4	9	2	4	2	6	2	1
3	2	1	1	5	2	7	2	4	7
1	4	8	4	1	2	4	3	2	4
3	6	1	7	5	1	3	3	9	2

P224

計算にチャレンジ (13) 14・15づくりゲーム　月　日　名前

1 あわせて　14に　なるように、マスの　中の　数《かず》を　かこみましょう。

2 あわせて　15に　なるように、マスの　中の　数を　かこみましょう。

12こより たくさん かこめるとすごいよ。
できるだけ たくさん つなげるように がんばろう!

※ ぜんぶの　マスは　うまりません。

1 みほん

1	3	4	1	3	3	4	7	1	1
3	3	4	2	1	6	1	3	5	6
4	7	5	4	2	1	2	4	4	5
7	2	1	2	4	3	2	8	2	3
2	4	3	3	1	9	1	5	3	1
5	2	3	4	4	3	2	3	4	4
1	5	4	9	2	4	2	6	2	1
3	2	1	1	5	2	7	2	4	7
1	4	8	4	1	2	4	3	2	4
3	6	1	7	5	1	3	3	9	2

略

2

1	3	4	1	3	3	4	7	1	1
3	3	4	2	1	6	1	3	5	6
4	7	5	4	2	1	2	4	4	5
7	2	1	2	4	3	2	8	2	3
2	4	3	3	1	9	1	5	3	1
5	2	3	4	4	3	2	3	4	4
1	5	4	9	2	4	2	6	2	1
3	2	1	1	5	2	7	2	4	7
1	4	8	4	1	2	4	3	2	4
3	6	1	7	5	1	3	3	9	2

P225

計算にチャレンジ (14) 16・17づくりゲーム　月　日　名前

1 あわせて　16に　なるように、マスの　中の　数《かず》を　かこみましょう。

2 あわせて　17に　なるように、マスの　中の　数を　かこみましょう。

12こより たくさん かこめるとすごいよ。
できるだけ たくさん つなげるように がんばろう!

※ ぜんぶの　マスは　うまりません。

1 みほん

1	3	4	1	3	3	4	7	1	1
3	3	4	2	1	6	1	3	5	6
4	7	5	4	2	1	2	4	4	5
7	2	1	2	4	3	2	8	2	3
2	4	3	3	1	9	1	5	3	1
5	2	3	4	4	3	2	3	4	4
1	5	4	9	2	4	2	6	2	1
3	2	1	1	5	2	7	2	4	7
1	4	8	4	1	2	4	3	2	4
3	6	1	7	5	1	3	3	9	2

略

2 みほん

1	3	4	1	3	3	4	7	1	1
3	3	4	2	1	6	1	3	5	6
4	7	5	4	2	1	2	4	4	5
7	2	1	2	4	3	2	8	2	3
2	4	3	3	1	9	1	5	3	1
5	2	3	4	4	3	2	3	4	4
1	5	4	9	2	4	2	6	2	1
3	2	1	1	5	2	7	2	4	7
1	4	8	4	1	2	4	3	2	4
3	6	1	7	5	1	3	3	9	2

P226

計算にチャレンジ (15) 18・19づくりゲーム　月　日　名前

1 あわせて　18に　なるように、マスの　中の　数《かず》を　かこみましょう。

2 あわせて　19に　なるように、マスの　中の　数を　かこみましょう。

12こより たくさん かこめるとすごいよ。
できるだけ たくさん つなげるように がんばろう!

※ ぜんぶの　マスは　うまりません。

1 みほん

1	3	4	1	3	3	4	7	1	1
3	3	4	2	1	6	1	3	5	6
4	7	5	4	2	1	2	4	4	5
7	2	1	2	4	3	2	8	2	3
2	4	3	3	1	9	1	5	3	1
5	2	3	4	4	3	2	3	4	4
1	5	4	9	2	4	2	6	2	1
3	2	1	1	5	2	7	2	4	7
1	4	8	4	1	2	4	3	2	4
3	6	1	7	5	1	3	3	9	2

略

2 みほん

1	3	4	1	3	3	4	7	1	1
3	3	4	2	1	6	1	3	5	6
4	7	5	4	2	1	2	4	4	5
7	2	1	2	4	3	2	8	2	3
2	4	3	3	1	9	1	5	3	1
5	2	3	4	4	3	2	3	4	4
1	5	4	9	2	4	2	6	2	1
3	2	1	1	5	2	7	2	4	7
1	4	8	4	1	2	4	3	2	4
3	6	1	7	5	1	3	3	9	2

P227

計算にチャレンジ (16) 20・21づくりゲーム　月　日　名前

1 あわせて　20に　なるように、マスの　中の　数《かず》を　かこみましょう。

2 あわせて　21に　なるように、マスの　中の　数を　かこみましょう。

12こより たくさん かこめるとすごいよ。
できるだけ たくさん つなげるように がんばろう!

※ ぜんぶの　マスは　うまりません。

1

1	3	4	1	3	3	4	7	1	1
3	3	4	2	1	6	1	3	5	6
4	7	5	4	2	1	2	4	4	5
7	2	1	2	4	3	2	8	2	3
2	4	3	3	1	9	1	5	3	1
5	2	3	4	4	3	2	3	4	4
1	5	4	9	2	4	2	6	2	1
3	2	1	1	5	2	7	2	4	7
1	4	8	4	1	2	4	3	2	4
3	6	1	7	5	1	3	3	9	2

略

2

1	3	4	1	3	3	4	7	1	1
3	3	4	2	1	6	1	3	5	6
4	7	5	4	2	1	2	4	4	5
7	2	1	2	4	3	2	8	2	3
2	4	3	3	1	9	1	5	3	1
5	2	3	4	4	3	2	3	4	4
1	5	4	9	2	4	2	6	2	1
3	2	1	1	5	2	7	2	4	7
1	4	8	4	1	2	4	3	2	4
3	6	1	7	5	1	3	3	9	2

P228

計算にチャレンジ (17) 「くりあがったら、くりさがる」ゲーム　月　日　名前

● ＋を　書《か》いて　たしていき、答《こた》えが　10より　大きく　なったら、つぎの　数《かず》は　ひきましょう。
答えが　10より　小さく　なったら、つぎの　数は　たしましょう。さいごに　答えを　書きましょう。

＋を 書いて たしていく。 / 10より 大きく なったら ひくよ。 / 10より 小さく なったら また たすよ。 / さいごの 答え

(1)

［れい］ 1＋3＋4＋7－4－8－4＋7－8＋1＝7 （4　8　⑮　11　3　7　⑭　6）

①	3	8	9	2	1	6	2	3	5	6＝	13
②	4	7	5	8	2	6	2	4	4	9＝	17
③	7	2	3	9	4	9	2	9	2	6＝	13
④	2	4	3	5	1	9	7	5	3	1＝	10
⑤	5	8	6	8	8	2	8	3	2	5＝	7
⑥	9	5	6	9	5	4	5	6	9	8＝	8
⑦	9	7	7	3	5	2	7	2	5	7＝	16
⑧	1	4	8	7	1	7	6	8	2	6＝	8
⑨	3	6	4	7	5	6	3	3	9	8＝	10
⑩	8	3	4	7	5	9	4	7	8	1＝	14

(2)

［れい］ 1＋3＋4＋7－8－4＋4＋7－8＋3＝9 （4　8　⑮　7　3　7　⑭　6）

①	6	8	2	3	2	6	1	3	5	6＝	8
②	9	7	8	8	2	6	2	4	4	9＝	1
③	6	2	9	9	4	9	2	9	2	6＝	6
④	1	4	5	5	1	9	6	5	3	1＝	10
⑤	5	8	8	8	8	3	8	3	4	5＝	14
⑥	8	5	9	9	5	4	2	6	9	8＝	5
⑦	7	7	1	1	5	2	7	2	4	7＝	3
⑧	6	4	7	7	1	7	6	8	2	6＝	10
⑨	8	6	7	7	5	1	3	3	9	8＝	9
⑩	6	4	4	7	5	9	4	7	8	1＝	13

P229

計算にチャレンジ (18)　月　日　名前

● 10を　こえたら　⬭て　かこみながら　すすみましょう。

・→を　かきながら、できるだけ　たくさん　⬭を　つくって　すすみます。

・10を　こえたら　⬭の　合計《ごうけい》を　かきます。
(20を　こえては　いけません。)

略

スタート（れい）　みほん→

1	3	4	1	3	3	4	7	1	1
3	3	4	2	1	6	1	3	5	6
4	7	5	4	2	1	2	4	4	5
7	2	1	2	4	3	2	8	2	3
2	4	3	3	1	9	1	5	3	1
5	2	3	4	4	3	2	3	4	4
1	5	4	9	2	4	2	6	2	1
3	2	1	1	5	2	7	2	4	7
1	4	8	4	1	2	4	3	2	4
3	6	1	7	5	1	3	3	9	2

ななめには すすめないよ。

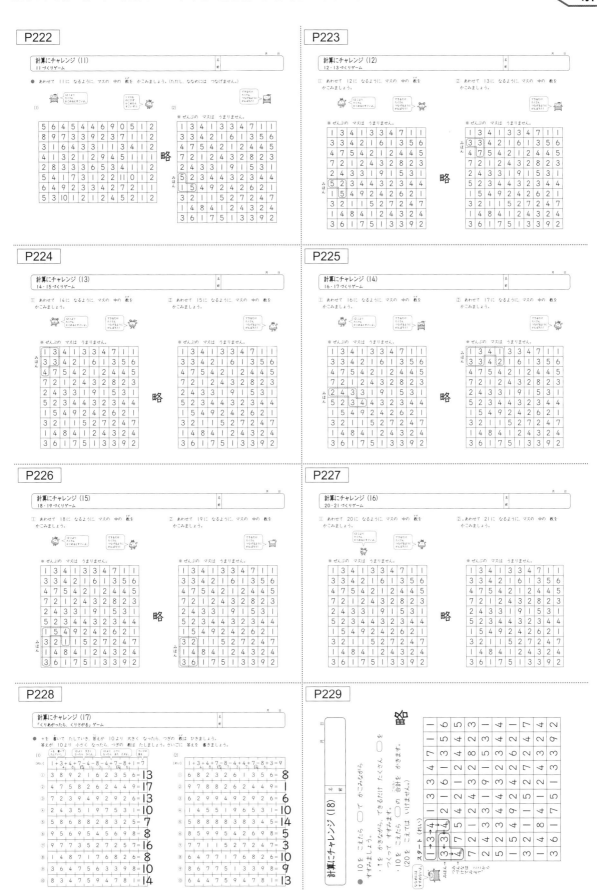

解答 児童に実施させる前に，必ず指導される方が問題を解いてください。本書の解答は，あくまでも１つの例です。

P230

計算にチャレンジ (19) たし算① 名前 月 日

● 答《こた》えが ◯の 中の 数《かず》に なる たし算の しきを 右の ◯の 中の 数字《すうじ》を つかって つくりましょう。

(1) 23 + 0 / 12 + 11　略　= 23

(2) 13 + 22　略　= 35

(3) 略　= 44

(4) 略　= 58

P231

計算にチャレンジ (20) たし算② 名前 月 日

● 答《こた》えが ◯の 中の 数《かず》に なる たし算の しきを 右の ◯の 中の 数字《すうじ》を つかって つくりましょう。

(1) 略　= 67

(2) 略　= 76

(3) 略　= 89

(4) 略　= 95

P232

計算にチャレンジ (21) たし算③ 名前 月 日

● 答《こた》えが ◯の 中の 数《かず》に なる たし算の しきを 右の ◯の 中の 数字《すうじ》を つかって つくりましょう。

(1) 略　= 28

(2) 略　= 45

(3) 略　= 37

(4) 略　= 59

P233

計算にチャレンジ (22) たし算④ 名前 月 日

● 答《こた》えが ◯の 中の 数《かず》に なる たし算の しきを 右の ◯の 中の 数字《すうじ》を つかって つくりましょう。

(1) 略　= 63

(2) 略　= 88

(3) 略　= 75

(4) 略　= 98

P234

計算にチャレンジ (23) ひき算① 名前 月 日

● 答《こた》えが ◯の 中の 数《かず》に なる たし算の しきを 右の ◯の 中の 数字《すうじ》を つかって つくりましょう。

(1) 略　= 50

(2) 略　= 41

(3) 略　= 4

(4) 略　= 63

P235

計算にチャレンジ (24) ひき算② 名前 月 日

● 答《こた》えが ◯の 中の 数《かず》に なる たし算の しきを 右の ◯の 中の 数字《すうじ》を つかって つくりましょう。

(1) 略　= 13

(2) 略　= 35

(3) 略　= 24

(4) 略　= 46

P236

計算にチャレンジ (25) ひき算③ 名前 月 日

● 答《こた》えが ◯の 中の 数《かず》に なる たし算の しきを 右の ◯の 中の 数字《すうじ》を つかって つくりましょう。

(1) 略　= 20

(2) 略　= 18

(3) 略　= 50

(4) 略　= 47

P237

計算にチャレンジ (26) かけ算① (2のだん) 名前 月 日

● 下の □に 数字《すうじ》を 入れて，九九の しきと 答《こた》えを かんせいさせましょう。

① 2×3= 6　② 2×1= 2　③ 2×5= 10
④ 2×2= 4　⑤ 2×8= 16　⑥ 2×6= 12
⑦ 2×7= 14　⑧ 2×9= 18　⑨ 2×4= 8
⑩ 2× 3 =6　⑪ 2× 1 =2　⑫ 2× 4 =8
⑬ 2× 5 =10　⑭ 2× 7 =14　⑮ 2× 8 =16
⑯ 2× 9 =18　⑰ 2× 2 =4　⑱ 2× 6 =12

計算にチャレンジ (27) かけ算② (3のだん) 名前 月 日

● 下の □に 数字《すうじ》を 入れて，九九の しきと 答《こた》えを かんせいさせましょう。

① 3×3= 9　② 3×1= 3　③ 3×5= 15
④ 3×2= 6　⑤ 3×7= 21　⑥ 3×9= 27
⑦ 3×8= 24　⑧ 3×4= 12　⑨ 3×6= 18
⑩ 3× 2 =6　⑪ 3× 5 =15　⑫ 3× 3 =9
⑬ 3× 7 =21　⑭ 3× 9 =27　⑮ 3× 1 =3
⑯ 3× 6 =18　⑰ 3× 8 =24　⑱ 3× 4 =12

(解答は，200 ～ 300%に拡大してお使い下さい。)

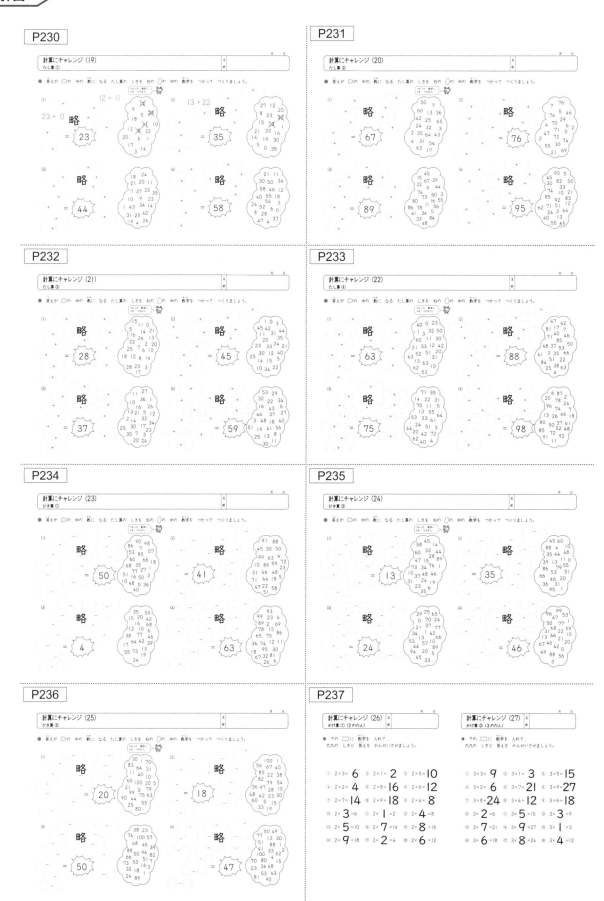

P238

計算にチャレンジ（28）
かけ算③（4のだん）　名前　月　日

● 下の □に 数字《すうじ》を 入れて，
九九の しきと 答《こた》えを かんせいさせましょう。

① 4×3=12　② 4×5=20　③ 4×1=4
④ 4×2=8　⑤ 4×7=28　⑥ 4×8=32
⑦ 4×4=16　⑧ 4×9=36　⑨ 4×6=24
⑩ 4×5=20　⑪ 4×7=28　⑫ 4×2=8
⑬ 4×9=36　⑭ 4×8=32　⑮ 4×4=16
⑯ 4×6=24　⑰ 4×1=4　⑱ 4×3=12

計算にチャレンジ（29）
かけ算④（5のだん）　名前　月　日

● 下の □に 数字《すうじ》を 入れて，
九九の しきと 答《こた》えを かんせいさせましょう。

① 5×2=10　② 5×4=20　③ 5×3=15
④ 5×1=5　⑤ 5×6=30　⑥ 5×8=40
⑦ 5×7=35　⑧ 5×9=45　⑨ 5×5=25
⑩ 5×3=15　⑪ 5×7=35　⑫ 5×1=5
⑬ 5×2=10　⑭ 5×5=25　⑮ 5×6=30
⑯ 5×4=20　⑰ 5×9=45　⑱ 5×8=40

P239

計算にチャレンジ（30）
かけ算⑤（6のだん）　名前　月　日

● 下の □に 数字《すうじ》を 入れて，
九九の しきと 答《こた》えを かんせいさせましょう。

① 6×4=24　② 6×1=6　③ 6×3=18
④ 6×2=12　⑤ 6×8=48　⑥ 6×5=30
⑦ 6×7=42　⑧ 6×6=36　⑨ 6×9=54
⑩ 6×1=6　⑪ 6×6=36　⑫ 6×4=24
⑬ 6×7=42　⑭ 6×5=30　⑮ 6×9=54
⑯ 6×3=18　⑰ 6×8=48　⑱ 6×2=12

計算にチャレンジ（31）
かけ算⑥（7のだん）　名前　月　日

● 下の □に 数字《すうじ》を 入れて，
九九の しきと 答《こた》えを かんせいさせましょう。

① 7×2=14　② 7×5=35　③ 7×3=21
④ 7×9=63　⑤ 7×1=7　⑥ 7×8=56
⑦ 7×6=42　⑧ 7×4=28　⑨ 7×7=49
⑩ 7×4=28　⑪ 7×1=7　⑫ 7×5=35
⑬ 7×7=49　⑭ 7×8=56　⑮ 7×3=21
⑯ 7×6=42　⑰ 7×2=14　⑱ 7×9=63

P240

計算にチャレンジ（32）
かけ算⑦（8のだん）　名前　月　日

● 下の □に 数字《すうじ》を 入れて，
九九の しきと 答《こた》えを かんせいさせましょう。

① 8×2=16　② 8×5=40　③ 8×1=8
④ 8×4=32　⑤ 8×9=72　⑥ 8×6=48
⑦ 8×8=64　⑧ 8×3=24　⑨ 8×7=56
⑩ 8×3=24　⑪ 8×1=8　⑫ 8×4=32
⑬ 8×6=48　⑭ 8×7=56　⑮ 8×8=64
⑯ 8×5=40　⑰ 8×2=16　⑱ 8×9=72

計算にチャレンジ（33）
かけ算⑧（9のだん）　名前　月　日

● 下の □に 数字《すうじ》を 入れて，
九九の しきと 答《こた》えを かんせいさせましょう。

① 9×3=27　② 9×1=9　③ 9×4=36
④ 9×6=54　⑤ 9×2=18　⑥ 9×8=72
⑦ 9×9=81　⑧ 9×5=45　⑨ 9×7=63
⑩ 9×3=27　⑪ 9×4=36　⑫ 9×6=54
⑬ 9×9=81　⑭ 9×8=72　⑮ 9×2=18
⑯ 9×1=9　⑰ 9×5=45　⑱ 9×7=63

P241

計算にチャレンジ（34）
かけ算⑨（2・3・4・5のだん）　名前　月　日

● 下の □に 数字《すうじ》を 入れて，
九九の しきと 答《こた》えを かんせいさせましょう。

（例）
① 5×1=5　② 2×1=2　③ 3×1=3
④ 2×5=10　⑤ 5×6=30　⑥ 4×2=8
⑦ 3×6=18　⑧ 4×3=12　⑨ 5×9=45
⑩ 4×7=28　⑪ 3×7=21　⑫ 4×6=24
⑬ 5×8=40　⑭ 4×9=36　⑮ 2×8=16
⑯ 2×9=18　⑰ 5×7=35　⑱ 3×3=9

計算にチャレンジ（35）
かけ算⑩（6・7・8・9のだん）　名前　月　日

● 下の □に 数字《すうじ》を 入れて，
九九の しきと 答《こた》えを かんせいさせましょう。

（例）
① 6×1=6　② 7×1=7　③ 8×4=32
④ 6×7=42　⑤ 8×9=72　⑥ 9×3=27
⑦ 6×2=12　⑧ 8×6=48　⑨ 7×9=63
⑩ 6×9=54　⑪ 7×8=56　⑫ 9×9=81
⑬ 9×1=9　⑭ 8×8=64　⑮ 9×8=72
⑯ 8×3=24　⑰ 7×5=35　⑱ 6×7=42

編者

原田　善造　学校図書教科書編集協力者
わかる喜び学ぶ楽しさを創造する教育研究所・著作研究責任者
元大阪府公立小学校教諭

コピーしてすぐ使える
3分 5分 10分で できる　算数まるごと２年

2020年 4月2日　初刷発行
2022年12月1日　第3刷発行

企画・編著：原田 善造・あおい えむ・今井 はじめ・さくら りこ・中田 こういち
なむら じゅん・ほしの ひかり・堀越 じゅん・みやま りょう（他４名）
執筆協力者：新川　雄也・山田　恭士
編集協力者：椹木　マサ子・岡崎　陽介・田中　稔也・南山　拓也
イ ラ ス ト：山口　亜耶・白川　えみ 他
発 行 者：岸本 なおこ
発 行 所：喜楽研（わかる喜び学ぶ楽しさを創造する教育研究所）
〒604-0827　京都府京都市中京区高倉通二条下ル瓦町 543-1
TEL　075-213-7701　　FAX　075-213-7706
HP　https://www.kirakuken.co.jp
印　　刷：株式会社イチダ写真製版

ISBN 978-4-86277-298-5　　Printed in Japan